名师教学艺术与成长经验
（上）

主　编　宋秋前　周建军
副主编　刘星云　蒋安定

ZHEJIANG UNIVERSITY PRESS
浙江大学出版社

序

近年来,随着教育改革的不断深入和发展,我市基础教育在课程改革、学科教学、教育公平、办学质量等方面取得了历史性成就,涌现了一大批师德高尚、教学技艺精湛、实践经验丰富,在全市、全省乃至全国享有较高声誉和威望的各科教学名师。他们代表着我市教育实践和理论研究的发展水平,是我市办好基础教育的脊梁和中坚力量,也是我市教师队伍建设的重要成果。

对于名师,我们考虑最多的主要有三个问题。第一,怎么才称得上名师。第二,怎样培养名师,或在现有基础上怎样进一步促进名师自身的专业成长,并逐步形成名师独特的教学风格和艺术风范。第三,怎样发挥名师的专业引领和示范作用,促进全体教师的专业成长和教学水平的整体性提高。这三个问题既相互联系,又有所不同,它们共同构成了名师队伍建设的重要内容。

对于名师的标准,我们认为,名师首先应该是师德师风的楷模;其次应该是教书育人的专家;第三应该是专业成长的导师。按照这三个标准,我们重新研制了我市名师工作考核办法。

对于怎样促进教师包括名师的专业发展,由于人们对教师专业知识来源以及专业发展途径等方面的理解差异,大致有三种不同的认识取向。第一,理智取向的教师专业发展。这种取向认为,提高教师专业水准的重点在于帮助教师获得坚实的学科和教育理论知识,因而,正规培训被视作是专业成长的基本策略。第二,"实践—反思"取向的教师专业发展。这种取向认为,教师职业生涯是一个不断探索、实践和反思的过程。反思是教师改进教学、提高教学质量的法宝,也是教师自我专业成长的重要途径。美国学者波斯纳指出,实践+反思=专业成长。这就需要教师通过各种形式的"反思",将自身的体验建构为有意义的事件,从而实现自我的提升和专业上的发展。因此,反思性教学、写日志、写自传、写博客、制定专业发展自我规划等被视作教师专业成长的基本策略。第三，生态取向的教师专业发展。这种取向认为，每个教师都生活于某一专业社群中，其教学风格、策略的形成有赖于"教师文化"或"教学文化"的滋养；教师的专业知识是"社会建构"的，是在专业社群长期互动中形成的，因而专业发展主要通过生成一种相互开放、相互信赖和支援的合作文化来实现。所以，同伴互助、团队教学、集体备课以及校本研修被视作教师专业成长的基本策略。

上述三种观点，虽然强调的内容和视角不同，但各有所据，在具体实践中应把知识学习、实践反思与同伴互助等方面有机结合起来，加以综合运用。当然，对于不同发展阶段和类型的教师，其侧重应有所区别和差异。正是基于这种考虑，近年来，我们组织教师系统开展各类专业进修、团队教学、集体备课和实践反思等活动，取得了显著成绩。

关于怎样发挥名师的专业引领作用，我市已有许多实践，其中建立名师工作室，以师带徒，是一个重要途径和方式。2012年，为大力加强我市中小学教师队伍特别是中青年骨干教师队伍建设，以名师引领、培养和造就一批新的名师和学科骨干人才，引导学校坚定不移地实施"人才强教、人才强校"的人本发展战略，坚定不移地实施"课程改革"的创新发展战略，坚定不移地实施"校本研训、团队协作"的校本发展战略，加快推进我市教育现代化，服务浙江舟山群岛新区建设，舟山市教育局制定和颁发了《舟山市中小学（幼儿园）名师工作室建设与管理实施意见》，决定从2012年起在全市中小学（幼儿园）实施"名师工作室"制度，对名师工作室的性质与宗旨、职责与工作制度、人员选聘、管理与保障、组织领导、专家指导、工作考核、条件与经费保障等方面作出规定，并于2013年组建了70余个舟山市中小学（幼儿园）名师工作室。

四年多来，在教育系统全体同仁的推动和努力下，我市名师工作室作为一种教师专业发展共同体和教师研修、培养的模式，坚持理论引领，扎根课堂现实，通过名师课堂示范与点评、课堂教学专题讲座、同研共读、交流共享、教学反思、主题研修等活动方式，生动而富有成效地开展各类助教促学活动，越来越受到教育行政部门和各级学校的重视，成为中小学教师专业成长的重要平台，对全市中小学（幼儿园）教师队伍整体水平的提升产生了十分显著的作用。与传统教师专业共同体相比，名师工作室更能满足教师专业成长的需求，它在发挥名师引领作用、优质教学资源共享、促进中小学(幼儿园)教师专业发展和师资队伍均衡化等方面产生了显著效果,深受广大中小学(幼儿园)教师的喜爱。

名师培养与发挥名师引领作用是相互联系和互相促进的。名师培养是名师引领的前提,名师引领既是名师培养的目的,也是培养名师和促进名师成长的重要途径。在实践中只有把两者有机融合起来,才能达到最优的实际效果。同时,教师的成长受内外部多种因素的影响。就内部因素而言,教师的信念、职业道德、需要和动机、认知能力、知识和行为技能是影响教师成长的核心要素,而教师发展主体自身的实践活动是教师发展成长的根本动力。因而,培养名师,必须抓住这些核心要素和根本动力,针对教师发展实际,适时采取有效的方式和手段,引导教师开展专业发展学习和实践活动,促进教师不断进步和持续成长。

鉴此,为进一步提升我市名师的教学水平,加快名师个性化教学艺术和风格的形成和发展,促进名师专业成长,同时充分发挥名师的专业引领和示范辐射作用,舟山市教育学会、市中小学(幼儿园)名师管理办公室与浙江海洋大学教师教育学院共同开展"名师教学艺术提炼与成长经验总结"活动,旨在通过各名师教学艺术、成长经验和经典课堂的整理、总结、提炼和展示,深化名师对自身教学思想和行为的反思和提升,发展和推广名师教学艺术和经验,为青年教师提供可资学习和借鉴的榜样,促进名师教学经验分享和推广运用,从而全面提升全市教师的教学和专业发展水平。

"名师教学艺术与成长经验"收集了我市现任55位教学名师的教学艺术与成长经验,分上下两册。其中,上册包括学前教育、义务教育各文化学科28位名师的教学艺术与成长经验;下册包括普通高中、职业高中及中小学体育、美术各学科27位名师的教学艺术与成长经验。每位名师的教学艺术与成长经验介绍分四个模块,分别是人物档案、教学艺术、成长经验和经典课堂。这些教学艺术、成长经验和经典课堂,充分展示了各名师在学科教学中进行课堂设计、组织、实施的教学技巧和教学艺术,是从教学实践中不断优化和总结出来的宝贵教学经验和思想,反映了我市名师的教育智慧,既有深刻的教学体验、精细的教材剖析和别致的模式建构,又有透彻的教学研究、独特的人格展示和崇高的人文情怀,具有很强的实践指导、应用和推广价值。

　　值此本书出版之际，主编、浙江海洋大学宋秋前教授约我为之作序，我感到由衷的高兴。希望我市名师不断开拓创新，提高教学艺术和修养水平，更好发挥专业引领作用，充分依靠广大教师的集体智慧，扎实推进课堂教学改革和各项工作，积极探索进一步提高课堂教学有效性的方法和途径，为我市教育改革和发展创造出更多新鲜经验。

　　我们期待我市广大教师尤其是名师创造出更加丰硕、更加辉煌的育人业绩和教学成果！

　　是为序。

中共舟山市委教育工委书记

舟山市教育局党组书记、局长　　祝幸安

2017 年 1 月 5 日

目 录

教学名师:赵飞君

构建"学为中心"的小语课堂

人物档案

  赵飞君,中学高级教师,浙江省小学语文特级教师,现任岱山县教育发展研究中心副主任、小学语文教研员,舟山市小学语文名师工作室导师、浙江省小学语文网络名师工作室导师。先后荣获舟山市学科带头人、舟山市优秀教师、舟山市专业技术拔尖人才、浙江省基础教育课程改革先进个人、浙江省优秀教研员、浙江省"春蚕奖"等荣誉。

  从事教育工作 28 年。当一线教师的 15 年中,有 10 年任教于岱山最偏僻的小岛之一——东剑岛;任基层教研员的 13 年间,始终以全县小学语文教师的专业发展和全县孩子的快乐成长为己任,长期致力于"小学语文学导课堂构建"和"儿童阅读课程建设"的研究与推广,努力做好教师发展的领路人与儿童阅读的点灯人。

  多年来,围绕着"小学语文学导课堂构建"与"儿童阅读课程建设"两大研究项目,先后负责主持了十余项省市级课题的研究,其中"以绘本阅读为载体的低年级语文综合性学习研究""基于观察的小学语文课堂教学改进研究""基于'学导案'设计的小学语文课堂教学行为重构研究""小学语文课堂重构之逆向教学设计与运用探究"等四项课题获市一等奖及以上奖项,并在国家级、省级专业核心期刊发表专业论文近 40 篇。2013 年出版专著《儿童阅读课程化导引》。

教学艺术

构建"学为中心"的小语课堂

课堂教学改革，无论是在教育观念上，还是在教学结构上，都要朝着"以学生的学习为中心"这一核心内容发生转型，其关键在于以学定教，转变学生学习方式，实现每一位学生的学习权，最大限度地提升每一位学生的学习力。多年来我从以下四个方面进行了探索与提炼。

一、精准的学习目标与内容——开启基于学习起点的学习

任何学科，都要以精准的学习目标与内容为导向来开启学习旅程。语文学科确定学习目标与内容并非易事，这是因为语文教材是文选型的，教材的主体是一篇篇的课文，教师拿到课文要像课程研制专家和教材编写专家那样去挖掘学习的内容，难度可想而知，把握不准也就非常自然。

所以我在教学设计时会将精准的学习目标与内容作为第一要义，做到：依据课程总目标与学段目标；系统解读教材；准确分析学习起点。以上三点之间有着紧密的联系。课程总目标、学段目标与教材的内在体系能让我准确把握学生学习的逻辑起点，即学生在每一册、每一单元的学习中，知识与能力、过程与方法、情感态度与价值观三个维度的逻辑起点，搞清楚知识能力点之间的前后关联。

逻辑起点是以学生的类发展程度为依据的。在实践中，教师面对的是"具体的学生"，由于生与生、师与师、班与班之间的差距，逻辑起点有时并不等于现实起点。因此，确定学习目标与内容，不仅要在课前对所带班级学生的逻辑起点作出分析，还要对现实起点作出估计。课堂教学现场，更要密切关注学生的现实起点，根据实时情况对预设作出灵活的调整。如果课堂上对预设不能及时作出调整，也要在课后进行深度反思。

表1呈现的是人教版五年级下册《与象共舞》一课"领悟表达方法"板块的磨课记录。由于对学习起点估计不同，具体的学习活动不同，相应的学习效果也不同。

表1　五年级下册《与象共舞》"领悟表达方法"板块的磨课

磨课阶段	学习目标与内容	学习活动	现场效果	学习起点估计得与失
第一次磨课	初步领悟本文段落结构以及场景描写的特点。	分两次领悟，第一次在初读阶段，先概括每个自然段的大意，再发现自然段写法的特点；第二次在体会场景之后，由老师领着学生说一说场景描写的方法。	费时多，学生兴趣不大。	低估了学习起点。
第二次磨课	自主发现本文场景描写以及构段方式、行文结构等写法上的特点。	作为一个大板块，让学生自主发现，教师只提出一个问题：你发现这篇课文在写法上有哪些特点？	学生只发现自然段构段方式，无法发现行文结构与场景描写的特点。	高估学习起点，教师基本不作为。

磨课阶段	学习目标与内容	学习活动	现场效果	学习起点估计得与失
第三次磨课	小组协同探究,初步领悟本文场景描写以及构段方式、行文结构等写法上的特点。	小组协同探究文本写法,学习单提示探究的角度。 1.场景描写很有特色:_____ 2.自然段的写法有相似之处:_____ 3.段与段之间有一定的联系:_____ 4.……	学生学习情绪高,每个小组至少发现两个特点。	充分考虑五年级孩子的逻辑起点与这个班级学生的现实起点,做到以学定教,学习单导学效果好。

二、明确的主问题——引领任务驱动式的深度学习

在课堂教学中,我们往往是依托具体的问题将学习目标转化为学习任务,所以问题的设计尤为重要。主问题是相对于语文课堂上随意的连问、简单的追问和习惯性的碎问而言的,它的设计着眼于引领学生围绕目标开展较长时间的有深度的课堂学习活动,一个主问题一般都对应一个相对独立的教学板块,由几个主问题组织起来的课堂活动就呈"板块式"结构。

主问题的设计有指向性、挑战性、情趣性三个要求。指向性指主问题表达要明确,能将学习目标转化为学习任务;挑战性指主问题要有思维含量,能引导学生开展较长时间的有深度的学习活动;情趣性指主问题的表述不能太理性,要考虑学生的年龄特点,能激发学生学习思考的兴趣。

主问题从设计的角度及其承载的内容来看,可以有各种不同的分类。比如从主问题所指向的语文能力来看,可以分为理解内容的主问题、阐述观点的主问题、领悟表达的主问题、体验情感的主问题、欣赏语言的主问题等。根据主问题的探索含量,又可以分为事实性问题、陈述性问题、诠释性问题、延伸性问题等。表2中所列举的是指向阅读能力的主问题。

表2　指向阅读能力的主问题列举

课　文	主　问　题	作　用
五年级(上)《圆明园的毁灭》	自由读第三自然段,一边读一边想象,你联想到了什么或者仿佛看到了什么?	理解内容——感受理解圆明园昔日的辉煌需借助多种手段,想象是其中的一种。在联系背景知识想象的基础上再欣赏图片,才能由文字入情入境。
六年级(下)《一夜的工作》	总理审阅文件时的每一个动作乃至每一个细节,有没有出乎你意料的地方?	体验情感——在细节的品味与认知的冲突中体验情感。
六年级(上)《金色的脚印》	如果你是正太狼,你会帮小狐狸解开铁链吗?联系课文内容来谈理由。	阐述观点——联系文中相关内容,有理有据地阐述自己的观点。
六年级(上)《别饿坏了那匹马》	课文哪些地方暗示了没有马?	领悟写法——通过找"暗示没有马"的人物描写,初步领悟伏笔的表达方法。

构建"学为中心"的小语课堂

课 文	主 问 题	作 用
六年级(上)《这片土地是神圣的》	选择一个自然段来探究一下,西雅图的演讲如此打动人、如此具有感染力,除了内心饱含的深情之外,在语言表达上有什么秘诀?	欣赏语言——在朗读打动自己的句段,体会到作者内心饱含深情的基础上,再探究语言富有感染力的奥秘,使语言的欣赏避免了理性的分析。
五年级(下)《凤辣子初见林黛玉》	初读课文后,凤辣子给你留下了怎样的印象?细细品读她的言行之后,印象有了什么转变?	展露认识变化,渗透阅读方法——两次印象,比较初读与深读后的认识变化,渗透小说阅读中准确感受人物形象的方法。

三、放大的学习活动——切实转变学生学习方式

"放大的学习活动"是针对传统课堂"重教师教、轻学生学"的弊端提出来的,意即让学生的学习活动充分展开。课堂学习活动,从组织的角度来看,可分为个体独立学习、小组合作学习与全班交流展示学习。其中个体独立学习追求积极主动,合作学习追求精细化和有效,交流展示学习追求多向互动。下文着重谈合作学习与交流展示学习的有效开展。

1. 合作学习精细化的四大操作要领

合作学习对于课堂学习的最大意义在于实现每一个孩子在课堂上的学习权,实现冲刺与挑战的学习。因为即使是再出色的教师,也不可能仅凭一己之力实现每一位学生的学习权,而是需要构筑学生之间的合作学习关系。

合作学习如果只是粗线条地提出一个问题,让小组讨论一下,效果会非常不尽如人意。因此,需要对如何讨论,通过讨论要达到怎样的效果,讨论之后的结果如何进行全班性的展示等作出精细化的构想。在实践中,我们提炼出让合作学习精细化的常规细则与操作要领。

操作要领一:任务具有挑战性与开放性

课堂上要实现每一位学生真正的学习,学习任务要设定在最近发展区。班级内不同层次的学生,最近发展区是有层级区别的。当前,我们还做不到学习任务的差异化,但可以努力让合作任务贴近上层学生的最近发展区,而学习的过程与方法则针对低水平学生来设置梯度。

操作要领二:学习流程明晰

以口头陈述或者文字呈现的形式明确提示合作流程,包括独立学习的准备、合作学习的方式、合作成果的呈现形式与交流方式等。只有学生明确了学习活动的每一步,才会顺利而投入地开展活动。如笼统概述,那学习活动效果一定会大打折扣。

操作要领三:学习成果尽可能物化外显

合作学习的成果最好能做到口头表达与物化展示相结合,好比是听广播与看电视,有的内容光听就可以了,有的内容光听还不行,配合着看画面、图表、文字,效果才好。因孩子年龄与思维发展的特点,特别需要将讨论的结果物化出来。

操作要领四:合作方式与合作任务相匹配

语文课堂的合作更多地表现为讨论与分享,不同的学习内容与目标,讨论与分享的方式也有差别。在实践中,我们提炼出与学习目标、学习内容相匹配的多种合作方式,有协同

探究式、互补统整式、交流分享式、思维碰撞式、互助检查式等。

如图1所示,协同探究式合作学习单较好地体现了合作学习的四大操作要领。

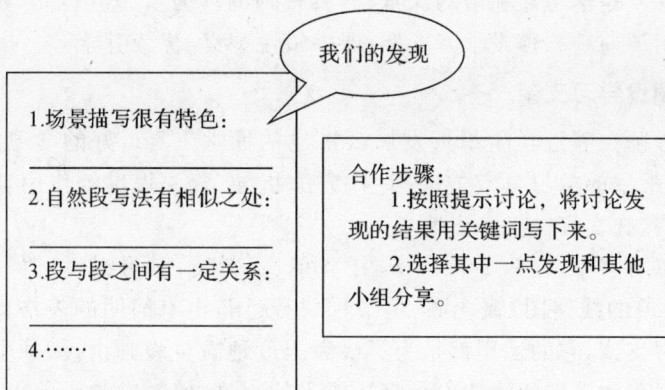

图1　人教版小学语文五年级下册《与象共舞》小组协同探究学习单

2. 交流展示多向互动的三大策略

交流展示是基于个体学习或合作学习的全班性交流,交流展示既是课堂上必不可少的学习活动,也是一种学习的方式。

传统课堂上的交流展示学习主要存在以下三个问题:集体交流展示与个体学习、合作学习相脱节,名为交流展示,实则教师按照自己的预设一步步引导学习;教师缺少推进生生之间交流讨论的意识与技巧,将本该由学生之间接话、补充、追问、应答、联结的事情都越俎代庖了,集体的交流展示成为师与生一对一的对话;交流展示成为高学力学生的平台,其他学生成为观众。

为解决以上三个问题,我们提炼出了三个让交流展示多向互动的策略。

策略一:身体参与学习。学习是身体、认知、情绪、环境的综合作用。在我们的课堂上,看到最多的学生身体倾向是,面对着讲台前的老师背对着所有的同学。这样的身体倾向是难以引发生与生之间的关注、倾听、认知、关爱的。其实,简单的身体位置变换就能改变这一状况,那就是尽可能让发言的同学与倾听的同学面对面。教师则走下讲台站在一边安静地观察与聆听,并提醒学生变换身体的位置,尽可能面对同学,而不是面对老师。

策略二:有媒介的支持。学生的交流展示并非只是靠嘴巴说与耳朵听,而是同时要眼睛看。看什么呢?看说的内容,想办法让说的内容让同学们看得到。比如投影出示书中的圈画批注;比如用记号笔将学习思考的结果记录在大一点的纸上,贴到黑板上;比如用电子白板交互技术作支撑等。

策略三:教师介入适度。在交流展示环节,教师摆正自己组织者的角色,尽量减少传授者角色的讲授、接话、回应,要善于捕捉交互讨论的点,引发生与生、组与组之间的比较、补充、追问、回应、争辩、串联等,在此基础上适当做总结与提升。

四、适切的导学策略——实现教师角色从"教"到"导"的转变

学生毕竟是学生,课堂上的个体学习、合作学习与交流展示学习都离不开教师的组织引导。课标提出教师是学生学习的组织者与引导者,而要成为智慧的引导者,首先需要成为敏锐的观察者。在传统课堂上，我们教师的角色往往经不起推敲，既越位又缺位，越位的是讲授者与提问者的角色，缺位的是观察者与引导者的角色。

学为中心的课堂是学与导和谐的课堂，需要教师的行为由"教"转向"导"，为学而导、以导助学，努力做到：课前精心预设学习支架，课中敏锐观察、智慧引导。

1. 课前精心预设学习支架

学习支架是教师在邻近学生最近发展区搭建的助学工具。好的学习支架是内容与形式的和谐统一，对学生的学习具有方向指引、方法指导、资源提供等作用，既让孩子明确学什么，又引导孩子扎扎实实一步一步地学。

学习支架可以有多个名字，如自读卡、任务单、资料袋、学习锦囊、学习提示等，也可以有多种形式，有形象的线路图、概念圈、情节梯、树权图，也有简明的表格、文字说明等。无论哪种形式的学习支架，它的运用都是为了最大限度地减少教师讲授、师生问答的时间，让学生在亲历学习过程中获得阅读能力和表达能力的提升，使教学预设的出发点和归宿真正转移到"为学生的学"上，为提高学生的学习情趣和学习能力服务。

上文列举的《与象共舞》一文的小组协同探究学习单就是一种文字说明式的学习支架，重点提示：思考的方向、学习结果记录的方法、交流展示的方式。

下面再列举几种学习支架。

（1）指向内容梳理的学习支架，如图2所示。

图2　四年级（上）《猫》的学习支架

（2）指向对比感悟的学习支架，如六年级（上）《穷人》。

故事中的穷人非常贫穷，但是又非常富有，他们的生活贫穷到了怎样的地步？精神又富有到了怎样的地步？先把词语批注在相关内容边上，再记录在表3中。

表3　词语记录表

穷人	贫穷	家徒四壁
	富有	家温暖舒适

（3）指向观点统整的学习支架，如六年级（上）《金色的脚印》。

话题:如果你是正太郎,你会选择帮小狐狸解开铁链还是不解开?

①按照解开与不解开两种观点,就近分组。

②每位同学各自从书中找到理由,将关键词批注在句子旁。

③小组讨论,将关键词填入理由圈中(图3)。

④派一位代表跟其他小组交流。

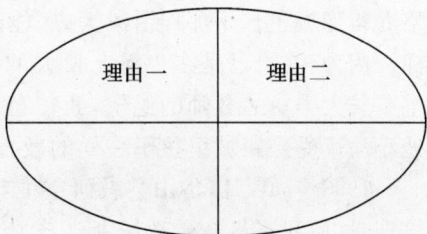

图3　理由圈

2. 课中敏锐观察,智慧引导

教师在课堂上的导学是以敏锐观察为基础的生成性引导。作为敏锐的观察者,在学生个体学习与合作学习过程中,教师不作无所作为的巡视,而是要深入小组中间,俯身到各个层次的学生身边,倾听、观察学生的学习状态、学习方法、学习进程,以高度的敏锐性判断学习的成效,并以学生学习的成效来反观教师教学预设的适切性。

巡视观察的过程中力求有六大发现,进而提供有针对性的引导与帮助:

(1)发现需要帮助的小组与个人,及时提供帮助。

(2)发现学习的速度,从而调整各板块与环节实际需要的学习时间。

(3)发现预设目标与学生实际学习成效的差距,进而调整预设。

(4)发现典型的错误,进而想好如何利用错误资源,使之成为全班学习提高的契机。

(5)发现个性化的亮点,进而想好如何放大亮点,使之成为全班同学共同的财富。

(6)发现学生学习中普遍性的困难,及时出手巧妙引导,帮助化解难题。对思路堵塞的学生予以疏导,思维单一的学生帮助发散,理解偏颇的学生予以点拨,不能抽象的学生帮助概括提炼等。

方向、努力、团队

我是一个生于海岛、长于海岛的小学语文教师、教研员。从教28年来,从事一线教师工作15年,教研员工作13年。当一线教师的15年间,有10年是在岱山最偏僻的小岛之一——东剑岛上度过的。地域的局限并不能牵绊追求理想的脚步,回想28年的教育教学历程,发现自己的成长可以分成三个不同的阶段:激情燃烧的初职10年、专业发展的黄金5年、充满挑战的教研员工作13年。各个阶段的成长都离不开:符合发展规律的育人目标、坚持不懈的努力、志同道合的团队伙伴。

一、符合发展规律的育人目标是成长的指明灯

教师的成长与学生的成长是一体的,一位教师若能根据教育教学规律与学生成长的规律确定培养目标,并向着这一目标持续不懈地努力,就能在成就学生的同时成就自己。回想我自己的成长,庆幸在不同的阶段均把握住了正确的育人方向。

记得刚毕业那几年,还是大孩子的我,有一个朴素而强烈的念想——把小岛上的孩子培养得像城里孩子那样活泼大方、能说会道。这个念想也可以说是我初入职几年的育人目标。因为，我自己是在小岛上长大的，是我那些扎根小岛敬业执着而无私的老师们让我萌生了长大当一名教师的愿望，我羡慕城里孩子的外在条件与内在气质，我要让我的学生身处小岛享受到跟城里孩子一样的教育。

1993年10月，岱山县教研室推荐我到浙江教育学院参加为期三个月的省教坛新秀班培训，这使我有机会受教于浙江省众多的专家、特级教师。宝贵的进修学习机会使我如饥似渴。也就是在那时，我读了不少教育教学专著，最让我震撼的是苏霍姆林斯基的《给教师的一百条建议》，是这本书让我对自己的教书育人有了更高的追求，那就是"有真爱才有真教育"。我摒弃了以往急于求成的做法，尝试从孩子的个性与智能特点出发进行教育教学，对于因材施教有了初步的实践与体验。

2001年，我被调到岱山新成立的岱山实验学校。那是一所以小班化教学为特色的现代化学校，创建之初只有五个班级、15位教师。教育局扶持力度很大，对老师的要求也很高。我跟同事们一起，牢牢把握"让各类学生都得到发展，让每位学生都体验成功"的理念，进行了三个方面的潜心探索：精心设计教学，备课时考虑到每一类学生甚至每一位学生的发展需求；精心组织教学，注重学习方式与组织形式的转变，落实小组合作学习与个别辅导；精心设计丰富多样的体验性学习活动，开展面向小组的捆绑式评价与面向个体的多元化评价。两年的辛勤付出，使我对小班化育人理念有了比较深刻的理解，对于新课程所倡导的自主、合作、探究的学习方式，也有了一定的实践体验。

2003年，我被调到岱山县教育局教研室任小学语文教研员，作为一名教研员，方向的引领与理念的更新至关重要。我相信一个人无论身在何处，只要肯阅读，就能站在巨人的肩膀上，与高尚的灵魂对话，吸取人类思想的智慧与精华。正是阅读，让我的理念不断更新，为全县的小学语文教学改革指引了方向，如王荣生教授的《语文课程论基础》《阅读教学设计秘诀》、吴忠豪教授的《外国小学语文教学研究》、佐藤学先生的《学校的挑战——创建学习共同体》、赵镜中先生的《提升阅读力的教与学》等。这些专著的阅读，让我得以站在课程的高度来反思语文教学的诟病，也让我得以冷静面对课改中纷繁复杂的现象，牢牢把握语文教育教学的本真，不至于因为盲目跟风而偏离正确的方向。

二、坚持不懈的努力是成长的基石

教师工作繁忙琐碎，又有很强的专业性。回顾自己的专业成长经历，我认为，无论哪个年龄阶段的教师，专业成长都离不开三个方面的努力：一丝不苟的备课上课、一个领域的坚持坚守、专业的思考与写作。

记得在东剑中心小学的那10年中，为了让我的学生能像城里孩子那样"能说会道、爱读乐写"，我每天不知疲倦地备课上课、反思改进。工作的第三个年头，县教研室组织同届新教师上县级汇报课，我们学校的教导主任——陈肖女老师，带着我反复磨课，磨了不下5遍。正是那节课让我在同届教师中脱颖而出，也就有了县教研室推荐我参加省教坛新秀班脱产培训的宝贵机会。

1998年，我告别工作了10年的东剑中心小学，来到了城区学校。当时，我是一个人带着读幼儿园的女儿在高亭。三年的光阴中，特别难忘的是：每个晚上给女儿讲故事到她入睡，再备课到大概11点。尽管有点疲惫，但是从来没有想过备课可以马虎些。现在想来，教材解读的基本功、教学设计的能力,就是这样磨炼出来的。

语文学科需要研究的内容与领域多,每位教师又有自己的特长兴趣,如果能在某个领域持续探索,必将会有意想不到的收获。因为坚信成功的语文教学一定要在小学阶段培养起孩子的阅读习惯与兴趣,所以我在儿童阅读课程建设领域坚持了十几年。

从 2003 年走上教研员工作岗位的那一天起,我就立志:要让岱山的每一个孩子,不论身处城镇还是小岛都能享受到阅读的快乐;要让岱山的每一位语文教师都能跟孩子同阅读共成长。为了这一高远的目标,自 2005 年下半年起,在全县各小学启动"儿童阅读课程化"的探索与实践。从组队赴扬州——亲近母语的发源地——学习取经到邀请专家到岱山实地指导;从组织老师观摩各届"全国班级读书会"到参加"千岛湖儿童阅读体验式研习营活动";从县级书香班级的一年年评比到各年级读书会课例的一遍遍修改;从文学类作品的指导交流到人文类科普类作品的指导交流……十年如一日地不懈探索,终见星星之火燎原。如今,越来越多的教师、孩子、家长的阅读心灯被点亮,儿童阅读课程化实施已成为我县语文课程改革的一大亮点。

勤于笔耕是教师专业发展重要的攀升方式。尽管专业写作是一件并不轻松甚至痛苦的事,但有一点可以相信,文章会越写越顺,思路会越写越开阔,思想会越写越深刻。从 2012 年开始,我花了将近两年时间将 8 年的儿童阅读课程化建设的探索实践,提炼总结成专著《儿童阅读课程化导引》。除此之外,对于语文课程、教材与教学改革中每一个阶段的收获反思,我都会梳理成专业研究论文。十几年来,我有近 40 篇专业论文发表于《小学语文教学》《小学语文教师》《小学教学设计》《教学月刊》等国家级、省级专业核心期刊。

三、志同道合的团队伙伴是成长的不竭动力

专业的研究与实践尽管有乐趣,但毕竟是辛苦的。而志同道合的专业团队能给予个体源源不断的动力。

在东剑中心小学那十年的成长,离不开志同道合的团队活动。由于县教育局对偏僻小岛的扶持,那时的东剑中心小学有好几位年龄相仿的师范毕业生。那可真是一段激情燃烧的岁月。我们把淳朴的学生看成待开垦的田园,不知疲倦地备课、上课、批改、辅导,搞教研活动,组织丰富多彩的课外活动。我们眼见着孩子们一天天活泼起来、灵动起来,在县里的文艺演出、演讲比赛、班队课评比、作文比赛中频频获奖,东剑中心小学也由一所薄弱学校发展成为全县农村学校的先进典型。

在高亭小学和岱山实验学校的五年同样离不开教研团队的帮助。高亭小学是我县一所有着近百年历史的老牌名校,有着深厚的文化底蕴与敬业的教师团队。当时的我是在资深的骨干教师的引领之下,在良好的教研氛围之中,进行着课堂的打磨,使课堂教学一步步走向成熟。

走上教研员工作岗位之后,我一边努力打造着教师专业研究共同体,一边在团队中获取智慧与力量。我紧紧依靠集体的智慧跟我县 200 多位语文教师一起研究,一起探索。每一两年我都会根据全县语文课改的阶段性主题申报一个省级课题,至今已主持了十余项省市级课题的研究。每一项课题,我都创造性地与学校、教师合作组建"课题研究共同体",以合作开放的心态,求真务实的态度,将教研训一体化的思想落实于研究的过程,并将研究成果进行区域共享。2013 年,根据省市教育部门的要求组建省市名师工作室以来,我跟工作室的伙伴们以情感凝心,以共同的美好愿景聚力,合力开展项目研修,合力创建优质网络资

源库……

每个人的成长都是不可复制的,每个人来到世上都是有自己的使命。选择了教师职业,就是选择了与阅读为伴,与研究同行,与学生共成长。

经典课堂

《这片土地是神圣的》导学设计

学习总目标

1.学写 8 个生字,正确读写"圣洁、善待、眷恋、滋养"等 13 个词语。

2.能正确、流利、有感情地朗读课文,体会作者对土地的无比热爱与眷恋之情。

3.诵读感受最深的句段,通过语调、韵律、节奏等体味字里行间所表达的深沉的情感以及表达上(善于联想与想象,富有节奏与韵律)的特点。

4.受到课文深沉情感与优美表达的感染和激励,能学着表达对美好的自然环境以及人与自然和谐相处等的向往与追求。

* 5.通过拓展性的对比阅读,比较深入地了解演讲稿的特点。(弹性目标)

教学时间

2 课时

第一课时

一、学习目标

1.学写 8 个生字,正确读写"圣洁、善待、眷恋、滋养"等 13 个词语。

2.能正确、流利、有感情地朗读课文,初步感受作者对土地的无比热爱与眷恋之情。

3.诵读第1～3 自然段中感受最深的句段,通过语调、韵律、节奏等体味字里行间所表达的深沉的情感以及表达上(善于联想与想象,富有节奏与韵律)的特点。

二、教学流程

板块一　整体感知

【阅读策略】　激活先备知识　丰富背景知识　抓重点句

【过程预设】

1.如果你有一件珍贵的物品,不得不出让给别人,你会告诉对方些什么?(说明什么?叮咛什么?)同桌讨论,尝试整理出共同的角度。(说明这件物品对你的重要性,珍贵之处,与物品的情感等;叮咛好好珍惜与保护等。)

2.师背景介绍(土地出让的背景以及文体)。

3.听范读(在听读中初步了解演说的特点:观点的现实性、情感的说服力、语言的感染力等)。

4.自读、思考并讨论:西雅图酋长在这篇著名的演讲稿中,向美国政府说明了什么?叮咛了什么?(可以从文中找出概括性的句子、反复出现的句子。)

【设计意图】 《这片土地是神圣的》是一篇演讲稿,学生阅读这篇课文最大的困难在于缺少背景知识,包括文体的背景知识与西雅图土地出让的背景知识。这一板块的教学从生活中的相关体验引入,并通过介绍背景知识与听教师范读等策略,来拉近学生与课文的差距,水到渠成地帮助学生把握主要内容,理清写作顺序。

板块二　诵读体味第1~3自然段

【过程预设】

1.自读自悟。课文开头说,"对我们这个民族来说,这片土地的每一部分都是神圣的",可见印第安人对土地的崇敬之情。你能从2、3两个自然段中感受到印第安人对土地的崇敬吗? 你能选择特别打动你的句段读出崇敬之情吗?

反馈展示:选择特别打动自己的句段读给同学们听,简单谈谈自己的感受。

2.同桌探究。选择一个自然段来探究一下,西雅图的演讲如此打动人、如此具有感染力,除了内心饱含的深情之外,在语言表达上有什么秘诀。

3.集体交流,教师即时点拨,并提醒学生将词语(表达秘诀)批注在句段旁边。(估计学生能发现表达上的三个特点:丰富的想象;比喻、拟人的手法;文字的节奏与韵味。教师可以适当渗透对举手法,因为第2、3自然段中文字的节奏与韵律正是源自对举手法的精妙运用。尽管小学里不要求掌握对举手法,但在我们的小学语文课文中常有出现,在学生有所感知的情况下适当渗透有利于提高学生对文字表达的敏感性。将表达秘诀批注在句段边上不仅是教给学生作批注的方法,也是为第二课时自读自悟第4~8自然段的表达特点作铺垫。)

4.自由选择一个自然段熟读成诵,为了增加情趣性,可以同桌的两个同学合作。

【设计意图】 这是一篇非常适合诵读的文章。《语文课程标准》指出,第三学段的诵读要"注意通过语调、韵律、节奏等体味作品的内容和情感"。所以,诵读绝非简单的读读背背,而是需要入情入境。这一板块四个学习步骤的预设正是为了让学生充分经历情感的体验过程、写法的探究过程与语言的滋养过程。

板块三　字词句巩固练习

【过程预设】

1.句群练习。

(1)读课后练习2中的三个句子,发现共同之处。(概括地写出了人类与大地的关系)

(2)从文中找出类似的句子。

(3)把几句话连成句群来读,并联系上下文和生活实际谈谈自己的理解。

人类是大地的一部分,大地也是人类的一部分。

我们和大地上的山峦河流、动物植物共同属于一个家园。

大地不属于人类,而人类是属于大地的。

任何降临在大地上的事,终究会降临在大地的孩子身上。

2.词语抄写练习,将本课要求写的8个字组成词语抄写下来。

3.完成课堂作业本中的字词练习。

【设计意图】 课文中有不少表示人类与大地关系的句子,相互之间有内在的联系。为了避免理解时的就句而句,将句子连成句群,谈对句群的理解,渗透了系统思维的练习。将要求写的字组成词语抄写下来旨在积累巩固常用词语。

第二课时

一、学习目标

1.诵读第二部分(第4～8自然段)中感受最深的句段,通过语调、韵律、节奏等体味字里行间所表达的深沉的情感以及表达上(善于联想与想象,富有节奏与韵律)的特点。

2.受到课文深沉情感与优美表达的感染和激励,能学着表达对美好的自然环境以及人与自然和谐相处等的向往和追求。

* 3.通过拓展性的对比阅读,比较深入地了解演讲稿的特点。（弹性目标）

二、教学流程

板块一 诵读体味第4～8自然段

【问题设计】 你能从第4～8自然段中发现表达上的什么秘诀吗?

【过程预设】

1.回顾引入。引背第2、3自然段,回顾让文字富有感染力的秘诀。

2.自读自悟,并批注自己发现的让文字富有感染力的秘诀。

课文的第二部分用一咏三叹的形式一再叮嘱:"如果我们放弃这片土地,转让给你们,你们一定要记住:这片土地是神圣的。"让每一个读者都为之动容。你能从第4～8自然段中发现表达上的什么秘诀吗?（出示学习步骤）

学习步骤：

(1)轻轻地读第4～8自然段,你又能在这一部分发现表达上的什么秘诀。在句段旁边注上词语。

(2)选择感受最深的句段,反复诵读。

3.小组内交流。（借助温馨提示）

温馨提示：

(1)选择感受最深的句段,读给小组内同学听,并谈谈自己所发现的表达上的秘诀。

(2)在听的过程中要相互回应,比如:对同学发现的表达秘诀表示同意或者提出疑问;对同学的朗读进行夸赞或者提出读得更好的建议等。

4.小组代表合作发表演说。小组推荐代表,不同小组的三个代表合作发表演说(一人两个自然段)。由听的同学选出最能打动人的演说者。

【设计意图】 这一板块是第一课时第二板块学习的延伸,旨在进一步发现表达秘诀,体会情感,练习诵读,并以学生的学习为中心来设计教学流程。从自读自悟做批注到小组内交流,再到小组代表合作发表演说,并非平面展示,而是追求相互的碰撞、对话与生成。自读自悟时"学习步骤"的出示与小组内交流时"温馨提示"的出示体现了对学习过程的精细化设计,保证了自主学习与合作学习的有效性。

板块二　表达向往与追求

【小练笔】 从以下两题中任选一题写一段演说稿,写完后在小组内发表演说,相互评价是否具有感染力,并根据同学的评价作修改。

1.学习课文的表达方式,写一段演说稿。(运用联想与想象来表达自己的感受,使语言富有节奏与感染力)

当河水不再清澈,＿＿＿＿＿＿＿＿＿＿＿＿＿＿＿＿＿＿＿＿＿＿＿＿＿

当空气不再清新,＿＿＿＿＿＿＿＿＿＿＿＿＿＿＿＿＿＿＿＿＿＿＿＿＿＿

当动物没有了家园,＿＿＿＿＿＿＿＿＿＿＿＿＿＿＿＿＿＿＿＿＿＿＿＿

当＿＿＿＿＿＿＿＿＿＿＿＿＿＿＿＿＿＿＿＿＿＿＿＿＿＿＿＿＿＿＿＿＿

2.将自己观察发现的家乡土地上的美好景象写成一段演说稿。

在这片充满希望的土地上,＿＿＿＿＿＿＿＿＿＿＿＿＿＿＿＿＿＿＿＿＿

＿＿＿＿＿＿＿＿＿＿＿＿＿＿＿＿＿＿＿＿＿＿＿＿＿＿＿＿＿＿＿＿＿＿＿

【设计意图】 《语文课程标准》指出,第三学段的阅读教学,要让学生受到优秀作品的感染和激励,向往和追求美好的理想。《这片土地是神圣的》被誉为有史以来在环保方面最动人心弦的演说。每一个读者阅读之后都会深受感染。这一板块的设计,旨在让学生将内心涌动的向往与追求进行外显表达,并迁移运用演讲稿的表达方法,使情感与表达都得以提升。考虑到学情,教师创设了两个情境并分别提供了首句,体现了"为学而导、以导助学"的理念。

板块三　拓展阅读演讲稿

【阅读方法】 对比阅读。

【辅助工具】 对照表,见表4。

表4　对照表

演讲稿	《这片土地是神圣的》	《誓死保卫独立》
作者	西雅图	胡亚雷斯
观点	这片土地是神圣的	
内容	总起:这片土地是神圣的。 分述:善待河水、照管好空气、照顾好动物。 总结:人类属于大地,而大地不属于人类。	(在文中画重点句) 回顾:＿＿＿＿＿＿＿＿＿ 展望:＿＿＿＿＿＿＿＿＿
表达	1.深沉的情感。 2.丰富的联想与想象。 3.富有节奏与韵律。	
演讲稿特点		

【设计意图】 此板块为弹性设计,学有余力的班级可以开展小组协同阅读探究。对比阅读是体现整合理念的阅读方法,有利于知识的结构化与系统化。这一板块的对比阅读有利于学生比较全面深入地了解演讲稿这一文体的一般特点,为今后学习、工作、生活中的阅读学习与发表演说奠定基础。对照表不是书面作业,而是为学生的阅读思考提供方向、路径与方法,所以对照表的填写尽可能简化,比如注明"在文中画重点句",已经填写的部分用词也尽可能简洁。

构建「学为中心」的小语课堂

教学名师：林　丽

以趣激学，让学生乐学语文

人物档案

　　林丽，中学高级教师，2013 年获正高级职称。现任舟山市定海小学校长，党支部书记，舟山市第四次、第五次、第六次党代会代表；市、区教育学会会员；市小语理事会副会长、区小语理事会会长。1981 年进入舟山师范学校学习，1984 年分配到普陀区沈家门第一小学工作。1992 年调入舟山小学工作，2001 年调入定海小学工作。曾 60 多次在全国、省、市、区范围内上公开课，40 多篇论文、课题结题报告在全国、省、市获奖或发表。2009 年开始成立"林丽工作室"，带徒 35 名，培养了区级骨干教师 12 名。

　　从教 32 年来，坚持"以朴素的教育情怀做最美的教育"，在教育教学的园地里取得了丰硕的成果。曾被评为全国教育系统先进工作者、全国教育系统巾帼建功标兵、全国特色教育先进工作者、省市优秀教师、省教科研先进个人、省家庭教育先进工作者、市首届海岛园丁奖、市资深拔尖人才、市师德标兵、市新长征突击手、市优秀共产党员、市语文学科带头人、市巾帼文明示范员，三次被评为区先进生产工作者。

一、以课堂导入的趣味性激发孩子的学习积极性

"良好的开端是成功的一半。"语文课堂阅读教学中,导入是一个重要的教学环节。设计好的导入,能为孩子学习文本作铺垫,能激发孩子的学习兴趣,提高孩子的学习积极性和学习的有效性。

(1)设计情景导入。设计与教学内容密切相关的情景导入新课,使孩子身临其境,增强教学的形象性,激发孩子的学习兴趣。

(2)选择故事导入。精彩的故事往往引人入胜,令人回味无穷,能引起孩子浓厚的学习兴趣和强烈的倾听欲望。抓住孩子的这个心理特征,运用一些成语故事、寓言故事、童话故事、民间传说及名人轶事,让孩子乐在其中,期盼课堂教学,既可激发孩子对文本内容的学习兴趣和求知欲,又易于孩子领悟教材的内容。

(3)安排谜语导入。充分利用孩子喜欢猜谜语的心理特征,把与教学内容相关的某一个知识点编成谜语导入新课,能较好地提高教学效果。

(4)采用歌曲导入。根据课文内容选择孩子喜欢的歌曲导入新课,容易把孩子带入课堂,一方面有利于孩子把握课文的情感,激发孩子的学习兴趣,另一方面还能实现学科重组,教学效果不言而喻。

(5)设置悬念导入。根据课文内容设计带悬念的问题导入,给孩子一种神秘感,能激发孩子的好奇心和求知欲,往往能收到事半功倍的教学效果。

二、"课堂上师生角色的转换"提高学习的有效性

办公室里,常常听到老师抱怨学生上课不会听讲,我觉得教师也应反省自己:教学环节安排是否恰当?教学方法是否能激发学生的兴趣?我在语文教学中,常通过采用"教与考"的方法,互换师生角色,突出学生的主体性,强调教学的及时反馈,把学生的思维引向深入,使学生学得更主动、更有兴趣、更扎实有效。

"教与考"的方法非常简单,就是新授结束后,安排一个"考考林小丽"环节,要求学生从"字音、字形、字义、课文内容"以及"学习过程中还没有弄懂的问题"来"考考林小丽",旨在通过"考考林小丽"环节,激发学生的学习兴趣,引导学生主动思考问题,自觉地巩固新学的知识,并在这一环节中学会对话的技巧。

(1)如教学《司马光》一文后,继续"考考林小丽"环节。在完成"音、形、义"的考查后,学生小李:考考林小丽,司马光砸缸时,石头砸在缸的哪个位置小朋友才能得救?

师:砸在缸的最上面,孩子就能得救了。

生:林小丽好好动脑筋,石头砸在最上面,下面的水流不出去,孩子还是会被淹死的。

师:小李同学,通过你的启发,我明白了,石头应该砸在最下面,这样水都流掉了,小朋友就得救了。谢谢你的帮助!

生:林小丽还是挺会动脑筋的。继续努力哦。

考查中,师生的对话交流、智慧碰撞,使文本中暗藏的情感、思想得到多元的解读,进而将学生的思维引向深入,使学生的思想走向深刻。当符合学生内在需要的话题上升为学习

活动的核心时,师生、生生之间以语言为媒介的沟通交流就成了一种思想的交锋、情感的交融、精神的际会,从而达成视界的融合。

(2)教学《乌鸦喝水》一文后,孩子们得出"这是一只聪明的乌鸦"后,又到了"考考林小丽"的时间。

生:考考林小丽,乌鸦要想喝到水,除了课文中说的办法,就没有其他更好的办法了吗?

师:我怎么没有想到呢?你有吗?

学生小胡:有啊,可以到乡下水库去喝。

师:太远了。

学生小胡:到肯德基喝可乐去。

师:没有钱。

生:向肯德基店要一根吸管不是能喝到水了吗?

师:你很会动脑筋,我佩服你。大家都来表扬你!(全班鼓掌)

这时,平时最不爱说话且比较木讷的小任同学说:林小丽,杯子里放进那么多的石子,水也不干净了,是不是还能喝呢?

师:(一时语塞)啊,林小丽的确没有大家会思考。是啊,光顾着能不能喝到水,没考虑到卫生啦,原来你不但会动脑,而且做事想得很周到,有很强的卫生意识。我要向你学习。

……就这样,学生在宽松自在的氛围中通过"考考林小丽",尽情表达自己的所思所得,充分展现自己与别人的差异,进行思维的交叉互补修正,进行自发反馈、调整补救,到下课时还意犹未尽,大大提高了教学效果。

三、"写话配画"提高孩子的写作能力

心理学研究表明:孩子是靠形象去认识世界的,孩子在感受形象时,观察的客体和词语之间就会建立相应的联系,就会产生"视觉经验的词语化",即词和形象沟通起来。与此同时,语言及思维也随之发展。而图画是孩子容易感知的直观形象之一,利用图画,可以启发孩子想象,开拓思路,培养孩子的创造精神。所以,低年级孩子的写作训练的形式以"看图写画"居多。但是,我在教学中发现,每次训练,让低年级孩子动笔写在纸上,正正规规的,孩子觉得单调、乏味。如何让孩子在写作中感到"易、趣、活"?我借鉴课文插图的方法,在低年级写作训练中,进行写话配画训练,让孩子自己画自己写,收到非常好的效果。

写话配画,就是让孩子写话加插画,一般是先写话,再配画。孩子完成写话任务后,教师指导孩子根据主要内容,选取主要人物、场面等,配上图画。画面为单幅、多幅不等,画面的位置根据自己的审美要求进行安排。但画面内容必须与"话"的主要内容相吻合。如写《下课了,操场上热闹起来了》,让孩子配上课间活动的画面(跳绳、踢毽子、滚铁环、老鹰抓小鸡……);写《我买了一本新书》,让孩子配上书店里摆满了书的书架,或几本厚厚的书,或在书架前选书的画面;写《学校的小花园》,让孩子配上反映学校小花园的几处主要景点的风景画。引导孩子将"话"与"画"结合起来,使孩子在充分感受"画"的同时,产生更强烈的表达欲望,帮助孩子把"话"写得更具体、更生动。

有时,根据需要,也可以先画画后写话。先让孩子创造性地画出自己喜爱的事物,然后让孩子进行创造性的想象,写成一段话。因为这是孩子自己画、说、写的东西,所以都很有兴趣。例如,游定海公园回来,先让孩子画自己看到的定海公园,因为观察的角度不同,孩

子们画出来的内容也不同,有的画的是小朋友在玩碰碰车、坐"大苹果"、划船的情景,有的画的是平静如镜的湖面、弯弯的小桥,还有的画的是公园里各种各样的鲜花……再让孩子介绍自己的画,孩子兴趣盎然,滔滔不绝,然后要求孩子写下来,这样做就是通过观察,以图画再现情景,引导孩子获取"话"的题材,使孩子有话可说,有话要说。同时,把"画"作为学生"话"的源,为孩子留有广阔的想象天地,使孩子在不尽的"求异"想象中不断迸发创造性。

低年级写话配画,以"话"为主,所配的画为表现"话"的中心服务,为增强孩子的美感,提高欣赏水平服务。在进行写话配画训练时,指导孩子将"话"与"画"相对照,读读"话",看看"画",想想"话"与"画"的内容是否吻合,品品"话"与"画"相结合的版面设计是否有整体的美,然后进行修改。实际上,写话配画的过程,是一个"写"与"画"的双重训练过程。

低年级写话配画,能鼓励孩子的写作兴趣,培养孩子的创造性想象能力。但作为一种教学尝试,尤其对低年级孩子来说,有一定的难度,低年级孩子缺乏整体的美的鉴赏能力,做到图文并举并不是一件容易的事。那么,怎样来解决这个问题呢?第一,让孩子学习课文这一范例,讨论:课文是怎样将图和文结合起来的?课文的插图有什么用?课文插图的位置安排得是否合理?第二,请美术老师指导画画,指导版面设计,提高学生对整体的美感。第三,在"画"与"话"内容相符的前提下,允许学生剪贴图画。

成长经验

我的成长
——谨以此文献给我的引路人

1984 年,我从舟山师范学校毕业,很幸运地被分配到普陀区沈家门镇第一小学,成为当时学校最年轻的三个教师之一。

校长是个精瘦的老头,他满脸的皱纹让我觉得慈祥。他分给我的工作是:教学一个毕业班的数学,兼任学校大队辅导员。我问校长:我的师傅是谁?校长听了笑个不停,他摸着我的头说:"孩子,你已经是一个教师了,你得自己学,你的师傅就是你自己啊!"

"你的师傅就是你自己啊"!晚上,我躺在床上,反复地琢磨着校长的话,我明白了,我要自己学,自己悟,我要自己找师傅。

我每天缠着平行班的周晓莉老师,早早地坐在她的课堂里静静地听她给学生上课。她的课清新、自然、朴实,只觉得,才上课怎么又下课了?我学着周老师的教法,再增加一点自己的想法,不断地在课堂上进行实践。

一个月后,区教研中心的张老师来听我的课,我看着他胖胖的脸上那一副硕大的眼镜紧张得半死。他说:"小林,你只管自己上,不要在乎我。"他的声音缓缓的,一下子让我忘记了胆怯……下课了,张老师走上讲台,拉着我的手说:"孩子,你是一块教书的料。我看中你了。"我有点受宠若惊。

第二天,张老师来告诉我:去做陈平文老师的徒弟吧!陈平文老师是舟山第一批特级教师之一,能成为她的徒弟,我兴奋得一天都在唱歌。在陈老师那里,我实实在在地感受到"责任""高尚""奉献""严谨""踏实"。我发现,课前,她总是理清了教学内容,设计好了教学

以趣激学·让学生乐学语文

环节,再思考教学方法如何引起学生的学习兴趣。课堂上,她犀利的目光令走神的孩子正襟危坐,她理性的语言令学生思维灵动,看似随意的一个教学环节却是她对教材融会贯通后的刻意安排……

我每天在我的备课本上反思着自己的课堂教学,备课本上写满了我对教学点点滴滴的感悟……

期中的时候,学校领导检查教师的备课本,王副校长在教师会议上表扬了我:小林老师不但备课认真,而且还有自己的课后反思。短短的一句话,让我知道了教师怎样才能实现自身的专业成长。

第二年春天,经过层层上课筛选,我被评为普陀区数学教坛新秀。那时,我毕业还不到一年。

3 年后,经我再三要求,校长同意我改教语文。我进入了一个更广阔、更灿烂、更情感的教学领域。1988 年暑期,教育局推荐我去湖州参加"注音识字,提前读写"的培训班。在那里,我认识了很多语文专家,第一次触摸了"教学实验"。我感到:语文,将是我终身耕耘的园地。

我和沈家门小学的翁佩君老师成为"注音识字,提前读写"课题组的实验教师,普陀区赵副区长、教育局唐局长分别担任课题组正、副组长,教研室的王正言、张中根两位老师成为课题组的指导专家。我和翁老师全身心地投入到课题的实验中。我们每天早早地来到教室,写好上课要用的小黑板,给陆续到教室的学生进行正音;我们互相听课,交流课后的感想。我常常听翁老师的课,她的课大气、稳重、扎实,给我一种百炼成钢的启示。在她的影响下,我渐渐地形成了自己"严谨、扎实、灵活"的教学风格。教研室的王老师、张老师每隔一周到学校来听我们的课,使我很快从压力中实现了教学水平的一个跨越。教学字母"k"后,听课的刘校长鼓励我说:"小林,只要你继续努力,二十年后,你一定是个特级教师。"我不敢奢望特级教师的称号,却暗暗下决心做一个快乐的语文人。

在翁老师、王老师、张老师的帮助、指导下,我一次次地在市、区范围内上公开、观摩课,我逐步成长为一个小有名气的语文教师……

1989 年,我的第一篇关于"注音识字,提前读写"的语文论文出炉,并被评为区优秀论文。我们的课题在中期评估中获专家组高度评价。我们用智慧和汗水浇开了实验之花。我由此步入了语文教学成长的快车道。

那年,我被评为普陀区"先进生产工作者",并获得市首届"海岛园丁"荣誉称号。

1992 年,我被调入舟山师范学校附属小学(现在的舟山小学),担任学校语文教研组长。我一下由原来的年轻教师成为相对的老教师(当时附小的老师大多数是 30 岁以下的年轻教师)。面对他们的请教,我开始了更加刻苦的钻研,我利用自己的教学基础理论知识和积累的教学经验,对国内外经典教育教学理论和现代化教育教学技术手段进行借鉴、吸收、熔铸。在"教"与"学"的过程中,我对语文教学有了更多的感悟,如入"柳暗花明又一村"的境地。

在不断的学习进取中,我连续被评为市语文学科带头人,还有幸被评为定海区优秀专业人才、市优秀专业拔尖人才、市资深拔尖人才。在走上校长岗位的几年里,我把在语文教学研究与个人自我进修过程中积累的文化功底与现代学校管理结合起来,把自己的专业知识传授给更多的年轻教师,把自己的教育感悟转化为办学理念——"育孩子六年,为孩子六十年","让校园成为师生终身留恋的地方"成为我工作的永恒追求。辛勤的耕耘,换来丰硕的成果,学校多次被评为各级各类先进单位,如全国文明单位、全国中小学校园文化建设百佳创新学校、全国适合学生发展的实验学校、全国中小学艺术工作先进集体、全国中小学图书馆工作先进集体……我个人也被评为全国教育系统先进工作者、全国教育系统巾帼建功标兵、全国特色教育先进工作者。

我是一个耕耘者，但更是一个幸运者。在我成长的道路上，有无数的长者给了我无私的帮助，是领导、同事、家长、学生成就了我，感谢领导给了我施展才能的舞台，感谢同事给了我智慧教育的激情，感谢家长给了我创新教育的信任，感谢学生给了我体验成功的快乐……

总结32年的从教经验，我深深地体会到：

一、教学要全身心付出

教育是事业，事业的意义在于奉献。从成为教师那一刻起，我就知道"教学要全身心地付出，要用一生来备课"的道理，之后许多老教师用自身的经历告诉我学无止境，教学更无止境。在工作中，我常常听到不同年龄的老师谈论备课的情形，常常参与面红耳赤的研讨活动，常常与同事交流分享实施精品教案后的喜悦。定海小学的老师使用的教案多半是磨课2～3次以后的最后定稿，最后定稿的教案，是全体语文教师智慧与心血的结晶。我常常置身于一次又一次的磨课之中，从老教师到年轻教师，那种精心备课后在课堂上展示的淡定自如让我佩服叫好。教师恰到好处的点拨，令孩子们乐此不疲；一个个引人入胜的教学环节，闪耀着新课标的理念，把语文的工具性与思想性发挥得淋漓尽致，糅合成一种水乳交融的美丽。我常常感动：是教师的那份投入，才有了课堂的那场精彩。感动之余，那种教师为教学全身心付出的精神，化作了我讲台上神采飞扬的激情。

记得刚毕业到沈家门一小任教两个月，校长要求我和同事Ｚ一起上区级公开课，忐忑之余，我们开始了紧张的备课，教研组老师听，修改；学校语文老师听，再修改；教研员听，继续修改。一遍又一遍，我们挑灯夜战，深入磨课，教案定稿后，在距离上公开课的两个星期里，我和同事Ｚ每天晚上在空空的教室里一遍又一遍地试教，一会儿我当老师，一会儿我当学生，直到把教案烂熟于心。就在这样的深入琢磨中，年轻的我们捧上了鲜花，获得了掌声。时过境迁，今天我依然为曾有这样的上公开课经历而激动。能与教育前辈共同研究教学，是一种何等的幸福。

在一次次的"公开""淬炼"中，我慢慢地从讲台上成长，当我能相对自如地应对课堂上的生成时，我感谢磨课时老教师的教诲：备课一定要吃透教材和学生两头。吃透教材，就是要研究教材，要选择教法，要知道为什么这样教；而吃透学生，就是要了解学生的学习情况，要站在学生的立场设计教学方法，安排教学环节。为了上好每一节课，我在家里，请儿子当学生，次数多了，儿子知道我在课堂上要讲什么，要问什么，儿子成了我家里试教时最忠实的学生。

有时候，学校搞教研活动，为了与同事研讨教学方法，我常常忘记了下班，直到饥肠辘辘，直到万家灯火。

其实，与一群情投意合的教育人在一起说着共同的教学话题，享受志同道合的乐趣，感受教育的美好，又何尝不是一件幸福的事情！2015年下半年，学校的小王老师执教美术公开课，头天晚上，学校行政为她布置教室，美术组同事帮她准备教具，电脑组老师替她检查多媒体设备，保证她使用时万无一失，我跟她说：小王，你享受的是公开课前期的过程啊。这样的过程值得我们用一生的时间去回味、珍惜。

以趣激学·让学生乐学语文

为教学而全身心付出,出发点是学生的需要,回归点是学生的成长,因为心中有学生,在教学研究中教师会更多地考虑学生的学情基础,这时教学研究因关注个性,教学目标更具挑战力,"付出"更具价值性。

为教学而全身心付出,教师要敢于向经验"告别",参与到改革实践中,发现新命题,获得新规律,教学更具研究性,"付出"更具挑战性。

为教学而全身心付出,教师从落实教材,到参与课程建设,研究广度的拓展,让教学研究更具时代性,"付出"更具专业性。

不论时光流逝,那种全身心的付出,是追求教学完美的执着之精神。

不论时代变化,那种为教学全身心的付出,永远是教师职业最美丽的展示。

二、要学着做一个让孩子喜欢的老师

"亲其师信其道"这句出自我国古代第一本教育专著《学记》的古训一语道破了良好的师生关系对于学生的重要影响——良好的师生关系能使学生拥有良好的情绪去面对学习。教学过程既是师生信息传递、交流的双向过程,也是情感交流的过程。孩子往往出于对某一位老师的喜爱而喜欢他所教的这一门课程。要想做一名学生喜欢的老师,首先要从爱孩子开始,从尊重学生开始。

1. 尊重与理解学生

平时,我们要学会换位思考,多站在学生的角度去思考,只有这样才可能真正做到教学民主,才能真正得到学生的喜爱和敬重。在新课程背景下,老师和学生的关系不仅仅是师生关系,更应该是朋友关系。在课堂教学中,教师为主导,学生为主体,这只是角色上的分工,在人格上师生是平等的。教师应从高高的讲台上走下来,深入学生中间,以饱满的热情、良好的情绪和真诚的微笑面对每一个学生,让学生感到老师平易近人,和蔼可亲,从而乐于和教师交往,主动地参与学习。教师除了在课堂上以平等、热情的心态对待学生外,还应在课外舍得感情投资,多接触学生,主动找学生谈心,询问其学习和生活情况,拉近师生间的心理距离。如学生穿了一件新衣服给予赞美;出差回来,给孩子们买一点小礼物;平时多使用肢体语言,摸摸孩子的头、脸。教师应尊重学生的人格、学生的选择、学生的个性,关心每一位学生。《马太福音》说,上帝让富有的人更富有,让贫穷的人更贫穷。我们不能让这种效应出现在教学中。我们要用自己的真诚和公正无私的爱心、耐心和毅力去接近、感化每一位需要帮助的孩子,尤其是后进生,让他们体会到学习的乐趣,从而积极地参与到学习活动中来,不让一个学生掉队。在学生有错时,不过分批评指责而是给他们改过的时间和机会,使学生感到"老师在期待着我",从而自觉地投入到积极学习之中。叶圣陶先生说的"你这糊涂的先生,在你的教鞭下有瓦特,在你的冷眼里有牛顿,在你的讥笑里有爱迪生"应该能给我们以启发。

2. 注重师生间的沟通

小学语文教师在进行语文教学的时候,除了使用规范、生动、准确的语言之外,还必须了解小学生的心理,掌握沟通技巧,这样往往能达到神奇的效果。首先是真情的流露,在课堂上我最常用的是"OK""太棒了""为你点赞""厉害啊""英雄所见略同啊",有个别学生不注意听了,我会说:"聪明的孩子眼睛会发光,老师走到哪,他的目光跟到哪。"新课程追求民主、平等、和谐的师生关系,教师首先就要放下自己的架子,与学生做朋友,以学生喜欢的方式与他们交流,用朋友式的语言与他们沟通。沟通是双向的,是发自内心的,只有教师真心、平等地与学生沟通,学生才能无拘无束地参与到学习活动中来。然后是注意体态语言的运用与眼神的作用。比如发现学生开小差时,一边讲课一边走到孩子身边,摸摸他的头或者揽过他的头在自己的腰部,使孩子知道老师在提醒他。教师眼神的作用也很大,讲课时,教师要始终把全体学生包揽在自己的视野中,使每个学生都感受到老师在注意自己,以提高他们听课的效果。面对学生,教师应始终保持目光明亮、神采奕奕。还有一点是承认自己的错。谁都有做错事的时候,老师也是人,关键是在做错了的时候,应该如何处理。如果我留给学生的作业多了,学生的作业做得太密了,我会说:"对不起,都怪我。"也有时候字的笔顺讲错了,学生指出后,真诚地向学生道歉、说明,并表示感谢。一个教师接受了自己的不完美,才可以接受学生的错误、无知和不完美。有缺陷的老师才是真正和学生平等的人,而教师的自我剖析有助于缩短教师和学生的沟通距离。同时,教师越是能够接纳自己过去不愿意正视的一面,就越容易放下自我防御的面具,越能够在与人沟通时流露出源自内心深处的真实,也就越有人情味,越能够对学生产生感染。

孩子喜欢我们了,也就喜欢我们执教的学科了,这是千真万确的。

三、教学中要育人无痕

教育回归到原点,就是教书育人。教学过程不但是学生学习知识的过程,同时也是学生享受教育的过程。"教学始终具有教育性"已被长期的教学实践所证明,是教育人应共同遵循的教学规律。小学阶段是孩子行为习惯养成、思想品德形成的重要时段,教学中教师就更应具有育人情怀。

课堂上要求学生积极举手发言,要求学生发言声音响亮,要求学生表达清楚完整、表情自然大方,这是教师对孩子学习的要求。我注意到有的孩子右手拿着笔,如果用右手举手有潜在的安全隐患,唯恐孩子举手时不小心划破了自己或同桌的脸,我就统一要求孩子用左手举手。一个关注,一次统一,既能排除安全隐患,又能让孩子学会自我保护,提高安全意识。

走进课堂,有孩子夸赞我的衣服漂亮,我抓住时机在全班同学面前表扬她,表扬她善于发现别人身上的优点,还能准确地表达出来,是一个赏识别人的孩子,同时鼓励全班同学都能向她学习;并布置作业:每个人每天去发现同学或老师或爸爸妈妈身上的一个闪光点。久而久之,孩子就学会了赞赏别人,学会了在赏识别人的同时,鼓励自己奋发努力。

孩子有进步了,我想尽办法进行奖励,以奖励改变孩子,以奖励拉近和孩子的感情距离。奖励的方法很多,如:跟自己最喜欢的同学做同桌;跟老师一起参加体育活动;当一天值日生;去办公室坐坐老师的椅子;跟老师来一次深情的拥抱……

真的,时间会继续,人的年龄会增长,人的眼界会开阔,生活的足迹会延伸,小学教育就是要让孩子们在学到知识的同时,养成良好的习惯,形成良好的品德,因为每一个人既是独立的个体,又是社会的整体。人与人精神相连,彼此依靠,教书育人,言传身教,只要我们以春风化雨的细腻、育人无痕的艺术,为孩子们创造成长环境,孩子们一定会回报我们无限的惊喜与精彩!

《水》的教学设计

一、教材分析

《水》是苏教版国标本第十册的一篇记叙文，原文题目为《饿水》。作者回忆儿时洗澡的不易。下雨时，用雨水洗澡；炎热时，母亲用一勺水为四兄弟消暑纳凉，说明水的珍贵。

二、学情分析

1.课文描述的是一个缺水的偏僻村庄。但是水的珍贵，对于生活在城市里的孩子来说，感受不算深。

2.课文非常生动地描写了水给村里人带来的"乐"，实际上衬托出缺水给村里人带来的苦，学生对于这种反衬的写法接触不多，需安排反复的朗读让学生体会。

三、教学目标

1.能正确、流利、有感情地朗读课文。

2.通过体会语句"由于缺水，水便成了村子里最珍贵的东西"，体验村子里人们盼水、用水的心情。

3.教育学生不忘缺水之艰难，节约用水，珍惜水资源。

四、教学流程

课前谈话：刚才的音乐课上，我们跟随着作曲家的旋律，领略了长江壮美的风采，感受了长江宏伟的气概。绵绵的长江水哺育了一代又一代的中华儿女，给我们带来了多少的幸福、甜美。

（一）揭示课题谈话，导入新课

今天我们学习一篇课文《水》，水是生命之源，我们只有带着充沛的感情才能读好它。

1.在荒凉的沙漠你会怎样读课题？（你读出了对水的渴望，大家一起读）

2.走过沙漠，你的面前突然出现了一条河，你会怎样读课题？（你读出了欢喜，让我们感受到生命延续的希望，大家一起读）

3.到河边你大口大口地喝了水之后，你会怎样读课题？（你读出了喝完水之后的满足，并在回味着水的甘甜，大家一起读）

（二）布置自学任务，整体感知

默读课文，将课文中的每一个字读正确，将课文中的每一句话读通顺。读后有什么感觉？用一个词语来形容。

（三）检查反馈

1.词语：水窖 储藏 钥匙 一勺水 干燥 炎热 风干

2.课文中已经有一个句子写出了水的珍贵，是哪一句？（你读得很正确；你读得很有语感；声音非常响亮，展示了你的自信）

（四）再次整体感知

课文从哪几方面写出了水的珍贵？（缺水的痛苦，有水的快乐）

(五)学习课文

1.学习第3节

(1)默读第3节,想想:课文中哪几个词语写出了痛苦? 干燥 炎热 风干

重点理解"风干":靠风吹干,没有了水分。曾见过"风干"的东西吗? 人被风干是怎么样的? 这时最需要什么? 所以作者说:储藏在水窖里的水就显得更加珍贵了。

(2)母亲腰上的钥匙锁住了我们对水的渴望,更锁住了我们的幸福和痛快。

回环读"水,成了村子里最珍贵的东西"。

2.学习第2、4、5三节

(1)课文中有两个事例写出了有水的快乐。哪两个? 自由读第2节,想想、画画,哪些句子写出了有水的快乐?

【屏显】 只有在下雨的日子里,大家才可以痛痛快快地洗上一回澡。先是像我们这样的孩子,全身脱得光溜溜的,在雨中奔跑跳跃,大呼小叫,尽情地享受水带给我们的抚摸和清凉,还仰起头,张大嘴巴,吃来自天空的水。然后大人们也加入到了洗澡的行列里来,只是他们远没有我们这样的无遮无挡——男人们穿着短裤,女人们则穿着长衣长裤。

理解"尽情地享受"。(想干什么就干什么)

哪些句子告诉我们他们在尽情地享受?

全身脱得光溜溜的,在雨中奔跑跳跃,大呼小叫……仰起头,张大嘴巴,吃来自天空的水……

这是一种美妙无比的享受,这是一种无与伦比的享受,那是身体与水的亲近,痛快、幸福、快乐交织在村子里每个人的心中。

师引读:在我们的感召下,大人们也加入进来了,他们可不像小孩子无遮无挡,男人们……女人们……

(2)这上天恩赐的甘霖,给村子里的人们带来了多少的欢乐啊! 我们真切地感受到他们对水的降临的一种感激,对水的一种由衷的珍爱,所以说……

【屏显】 "下雨天是村子里每个人都期盼的日子。"

(3)这样的下雨天就像过节一样,但这样美好的日子在我们那里太少了,更多的是干燥和炎热。所以说……

【回环读】 "水,成了村子里最珍贵的东西。"(生齐读)

师:刚才我们去感受了在雨中洗澡的那种痛快,那么母亲用地窖里的水为我们冲凉,又将带给我们怎么样的感受呢? 请同学们快速找出写洗澡时我们感到惬意、舒服的句子。

【屏显】 "一缕水的气息扑面而来,我们都倒抽一口气。"

什么时候,你也有过倒抽一口气的舒适感觉?(就如我们酷暑天在街上走,汗流浃背,忽然进入有空调的商场,凉得"倒抽一口冷气";又如大热天打篮球,流了一地汗,口渴之极,回家打开冰箱,冷气扑面而来,"倒抽一口凉气",舒服,痛快,幸福!)

【屏显】 顿时……"啊啊"大叫起来。

如果把"啊啊"的叫声变成语言,是怎样的?(好爽,好舒服,好痛快)

这是何等的满足,这是一种怎样的痛快!

请你们轻轻地、慢慢地读第5节,跟着作者去享受母亲的那一勺水。(学生读)

跟着作者的文字,老师也体会到了四兄弟的那份快乐。请大家闭上眼睛,让老师的一

勺水也流过你们的全身。我们用心去体会风干的皮肤与水亲近时的那种美妙感觉。（教师读）

【屏显】 那一勺水让我感觉到……可以结合课文中的句子说，也可以自己说。（全身的毛孔都充满了对水的渴望；水就像可爱的精灵在逗弄我们每一个细胞）

师：这是身体与水的亲近，是作者发自内心对水的呼唤，让我们来好好地读一读这句话。（指名读。师适时加以指导。齐读）

作者这样真切的体验、细腻的感受，都来自母亲手中这小小的一勺水，正是这一勺水，从头顶倾注而下（生接着读），正是在这一勺水的滑动中，我听得见（生读），我感觉得到（生读），这小小的一勺水，它不多不少（生接着读），这水流遍全身，多么惬意，毛孔、细胞、肌肤，都在享受水的滋润，这是一种前所未有的感觉，这是一种酣畅淋漓的感觉，它滋润心田、弥足珍贵，让我们把这种感觉传达给大家。（学生齐读）

作者用诗一般的语言，写了一勺水带给四兄弟的美妙体验，让我们深切地体验到藏在水窖里的水是多么的珍贵，也让我们感觉到了：水，成了村子里最珍贵的东西。（学生读）

当妈妈看到我们这般享受时笑着说："你们真的饿坏了。"是妈妈说错了，还是我听错了？谁也没错。一个"饿"字，浓缩了排队挑水的艰辛；一个"饿"字，饱含了只有雨天才可以洗澡的无奈和苦涩；一个"饿"字，写出了一勺水给我们四兄弟带来的美妙体验和不舍得浪费那一勺水来消暑纳凉的日子里无以言表的干燥和苦楚；一个"饿"字，更让我们深刻地体会到：水，成了村子里最珍贵的东西。（学生读）

（六）总结

因为缺少，才更显得珍贵，才更觉得拥有时的快乐。但是，缺水的远不止这一村人。全国共有 400 个城市缺水，110 个城市严重缺水。特别是在辽阔的西部，还有近千万的母亲在与严重缺水苦苦搏斗，她们在想水、盼水、哭水、梦水，向五湖四海唤水。为了水，有多少人仍在艰难地跋涉。可喜的是，"大地之爱，母亲水窖"工程在 2000 年正式启动，解决了数以万计的灾民饮水问题，给人们带来了希望。孩子们，当我们有水的时候，想想这句话吧：水，成了村子里最珍贵的东西。所以，我们要节约用水，保护水资源。

教学名师：钟玲玲

为未知而教，为未来而学

![人物档案]

　　钟玲玲，舟山市名师工作室挂牌名师。曾先后被授予省优秀中队辅导员、区优秀班主任、区十佳师德标兵、区先进生产工作者、省师德楷模、舟山市市属海岛园丁等荣誉称号，是舟山市新世纪"111"人才培养工程第二层次培养对象，浙江海洋大学外聘教授。

　　1994年8月，她自舟山师范学校毕业，分配至定海区舟嵊小学任教。其间，曾先后担任学校年级组长、教导主任、副校长。2013年8月，她从舟嵊小学调至舟山第二小学任教。其间，参加了省学科带头人以及第二期"京苏粤浙中小学卓越教师"的培训学习。

　　她致力于学本课堂的研究，遵循"为未知而教，为未来而学"的理念，坚守"清清白白做人、踏踏实实做事、认认真真做学问"的工作作风，以期"在成课中成人"，在全面提升学生语文素养的基础上，努力优化自身的思维品质和成长动力。近年来，两篇案例获得市级案例评比一等奖，参与的课题获得省级课题评比一等奖，4篇学科论文在市级论文评比中获得一等奖，一节课例被评为省级优质课，两节课例被评为市级优质课一等奖，执教省市级公开课20余节，做省市级讲座近30场。

教学艺术

一、以"童"为本，以"真"为根

从教 20 余年来，我主张课堂教学应站在"为未知而教，为未来而学"的高度，以"童"为本，以"真"为根，坚持从儿童的真实起点出发，让语文学习真实地发生在儿童身上，让儿童经历真实的语文学习过程。

我们知道，在阅读教学过程中，学生始终是从事阅读活动的本体。阅读教学的出发点和归宿，只能以学生的阅读行为和阅读效率为中心。让学生在阅读中学会阅读，这是阅读教学唯一的必然的目标。

我在教三年级《好汉查理》一课时，就根据课文中人物之间对话多的现象，结合三年级学生直观形象思维仍占主导地位的特点，尝试进行了"兴趣点"突破来实施教学，如图 1 所示。

| 1.联系上下文，分角色读好对话 | 2.同桌合作，分角色演好对话 | 3.合理想象，分角色编好对话 | 兴趣点突破 |

图 1　教学思路

三年级的学生对分角色朗读、自编自演对话有着极大的兴趣，教师在进行教学实施时因为充分顾及学生的心理，所以在课堂上呈现出了较好的效果。课后，当教师提出"杰西走后，查理是否能继续做个好汉?"这个问题时，学生便能顺势联系上下文，表达自己的理解，自然而然地突破了本课教学的难点。

教学的对象是学生，在平时的教学中，作为教师，我们要不停地思考：现在，学生的起点在哪里？ 我们的学生处于怎样的水平？ 学生的真实状态是课堂一切教学活动的出发点。布鲁纳在《关于学习的学习》一文中就指出："世上不存在唯一的最优化教学程序，只能从学习者的具体情况出发，设计与之相称的理想化程序。"也就是说，教师在教学时，要从学生的实际情况出发，以适应学生语言发展水平，能类化迁移、举一反三的语言现象为突破点，关注课堂上学生的实际获得感，切实提升学生的语文素养；反之，要求过高或过低都将因不合实际而适得其反或收效甚微。

二、以"语"为先，以"言"为导

语文教学的本质是什么？ 北京大学语文教育研究所所长温儒敏教授在《温儒敏论语文教育》一书中说："所谓语文就是母语学习的课程。语文课要提高读写能力，实践性很强，必须有反复的训练和积累。"人教社陈先云老师在"2015 人教版小学语文教科书培训会"上的发言也指出："语文教学要注重'一课一得，课课有得，螺旋发展'。"浙江外国语学院汪潮教授在他的《语文教学专论》中更是旗帜鲜明地回答："语文教学的本质是语言习得。语言习得，是语文教学的本义之所在，是对语文教学本质的回归，是一种价值无量的返璞归真。"

要提高语言习得的实效性，应在理解语言的基础上，强化语言的积累。积累语言是潜移默化的过程。在教学中，我们应该让学生熟读每一篇课文，丰富语感，熟记佳词妙语，背诵精美片段，背记经典古诗文、儿歌、名句，提升语文素养。

近年来,我一直从事低中年级的语文教学工作。字词、句式的积累是低年级语文教学的重点。我的做法如下:早上十分钟的晨读,学生通过认真朗读课文、生字扩词纸,积累一定的词汇。中午"日有所诵",学生通过诵读美文片段、古诗词、成语歇后语,丰盈自己的积淀。语文课是学生积累的主阵地,每一节课前就应植入语言系统。为此,我安排了两分钟的"语文才艺展示",学生在这两分钟内进行与语文学科相关的才艺展示。课中,教师更应根据教学内容随时随地地引导学生进行积累。如在教学《画家和牧童》时,当学到戴嵩的画很逼真时,随文积累"惟妙惟肖""栩栩如生""活灵活现"等词。当学到商人、教书先生赞扬戴嵩的画时,随机积累"上乘之作""绝妙之作""神来之笔"等词。

此外,我还尝试进行了如下语言文字的运用练习。

口头说——造句:一般词语、成语、关联词语、情境造句
　　　　　复述:课文内容、相关段落、故事情节复述
　　　　　概括:用词语和句子概括文意、段意、句意
　　　　　讲述:讲述故事、描绘事物、想象情节
动笔写——填空:概括文意、修饰词句、丰富内容
　　　　　补句:根据语境补句、按照要求补句
　　　　　写话:补充空白、想象情境、描绘事物、发表感言

三、以"思"为要,以"理"为据

一直以来,我都认为语文课堂需要理性思维,语文教学需要遵循"学理"。小学生的思维是一个从具象到抽象的过程,他们的抽象思维是直接与感性经验相联系的。他们爱发问,善于思考,比成人有更强的探究欲。在教学中,作为教师,应该遵循学生的思维特点,在课堂上巧妙把握时机,给学生提供一个有深度的思维空间,以此引导学生从纷繁复杂的表面现象中发现最本质、最核心的问题,而不囿于语言的表面和情节内容。

这使我想起在教学《丰碑》一课时的课堂片段。在教学文章的重点段后(第七段:"一个冻僵的老战士,倚靠光秃秃的树干坐着。他一动不动,好似一尊塑像,身上落满了雪,无法辨认他的面目,但可以看出,他的神态十分镇定,十分安详:右手的中指和食指间还夹着半截纸卷的旱烟,火已被雪打灭;左手微微向前伸着,好像在向战友借火。单薄破旧的衣服紧紧地贴在他的身上。"),我组织了如下的教学。

我提出了一个有深度的问题让学生思考:"军需处长又冷又累,一般情况下,他的脸部表情应该是怎么样的呢? 然而,在即将被严寒夺去生命的那一刻,他的神态却是如此镇定,如此安详,那又是为什么呢? 当时,他可能想到了什么呢?"这个问题一提出,学生一下子愣住了,没有一位学生举手发言,可能他们一时还想不出用什么样的语言来表达自己的想法吧。看到这个场面,我没有急于说出自己的想法,而是在此时巧妙地延迟评价,说:"这个问题确实需要我们静静地思考,好,现在,就请大家静静地想一想,老师愿意等待!"这里,我的"这个问题需要静静思考"的话语为学生提供了一个很有深度的思维空间,这个空间将有利于学生深入理解文本,体会情感。

近年来,我展示教学课例二十余节,如《an en in》《小伙伴》《称赞》《活化石》《小白兔和

小灰兔《"红领巾"真好》《雷雨》《好汉查理》《美丽的小兴安岭》《太阳是大家的》《绝招》等，其中，省级公开课有《雷雨》《好汉查理》《称赞》《活化石》《美丽的小兴安岭》《太阳是大家的》《绝招》等。每一堂课，我都努力关注教学的实效性，力求用朴实的教学感染学生，通过科学的设计促进学生在课堂上的实际获得感。每一堂课，我都努力从学生的已知出发，根据文本的特点以及学生的实际，通过活动型的情境创设，让学生在愉快的氛围中感受学习的快乐；每一堂课，我都能与学生平等对话，根据学生的学习状态，随机调整自己的教学，努力让学生在动态生成的教学中形成素养；每一堂课，我都努力将课堂转型为课程群，丰富教学资源，引领学生由一堂课走向更为广阔、更为深刻的语文学习领域。

以"童"为本，以"真"为根；以"语"为先，以"言"为导；以"思"为要，以"理"为据。我深谙，站在学生的立场，应该让每一堂课、每一个环节的设计，甚至是教师的每一句话，都能作为通向终极目标——"培养完整的人"而存在；站在学生的立场，应该为学生的发展提供机会，让学生在课堂上有展示自我、发现自我、发展自我的机会；站在学生的立场，应该让每一个儿童在原有的基础上一点一点获得语文素养方面的进步……在我眼里，这才是从事语文教学工作的真谛。

★ 成长经验

一、一个人的成长源于内心的正确认识

1994 年 8 月，我从舟山师范学校毕业分配至舟嵊小学任教。舟嵊小学是浙江省首批实验学校，是当时舟山市规模较大的小学之一。在舟嵊小学任教二十年的经历，让我对学生，对教学，对教师职业，对教育事业有了独特的认识和执着的坚守。我相信，一个人的成长起源于内心对职业的正确认识。

小学生是什么？什么是小学生？小学生是人，是成长过程中的人，是成长过程中变化着的人，是成长过程中变化着的小人。他们的思维总是从直观动作思维转为具体形象思维，再由具体形象思维转为抽象逻辑思维。他们的语言发展总是要立足形象，先习得后运用。在这二十年的时间里，我从一年级带到六年级，共带了三届。这样的大循环教学，让我对小学语文各个学段的教学重难点有了比较清晰的把握。最重要的是，在这样的教学中，我更加了解了处于不同学段的学生的年龄特征与成长规律。这对于我的教学工作，无疑是一笔宝贵的财富。和学生们的相处，是我最大的快乐。"小学生是什么？什么是小学生？"我觉得对这个原点问题思考后的正确观念比教育实施更重要，因为只有这样，我们才会更加客观、更加理智地认识儿童，使教育更加符合客观规律，从而使教育因为遵循了一定的理而更显成效。

教师是什么？小学教师是什么？小学语文教师是什么？教师是学生生命成长的相依相伴者。小学教师是小学生的教师，他必须是一个孩子，这样才配做孩子的先生。儿童与儿童之间的沟通从来是不存在障碍的，只有当我们将自己"童化"时，才可能看到童真、童心，进而呵护可贵的童真、童心。小学语文教师是带着小学生学习汉语言的启蒙老师，教孩子从学习字词到句段，从学习句段到篇章，听、说、读、写、思，让小学生从中获得精神的愉悦成长。小学语文教师将伴随着孩子们的成长，与孩子们同甘共苦，共同体验成长的快乐与艰辛。学习孩子的表达方式,顺应孩子的学习思路,研究孩子的学习方法,尊重孩子的学习习惯,是作为一名优秀教师的核心素养。

二、一个人的成长源于导师的科学引领

一个人的成长光有自身对职业的正确认识还是远远不够的。如果在事业上,我还算是有一些小成就的话,那么,我可以毫不夸张地说,这些微不足道的成就最终都要归功于在二十余年的任教经历中深深影响着我的一任任导师们。这些导师出现在我成长的不同阶段,从不同方面给予了我无私的帮助与支持,智慧的点拨与唤醒,她们是我成长的加油站和助推器。

刚参加工作,学校就将我与同教研组的组长夏波老师结成了教育教学上的伙伴,她是我的第一任师傅。当时,我初为人师,她给予我的工匠式指导,对我今后的工作产生了很大的影响。虽然现在,我与她都已调离舟嵊小学,但是我俩之间在教学业务上的交流至今还在继续。我从她的身上学到了作为教师的规范与严谨,耐心与细心。

此后,我非常荣幸地先后被同校的浙江省特级教师王慧老师和姜茗芳老师(现在姜老师是上海市的特级教师)收为徒弟。记得王老师当时让刚参加工作的我一起参与舟山市古诗文推广实验,我对教育科研的初步认识就是在那个时候形成的。参加推广实验一年,在王老师的指导下,我撰写的一篇论文《关于古诗文教学中的插图使用初探》还获得了全市论文评比二等奖。后来,王慧老师调到定海小学,她还经常邀我去定海小学听课、学习、做研究。这些情景至今回想起来还是历历在目。

姜茗芳老师是在我工作六年后来到舟嵊小学的。当时,她带着外校的两个徒弟,我与姜老师又正巧是同一个教研组。于是,姜老师也像带着她的两个徒弟一样天天带着我,让我听她的课,并且要求我在听课后谈自己的想法,大胆地指出她课堂上的不足。我当时是"初生牛犊不怕虎",竟总想着在她面前说出自己的想法,现在想想就觉得好笑。可是在当时,我却觉得这是理所当然的,因为面对我的"意见",和蔼可亲的姜老师总能欣然接受,有时还会对我赞赏有加。在她的指导下,我上了第一堂市级公开课《打碗碗花》。印象中,我因为紧张没有上好这堂课,但是,在整个磨课的过程中,我学到了很多关于文本解读、教学设计以及教学实施的方法策略。王慧老师身上的清新与灵动,姜茗芳老师身上的睿智与大气,一直是我这么多年来在教育教学上的理想追求。

2005 年 9 月,舟山市定海区教育局安排我到上海实验小学参加了为期半年的脱产学习,师从全国著名特级教师袁榕老师的关门弟子余祯老师。在这半年里,我与余祯老师以"师徒拼班"的形式相互观课,相互议课。余祯老师在课堂上的巧妙点拨与引导的艺术让我受益匪浅。正是从那时起,我知道了,随着教学的推进,某些课堂上的偶发事件、学生情感的闪念、学生思维的火花等都可能是可贵的课程资源和丰富的教学内容。

2007 年 9 月,我在舟山市定海区的金塘山潭小学支教。同年,在杭州参加了浙江省首批欠发达地区小学语文教师骨干研修班学习。那一次学习经历,又是让我刻骨铭心的。理论导师汪潮老师有深度、有理性的指导,让我养成了在教学中思考、在思考中教学的思性教育习惯。而实践导师费蔚老师的从容与优雅、淡定与睿智又让我能平和地面对教育上的曲折与困难。记得当时,不管碰到什么难题,我都会跟她联系,而她也总是不厌其烦地帮助我。有好几次,她看我的教案,都是在凌晨两三点以后。她的责任心与爱心,让我后来都羞

于与她联系，因为总觉得这样会亏欠她太多。

2013 年 11 月和 2015 年 10 月，我又成为汪潮老师的学生，参加了浙江省小学语文学科带头人和全国第二期"京苏粤浙中小学卓越教师"高端研修班学习。这两次学习经历更让我难忘，因为在这两次学习中，我有幸结识了省特级教师魏丽君老师，她的"童化语文"的教育理念深深地吸引了我。学习结束，魏丽君老师对我的指导与关爱并没有停步，她亲临我的学校，对我进行指导，还让我在杭州、丽水等地参与上课、研课活动，一次次的点拨与指引让我收获颇丰。2015—2016 学年，魏老师还带着德高望重的张化万老师以及他的研究团队来引领我工作室的活动。

……

其实，这一路上给予我帮助与扶持的人还有很多很多。

三、一个人的成长源于自身的内化体验

他人的激励和唤醒，点拨和引导，顺应和鼓舞，在一个人的成长过程中，作用再强大，最终还是必须通过自身的内化与体验来完成。就这一点而言，任何一个人的成长，都是一个自我建构的过程，它离不开自身的努力与坚持。

从教 22 年来，我一直信奉着"爱的教育"，一直坚定地恪守着这样一种信念："成功的教育源于爱与责任。"我真诚地关爱着每一个学生，因为我知道，爱是把金钥匙，它总能开启学生紧锁的心扉，让他们的心灵绽放出绚丽与妖娆。我认真地思索着教育的每一个细节，因为我知道，一个孩子教育的失败，虽然对一个教师来说，只是几十分之一的失败，但对于一个家庭来说，却是百分之百的失败。一位好的教师就应该有责任教育好每一位学生。"爱与责任"让我一次又一次地享受着成功的幸福。

近年来，我致力于学本课堂的研究，遵循"为未知而教，为未来而学"的理念，坚守"清清白白做人、踏踏实实做事、认认真真做学问"的工作作风，以期"在成课中成人"，在全面提升学生语文素养的基础上，努力优化自身的思维品质和成长动力。我结合"学为中心·落实语用"的语文教学研修主题做了近 30 场专题讲座，其中，市级讲座有《如何有效推进课改》《学为中心·落实语用》《中年级阅读教学的有效性思考》《按标循规·以学定教》《为未知而教·为未来而学》等，省级讲座有《思性语文——让学生亲历学习过程》《聚焦核心目标·加强自主实践·促进有效教学》《语文学习思维》等。我积极组织并参与省市级各类语文主题研修活动近 30 场，其中，18 次大型集中研修活动，10 次自选菜单式研修活动，一系列下校观课研讨活动，以及近 20 本教育教学书籍的推荐导读活动。

当然，深入的教育教学实践让我有更多的时间驻足思考：语文课堂上学生的学习真实发生了吗？我是不是只是将学生固有的水平外显了，还是真的着眼于学生的发展，来激发学生的学习兴趣，培养学生的学习习惯，教给学生正确的学习方法，让学生在课堂上真正有所得了？什么才是真正的为学生好的语文课堂教学呢？"为未知而教，为未来而学"我们还可以怎么做？我知道，方向比努力更重要。

……

思考不辍，成长不止。

结合语境多元识字,加强实践多维表达

——人教版二年级下册《雷雨》的教学实践与反思

师:这节课,我们一起来学习《雷雨》这篇课文。来,跟老师一起写课题。轻轻地读课题——

生:雷雨。(学生边读课题边书写)

师:小朋友们,看着"雷雨"这两个字,你的脑子里出现了怎么样的画面?

生:一边打雷,一边下雨。

师:你真厉害,一下子想象出了下雷雨时的景象。

生:雨很大。

师:这的确是下雷雨的特点。

生:倾盆大雨。

师:你用上了一个四字词语。真了不起!

师:看来,小朋友们对雷雨时的景象印象很深刻。现在就请小朋友们赶快大声地读读课文,借助拼音宝宝把课文读正确,看看课文是怎么写雷雨的呢?

【反思1】 这一环节的设计,关注了学生学习的起点和特点。因为上课时,离下雷雨的夏季有时间上的间隔,如果直接上课,会使学生有陌生感,所以这里设计了这个环节,目的就是调动学生的生活经验,充分关注孩子的学习起点。】

师:刚才,老师发现咱班有很多小朋友一边读一边就标好了自然段序号,圈出了生字词。这可是一个非常好的读书习惯哦!整篇课文一共有几个自然段?请你说。

生:八个。

师:文中有几个生字宝宝?

生:四个。

师:有两个生字宝宝特别调皮,它们偷偷地从课文里跑出来了。我请这一小组来开小火车和它们打打招呼。

生:(开火车读"乱")

师:前鼻音都读准了,真不错!

生:(开火车读"垂")

师:翘舌音也注意起来了,真好!

师:生字宝宝回到词语中,请小老师来帮忙。

生:(小老师领读)乱摆 彩虹 压下来 垂下来

师:真好,这个词的后面一个字读轻声真好听。对了,就这样跟他读。

【反思2】 这个生字词检测的环节,呈现的是本课字词教学的重点难点,这样做的好处是让学生集中注意力学习重点字词。但是这样的呈现方式是否妥当呢? 生字词教学要真正做到"以学为本",首先是要来自学生,这些词语是学生朗读理解的重点难点;其次是要能结合具体的语境进行学习,哪怕是小语境也行,不能脱离语境割裂地进行生字词教学;再次

是单独呈现字词教学要能揭示一定的语言规律才行。】

师：现在词语回到课文里，老师要请三个小朋友来读课文，你们边听边猜：老师为什么要请三个同学读这篇课文？

生：（在教师的暗示下，三名学生分段读课文）

师：谁猜出来了？老师为什么请三位同学来读课文呢？

生：因为这一个同学读的是下雷雨前的景象，那一个同学读的是下雷雨时的景象，另外一个同学读的是下雷雨后的景象。

师：课文就是按照雷雨前、雷雨时、雷雨后的顺序为我们描述了这样三幅不同的景象。让我们先走进雷雨前，感受一下雷雨前的景象吧。

【反思3　教师设计这个环节的目的是让学生理清文脉，因为对二年级的孩子来说，将文章分成"雷雨前""雷雨时""雷雨后"有一定的难度，但是这篇散文的结构又是如此的清晰，教学时应该给学生这样的整体意识。教师的这一做法就是兼顾了以上两个想法。从教学呈现来看，效果也还是不错的。】

师：请大家轻声读课文第1～3自然段，找找雷雨前有哪些变化。

生：乌云黑压压的。

师：是的。

生：树的枝条乱摆。

师：对。还有吗？

生：蜘蛛逃走了，闪电来了，雷声很响。

师：你真能干，一连说了好几个。雷雨前有这么多的变化。让我们先来看看雷雨前最初的景象吧。

出示：满天的乌云，黑沉沉地压下来。树上的叶子一动不动，蝉一声也不叫。

师：我们先来学学生字"压"。你有什么好方法记住它？

生：一个"厂"字，加一个"土"字，再加一点就是"压"。

师：小朋友们真聪明，你看，（点击课件图片）外面的"厂"字，就像这块突出的岩石呢。里面的"土"字就像岩石下的房子。可一不小心，岩石上就会有东西滚落下来，压在了房子上。你能猜一猜是什么压在了房子上吗？

生：是泥土。

师：你怎么会想到是泥土？你一定是联系了里面的土字想到了泥土。真会观察，相信你在写这个字的时候，一定不会忘了里面的点呢。

师：让我们一起来把它带回田字格中。先写第一笔横，再写撇，里面一个土字被压住了，一点泥土掉下来。

生：（动笔写"压"字）

【反思4　这里的"压"字教学很好地体现了低年级学生识字的特点。教师先让学生用喜欢的方法识字，学生兴趣盎然地说了很多方法。然后，教师出示一幅生动形象的画面，让学生将画面与文字形成一种联系，使孩子在识记字形的同时也理解了意思。此外，教师还请学生端正书写。这样的随文识字到位、扎实，同时也为下一环节的有感情朗读作了铺垫。】

师：明白了"压下来"的意思，让我们再读读这句话。想一想，看到乌云压下来你有怎样的感受?

生:很难受。

师:来,把你的这种感受读出来。

生:读句子——满天的乌云,黑沉沉地压下来。

师:嗯,读得有一点感觉了。如果把刚才的感受通过朗读表达出来就更好了!

生:再读句子——满天的乌云,黑沉沉地压下来。

师:乌云压得更低了。老师也来试一试。

师:满天的乌云,黑沉沉地压下来。

师:听了老师的朗读,你眼前浮现出了怎样的画面?请你再来读。

生:三读句子——满天的乌云,黑沉沉地压下来。

师:你读得真好! 所以说,我们在读书的时候要在眼前出现画面。让我们一起来读。

生:(齐读)

师:多可怕的乌云呀,在这样的情况下,树上的叶子……蝉……

师:紧接着,雷雨前又有了怎样的变化?

师:"忽然一阵大风,吹得树枝乱摆。"听老师读读这一句,你好像看到了怎样的画面?

生:我好像看到了树枝在乱摆。

师:你真会想象,这里的"乱"字是生字。谁用自己的办法记记"乱"字?

生:舌头在乱动。

师:你怎么会想到是舌头在乱动?

生:因为"乱"的左边是个"舌"字。

师:乱说话,我们就可以说"胡言乱语"。你能像老师一样给"乱"字组个词吗?

生:乱七八糟。

师:你组了个很了不起的词,是个四字词语呢!

师:现在,我们要把这个字认认真真地写下来,可不能乱写呀! 左边的舌要写瘦长一点,它很谦让,竖弯钩往右边伸展一些。

生:(动笔写字)

【反思5 这里的"乱"字教学与刚刚的"压"字教学有所不同。如果说,"压"字教学重在让学生记形,那么这个"乱"字教学就是重在让学生运用。如当学生说出"舌头乱说话"时,教师就说:"这就是'胡言乱语'。谁还能这样用'乱'来组词?"学生马上说到了"乱七八糟"。】

师:是啊,看到树枝这样乱摆,我们一下子就感受到了——风很大。

师:除了"树枝乱摆",你还从哪一句话感受到风很大呢?

出示:一只蜘蛛从网上垂下来,逃走了。

师:你是怎么感受到风大的?

生:一只蜘蛛从网上垂下来,逃走了。

师:看这个"垂"字是个生字,你在哪里见到过?

生:在稻田里,稻穗是垂下来的。

生:在岸边,柳树的枝条是垂下来的。

师:那么,我们怎样记住它呢?

生:"睡"字去掉目字旁。

师:是的,我们可以利用我们认识的字来记住生字,这可是一个好办法。

【反思6】 这里,设计的意图是让孩子联系旧知识记新字,但是因为教师提问不清,把"在哪个字里看到过'垂'"说成"在哪里看到过'垂'",所以学生就回答了看到过的垂下来的东西。这样,教师就被学生牵着走了。所以说,课堂上教师的提问要清晰,指向性要明确,绝不能含含糊糊。再次,如果教师提问不清造成课堂歧义时,应该马上予以纠正,千万不要模棱两可。】

师:读了这个句子,你觉得这个"垂"字还可以用哪些词来表示?

生:掉、落、挂、爬、跳。

师:那么,这个句子中的"垂"可以用这几个字来代替吗?

生:不可以。

师:好,老师把刚才小朋友们换的词代进句子中读一读。你们听听看,有什么不一样的感觉?

生:感觉不一样了。

师:那什么是垂下来呢?老师这儿有两幅图,想请你们来选一选,哪一幅图的蜘蛛才是从网上垂下来的蜘蛛?

生:第一幅。

师:你是怎么看出来的呀?你的眼睛真亮,蜘蛛垂下来的时候还有什么连着?

生:丝。

师:所以,课文中用"垂下来"更合适。我们读书就要这样一字一句用心地读。

【反思7】 这里的"垂"字教学是本课字词教学的重点和难点。教师在教学时能充分尊重孩子的逻辑起点。因为"睡"字在一年级（下）就出现过,所以"垂"的字形识记不是难点,只要用"睡"字帮助识记便可。但是"垂"的意思理解是难点,它往往容易同"掉""落"混淆。为此,教师运用"图片比较法"帮助学生理解,这样的做法因为遵循了孩子的身心特点而富有成效。】

师:现在,我来读写关于大风的句子,请几个小朋友来读写关于小蜘蛛的句子。想一想,风这么大,此时的蜘蛛心里在想些什么?

生:(自由回答)

师:这真是一只机灵的小蜘蛛。

小蜘蛛,你的心里在想些什么呀?

多着急呀,请你通过朗读把这种心情读出来。

师:这阵风可真大呀,树枝都快吹断了,小蜘蛛,再不逃就没命了——树枝摇摆得更厉害了,小蜘蛛,你的网都快吹跑了,再不逃就没命啦!一只蜘蛛——

生:(接读)

师:幸亏它逃得快,你看——

生:闪电越来越亮,雷声越来越响。

师:在这里,用上了几个"越来越……"?

生:两个。

师:如果改一改,去掉"越来越",女生来读一读。

出示:闪电亮了,雷声响了。

闪电越来越亮,雷声越来越响。

女生读:闪电亮了,雷声响了。

师:加上"越来越",男生来读读。

男生读:闪电越来越亮,雷声越来越响。

师:这样读起来有什么不一样?

生:闪电一次比一次亮,雷声一次比一次响。

师:所以,我们就可以说……

生:(齐读)

师:下雷雨前,除了闪电,除了雷声,还有什么在发生着变化呢?谁也能用上"越来越……"说一说呢?

生:天空越来越暗。

师:请你带上这样的感觉再说一说。

生:风越刮越大。

师:你仔细观察了这幅插图。

生:蜘蛛越来越害怕。

师:你联系了课文中的景物说了自己的发现,真好!

师:是啊,同学们用上这么多的"越来越……",看来,这场雷雨离我们越来越近了,让我们一起来读读第1~3段的句子,再一次感受这下雷雨前的景象吧。

生:(齐读课文第1~3段)

【反思8 语文教学要关注学情,关注语用。这一环节的设计起到了事半功倍的效果。教学时,教师抓住文本语言上的特点,做到了语言理解与表达运用的双向统一。用"雷雨前还发生了哪些变化"这一统领整节课教学的主问题引发学生联系上下文、联系生活实际思考,同时要求学生用这节课反复朗诵积累的句式"越来越……"来表达,这样的语用设计真可谓一举多得。当然,从教学呈现来看,句式中的"来"字可以去掉。这样,学生的发言会更彰显灵动与生气。】

师:当了一回小小朗读家,接下来,我们还要来当当小小书法家,继续写写课文中的生字。

师:观察一下,你发现写"垂"的时候要注意些什么?

生:横中线上的是横。

师:你观察很细致,还发现了"垂"字在田字格中的位置。除了位置,你发现"垂"字的笔画有什么特点呢?

生:除了一笔撇,都是横。

师:你能先从整体上去观察这个字的字形,这一点真了不起。那写这些横画的时候要注意些什么呢?

生:最中间的横最长。

师:是的,这是主笔,就相当于字的眼睛。下面的横一横比一横短。请你再仔细观察一下,横画之间还应该注意些什么呢?

生:横画之间的距离要均匀。

師:你发现了"垂"字笔画的特点。接下来,我们就要对照这两个要求来写好"垂"字。伸出小手,跟老师一起来书写。(顺口溜:千字草字头,二字倒着走。)

写好中间的"千"字,接下来就要注意中间的横,这一横是最长的,就像伸展的枝叶。左右两竖向中间靠拢。接下来的两横要一横比一横短,同时还要控制好它们的间距。

小朋友写字也要这样,看清楚,写端正。来,拿出你们的写字单,做好写字的准备,大家注意写字的姿势,头正——(肩平足安)太好了!拿起铅笔,写个"垂"字。

生:(动笔写字)

师:来,谁当当书法小老师,对照这两个要求给他评评星?

横画长短对了吗?你给他打两颗星。

横画之间的间距均匀了吗?打两颗星。

拿到了四颗星,真像个小小书法家,看来,这个同学仔细观察了"垂"字的特点,难怪把字写得这么不错!你评得也非常有水平,称得上是我们班的书法小老师呢!

其他同学,也来用这样的方法给自己评评星。做到一点就给自己两颗星。全部做到了就给自己四颗星。

生:(自评)

师:评好了吗?拿到两颗星的同学请举手,真不错。拿到四颗星的同学呢?很了不起。看来,我们班的小小书法家越来越多了,同学们也越来越聪明了。这节课就上到这儿,下课!

【反思9】 "垂"字的书写指导是这节课的点睛之笔。对于这个字的书写,学生是有困难的,一是这个字的笔顺难,二是这个字的横画很多,虽然它们之间的距离几乎相同,但是长短却各不相同。教师在教学时编了一句朗朗上口的顺口溜,让学生一下子记住了"垂"字的笔顺:"千字草字头,二字倒着走"。这样的教学因为充分关注了学生的学习特点而彰显成效。】

【点评】

1.结合语境多元识字——以点击面的字词教学

本课的教学能自始至终地以字词教学为出发点与归宿,凸现了年段特点。在进行字词教学中,很好地做到了两个结合。

(1)随文识字与集中识字相结合。本课开始,教师呈现"乱""垂"字集中教学,因为这两个字是生字中的读音难点。后面"压""乱""垂"的教学是在随文中进行的,具体操作方法是在句子出现时呈现生字,又在生字教学后回归句子,在语言环境中走个来回,这样的教学使字词教学更有效。最值得一提的是三个字的教学各有侧重,有的重形,有的重义,而且教师在教学时均能扎扎实实地把书写融入教学。

(2)联系识字与意象识字相结合。本课的字词教学,教师采用了"联系识字与意象识字相结合"的策略,这样的教学符合二年级学生的认知规律与心理特点。每次呈现一个字,教师都会请学生说说,"怎样记住这个字""你在什么地方看到过这个字"等。教师力求通过这样的教学调动学生的旧知,帮助学生建立新旧知识的联结点。在进行字词教学时,教师又通过图画、动作等方法让学生想象,帮助学生形成生动的意象来自主识字,这样的教学因为科学性和趣味性而彰显生机与活力。

2.加强实践多维表达——以一当十的表达运用

本课的教学能自始至终以"雷雨前有哪些变化"这个主问题为线,引发思考,整体感知,组织教学,想象拓展等。在想象拓展环节,教师又能充分关注语用点,用"越来越……"的句式让学生想象说话,做到了语言理解与表达运用、语言运用与情感表达的双向合一。

(1)语言理解与表达运用的合二为一。"用'越来越……'说说雷雨前还会发生什么变化"这一问题设计,实现了语言理解与表达运用的统一。因为学生只有对文本中"越来越……"的语言图式感知理解了,才能在联系上下文、联系生活实际后正确运用这个语言图式说话。这既是一种感知理解,又是一种运用检测。

(2)语言运用与情感表达的合二为一。"用'越来越……'说说雷雨前还会发生什么变化"这一问题设计,实现了语言运用与情感表达的统一。因为在这个环节中,教师还向学生提出了这样的要求:"这么着急啊?请你带着这样的感觉来说",也就是说,这一环节的教学,教师还将有感情的朗读指导也随机地渗透其间,学生在运用语言的同时也进一步丰富了情感的体验。

教学名师：夏伟龙

创建学习共同体，探寻自主、合作、润泽的生态课堂

人物档案

夏伟龙，中学高级教师，舟山市首批挂牌名师，浙江省第三届教改之星金奖获得者，全国小语会先进工作者。

夏伟龙老师于 1989 年参加工作，下过小村，与"南海"一起成长十五年，现任教于舟山第一小学。工作近 30 年来先后被评为舟山市 A 级教师、舟山市学科带头人、舟山市教育工委优秀党员、舟山市优秀教师、舟山市优秀教育工作者。主持实施了"旨在提升学生语文素养的小学语言实践专题的构建与实施"等多项省市级课题的研究，有 20 余篇教研论文在全国、省市级比赛中获得一、二等奖或在《小学语文教学》等刊物上发表；参与吴忠豪教授主编的《小学语文教学内容解说》的编写；执教省市级以上观摩课 30 余节；专题讲座 40 余次；在省市级优质课、教学技能比赛中屡次获得一、二等奖。

几十年来，他始终坚持在教学第一线，身体力行，以身示范，重学习、重思考、重实践，真诚面对每一个学生，努力追求自主、合作、润泽的生态课堂，同时积极承担各项"传帮带"任务，让青年教师和学生都能分享他的发展成果。

一、善于提取文本要素，构建有主题的语言实践专题

我们在实施语文教学的时候，面临的首要问题是教学内容的确定，即这一堂语文课要"教什么"。我们教与学的是一篇篇课文，但课文并不是要教和学的内容。课文只是教和学的内容的载体，语文课的教学内容隐藏在课文中。于是，"教学内容是什么"这么一个在其他学科老师开始实施教学前就已经解决的问题，在语文教学中还是一个等待解决的问题。语文教学内容要在教学过程中，由教师和学生实时地从教材中生成出来，所以需要教师提取文本的要素，定位教学价值，构建教学专题。夏伟龙老师在这一方面进行了不懈的探索，他主持承担了浙江省教研课题"旨在提升学生语文素养的小学语言实践专题的构建与实施"，通过如何选定"教什么"、重点关注"怎么说"，引导学生理解感悟语言教材的言语形式，并形成了自己独到的重构文本的方法，从文本解读式的教学模式转变为方法学习式的教学模式。

有专家称：一堂普通的语文课，大大小小的"教学内容"一般是 30 个左右，如果都教，教师不知道教了什么，学生也不知道学了什么，于是夏老师从以下方面作了深入的思辨：单元语言实践专题是什么？一篇课文可供选择的教学内容有哪些？选取哪几个教学内容来学习？定位的依据是什么？语言实践的重点是什么？达成步骤作哪些方面的预设……

以人教版小学语文第九册选读课文《剥豆》为例。

第一步，罗列文本的要素。

可以有很多：多音字，词语理解，字的书写，把握课文的主要内容，理解含义深刻的句子，朗读指导，细腻的心理描写，通过动作描写分析人物的形象，通过事例有所感悟与启示的写法，感受母爱的无微不至，初步获得敢于挑战、自强自立等积极乐观的生活体验……

第二步，教学价值重新定位。

根据学段教学目标与内容、课文的文体、语言特色、课文人文内涵的主导倾向、本班学生的学习基础等确定《剥豆》教学目标，根据目标设计组织学生语言实践活动。

第三步，设计教学框架和板块，预计学习时间。（略）

第四步，为学生的学习做好预设。

(1)估计每个板块学生语言实践活动中可能出现的问题。

(2)针对这些问题，预设教师的对策，为学生的学习搭建"支架"。

二、善于营造舒缓从容的教学氛围，追求自主、合作、润泽的课堂环境

舒缓从容的课堂教学氛围是面向全体学生的需要；自主、合作、润泽是理想的课堂生态。近 30 年来，夏伟龙老师矢志不渝，逐步形成了轻松和谐、开合有度的教学风格，这源于他能蹲下来走近学生的教学品格。在日常的教学实践中，夏老师常常在以下三方面开展调控与引导。

1. 调控适时、适度

调控的目的是竭力营造宽松、民主、和善的教学环境。调控的依据是文本的难易程度和学生的认知水平与情绪状态，而适时、适度则应该是调控的原则。夏老师经常利用幽默风趣的教学语言活跃课堂气氛，控制课堂节奏，使学习变成一种享受，有效完成教学任务。

创建学习共同体，探寻自主、合作、润泽的生态课堂

他的课堂经常笑语盈盈，教学语言亦庄亦谐，形成了一种独特的节奏。他还利用音乐、活动、讨论进行调控。当发现学生过分紧张而疲倦时，就要让他们轻松愉悦，穿插一些趣味性的内容，通过听音乐、做游戏、讲故事、小型比赛、竞猜、小组讨论等形式，让全体学生的多种感官都动起来。整堂课学生在和谐舒缓的节奏中快乐主动地学习，身心得到了全面的健康发展。

2. 预设留有余地

"凡事预则立，不预则废。"预设一直是课堂教学成功的重要保证；但如果预设过满、过死，则势必使充满情趣的语文课变得机械呆板程序化。所以想把课上得从从容容，必须改进预设。夏老师的课堂一般都留有余地：让学生质疑问难、探究尝试、拓展开放……他在精选教学内容、巧作组合的同时，经常在学生感兴趣处、合作探究处、文本疑难之处留白，还会充分利用课堂中的"休止"，留出质疑的时间，展开讨论与交流，这种"休止、停滞和沉寂"便构成了课堂教学艺术中的"空白"，也使课堂生态、和美、润泽。

3. 研读归整为块

夏伟龙老师的课堂教学不过分讲究丝丝入扣、环环相连，对一些情节较复杂的课文，他经常归整为块，采用"板块型"的研读策略，从而使教学节奏舒缓下来。研读过程注重在教师引导下，由学生自主地对构成课文若干板块的问题情境进行研究性阅读，然后在"学习共同体"中合作探究，丰富学习所得。构建的板块具有集中性、独立性、联系性、灵活性的特点。因为板块集中，由一两个专题提纲挈领，所以避免了烦琐的提问设计；因为独立，化整为零，降低了难度；因为其联系性，保证了不会支离破碎，有助于学习的系统性；因为灵活，课堂不再呆板机械，能根据实际情况作出不断调整。如在教学《五月端阳》时，他对音节"xiang"进行了归整提炼，引出（幽）香、（浓）香、（清）香、（喧天）响、（深情）想，整体感知课文迎刃而解；提纲挈领，然后分了五个板块进行研读：

门上挂菖蒲艾草（幽香）

姑娘们缝香袋（浓香）

妇女们包粽子（清香）

小伙子赛龙舟（喧天响）

老人们讲故事（深情想）

这些板块又都集中在一个研读专题之下——哪些地方写出了端午节浓浓的热闹的气氛？什么地方写得特别好？你是怎么体会的？最后归结到节日的安详。在研读时，无论从哪个板块进去都行，随进随出，从从容容。因为板块学习的诸多优势，确保能腾出较多时间让学生自读自悟，合作探究。教师也有精力去关注学情，并相机诱导，落实要求，确保了中下水平学生的利益。

三、善于引领阅读策略与方法，注重提升学生语文核心素养

小学语文核心素养可以从理解、运用、思维与审美四个维度进行培养，而提升学生语文核心素养应加强阅读策略与方法的引领。夏伟龙老师在这方面作了思考与实践。

《中国学生发展核心素养（征求意见稿）》中列出了九大素养，其中跟语文学习直接相关的有两项：一是人文底蕴，二是学会学习。夏老师对照《义务教育语文课程标准》后发现，除去语言文字方面的要求，余下的大概有两块内容：①语文的人文性；②语文学习方法的掌握与良好习惯的养成。这与《中国学生发展核心素养（征求意见稿）》基本一致。所以他认为，语文教学重点要关注四方面的内容：①语言文字积累与运用；②人文情怀培育；③学习方法习得；④学习习惯养成。其核心是培养语感。然而语感作为一种基于人的先天基础而又来自后天经验的直觉的语言知识，其直觉性不可避免地带来了局限，具有一定程度的模糊性又难以直接触及。而语文素养是一种以语文能力为核心的综合素养，是学生在语文方面表现出的比较稳定、最基本的东西，工具性应该是其基本核心。于是他坚定地认为，语文课应该转向以策略为导向的语文教学，以阅读策略与方法的引领提升学生语文核心素养。

在日常教学实践中，夏老师尊重学生学习基础，把学生阅读课文时出现的难点疑点障碍点变为教学价值。课前他都要了解学生的现实水平，经常用"前置性练习"作为前测工具，根据预学单的完成情况进行统计和分析，有针对性地进行教学设计，以接学生"地气"。他始终把专题化语言实践作为阅读策略与方法引领的基本途径。专题的确定他都要考虑阅读策略和学习方法的引领。通过某篇课文来教学生一种阅读或写作的方法，而不是仅仅教这篇课文。如《北京的春节》一课以详略写法的运用组织课堂，语文味十足，提高了学习效率。教学过程都紧紧围绕这一方法展开，目标明确，一课一得，一课一法，扎实有效。

★ 成长经验

一、以宗教般的情怀从教，让学生分享教师的发展成果

当教师最基本的要求是什么？我的理解是要有宗教般的情怀，怀着爱心去从教。一直以来，我都认为，不管身处什么工作岗位自己首先是一名教师。你是一线老师不教书说不过去，你是一线老师不尽心教书也说不过去，你是一线老师只会教好学生也说不过去。要做到这些需要一颗"仁爱之心"，这颗爱心是建立在懂专业基础上的善心。

许多时候我感觉自己还很浮躁；许多时候还是高高在上，"我的地盘我作主"，我是老师听我的；归因也常常出现偏差，基于对自身自尊心的维护，会有意无意地倾向于把学生获得的成绩归因于自己教导有方，而把学生的失败和错误归因于学生的愚笨和不努力。自我感觉，2005年前后是我专业发展最快的几年，每学期都要上省市级公开观摩课。记得当时特别追求设计的巧妙、课堂的精致。现在回想起来，我感到惭愧：在自己专业发展最快的几年，我的学生究竟从我这里得到了多少？我的发展成果他们享受了多少？现在想来，追求精巧设计的课堂，从生本角度讲也是毋庸过分考虑的事：教师要的是应对式的教学，一切的教学设计都只是预设，课要跟着学生走，于是课堂自然会有停滞、会有沉寂，"行云流水"这样的词语不太可能发生在生本课堂。

如果你以宗教般的情怀从教，你时常会感觉"仁爱"这两个字冷冷地逼视着自己发问：你爱你的学生吗？你踏踏实实工作了吗？你的所作所为对得起自己吗？遇到困难你常常抱怨吗？看到别人轻而易举地发迹你感到心理不平衡吗……面对逼问，我感到过惶恐不安，还经常想起二十年以前的事：学校要求教师到村小工作两年，按教龄排下来我也是其一，当时有埋怨。两年过去了，轮到领导了，政策就变了，领导表示想去而不得，心里其实很遗憾。当时我又是一阵郁闷愤懑……回想往事，那是什么大不了的事啊？两年的日子虽然艰苦但至今难忘，那真是一种丰富难得的经历啊。

教师要有宗教般的情怀，并不是要求教师都要成为宗教般的人，而是要求教师都能俯首有学生，抬头观大局，在潜意识里都有仁心和慈悲情怀，把教书育人爱岗敬业时刻牢记于心，努力去实现自己的教育梦想。

二、研究学生，走近学生，构建信赖与合作的关系

现实中还经常存在这样的现象：教师想说就说；想说什么就说什么；教师想怎么说就怎么说；教师想什么时候说就什么时候说……至于随意占课、挤课也依然发生。这些现象大都是老师们不经意间表露出来的，同时也暴露了内心深处的霸权。这些情况不改变，课堂教学就改变不了。只有宽容和谐的课堂，学生的心里才有安全感，心灵才能安顿下来，才会集中精力到学习上。这些现象的发生除了教师缺失理念之外，专业素养的缺乏可能更为严重——"其实我真的不懂你的心"。所以教师走进学生的心灵深处显得尤为重要。

教育首先是一门科学，然后才是艺术。教育是科学是因为人的成长有规律，认知有规律。现代脑科学正在揭示这些规律，虽然现在还没有完全掌握。既然有规律就要遵循它来选择教学方法，所以教师应该加强脑科学的学习、心理学教育学的再温习。现在许多的疑难我们都无法作出科学的、专业性的解答，需要不断增加这方面知识的储备。艺术在于创新，是教师教学机智的表现。教学个性较多也会较模糊，有的教学经验也可以称为艺术，但不一定可以重复，因为教学情境并非雷同，而我们更多地动用了被誉为"艺术"的所谓经验的东西。殊不知，所谓的教学艺术是一把双刃剑，可以塑造学生的个性，也可以扼杀学生的个性。与孩子泾渭分明，缺少童心，也就走不进孩子的心。关注学生的爱好，去经历，去感受，然后去引导，这样的效果可能会事半功倍。美国优秀教师雷夫·艾斯奎斯用信任取代恐惧，做孩子可以信赖的依靠，讲求纪律、公平、合作，并且成为孩子的榜样，于是他成功了。我们的师生关系也应该如此，不要动不动就惩罚，把"恐吓"当作教育的捷径。教师只有在包容宽松的环境中才能够走进学生的心里，才能与学生构筑信赖与合作的关系。

三、想学生之所想，树立为学生服务的思想

朱永新先生说，中国教育缺失的东西很多，而特别缺失的是教师的服务意识，缺人文关怀……所谓服务，就是在学生需要帮助时，你能满足他们的需要，而且做到位，让学生满意。向学生提供高质量的服务，就是凡事以学生为中心，把对学生服务作为一种产品，分环节去管理。教育的成败就蕴含在几个环节当中，树立了服务意识后，就会时时处处想学生之所想，急学生之所急，视学生为自己的孩子，该鼓励时鼓励，该批评时批评。关注每一个学生，竭尽全力做好本职工作，就会俯下身子——甚至蹲下来做事。于是早上我们不会随意叫孩子拎电脑包而自己洒脱地空手去吃早饭，不会随意吩咐学生打扫办公室倒垃圾，不会随意差遣学生去取快递邮件……有了服务意识，我们就不会高高在上，不会惯于发号施令，以师道尊严的定势来指手画脚。为学生服务并不是不要"教师权威"，而是要求我们重新理解"教师权威"。不能再把学生看成是被加工的产品，把教师看成是加工产品的工匠，这就要求将传统的"命令—服从"式的师生关系转变为平等的"我—你"关系。我们的教育教学最终的指向是学生，所有的工作都应该服务于学生的成长。这是我们教师最需要铭记的！

人教版小学语文五年级(下)第10课《杨氏之子》

一、学习目标

1.正确流利朗读课文,力争读出文言文的韵味。背诵课文。

2.理解古今差异比较大的词语意思。了解故事大意,初步掌握学习文言文的基本方法。

3.体会杨氏之子的聪颖机智,感受语言表达的精妙。

二、教学重点

读好课文,指导学生通过自读自悟了解故事大意,同时能感受语言的魅力。

三、课前准备

1.布置预习作业,要求学生把课文读两三遍,对照注释想想大意。

2.制作PPT,准备若干只锦囊。

四、教学过程

(一)出示课题,感受文言

1.出示课题《杨氏之子》,读课题,说说题目的意思。

2.你是怎么知道的?

3.拓展迁移。(你贵姓?你可以怎么称呼自己?)

(二)熟读课文,理解意思

1.指导学生读好课文。

(1)指名读课文。此环节重点指导学生关注多音字"为(wèi)""应(yìng)"以及"诣"的读音。另外指导书写"曰"。

(2)教师范读,学生比较停顿上的差异。学生用"/"标好停顿,自由读。

(3)教师指导学生读出文言的韵味。读文言文不仅要读出停顿,还要读好停顿,体会朗读时音断气不断、藕断丝连的感觉。

2.学习共同体内合作理解故事大意。

(1)交流讨论课文中与现代文差异较大的字词。

预设1 "夫子":先生,一般指有文化、有涵养的成年男子。

预设2 "禽":今义为家里养的鸡鸭;古义为鸟。

(2)要求学生在合作组内对照注释用自己的话说说故事大意。教师提供三个"锦囊"帮助学生理解文义:为了帮助同学们更好地说好故事大意,老师为大家提供了三个锦囊。三个锦囊分别是蓝、黄、红,顺序不能乱。遇到问题时按次序打开。红色锦囊是"SOS",不到万不得已时请不要打开。

锦囊1(蓝色):①特别关注重点字词的解释,如"甚聪慧""应声"等。

②为了使句子连贯,要适时补充一些词语,特别是"谁",使句子顺畅。

③要注意文言文中常用倒装句式。

锦囊2(黄色):①"为设果",想想谁为谁摆设水果?

②儿应声答曰："未闻孔雀是夫子家禽"——孩子（   ）回答说："我可没有听说过（   ）。"

锦囊3（红色）：（全部译文）梁国有一姓杨的人，家中的小孩九岁了。孔君平去拜见小孩的父亲，父亲不在家，就把孩子叫了出来。小孩摆出水果招待客人。水果中有杨梅。孔君平指着杨梅对小孩说："这是你家的水果吧。"小孩不假思索地回答道："我可没听说孔雀是您家里的鸟啊。"

（3）分组交流，集中反馈，巩固学习所得。

①统计没有打开锦囊的人数。

②第一个锦囊在提示你什么？（理解文言文意思的基本方法）请一位学生串讲文言文大意，其他学生补充纠正。

③交流第二个锦囊：

"为设果"，想想谁为谁摆设水果？

儿应声答曰："未闻孔雀是夫子家禽"——孩子（   ）回答说："我可没有……"

3.完成课堂作业本第2~4题。

（三）深究课文，体会聪慧

1.教师谈话：第三组课文能使我们感受到语言表达的艺术，体会语言的精妙。学习文言文还要品味语言，《杨氏之子》中孔君平与杨氏子的对话就很值得品味。

2.出示：孔指以示儿曰："此是君家果。"

儿应声答曰："未闻孔雀是夫子家禽。"

3.研读"此是君家果"。你知道这句话有何奥妙吗？

预设1　杨氏子姓杨，杨梅以"杨"字开头。

预设2　言外之意：你姓杨，它叫杨梅，杨梅和你们是一家人。

4.研读"未闻孔雀是夫子家禽"。你知道这句话又有何奥妙？合作组内交流讨论。教师巡视指导。

预设1　孔君平姓孔，孔雀以"孔"字开头，也在姓上做文章。

预设2　如果（杨梅和我们是一家人），那么（你们和孔雀是一家人）。

预设3　诗歌有诗眼，文言文也有文眼，这句话中你觉得哪个字词可以称得上"文眼"？为什么？

预设4　出示文言文《口中狗窦》。

晋张吴兴，年八岁，口中缺一齿。人因戏之曰："君口中何为开狗窦？"张曰："正使君辈从此中出入耳。"人莫能答。（注释　张吴兴：本名张玄之，曾任吴兴太守。狗窦：狗洞。）

思考：请比较杨氏子和张玄之的话，同样非常机智，区别在哪儿？

（两小儿都回答得非常机智，但杨氏子更有礼仪、讲礼貌。）

5.评价杨氏子。你觉得杨氏子是一个怎样的孩子？

6.想象孔君平会怎么评价他？

（四）背诵课文

（五）介绍《世说新语》

（六）小组合作，总结文言文学法。

教学名师：钱金铎

顺学而导，让课堂焕发生命活力

人物档案

钱金铎，中学高级教师，浙江省数学特级教师，现任舟山教育学院小学数学教研员，浙江省特级教师协会副秘书长，浙江省小学数学教学研究分会理事长，浙江省中小学教材学科审定委员会委员，浙江省小学数学名师工作室导师，浙江省中小学教师继续教育数学学科组组长，浙江省新思维教育研究院、浙江海洋大学客座教授。

参与编写《小学数学教材处理的艺术》《怎样使孩子有聪明的数学头脑》等著作，独立担任《名师精讲精练》第九、十册数学学习辅导用书和数学新课程实验教材五年级《作业本》的编写工作。曾获全国优秀教师、浙江省功勋教师、浙江省优秀共产党员、国家级优秀教研员、浙江省领雁工程优秀指导教师、舟山市专业拔尖人才、舟山市劳动模范等荣誉称号。先后在《教育家》《小学数学教育》《小学数学教师》等省级及以上刊物上发表论文 70 余篇，为全国各地小学教师上公开观摩课 200 余节，作专题讲座 150 余次，反响强烈。主持实施浙江省教学规划课题"数学课堂教学过程中有效策略研究"，该课题成果于 2006 年获浙江省教研课题优秀成果一等奖。《从良好数感到数学探究——钱金铎小学数学课堂教学研究》一书 2016 年 10 月由浙江教育出版社出版发行。

教学艺术

一、在教学中善于进行学习兴趣的激发

所谓兴趣，就是人努力追求认识和研究某种事物的意识倾向。有人说过，没有兴趣，就没有求知欲；没有求知欲，就谈不上能力的培养。只有对学习产生了兴趣，才会主动地进行学习，才会以顽强的毅力去克服前进道路上的困难，攀登智力和能力的高峰。学习的关键在于兴趣，在于热爱。从心理学的角度来说，"兴趣"是调动学习积极性的一种"能源"。事业成功的秘密是什么？大多数人认为是勤奋。可是杨振宁教授却认为："成功的真正秘诀是兴趣。"我们教师，要想使学生的智力、能力得到发展和提高，首要的是使学生对学习内容和学习过程感兴趣。有相当一部分教师为了提高教学质量，把自己的心血都花在了钻研教材、如何吃透教材上，可称得上是绞尽了脑汁。可是结果呢？学生的学习效果并不理想，真是事倍功半。要问原因在哪里，我想很可能的一个原因是教师没有调动学生的学习积极性，学生对学习没有多大的兴趣。教学心理学明确指出：兴趣是进行学习的源泉和动力。这是因为，学习动机是学习的动力，一个学生有了强烈的学习动机，他对学习就会表现出浓厚的兴趣、积极的态度、集中的注意力和克服困难的毅力，从而产生较好的学习效果。然而中小学生的学习动机，主要在于学习的兴趣，为此我们一定要注意对学生兴趣的培养。心理学家认为："学习最好的刺激，乃是对所学的教材的兴趣。"如今一些学校的部分学生成绩差，教师反映学生不愿意学习，尤其是数学，更是枯燥乏味。我想这里的主要根源在于学生对学习不感兴趣，在他们看来，学习是他们的一个沉重的包袱。这样，哪来的学习动力？而学习的动力是学习的基础，没有动力怎么能谈得上成绩呢？学生连学习的主动性、积极性都没有，又何谈掌握知识、具备独立的学习能力。而主动性、积极性又常常是跟兴趣爱好和自觉学习紧紧联系在一起的。有人提出教学法应当遵循的基本原则的第一条是明确意义，增强兴趣，这一原则是建立在生理学、心理学和信息论的基础之上的。所以，我在数学教学中把千方百计地激发和培养学生的学习兴趣放在十分重要的位置上，让学生有兴趣地听我讲课，有兴趣地独立探究数学问题，有兴趣地与同伴合作交流，有兴趣地主动完成数学作业，有兴趣地进行创造性思维。

二、在教学中善于进行学法的有效指导

教学方法包括教师的教法和学生的学法两个方面。如何把学生从被动的、苦学的束缚中解脱出来成为学习的主体是课堂教学改革中亟待解决的问题。要使学生从过去的单纯学会教师所教的现成知识（学会），转向在教师的指导下自我学习（会学），通过自身的努力逐步获得学习能力，掌握迈入知识殿堂的金钥匙，从中体会到学习的快乐。从某种意义上来说，在教与学这对既相互依存又相互影响的矛盾中，教师的怎样教决定着学生的怎样学，指导学法的前提和根本途径是用教法的"巧"来促进学法的"活"，实现变"学会"为"会学"的教育目标。我们可以这样说，改革教法是学法指导的根本和前提，激发兴趣是学法指导的需要和手段：用数学知识的内在美去吸引学生——创设知识情境，帮助学生感受数学知识的内在美；发现知识规律，引导学生欣赏数学知识的内在美；重视知识应用，鼓励学生创造数学知识的美；科学训练是学法指导的重要措施——要重视数学文

本阅读习惯的培养和方法的训练；要重视基本学法的形成训练和基本数学思想方法的渗透；要重视解决问题基本过程的展开和基本模型的有效建构。只有这样，我们才能在弄清学法指导的基本内容和基本方法的前提下，有的放矢地进行有效的学法指导，才能收到良好的指导效果。

三、在教学中善于进行学力的有序训练

所谓学力，简单地说就是指学生的学习能力，具体地说就是指一个人的数学知识水平以及在接受和理解数学知识、技能，运用数学知识和方法解决数学问题方面的综合能力。我在尊重学生、赏识学生、信任学生的前提下去组织有效的教学活动。在十分注重学情、学法、学力研究的同时，关注并有效实施科学的教法和教程。具体地说，在开展课堂教学时，首先以学习内容的要求去思考学法的有效性，进而以学法的要求来追求教法的科学性，同时也应该以教法的启发作用去引导学法的正确形成或改进。当然，我们的教学活动是以教与学之间的"互动"为基础的教师价值引导和学生自主建构辩证统一的过程。教师与学生之间不是一种简单给予、被动接受的关系，教师应该积极通过"互动"参与，指导学生的自主互动学习，为每个学生的充分发展提供有效的条件和机会，并适时为学生的自主互动学习引导方向，起到应有的主导作用和"顾问"作用，使学生的自主学习活动，在与外部世界（主要是师生之间）相互作用的过程中能动地生成和建构。只有让学生在获得数学知识的同时，有序地、有效地进行数学学力训练，才能全面地提升学生数学学科的核心素养。如：在教学《小数的加减法》时，我不但要让学生在原有数学知识的基础上，通过学法有效迁移，自主地学习新的小数加减法知识，而且在教师"主问题"的引领下，将竖式计算、脱式计算、简便计算、合理估算和自觉验算等不同的计算形式有机融合，来整体提高学生的计算意识和计算能力，使计算教学的作用得以更加充分地发挥。有序地关注计算教学的整体目标，着眼于培养学生的数学素养和可持续发展的解决问题的学力。在这一计算教学过程中，努力使学生学会用数学的眼光去发现数学算式以及数学运算中的一般规律，从而了解数学发现的基本方法和基本思想，在用计算知识和方法解决问题中建立判断与选择的自觉意识，形成合理、灵活运用数学计算方法的思维品质。

四、在教学中善于进行创新意识的培养

好奇和好胜是儿童的天性。如果我们在教学活动中，既能运用教学原理，又能顺应儿童心理创设问题情境，就能极大地激发学生的求知欲望，使学生以发现知识的姿态来学习新知识，使学习的外向动机转移，变学生在教学过程中的客体地位为主体地位，通过学生自身思维的矛盾转化增加知识，增强学生的创新意识，发展学生的创新能力。一次上课时，我在小黑板上画了这样一幅几何图形（见图1），要求学生把这个由 12 个小正方形组成的大长方形分出一个梯形来，并且使这梯形的面积占整个大长方形面积的 1/2，有几种分法？话音未落，课堂里已经出现"乱哄哄"的景象，只见孩子们画图的画图，讨论的讨论，甚至有的同学争得面红耳赤，不多时，一组答案出来了，见图2。

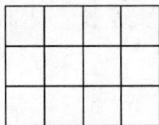

图1

顺学而导，让课堂焕发生命活力

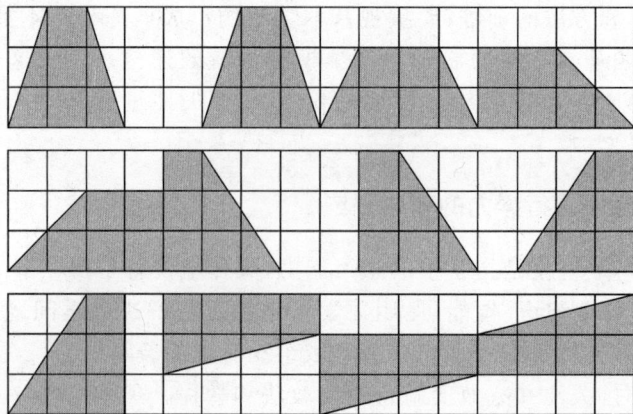

图 2

　　有些学生还根据图形的对称性和知识正迁移规律又列举了几十种分法,这时我还注意到下面有些同学边举手边叫:"我还有新分法!"的确,这些学生利用等分的原理冲破了格子的束缚和常规的思路,又想出了几种、几十种,甚至无数种分法(见图3),有一个同学风趣而自信地说:"只要我使 $AE=FC$,并把 EF 连接起来(见图4),哪怕 AE 或 FC 只有 0.000……1cm,也符合你的要求。"多么形象、生动而富有创造性的语言。捷普洛夫说得好:"创造永远产生于情感之中。"在教学过程中,学生往往是在情绪冲动中闪烁出智慧的火花,"数学课"之所以被学生喻为快乐的活动课,比看电影还过瘾,是因为数学课能使他们的学习兴趣大增,既满足他们的好奇和好胜心理,又锻炼他们的数学思维能力。记得有一次,我一上课便问学生:你们谁能说出直圆柱的侧面积的计算方法? 同学们面面相觑,心想:这个内容我们学了十多天了,谁还不知道? 于是脱口答道:"圆柱体侧面积等于底面周长乘以高。"但他们不知我葫芦里装的什么药。接着我又问:"那么长方体的侧面积也可以用底面周长乘以高来计算吗?"(教材中没提到这一公式)教室里一下子热闹起来,有的说可以,有的说不可以。在认识上产生矛盾,出现认知的需要,引起"愤悱"的心理状态。我采用"欲扬先抑"的办法,先制止了他们的讨论,拿出预先做好的几个长方体硬纸模型,说:"到底能不能用这一公式,你们可根据学具验证,也可根据已学过的数学知识加以推导,五分钟后再回答。"接着,学生们便分成了几个讨论小组,边拆、边想、边说。最后一致认为可以应用这一公式,因为长方体侧面展开后肯定能得到一个长方形,而长方形的长就是原来长方体的底面周长,长方形的宽就是原来长方体的高……还有几个同学利用乘法分配律、交换律、结合律验证了它的正确性,即长×高×2+宽×高×2=(长+宽)×高×2=(长+宽)×2×高,而(长+宽)×2就是长方体的底面周长。

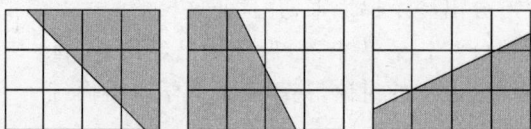

图 3

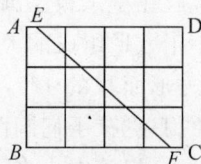

图 4

我是一名小学数学教师,现任舟山教育学院小学数学教研员、浙江省特级教师协会副秘书长、浙江省小学数学教学研究分会理事长,主要从事小学数学教学的研究和数学青年骨干教师的培养等工作。1981年6月从舟山师范学校毕业后一直从事小学教育工作,至今已整整38年。在读高中时,自己从来也没有想过以后要当一辈子的人民教师,但在1976年7月高中毕业后回乡却很偶然地担任了村校民办代课教师,就这样开始了我的教育工作生涯。三年后我考入舟山师范学校学习两年,为以后的教育教学工作打下了较好的教育理论知识基础。总结自己在名师成长道路上的经验和教训,也是一件很有意义的事!

一、要虚心好学,学以致用

1979年9月至1981年7月,即我在舟山师范学校读书期间,比较系统地学习了教育教学理论和做一名小学教师所必备的基础知识,以前有过的三年民办教师的教育教学体验,使我在学习教育理论时与实践有了结合的前提,所以"教育心理学""数学教材教法"等学科的成绩在班中名列前茅。我心里自然窃喜,以为走上讲台更加驾轻就熟。然而一日,心理学教师有意无意对我说了一句:"教育心理学、教材教法成绩好的学生,不一定是以后书教得好的老师"。这极大地刺激了我,警示我在今后的教育工作中应该自觉地运用教育心理学原理,切不可妄自菲薄——感谢老师的这句话,伴随我三十多年的教育教学实践和探索,终不敢大意,最终取得可喜的成绩。从师范毕业参加工作的第一天起,除了自己积极探究教育教学规律外,我总是能做到虚心向老教师学习,学习他们的敬业精神,学习他们的教学方法,努力结合自己在师范学校学到的教育教学理论,积极投身于教学实践。最有代表性的是"关于学生学习兴趣的激发与培养",为我的教学研究打开了一个十分有效的"突破口",也收到了显著的教育教学效果,自己在这方面发表的学术论文就有10篇之多。

二、要锐意进取,善于积累

教师职业有别于其他职业,它是教育人、培养人的职业。所以作为一名称职的教师,一定不能误人子弟!记得师范学校毕业的第二年,我被借调到舟嵊小学担任毕业班数学教学,把自己创造的所谓"愉快教学法"运用到了新班级。当时争上重点中学到了白热化时期,学校、教师、家长对学生都寄托着极高的希望,我的"愉快教学法"实验遇到了前所未有的挑战和压力。虽然,一开始我也努力钻研数学教材,虚心向老教师请教,认真了解学情,努力备好每一节课,但还是有部分家长来校长室"告状",说我上课时专门摆火柴盒、讲故事、做游戏,还向学生提问:"你爸爸的岁数是质数还是合数?……"并质问校长:这样下去,一年后,小孩怎么能考进舟山初中?当校长详细对我的教学情况做了说明后,家长还是提出了要联合来听我的课……一时间,我背上了沉重的思想包袱。我顶住压力,在校长和老师们的大力帮助下,教学实验取得了很大的成功——一年后全班数学成绩以人均96.3分名列全区第一,这场从一开始就遭遇家长阻碍的教学改革就这样化险为夷,甚至落地生根了。1984年上半年,因学校工作发生困难,我要同时教五年制毕业班和六年制毕业班两个班级的数学课，每天工作达十几个小时，结果，1985 年参加区统考，合格率达 100％，数学成绩人均 95 分，我受到学校领导和老师们的一致好评。从此，我的数学教学特色也基本形成，个人教学能力也得到了众人的首肯，同时自己也积累了比较丰富的教育教学经验。

三、要学会思考，教学相长

随着教学和研究的不断深入，自己的作用也发挥得越来越大。进入新世纪，我充分发挥自己名师的号召力，投入到全国上下轰轰烈烈的新课程改革洪流之中，不但参加了省里组织的小学数学课程改革研究活动，还在舟山市积极组织各县区的小学数学骨干教师组成小学数学新课程实验研究小组，有目的、有计划地开展了课堂教学研究活动。与实验组老师一起认真学习新课程标准的基本理念、教学目标和国家级课改试验区的先进教改经验，认真学习有关实施新课程的基本方法和教学要求，并及时与同伴进行交流。自己带头上示范课，并与各县区小学数学教学研究分会共同研究完成《舟山市小学数学新课程实施现状调研报告》，有计划地组织开展小学数学新课程"疑难问题解答""学科教学专题调研"等活动，收到较为理想的研究效果。经常组织数学会员和骨干教师下海岛送教活动。在新课程实验刚开始，组织市小学数学教学研究分会的部分会员和实验组成员先后编写数学新课程教学系列设计教案集，及时分发到一线教师手中，为全市的小学数学教师提供业务上的指导和帮助；积极参加并负责编写由省教研室指定的人教社数学新课程实验教材浙江省配套作业本（五年级上册、下册）各一套，将自己对新课改的思考和经验融入具体的教学实践之中。

四、要敢于创新，善于总结

数学新课程改革中，我主要在学生创新能力培养、数学的学法指导和新教材教法方面进行研究，并提出自己的教学主张和教学新理念。近十年来，我先后主持并完成了"有效教学策略研究"和"学的过程和方法研究"等两个省级重点课题和规划课题，已在省级及全国级各类报纸杂志上发表教育、教学论文和案例反思文章共 30 余篇。数学教学的研究学术成果在 2006 年获得浙江省第二届优秀教研成果一等奖。为了有效提高舟山市小学数学教学的整体研究水平，我以"市小学数学学科研究小组"和"钱金铎小学数学名师工作室"为载体开展研究活动，在点的层面上组织由 16 位一线数学骨干教师组成的团队，定期进行活动。以"钱金铎"命名的名师工作室（小学数学学科）以指导、培训研究小组成员，促其成才为目标，实施学习（理论）、教学（实践）和科研（课题）三位一体策略，突出针对性、实效性、前沿性的特点。通过指导培训、研讨交流等活动，使参与的全体数学教师在创新教育理念、教学研究水平、课堂教学能力等方面得到了明显的提高，部分数学骨干教师能在小学数学新课程教学方面有所突破，在课堂教学中能比较科学、合理地体现义务教育数学课程标准的先进教育理念，初步形成自己的教学风格，不断提升小学数学学科教学创新水平和实践操作能力，同时也充分发挥了他们的示范、引领和辐射作用。此外，我总结了可贵的新课程教改经验和培养青年教师和骨干教师的经验，成效显著，自己的专著也在 2016 年下半年正式由浙江教育出版社出版。同时，在舟山市内提高了一批小学数学骨干教师的理论和教学业务水平，有 6 位数学骨干教师已经成为舟山市小学数学学科带头人，1 位已经成为浙江省小学数学特级教师。所培养的数学骨干教师，先后在全国、全省组织的学科竞赛中多次获奖，成绩显著。由浙江省教育厅帮助建立的"钱金铎特级教师工作室"成效显著，如开设名师工作室的"资源共享"和"在线研讨"等服务平台，仅三年多时间，总访问量就达 350000 余人次，上传学习资料 980 余篇，使"名师工作室"效应得到最大的发挥，2014 年被舟山市委组织部评为舟山市"十大党员明星工作室"。我负责的舟山市小学数学教学研究分会在 2012 年获得舟山市先进集体和全国小学数学专业委员会先进集体称号。荣誉越多，压力越大，我始终不敢忘记自己作为人民教师的责任感，不敢懈怠作为名师的影响力。

经典课堂

明确学的目标　转变学的过程

——《四边形认识》先学后教、顺学而导的教学实践与反思

教学目标是一切教学活动的出发点和最终归宿，它是教师和学生进行教学活动的定向标准，对教学设计起着重要的指引作用。2011 年版《数学课程标准》指出，在"图形与几何"教学中，要让学生经历图形的抽象、分类、性质探讨、运动、位置确定等过程，掌握图形与几何的基础知识和基本技能，发展学生的想象能力和空间观念。历次的《数学教学大纲》或《数学课程标准》都把培养学生的想象能力和空间观念作为"图形与几何"教学的一项十分重要的任务。然而，综观数学教学的现状，我们不难发现，广大教师在新课程理念指导下已经都能比较重视学生的实践操作活动，但对在学习过程中如何有效实施"先学后教，顺学而导"培养学生的想象能力和空间观念还存在着明显的缺陷。下面仅以三年级（上）《四边形认识》的教学过程进行几点反思。

一、先学后教，初步概括四边形的特点

师：小朋友，今天老师和大家一起来学习"四边形"的知识，你们知道什么是四边形吗？

生：知道。

师：那就请大家在自己的本子上画一个你喜欢的四边形吧。

生：（独立画，大多数画出的是长方形和正方形，个别学生画出的是平行四边形，极个别学生画出一般四边形）

师：请大家想一想，我们全班小朋友画的四边形会是一样的吗？有没有相同的地方？

生 1：（同桌交流后）不会是一模一样的。

生 2：都有四条边，四个角。（师板书：四条边，四个角）

师：（示：硬纸片 ▢ 和 ◿ ）这两个图形也都有四条边，它们也叫四边形吗？

生：不是。它们有一条边是弯弯的，四边形的边是要直的。

师：大家同意吗？

生：同意。（师板书：直的）

师：（示图 5）这 13 个图形中你认为是四边形的有几个？请打上"√"。

顺学而导，让课堂焕发生命活力

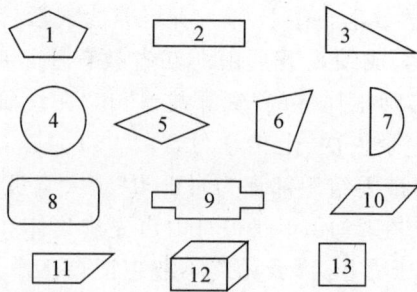

图 5

生：（独立地判断，表示）

生1：2号、5号、6号、10号、11号、12号、13号都是四边形。

生2：不对，12号不是四边形。

师：为什么？

生2：它是长方体，它有很多条边，有很多角。

生3：它不是形，它是体。

师：（举起纸巾盒）它虽然不是四边形，但你能不能在它那里找到四边形？能找到几个？

生：可以找到6个。

师：大家同意吗？

生：同意。

师：我们一起来找一找（教师比画，学生说）。那么8号图形为什么也不是四边形呢？

生：它的角是弯的……

师：学到现在，谁能来总结一下四边形有什么特点？

生：四边形有四条直的边，有四个角。

【反思1　四边形有四条边和四个角，这是孩子们比较容易得到的感知，也是学生进一步学习的现实基础，教师能充分利用这一基础，先让学生个性化地画一个自己喜欢的四边形，然后让学生讨论"大家画的四边形是不是一样"，同时出示两个生活中误认为是四边形的"四边形纸片"，不但及时地点燃了学生积极思维的火花，而且也十分有效地引导学生初步概括了四边形的特点。在此基础上，继续引导学生通过说说为什么不是四边形的过程——13号和9号两个反例的辨析，进一步激活了学生认知的积极性，使孩子们学的态度更加主动，学的过程更加有序，学的效果更加有效！】

二、顺学而导，理解掌握四边形的概念

师：（课件将要判断的13个图形隐去了非四边形后，呈现见图6）

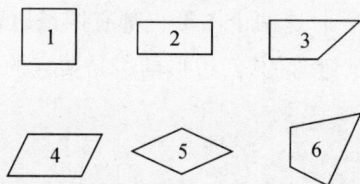

图 6

师:这里面有没有不是四边形的图形?

生:没有。

师:那么我们可以说:正方形是四边形。对吗?

生:对。

师:你们还能看着上面的另外图形说一说吗?

生1:长方形是四边形,梯形是四边形。

生2:还可以说平行四边形也是四边形。

师:我们能不能把话说得简单一点?

生:正方形、长方形、梯形是四边形。

师:再加一个字就更好了!

生3:正方形、长方形、梯形、平行四边形都是四边形。

生4:老师,菱形也是四边形。

师:说得好! 大家真会动脑筋,老师心里很高兴!

……

师:6个图形分成两大类,你有什么理由? 请大家先独立想一想,再同桌说一说。

生:(观察、思考、同桌交流)

师:如果大家已经完成了想和说的任务,现在可以把每个桌上的一个信封里的6个图形拿出来,分成两类,再看着说一说分的理由。

生:(动手操作,继续交流)

师:好! 哪一桌的同学先来交流?

生:1号和2号一类,其他的一类,因为1号和2号是常见的图形。

师:老师认为你们是分得对的,但这样的理由数学上好像还说不清。

生:1号和2号图形都有直角,其他的没有。

师:大家认为这样的理由可以吗?

生:可以。

生:还有1号、2号、4号和5号的一类,3号和6号一类。

师:这样的分类有根据吗?

生:前面一类都有两条边一样长。

师:(感觉到可能是指对边相等,但数学用语不会表达)哦! 哪两条边一样长,你上来指一指好吗?

生:(上来指点:平行四边形的对边)这两条。

师:这两条边叫什么名字你们知道吗?

生:对面边。

生:对边。

师:就叫对边。(老师用鼠标逐一在长方形、正方形、梯形、平行四边形和菱形中找到对边)这些图形的对边确实相等。我们为有这样的分类鼓鼓掌!(生:鼓掌)

生:老师,我们还有另外分法。

师:好的,你们也来说说看。

生:我们把1、2、5号分成一类,3、4、6号分成一类。

师：啊！这样分也可以吗？

生：可以，因为1号、2号、5号这些都是对称图形。

师：了不起！我们也为这种特别的分法热烈鼓掌！（生：鼓掌）

师：大家分得很好，老师也想来分一种，大家同意吗？

生：（兴高采烈地）同意！

师：老师干脆把2号也移过去，变成1号和5号一类，2号、3号、4号和6号一类，你们觉得这样分有理由吗？

生：（情不自禁地进入同桌交流状态）有理由。

生：1号和5号的四条边都相等……

【反思2　分类是一种基本的数学思想方法，同时也是学生了解事物的特征和关系、形成和掌握概念的重要途径。在教学中，通过让学生自主地进行分类和概括，不但将旧知与新知有机结合在一起进行学习，认识到四边形中有四个角都是直角的，也有对边相等的，有四条边都相等的，也有对称图形的（这里老师应注意轴对称图形与原点对称图形的区别），还有四条边都不相等的一般四边形等，既丰富了四边形的内涵，同时也更加明确了四边形的外延，多角度、个性化地完成了认识四边形的任务，把原来认识的一些特殊四边形也比较自然地纳入四边形的知识系统之中，从而更加准确地把握了四边形的本质特征。】

三、有序思考，训练学生思维品质

师：通过刚才的学习，大家对四边形已经有了更加明确的认识，现在老师想请你们来找一找图中的四边形，看谁能一个不漏地找出来，你们能行吗？

生：行！

师：请小朋友认真地数一数，图7中一共有（　　　）个四边形。

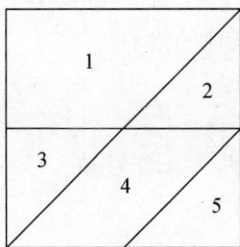

图 7

生：（自主地、有兴趣地进行计数）

师：谁先来说一说，你一共找到了几个四边形？

生1：我找到了5个四边形。

师：具体说说是哪5个四边形？

生1：1号、4号、1号和2号、3号4号5号，还有全部的。

生2：我找到了6个四边形。

生3：我找到了10个。

……

师：（在这个过程中，有许多学生想回答，老师不断地把话筒递给一个个学生回答，最后形成板书:5个、6个、7个、8个、10个、12个。)

师:听了大家的回答,老师想在黑板上写一个字(板书:乱)。现在请你们商量一下怎样才能不乱?

生:我们可以有次序地说。

师:怎样有次序地说,你再讲具体一点可以吗?

生:先一个一个地数,再两个两个地数,再三个三个地数……最后是五个拼成一个。

师:这办法好吗?

生:好!

师:这样做有什么好处?

生:不会重复数了,也不会漏数了。

师:你们真的很有办法!这样的方法叫分类统计。来,我们把单独的一个图形称为"单一",数一数这样的四边形有几个?

生:2个,是1号和4号。(师板书:单一,2个)

师:那么,两个拼成的图形我们应该叫它什么呢?

生:单二。

生:叫合二。

师:说得好,就叫"合二"吧,因为是两个单独的图形拼成的。这样的图形有几个?

生:有4个。1号和2号,3号和4号,4号和5号,2号和4号。

师:很厉害!2号和4号组成的四边形一般是很难看出来的,老师表扬你们!

生:"合三"有一个,是3号4号5号合起来。

生:"合四"没有。

生:"合五"有一个,是全部拼在一起。

师:现在你们知道这里一共能数出多少个四边形了吧?这样的有序思考方法,以后我们还要进一步学习……

【反思3 从学情分析来看,让学生去找到几个四边形并不难,难的是如何让学生一个不漏地全部找到,或者自觉地进行有序分类计数。在教学中,通过先让学生无序地找,发现问题——乱,大大激发了学生探究"有序"的欲望,到后来引导学生思考解决问题的有效办法——分类统计,不但充分体现了"先学后教,顺学而导"的基本教学理念,而且通过让学生经历由"散乱"到"有序"的过程,使学生的思维品质得到了很好的训练。随着验证结果的出现,学生主动探究的氛围也更加浓厚,学生学习的注意力也更加集中!】

四、有效想象,培养学生空间观念

师:看着图数图形,大家已经很有办法了,那么如果老师只让你们看到一部分的图,还要你想出另外的图形,你们有没有这个本领?

生:有!

师:这是今天的最高要求了,相信大家一定能够完成任务,你们想不想挑战?

生:想!(学生个个跃跃欲试)

师:(大屏幕出示: [   ])如果老师想在这个四边形里面画一条线段,能把这个长方形分成哪两个图形?

生：（独立思考后进行同桌交流）

师：你们都想到了什么结果？

生1：可以分成长方形和长方形。（师板书：长方形和长方形）

生2：可以分成三角形和三角形。（师板书：三角形和三角形）

生3：可以分成三角形和梯形。（师板书：三角形和梯形）

生4：可以分成梯形和梯形。（师板书：梯形和梯形）

生5：老师，还可以分成三角形和五边形。（师板书：三角形和五边形）

师：出现了五边形，大家说有这种可能吗？你来示范一下怎么分。

生：（进入思考）

生5：（上来比画成：▱）

师：太好了，老师都被你们感动了。那么前面的四种结果到底是不是都正确呢？我们来检验一下。

……

师：请大家仔细看，（示：▱）如果这条线段绕着中心点按顺时针方向旋转，能分成两个什么图形？

生：两个梯形。（老师：课件转动示意）

生：两个长方形。（老师：课件转动示意）

师：转动后变成两个梯形，这样的分法有多少种？

生：2种。

生：3种。

师：下课的时间到了。老师告诉大家，其实答案是：无数种。老师没骗你们！这个问题就让爱动脑筋的孩子带回去思考吧！

【反思4】 学习心理学告诉我们，想象的主动性是指想象的积极性与目的程度如何。想象主动性良好的学生，在一切学习活动中都能以积极的态度对自身已有的表象进行加工改造、重新组合，能紧紧围绕所确定的主题和目的有计划、有步骤地展开自己的想象，并保持一定的方向，因而能比较顺利地取得学习成果。然而，由于数学新课程十分强调学生动手操作的学习方式，教师在实施教学过程中又没能充分研究学生的学习特点和学习规律，只是一味过早地让学生进入"动手操作"环节，没能在学生动手操作前进行必要的"静态和动态想象"，使数学教学失去了培养学生空间想象能力的大好机会。有的教师甚至认为先让学生"动手操作"获得感性经验后再让学生想一想，说一说，能使学生学习数学知识更顺利一些。殊不知，这样的"动手操作"后的"动态想象"，其实是不具有多少真正的想象成分的，而更多的是一种"动手操作"后对已有表象的再现和表述。我们认为，从培养学生空间观念和想象能力的角度上来说，"动态想象"比"动手操作"更为重要。当然，在学生"空间与图形"学习中实施先"动态想象"再"动手操作"，还要关注学生学习思维的最近发展区。我们不但要关注"动手操作"的形式和难度，还要处理好"动手操作"和"动态想象"的辩证关系，避免学生操作活动的随意性和虚假性，让学生在"动手操作"前先进行仔细观察，合理猜想，再在"动态想象"的基础上"动手操作"。这样做，有利于学生在操作过程中进行数学化的思考，对想象活动进行必要的内化，有利于学生空间观念的有效发展。上述过程中让学生思考"能分成两个什么图形和这样的分法有几种",不但能够有效地激起学生"想象"的兴趣,而且能打开学生想象的空间,还能促进同伴交流的自觉性的形成,可谓"一举三得"。结尾的结束语还能让学生感觉意犹未尽,带着问题课后思考,同时也有机地渗透了无限思想。

总之,"四边形的认识"整节课学的活动目标明确,气氛和谐,效果良好,更重要的是教学过程中改变了以前学的过程,始终围绕着四边形教学,层层递进,环环相扣:从"先画再说后概括——画四边形;先判再说后交流——认四边形;先看再议后操作——分四边形"到"先数再理后分类——数四边形;先想再说后验证——想四边形",处处体现"先学后教,顺学而导"的基本教学理念,体现了"首先以内容确定学法的有效性,再以学法的要求追求教法的科学性",努力使教法与学法逐步达到有机的统一,从而有效地促进了学生数学基础知识技能的掌握、基本学习方法的获得和基本学习经验的积累和提高。】

教学名师：苏明杰

深入浅出，为学而教

人物档案

　　苏明杰，1968 年出生。浙江省特级教师、舟山市第一批挂牌名师、浙江省小数会理事、中学高级教师，现任南海实验小学书记、校长。1986 年师范学校毕业走上教学工作岗位，在岱山县渔村小学任教 15 年，在偏远海岛艰苦环境下一直辛勤工作，其间先后被评为县优秀青年专业人才、县首届十大杰出青年、市教坛新秀、市首届十佳青年教师、省教坛新秀，1998 年代表浙江省参加第三届华东六省一市小学数学课堂教学比赛获一等奖。2001 年组织调动到舟山市南海实验学校任教。从教三十年来，坚持教书育人，始终热心耕耘在小学数学教学这块热土上。主持近十项省、市立项课题研究，承担全国、省市县区各级各类公开课和学术讲座几十次。先后获得全国录像课一等奖、全国新课程优秀课例一等奖、全国新课标优秀实验教师、全国小数会先进个人、省师德先进个人、省教改之星、省课改先进个人、省优秀教师、省千名优秀好支书、市优秀共产党员个人先锋岗、市海岛园丁奖等荣誉，是南海学校功勋教师、市兼职教研员和市第五、六、七届专业拔尖人才。

教学艺术

一、深入浅出、顺学而导

教学活动包括两个方面,即教师的"教"和学生的"学"。在教学中,学生作为学习主人的主体作用毋庸置疑。因而,课堂教学一定不是"为教而教",而是以学定教、"为学而教"。作为课堂教学的组织者、合作者、引导者,教师的主导作用如何有效发挥,如何在学生需要教师点拨、引导的关键节点上运用恰当的载体、安排合理的内容、设计有效的环节,"深入浅出"地帮助学生更好地理解概念、突破难点、提升思维、形成能力,为促进有效学习而教,很见教师的教学功力。因为"深入浅出"需要教师研透教材,站在学科本位知识的高度来见"深";还需要教师研读学生、走近学生,选择学生喜闻乐见、易于接受的形式、内容、进度来显"浅"。在课堂教学中,我一直力求利用学生已有生活经验、知识起点,深入浅出、富有情趣,形成"深入浅出、为学而教"的教学特色。

二、朴实大气、富有数学味

把课堂还给学生,让学生在课堂上拥有更多的时间和空间深入思考、主动学习是落实学为中心课堂教学的关键。因而,课堂教学结构应当简单、朴实、大气,课堂教学环节需要具有简洁性、开放性和挑战性。我一直认为,数学教师一头是数学,一头是儿童,数学教师应该是数学与儿童的链接者、摆渡人;应该充分发挥数学的育人功能,在数学课堂上让学生有更多的数学感受、数学认知、数学收获。因此,我的课堂教学基本以"操作、体验—表达、小结"这样简要、质朴的结构展开,让朴实大气、富有数学味成为课堂的特色和风格。

我认为,只有深入浅出、为学而教,才能实现课堂教学朴实大气、富有数学味,两者应该是相辅相成、共荣共生的。为实现这个目标,具体的,我们必须研透教材,研读好学生,把握好课堂。

例如:在二年级(上)《角的初步认识》的教学中,在研究教材的基础上,我根据学生的知识经验和生活经验,反复推敲拿什么让学生去"认识"更恰当的问题。因为角的初步认识一课的引入,曾经形式多样、别出心裁,如从组词、释义开始,"角落""角色""山羊角""一角钱"……也有从发动学生触摸书角、桌角、直角板等实物角开始……一番言论、活动之后教师说"这节课我们来研究数学图形角",接着课件演示从众多实物中抽象出"一个顶点、两条边",揭示出数学图形"角"来。整个过程看起来既"符合从生活中来"又"动口动手有多种感官参与"。但是我认为,不光是课始活动往往花俏、费时,更因为"此角非彼角",这一环节下来学生的感受是"角"顶点是一个立体的突起,或圆或尖,"边"往往是个面,或宽或窄……动口说的感受是硬、痛、滑、冷……这些都与建立起正确的"数学图形"角概念无补。事实也如此,笔者看到不少课里因为不敢轻易叫停"学生对角组词释义"发言,或是受"生活角"的诸多非"数学角"本质影响导致课堂教学的尴尬。鉴于这样的认识,我认为学生之前有整体认识长方形、正方形、三角形、圆等常见几何平面图形的基础,作为组成这些平面图形最基本材料的"角",我们何不以此为起点,以学定教,通过引导学生观察常见平面图形后引入新课。教学实践也印证了这种想法,学生感知并找出常见图形中的

"角"并不困难，这难道不是本节课教学展开的绝佳基础吗？鉴于这样的认识，课伊始"角"的导入环节我就摒弃了传统的做法，用"猜一猜"的环节，让学生直接从接触"货真价实"的"数学角"开始进入学习状态。

整堂课，体现了"深入浅出、为学而教，朴实大气、富有数学味"的课堂教学特色。具体地讲，一是我努力从学生学的视角出发，以学定教、先学后教，努力尝试适时地结合学生生活经验，利用生活经验为数学学习服务，并力求寓于生活高于生活、深入浅出、饶有兴趣。二是课堂环节板块清晰、质朴大气、富有数学味。首先是课始基于学生的知识与能力起点，开门见山地利用学生已有的平面图形经验引入"货真价实"的数学角材料直接展开学习与研究，可行、有效。其次是课堂环节基本通过"操作、体验—表达、小结"的结构简洁有序地推进，让学生先充分积累感知，再次有所议、有所思、有所得，凸显学生的学习主体地位。再次，是在巩固新知的同时，通过各种课堂学习活动有机渗透角的大小与边的关系及引导学生初步感知活动角、对顶角等拓展性知识，使课堂教学"既见树木，又见森林"，不断提升教学的深度和厚度。

成长经验

一、勤恳教书、踏实为人，夯实专业发展基础

1986 年我从师范学校毕业，走上教育工作岗位 30 年来，热心于教育事业，模范执行学校各项规章制度和师德师风要求，几十年如一日地兢兢业业耕耘在海岛小学数学教学这块热土上。2000 年曾是舟山市师德巡回演讲团成员，2011 年被评为浙江省师德先进个人。政治思想上，一如既往地以共产党员标准严格要求自己，多次被评为市教育系统优秀共产党员、共产党员个人先锋岗。教育工作中，始终坚持全面贯彻党的教育方针，坚持为学生的长远发展着想，关心爱护学生，尤其是后进生，除了学业上给"开小灶"以外，还对他们的生活给予更多关心和照顾。在渔村小学任教时，学校组织竞赛辅导集训，我放弃了整整两个学期的休息日时间，义务为参赛学生上辅导课。除了学习上的辅导外，辅导期间还全部料理学生的生活，哪个学生"缺钱少粮"，总会默默垫上；哪个学生有思想问题，总能循循善诱。老师的一言一行默默地感染着学生，学生们也乐意接纳这样的良师益友。几年后，我所带的学生竞赛成绩总能在全县名列前茅。踏实工作和辛勤付出得到了家长、学校、社会的一致好评，我先后获得岱山县人民教育基金会的新叶奖、金苹果奖以及县先进工作者、县首届十大杰出青年、县优秀青年专业人才、市教坛新秀、市首届十佳青年教师、市首届学科带头人、省教坛新秀、省优秀教师、华东六省一市课堂教学一等奖等荣誉或称号。在容易被人遗忘的偏远渔村小学，勤恳工作、踏实为人让我意外地收获了这些骄人成绩。因为我总相信天道酬勤、厚德载物。

2001 年南海实验学校创立，作为第一批调入的挂牌教师，多年担任教导主任的我从最普通的课任教师、班主任做起，副教导、教导、副校长、副书记、书记、校长，一路踏实、勤勉地走过来。刚进入学校，为顾全教学工作和学校利益，我放弃了极其难得的脱产参加国家级名师培训的机会，默默地承担起两个六年级毕业班的数学教学和一个班班主任的任务。在南海实验学校创办的十几个年头里，我十年如一日地以校为家，办公室、教室、食堂、寝室四点一线，兢兢业业地投入到教书育人工作之中。我在南海实验学校工作15年尽心尽责、勤勉务实的工作同样得到了回报，年度考核几乎年年优秀，先后被授予南海实验学校首届功勋教师、市教育系统先进个人、市海岛园丁奖、省教改之星、省课改先进个人、舟山市专业拔尖人才等荣誉称号。另外，我还能熟练使用现代教育技术，有电器、电脑维修特长，也是课件制作好手，所以经常利用业余休息时间为学校、为同事维修电脑，为一线教师的教学设计、教学课件制作出谋划策，替他们排忧解难，赢得了同事的信任和赞誉。

二、抓住机遇、不断磨炼，努力提高业务修养

宝剑锋从磨砺出，梅花香自苦寒来。教学是一门艺术，提高教学业务能力没有捷径可走。我首先夯实自己的文化知识和学科素养。因为是中等师范学校毕业，工作之初，我放弃六年寒暑假休息时间，先后完成了小学教育专业的专科和本科函授学业。其次，在教学业务上不断地对自己提出阶段性的要求。走上教学工作岗位30年来，坚持担任小学数学课堂教学一线的教学任务，在教学实践中不断实践、锻炼、成长。平时每学期自己征订、阅读数学教学专业刊物，参与各级各类培训，不断提高自己的教育教学理论水平是业务长进的基础。另外，我积极参与教学科研活动，以科研促发展。我先后主持和参与近十个省、市级立项科研项目的研究。撰写论文在《福建教育》《教学月刊》《舟山教育》《小学教学》《小学数学教师》《新教师》等杂志上发表，多篇教学案例在省、市评比中获得一、二、三等奖。新课标实施后，更是学在先，做在前，率先担任学校第一届新课标两个实验班的数学教学，带领教师积极学习新课标理念，与广大教师一起不断实践新课程，共谋提高、共同发展。多年来，虽然是一位学校中层管理者、历届市小学数学学科带头人，但是从未放松自己作为一线课任教师的职责，除模范完成学科教学任务外，始终不忘自己在业务上的传、帮、带职责。每学期总要开几节公开课、几次教学专题讲座，与教师共同研究探讨教学上的得失。在实行学科带头人师徒结队工作后，先后结上了校内外20余名徒弟，把培养年轻教师作为促进自己再提高的途径，倾心尽心给予指导和帮助，与他们共同成长。所指导的徒弟教师多数已成长为校、县、市教学骨干，几年的学科带头人任职考核几乎都是优秀。

在最近一轮的课改滚滚浪潮中，我积极抓住机遇，利用各类平台，承担市级以上公开课、观摩课，为市第一、第二届小学教学骨干教师研修班学员作专题讲座，为市小学数学新课标实验教材第一至十二册教材分析和教学心得作讲座，受全国、省、市兄弟学校邀请作学术交流，通过各级各类平台磨炼、提高自我。先后获得华东六省一市课堂教学比赛一等奖、全国录像课评比一等奖、全国新课程优秀课例一等奖、全国小数会优秀会员、全国新课程实验教材优秀实验教师、省课改先进个人、市教研先进个人、市教材教法讲师团兼职成员、市小学数学兼职教研员、市首批挂牌名师、省特级教师等荣誉或称号。论文、课题、公开课、讲座、学术交流、荣誉称号的背后，总折射出自己的一份追求和沉甸甸的付出，同时也因此让自己在专业发展的道路上不断前行。

经典课堂

转变学的方式　让学生学会学习

——《长方形的面积》课堂教学实录

一、教学内容

人教版三年级(下)第77～78页。

二、教学目标

1.通过用面积单位测量长方形的面积,逐步抽象出长方形面积的计算公式。

2.通过操作、辨析等实践、思考活动使学生理解长方形面积计算公式的由来,类推正方形面积计算公式。

3.培养学生抽象概括和有序思考的能力。

三、教学过程

(一)情境引入

前几节课我们学习了面积和面积单位,今天我们带着这些知识来参观小明的新家。(课件出示:小明新家图片)

【用轻松的谈话式的日常生活话题吸引学生、激发学习兴趣。】

(二)回顾旧知、探究新知

1.用面积单位旧知,初步感知面积问题。

这是小明家的电视墙(图1),如果这里每一块墙砖的面积是1平方米,那么你知道这电视背景墙的面积是多少吗?

学生自主思考后,教师指名回答。

生:9平方米。

师:哪些同学也这样认为? 怎么想的?

生:上一节课我们认识了面积单位,因为这里一共有9块,就是9个1平方米,所以是9平方米。

图1

师:包含有9个1平方米,总面积就是9平方米。(板书)

【这是课始连接学生生活经验和前备数学知识经验的环节。教的活动是教师呈现电视背景墙的面积这一问题情境;学的活动是学生结合熟悉的生活情境,回忆、唤醒面积、面积单位及用面积单位度量等已有经验,做好新知探究前的准备和预热。】

2.提出学习探究任务,学生尝试独立探究新知。

师:这是小明家的长方形客厅(图2),客厅里铺满了面积是1平方米的地砖,你有办法知道客厅的面积吗?

学生自主思考后,教师组织想法汇报。

生1:把东西都搬掉,我数一数有几块地砖就行了。

师:这是一个办法,有多少同学和他想的一样?

师：哦！你们想看到全部地砖。（板书：1.看到全部）

生2：不用全部都看到，想办法看到一行一列就可以了，就是说只要数出一行和一列的块数就行了。

师：你是想看到一行和一列的块数。（板书：2.看到一行一列）有多少同学和他想的一样？

生3：一行一列可能还要搬动一些东西，其实，用皮带尺量出客厅的长和宽，有长几米、宽几米的数据就行了。

师：你需要这个客厅长和宽的数据。（板书：长、宽的数据）谁和他想的一样？

师：现在有三种办法，老师把小明家的客厅图纸带来了（图3），放在发给大家的信封里。打开信封，请大家按照自己的思路选择信息，想办法得出这个客厅的面积。

图2

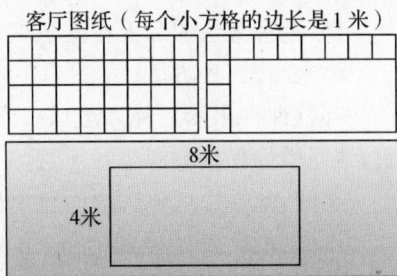

图3

【这个环节，教师顺着电视背景墙是9平方米这一话题，顺势提出了"你有办法知道小明新家客厅的面积吗？"这一学习任务，通过任务型课堂环节设置，使传统新授教学中教师的"讲解与传授"让位于学生的"学习与探究"。在这个环节中，教师考虑学生学的需要，先是充分考虑到让各个层次学生表达各自的想法，然后是为各个层次的学生都提供了相应的学习研究材料，让课堂学习活动真正在各个水平层次的学生中全面展开。】

3.组织生生之间、师生之间的学习交流，在比较分析各种解决问题的方法中实现新知的学习。

学生先自主学习，有自己的想法和答案后可以轻声地在小组内交流，然后教师组织全班交流。

（1）反馈分析第一种方法。

师：选择第一种方法的同学说一下，这个客厅的面积是多少？你是怎么知道的？

生：我数了一下，这里一共有32块地砖，面积就是32平方米。

师：也就是我们只要知道了这个长方形一共包含的面积单位的总个数，就可以知道它的面积了。（板书：包含面积单位的总个数→长方形的面积）

（2）反馈分析第二种方法。

师：第二种方法的同学，你们的结果是？谁来说一说，你是怎么想的？

生：我看见横着有8块，竖着有4块，就知道一共有32块了。

师：大家听懂这位同学讲的意思吗？他们的想法跟第一种同学有什么相同和不同之处？

生：相同的也是在算包含的面积单位总数，不同的是他们不需要看到全部，只要看到一行和一列用乘法就快捷地计算出了总块数。

师：大家听懂他们的方法了吗？为什么用不着一块一块全部去数，用乘法就可以解决？

生：因为长方形里面面积单位铺得很整齐，用"每行数×行数"就可以直接计算出来。

师：噢，是长方形方方正正、整整齐齐的形状所决定可以这样来计算的，是吗？

生：是的，他们这一种方法是第一种方法的简便计算版。

（3）反馈分析第三种方法。

师：刚才我们听了第一、第二两种方法同学的想法，都很有道理。下面我们请第三种方法的同学拿着练习纸到实物投影展台上来介绍一下，你们不用看地砖，是怎么知道这个客厅的面积的，能说说其中的道理吗？

生：长8米，就意味着沿着长边可以摆8个1平方米的面积单位，同样，宽4米，说明可以沿着宽摆4块，四八三十二，就不是32平方米了嘛！

师：听懂这位同学说的道理了吗？

师：谁还能再来说说？（教师课件动态演示配合）

师：这种方法实际上在脑子里完成了面积单位的摆放，真厉害！

（4）比较三种方法。

师：（课件出示三种方法）好，刚才同学们用各自喜欢的办法解决了客厅面积的求解问题，请同学们仔细地回想一下，这三种方法之间有联系吗？

相同：都在求所包含的面积单位总数，都可以用"每行数×行数"求得面积。

不同：前两种要看到地砖，第一种要看全部，第二种只要看一行和一列；第三种不用看到地砖，只是看数据推想；实施起来，第一种最烦，第二种次之，第三种最快捷。

师：老师也觉得第三种方法最快捷，其中的道理大家都会讲吗？说一遍给同桌听听。

【学习活动不仅仅是教师的教，同伴之间的思想碰撞更能引发学生的思考与学习。学生之间的差异利用得恰当，可以是一种很好的鲜活的学习资源。这一环节，教师组织全班汇报，在充分利用班级授课制学生之间的差异中展开，在围绕不同学习水平层次学生不同的"学的成果"交流中层层推进，各个层面的学生充分展示自己解决问题的思路，在表达中提高、在倾听中学习，在生生、师生的立体互动中主动地、逐步地理解新知、接受新知。整个环节教师竭力充当其中的组织者、合作者、参与者和引导者，把学的主动权交给学生，因此学生参与面广，学习的积极性高。】

4.初步应用、积累数学活动经验，逐步归纳出面积公式。

我们刚才知道了小明家客厅的面积，这是小明家的整个平面图（图4），你还能知道他家其他区域的面积吗？

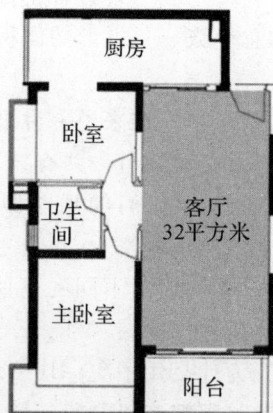

图4

64

生:不能,需要长和宽的数据。

(教师标上数据,学生自己提问、回答。)

生:主卧的面积是 12 平方米,因为主卧室长是 4 米,沿着长边可以放 4 个面积单位,宽 3 米,沿着宽边可以放这样的 3 行,所以一共可以摆放 12 个这样的面积单位,就是 12 平方米(图 5)。

(教师课件配合)

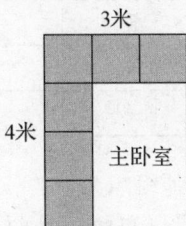

图 5

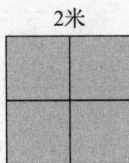

图 6

生:我可以知道浴室的面积(图 6)……

生:我可以知道阳台的、卫生间的面积……

教师在组织交流汇报中,适时提问,解决"用哪个面积单位去摆的问题"和"正方形面积计算的问题"。

师:看来同学们都能够求出长方形、正方形的面积了,如果我们要归纳出一个长方形的面积计算公式,应该是怎样的?

生齐说:长方形的面积=长×宽。(教师板书)

师:正方形呢?

生齐说:正方形的面积=边长×边长。(教师板书)

【在初步理解长方形面积计算的算理后,教师不急于从少数的个例中得出公式,而是继续基于"学"的角度,从有利于学生意义建构出发,趁热打铁安排了利用刚刚理解的面积计算办法计算其他区域的面积,并说说这样算的道理。试图通过积累更丰富的长方形面积计算活动的经验,加深学生对长方形面积计算算理的理解,进而在一定"量"的意义理解、实践应用经验积累基础上实现面积计算公式归纳这一"质"的提高。】

(三)巩固练习

课后练习,口答:已知长方形的长和宽、正方形的边长用公式计算面积。(略)

(四)课堂小结

师:同学们掌握得很好,大家回忆一下,我们今天主要研究了什么内容?

生:长方形和正方形的面积。

师板书课题:长(正)方形的面积。

师:(质疑问难)关于这个内容你还有什么疑问吗?

(五)综合练习、拓展提高

小明的爸爸很喜欢种植,他还在门前用篱笆围了一块边长为 3 米的花圃,如图 7 所示,准备种花,你能提出一个自己能解决的问题吗?

生 1:这个花圃围栏的周长是多少?

边长3米

图 7

生2：这个花圃的面积是多少？

学生口答、汇报。

师：有一个问题想挑战一下吗？若还是用这个围栏去围，还可以围出周长和面积分别是多少的长方形？

长方形①		长方形②		长方形③		...
长		长		长		
宽		宽		宽		
周长		周长		周长		
面积		面积		面积		

学生根据老师提供的空白表格自主完成，然后教师组织交流。

师：通过这个问题的解答你有什么新的发现？（周长和面积是两个不同的概念；当周长相等时，长与宽的数据越接近，图形的面积越大，即正方形时面积最大。）

【这一环节，既是让学生在实践中提出问题，在应用中巩固新知，又是结合学生熟悉的生活情境让学生进一步区分周长与面积的实际意义，在联系中加深学生对图形周长和面积异、同的进一步认识，学习在动态的变化中看问题，在变与不变中发展学生的数学思想。】

（六）全课小结

关于图形的面积我们还有很多知识可以探索，有兴趣的同学课后可以继续研究，下课！

【整节课以学生喜闻乐见的熟悉的生活情境为主线，用任务驱动的形式展开，从唤醒经验到尝试探究、交流想法，再到积累经验、理解归纳，最后到巩固提高、拓展，始终把学生主动"学"放在首位，注重让学生一步一步扎实地探索新知、交流学习的过程，以达成积累数学学习经验，培养和发展学生数学学习能力的目的。深入浅出、为学而教，朴实大气、富有数学味的个人课堂教学风格明显。】

教学名师：潘旭东

爱与责任

——教育让生活更美好

人物档案

　　潘旭东，浙江省数学特级教师，中学高级教师。自1991年起任普陀区教育局教研室小学数学教研员，2004年任沈家门第五小学校长，2010年至今任普陀区教育局教研室主任、普陀区教师进修学校校长。曾任普陀区小学数学教学研究会会长，舟山市小学数学教学研究会会长，浙江省小学数学研究会学术委员，浙江省名师名校长工作站导师，舟山市第五、第六届党代表。2002年被评为中国教育学会小学数学专业委员会先进工作者，浙江省第八批特级教师，2002年至2011年连续五届被评为普陀区优秀专业人才，2013年被评为舟山市专业技术拔尖人才。

　　长期从事小学数学教学研究，指导教师获全国小学数学优质课比赛一等奖，华东六省一市小学数学优质课比赛一等奖。总结提炼的"预学—展示—评价"教学模式在区域内推广应用。有30余篇论文在全国、省等各级各类刊物上发表。参与完成的"在小学课堂教学中培养学生思维"项目，获第一届浙江省基础教育成果二等奖。积极探索课堂教学改革，主编的课改成果《教学转型的学科实践》一书，已由浙江大学出版社出版。

　　同时致力于教师的专业发展研究，"双网教研：体现海岛特色的教师研修新机制"项目成果获浙江省第四届基础教育成果一等奖。2015年被评为浙江省"十二五"师训干训先进个人。

教学艺术

培养学生数学学习的三大习惯：阅读的习惯、思考的习惯、提问的习惯。

小学数学，是义务教育阶段最基础的学科之一。学生学习数学的四基目标课标已作了明确的阐述。这里特别要提出的是，培养学生数学学习的三大习惯是十分重要的。

一、培养良好的阅读习惯，让学生进行先学

常言道：读书百遍，其义自见。培养三阶阅读的预学习惯，让学生"先学"。所谓三阶阅读，是指三个层次的阅读，一是通读，二是答读，三是问读。

第一，通读。说白一点，通读就是让每一个学生把书浏览一遍。通读，对学生起始阅读训练阶段是十分有效的，也很实用，学生易接受，能做到，尤其是对一些没有一点看书习惯的学生，便于初步形成看书的习惯。另外，学生通过"通读"，最起码对新学的内容有了大概的了解，不至于一片空白。由于"通读"没有具体的要求，所以学生比较轻松，容易做到。如能力相对差一点的学生，他在通读后，能初步了解第二天要学的新的内容。

第二，答读。答读的要求高于通读，不仅要看书，还要认真地思考，具体体现在提出问题与回答问题，也就是自问自答。如圆的认识，什么是圆的直径、半径，直径与半径的关系如何等。每个学生根据自己不同的关注点，自问自答不同的问题。有了答读，学生在上课一开始就有了交流的话题，为小组交流奠定基础，所以答读是预学最为丰富的内容，也是教师最能了解到预学实情的一环，绝大多数学生在答读中能够理解70%以上的基础知识与基本方法。答读可以较好地完成学生自己可以学会的内容。这里，老师常有一疑问，对于基础相对差一点的学生怎么办？事实上，"不同的学生在这一过程中能得到不同的发展"，只是这些同学的问题的质量相对低一些，但总比不会读、不会问要好。答读能有效促进学生个性化的发展，有效落实"从以课程为中心转变为以学生为中心"的教育理念。

第三，问读。问读就是学生在答读的基础上的疑问性阅读，是质疑性阅读。因为学生在预学中，有些问题不能自答，这就要求写下来等待课中交流解决。问读的要求并不在于学生提出的问题的质量有多高，而在于学生能提出自己的质疑，只要能提出疑问就好。一开始，学生提出的问题差异性很大，特别是有些同学的问题不是本节课的核心问题、关键问题、大问题，而是小问题，甚至是无关问题。这一点，对于教师来说，一开始，要舍得表扬。有人说，好学生是表扬出来的，这话是有一定道理的。问读是三阶阅读的最高境界，大家知道，提出一个问题比解决一个问题更重要。目前，大家困惑的是学生不会提问题怎么办。实践告诉我们，这其实并不像老师所想象的这么难，学生不会提问的根本原因是缺少问题的语境，如果学生有了通读与答读这一基础，自然会有问题发现。对于小学生来说，最为基本的是循序渐进，只要大家做得到位，学生提出问题自然会水到渠成。在日常的教学中，我们不难发现，如果学生没有预学，课中学生很少有话可说，但有了三阶阅读，很显然，学生的话语就要多得多了。

尝试三阶阅读的阅读方法，主要是针对学生预学的程度偏低而提出来的，一方面从学生的角度来说，小学生往往不习惯于课前阅读，有的看都不看一眼课本，就是到了上课时也不看书，而是到了课中做作业的时候才翻开书本；另一方面从教师的角度说，有的教师为了

突出探究,或是为了让学生专心听讲,特意不让学生预先看书,认为学生预学了,会影响课中的探究效果,其实则不然,学生自己能自学会的,教师可以不教,更不需要探究,如要培养探究,教学中有更多的学习材料可以探究。运用三阶阅读能为学生自主阅读入门、入境搭建台阶,让每个学生通过分阶阅读较好地进行"先学"。

二、培养学生良好的思考习惯,让学生勤于思考

第一,培养学生思考的习惯要贯穿在小学阶段各个年级的数学教学中。要明确各年级都担负着培养学生思考的任务。从一年级开始就要从最简单的数学基础知识学习中,引导学生通过实际操作、观察,逐步进行比较、分析、综合、抽象、概括,形成概念,理解含义,学会方法。

第二,培养学生思维能力要贯穿在每一节课的各个环节中。就当前的课堂教学来说,通常在教学中我们更多采用的是"预学—展示—评价"的基本模式。不管采用什么模式,需要注意的是在学生学习知识的过程中,注重学生的数学思考,特别要保护学生最原始且个性化的思考。只要学生有思考,我们的教学就有价值。从某种意义上讲,学生的思考要比掌握几个知识点更为重要。当然,数学思考离不开数学知识的学习过程。

三、培养学生良好的提问习惯,让学生善于提问

第一,创设更多的问题情景,让学生有问的动因。

基于学生的预学与思考,只要学生的学习真正发生,学生就会产生问题,如学生预学时会产生问题,课堂教学时会产生问题,学生习作时会产生问题。因此,给学生提供更多的问题情景,学生会有更多的问题。

第二,帮助学生消除心理障碍,使其敢于提问。

小学阶段的学生正处在一种"心欲求而尚未得,口欲言而尚不能"的求知状态中,由于他们没有掌握好提问的方法和技巧,所以课堂上表现出一种"三怕心理":一怕在课堂上提问会影响教师的教学程序而挨教师的批评、指责;二怕提出的问题不成问题而变成同学们的笑料;三怕提出的问题毫无价值而使人瞧不起自己。因此,要使学生在课堂上敢于提问,首先教师要努力帮助学生消除"三怕"心理障碍,鼓励学生大胆质疑,放心提问。其次教师要精心设计教学过程,通过教学中各个环节的引导,启发学生提出问题。

第三,教给学生提问方法,使其善于提问。

通常情况下,最为基本的提问方式,一问是什么,二问为什么,三问怎么样,四问还可以怎样。一问是什么,是对某个研究对象的基本认识。二问为什么,是对某个研究对象的深刻理解。三问怎么样,是对研究对象在认识和理解基础上的具体应用与验证。四问还可以怎样,是研究对象在一般认识的基础上,提出新的质疑,也就是创造性的提问。这是十分重要的,尽管做起来有一定难度,但只要我们有这一意识,就有可能获得意想不到的收获。

总之,培养学生阅读、思考、提问三大习惯,是我们日常教学中最为基本的价值指向。如果在教学中我们能够较好地培养学生学习数学的三大习惯,我想我们的教学至少完成了最为基本的课程目标——让学生学会学习。

学习、实践、反思、积累

一、作为一名教师，学习与实践，让我成为一名省教坛新秀

一本教学杂志——《江苏教育》，一种教学方法——尝试教学法，伴随我 12 年的小学数学教学工作，培养了一批又一批品格优良、体魄健美、成绩优异的学生。在教学中，我始终把育人放在第一位，着力培养学生的品行习惯、学习习惯、生活习惯等。把习惯培养作为学科教学的第一要务，真正做到教书育人，不断提高学生与现代社会相适应的良好素质，诸如诚信品质、创新精神、规范意识、共生理念、宽容心态、感恩情结、审美情趣等，努力做到以爱育爱，致力于将知识转化为智慧，将文化积淀为人格。历届所带的小学毕业生，在历次省（市、区）质量检测中成绩优良。辅导六年级学生参加全国数学奥林匹克比赛中有 2 人获满分奖，17 人获一等奖，23 人获二等奖，42 人获三等奖。辅导五年级学生参加全省数学活动课比赛中，有 3 人获满分奖，8 人获一等奖，12 人获二等奖，48 人获三等奖。

二、作为一名教研员，学习—实践—反思—积累，让我成为一名特级教师

1991 年至 2004 年这 13 年的教研工作中，我深入海岛的每一所学校，把自己的精力全部倾注在教师的专业成长上。这期间每年听课在 120 节以上，每到一处，都亲自给教师指导，上示范课，评课，和教师一起磨课，一次又一次，一遍又一遍，经过十几年的努力，一批又一批的教师脱颖而出，在 2003 年全国小学数学课堂教学比赛中，我区的杨慧老师荣获一等奖，这在普陀区是从未有过的，从中也证明我们虽然地处海岛，但我们的教育教学理念并不落后，我们的教学整体水平能走在全国前列。另外，还有多名教师在省课堂教学比赛中获得一等奖。作为一名区级教研员，我不仅服务于全区，而且服务于全市、全省，十多年来，在市范围，先后多次到定海、岱山、嵊泗上示范课、作专题讲座等，在省范围，先后多次到杭州、温州、诸暨、丽水、衢州等地上课讲学，曾代表舟山市在中国杭州西湖博览会期间作了题为《新课程下，课堂教学究竟以什么为中心》的专题讲座，受到好评。多次对外送教，也为我们的市区赢得了荣誉，提高了舟山的知名度。连续两届担任舟山市小学数学教学研究会会长，多项教学研究成果推向全市的每一所学校。这为提高全市小学数学教师的整体教学水平和提高全市小学数学学科教学质量发挥了积极的作用。

三、作为一名小学校长，还是学习、实践、反思和积累，让我成为一名区专业优秀人才

从 2004 年下半年起，我服从组织安排，担任沈家门第五小学校长兼书记，使学校面貌有了较大的变化。第一，教学质量逐年提高，每年全区质量抽测都在全区前三名。第二，学校综合办学水平有了很大的提高，取得了较大成就，学校获得了多项荣誉，被浙江省教育厅确定为"浙江省中小学现代技术实验学校"，被评为舟山市"诚信、亲情、生存"三项主题教育活动先进集体、浙江省巾帼文明示范岗、普陀区中小学体育先进单位。在普陀区中小学科技艺术节百科知识竞赛中连续两届荣获一等奖，连续三年被评为普陀区教科研先进集体，艺

术节目获市第四届中小学科艺节一等奖,小学生健美操比赛获全省唯一金奖。当然,以上荣誉是我们沈家门第五小学全体师生共同努力的结果。在 30 年教育岗位上,我用自己的教师、校长和教研员的经历,不断地去感悟教育的内涵:教育是事业,其意义在于奉献;教育是科学,其价值在于求真;教育是艺术,其生命在于创造。

四、作为一名区教研室主任兼教师进修学校校长,把教师研修作为己任

近几年来,我在教师专业发展上作了积极的探索,本人主持的"双网教研:体现海岛特色的教师研修新机制"课题,荣获浙江省第四届基础教育成果一等奖。这一成果的社会价值,是为普陀区教师的专业成长找到了一条高效的途径。通过"双网教研",一方面教师的专业水平有了显著的提高,另一方面,教师专业水平的提高,有效地促进了各学科教学质量的提高。2016 年普陀区的中考取得了显著的成绩。积极创办《普陀教学改革》刊物,分为电子版和印刷版,便于教师学习交流。近两年来普陀区的教师进修工作有了重大推进,2010年"双网教研"被评为浙江省亮点教研,2011年"潮涌普陀"高端研修工作再次被评为浙江省亮点教研,连续两年获亮点教研工作的县级教研室全省仅我们普陀一家单位。2012年,普陀区教研室被评为浙江省教研工作先进集体。2015年,普陀区被评为"十二·五"浙江省师训工作先进集体。

五、作为一名普陀区名师工作站站长

近六年来,我组织小学语文、数学,初中数学、科学、英语、社会等学科成立学科名师工作室,并组织各工作室开展各项活动,如送教下乡、教学展示、教学论坛、名师对话、教学考察等。通过开展各项活动,60 余位名师工作室学员在教学理念、专业思想、专业技术等方面都有了新的发展,同时名师工作室的学员又把自己学到的本领向学校教师传递,进而促进全体教师共同提高。

经典课堂

以提问、释问为抓手,培养学生的研学力

——《除数是两位数的笔算除法》教学实践与反思

随着课改的不断深化,教师的教学理念也随之不断地更新,"学为中心""以学定教""重视四基"等已成我们的共识。然而,在与教师一起进行教学研究中不难发现,现在一线教师最缺的不是理念,而是如何把诸多前卫的教学理念转化为日常的教学行为,让美好的教学愿景扎扎实实地"落地"。基于这一思考,我们对培养学生的研学力进行了专题研究。现把如何以学生自主提问、释问为抓手,培养学生的研学力的课例研究整理出来,与大家分享。

一、教学内容

人教版《义务教育课程标准实验教科书·数学》四年级上册第五单元第 81～83 页《除数是两位数的除法》。

爱与责任

二、教材分析

除数是两位数的笔算除法是在除数是一位数的笔算除法和除数是两位数的口算除法基础上进行教学的。教材有 2 道例题，第一题要解决竖式中商的书写位置，第二题解决的是前两位不够除怎么办。从基础知识与基本技能角度去分析，预计这节课的教学目标达成并不困难，关键在于如何把能力培养落到实处，这是需要教师重点思考的问题。因此，本课在教学设计上侧重于对学生能力的培养，重点关注学生提出问题的能力与分析解释问题的能力。

三、教学目标

1. 通过学习，理解并掌握除数是两位数笔算除法的计算方法。
2. 培养学生的提问能力与释问能力。
3. 通过问题对话，增进学生间的信任度和同学友谊。

四、设计思路

以自学为基础，以问题为背景，引导学生开启思维。以目标为导向激发学生的学习动机，以自主学习与合作学习为主要学习方式，强化学生提出问题与研讨问题的能力，让学生在互学中获取知识，提高能力。基本流程为：问题引领→目标导向→提问释问→巩固应用。

五、教学过程

（一）创设情景，提出问题

师：我们学校的图书馆，每天都对大家开放，今天刚好是四年级借书，我们一起去看一下。（PPT：图 1）

（1）92 本连环画，140 本故事书，每班 30 本，分别可以分给几个班？

图 1

师：这里有 92 本连环画，140 本故事书。每班 30 本分别可以分给几个班？会解决吗？谁来列式？

生：92÷30。（根据生回答板书）

生：140÷30。（根据生回答板书）

师：同意吗？比较一下这两个算式有什么共同点？

生：都是除以 30。

师：除数是整十数，今天我们就来学习除数是整十数的除法。（板书课题）

【设计意图】 用最简洁的内容与方法提出数学问题，导入新课短、平、快，腾出时间为后续研学所用。

（二）自主学习，探究问题

师：那除数是整十数的除法怎样算呢？我们根据要求，看书自学。请一位小朋友来读自学要求。

生:(1)认真阅读教材第81页。

(2)思考:书中介绍了几种计算方法? 分别是怎样算的? 还可以怎样计算?

(3)组内交流计算方法和不明白的地方。

师:明白了吗? 开始!

(学生自学,教师巡视,抽两名学生分别板书书中介绍的两种方法。2~3分钟后,教师提醒:自学得差不多了,就把计算方法和不明白的地方在组内交流。教师巡视,抽三名学生板书其他方法。)

黑板上:1 号:$92 \approx 90$　　　　2 号:　　　　　　　3 号:$92 = 90 + 2$

　　　　　$92 \div 30 \approx 3$　　　　$30 \overline{)92}$　　　　　$90 \div 30 = 3$

（竖式）商 3，被除数 92，减 90，余 2

【设计意图】 自主探究是新课程提出的新理念,要落到实处关键是要向学生提供自主学习的时间与空间,同时需要给予方法上的指导,尤其是一开始更需要老师扶一下,而不是一个简单的指令,更不能只是形式上的走过场。因此,本环节为学生的自主学习提供方法上与时间上的保障。

(三)组间交流,分析问题

师:讨论得差不多了吧? 你们通过自学知道了书中介绍了几种方法?

生1:两种。

生2:三种。

师:包括摆小棒的方法对吗? 那我们下面请板书的小先生们一一来介绍方法。

1号小先生:我先把92估成90,然后92除以30就约等于3,所以平均分给3个班。

(师提醒小先生问大家)大家还有什么不明白的地方吗? 大家还有什么问题吗?

(谢谢小先生的介绍)

2号小先生:我是用竖式来计算的,92除以30,92里面最多有3个30,所以92除以30等于3,还剩余2,就是30余2。

生:3余2。

2号小先生:哦,大家还有什么不明白的地方吗?

生1:商为什么写在个位上?

2号小先生:除到哪一位算哪一位。

生1:那不是除到十位上吗?

生2:3在十位上,那就是30个30,就是900了,所以十位不够除就除个位。

师:老师打断一下,刚才小朋友们在争论,这里十位上9可不可以除以30,对吗? 那你们认为9除以30够除吗?(不够)所以除数是整十数,我们先看被除数的前两位,我们除到了个位,就要把商写在个位的上面,这次明白了吗?

生:明白了。

2号小先生:大家还有什么问题吗? 大家还有不明白的地方吗?

师:哦,没有了,那好,谢谢第二位小先生。第三位!

3号小先生:92分成90和2,然后90除以30等于3,2就不管了。大家还有什么不明白的吗？大家还有问题吗？

生1：书中说92÷30，你怎么把2给省略不写了。

3号小先生：2如果再除以30不够除了，然后就不用管它。

生2：若是这样的话，为什么还要把92分成90和2？

3号小先生：这样方便。

师：小先生的意思是90除以3刚好整除，余下的2不够除了，所以不用再除了，但老师建议小先生计算完成以后，还要回答一下原题提出的问题。通常我们在解决问题时，最后一般都要写上答句，那这里刘老师先省略了好吗？谢谢他的介绍。

师：我们来看三种方法，第一种其实是估算，第二种和第三种，观察一下有什么联系吗？

生：一个是有余数的竖式计算，另一个是没有余数的横式了。

师：这里其实也有余数。

生补充：只不过把它省略不计了，结果都是有余数的。

师：其实这里第二种和第三种的计算思路是(一样的)，只是第三种是口算，第二种是笔算(板书)。

【设计意图】 本环节是全课的核心部分，学生在自学的基础上，通过"小先生"的自学介绍，一方面真实地反映了学生对新知的认识与理解，另一方面，小先生的自学介绍，为其他学生的研学提供最现实的材料。在研学中，学生真正成为了学习的主人，从学生提出问题、分析问题、质疑解答到解决问题，大都在生与生的对话中完成。从上述的互动实况可见，学生能积极地参与到研学中来，已经相当不错了。从提问到释问全都来自于学生，这是十分可贵的，切实实现从"教"为中心到"学"为中心的有效转型。

(四)达成共识，解决问题

师：下面，我们就把笔算的方法进行梳理：92除以30，除数是整十数，先看被除数的(前两位)，看到了(个位)，就把商写在(个位上)，再用3乘30等于90，92减90等于2。

补充横式：所以92除以30怎么样？(3个班余2本)

师：会计算了吗？把刚才这道例题一边说一边进行笔算，开始！

学生笔算，教师巡视，提醒：一边计算，一边轻说方法与算理。

师：做好以后同桌进行检查，有没有做错的？

生：单位忘记写了。

师：那以后要记住。

师：刘老师还带来几道题目，请大家完成第81页做一做1，比比谁做得又对又快。我们一起来看这位小朋友的答案，检查一下，有不一样的吗？都一样啊，真厉害！那140÷30你们会算吗？

生：刚才，我有意见。第三道题商和个位要对齐，有点偏了。

师：是啊，列竖式的时候相同数位一定要对齐。那现在独立尝试一下计算140÷30。

(生独立尝试笔算，教师巡视，选两种不同方法让小先生上台板书。

$$\begin{array}{r} 46 \\ 30\overline{)140} \\ 12 \\ \hline 20 \\ 18 \\ \hline 2 \end{array}\qquad \begin{array}{r} 4 \\ 30\overline{)140} \\ 120 \\ \hline 20 \end{array}$$

师：现在，黑板上有两位小先生板演了他们的方法，你们想听谁的？

生：第一位，第二位。

师：这样吧，按顺序来，先请1号小先生来讲解。

1号小先生：我先算140除以30等于4，我算到十位，商就写在十位上，30乘4等于……

师：觉得有问题，是吗？如果小先生觉得有问题，下面有小朋友举手，你可以让下面的小朋友来说。

生1：错了，4应该写在个位，如果写在十位，40乘30等于1200。

生2：20怎么除以30呢？

生3：14除30怎么除？

师：下面有小朋友还想说的，你可以请教一下。

生4：14除以30的话，后面只有12了，个位上应该写上4，所以你这里30的0都忘记了。

生5：如果前两位被除数不够除的话要看前三位，不能只看前两位。

生6：如果你这样除，三四十二，后面的0也要添上去。

师：我们一样的不说了，说不一样的。

生7：下面30乘6等于180，你怎么18呀。

师：大家对你提出了那么多的意见，请你根据大家给你提的意见进行修改。

1号小先生修改，教师问：这次对了吗？

2号小先生：除数是两位数的笔算除法，要看被除数的前两位，前两位不够除，就要看被除数的前三位，前三位是140，140除以30等于4，4乘30等于120，140减120等于20，所以商4，余20。大家对我的解释还有什么不懂的吗？

师：大家还有什么问题吗？

生：你应该说140里最多有4个30。

师：这个建议大家接受吗？真棒！

那通过这两个小朋友的介绍，我们已经很清楚、很透彻地知道了怎样计算140除以30，对吗？把横式补充完整，等于4个余20本。

那现在我们比较一下，92÷30和140÷30有什么共同点和不同点？

生1：他们的除数30都是整十数，而且都有余数。

生2：不同点是92÷30看被除数的前两位，而140÷30看被除数的前三位。

师：说明，我们在计算除数是整十数的时候先看被除数的前两位，当前两位不够除，我们再看前三位。（板书：先看前两位，不够除看前三位）这里我们除到了个位，所以商都写在个位上。还有问题吗？我们一起来做一做。（学生练习）

师：我们来看一下，检查一下，有不一样的吗？

生：第一道7没有和0对齐，横线没有用尺子画。

师：书写上一定要规范。你们都一样吗？不一样的举手。

那好，其实啊，除数是整十数的除法在生活中也有广泛的应用，接下来请各位同学独立来完成。

【设计意图】 在练习中再次让学生研学，目的在于学生在第一次研学后可能还有不明白的地方,所以特别安排二次研学这一环节,事实上起到了很好的效果。如学生"刚才,我有意见。第三道题商和个位要对齐,有点偏了"这一意见及时提醒了全体同学对于笔算除法要注意书写的规范性,特别有价值的是,学生的提醒是针对这一学生的实例,而不是凭空的说教。这样,在学生再次练习、再次交流的过程中,不断地修正各自存在的问题,不断达成书写规范、方法合理、结果正确的教学目标。同时也潜在地达成了表达、分析、判断等能力目标和互信互赏的情感目标。

（五）灵活应用,巩固提高

PPT 出示:有 500 吨货物,每节车厢可以装 60 吨,需要多少节车厢才能运完?

师:（学生解答后）请一位小朋友来汇报。

生:算式是 $500 \div 60$,通过笔算,等于 8 节余 20 吨,要装完,$8+1=9$ 节才能完成。

师:我有个问题,这里的 1 表示什么?

生:1 表示还要 1 节才能装完。

师:用来装什么?

生:剩下的 20 吨。答:需要 9 节才能装完。

师:1 没加的有没有?（学生示意）有 4 位同学,现在理解了吗?

师:我们各自小结一下,这节课学习的内容与收获。

生1:我知道了除数是整十数的笔算除法的计算方法,特别是前两位不够除,要看前三位。

生2:写竖式时数位要对齐。

生3:×××、×××、×××都提出了很多的问题。

师:是的,这些同学提出了不少有价值的问题。在今后的学习中,小朋友要敢于提出问题,到最后有价值的问题才能产生。

【设计意图】 这个环节,一是再次巩固本课所学的内容,二是培养学生学以致用的能力。同时还有一个很重要的内容,就是专项评价,由师生共同来评定哪些学生提问多,质量高,这样对持续保持提问的激情是十分有效的。

六、教学反思

（一）让"教"于"学",给学生的研学创设时空

教师的教育智慧不在于讲台上用过多的时间来表现自己的知识富有,而在于为学生腾出更多的思考、对话、创新的空间,以激励学生学的激情。只有每一个学生真正地学起来了,课堂才有生命力。本课在教学中把大多数的时间留给学生。课中的主要环节都是基于"学"思考来设计与实施的。环节一:"自主学习,探究问题"。把预习引进课堂保证学生对新知自己能学会的尽量自学,学生通过自己学习,可以亲身感受到自己的不懂之处,进而提出自己未知的问题。同时课中自学,同学之间受到相互影响,更有效地培养学生的自学习惯。环节二:"组间交流,分析问题"。再次研学,学生从"倾听者"到"研讨者"的角色转变,让学生成为学习的主人。为实现教与学的角色转变,教师不是简单地提要求,而是进行有目标的设计与训练,教师给孩子一个安全的心理空间,把对孩子的信任、成全,通过"小先生"的形式来传递。从整节实录可以发现,学生的参与度很高,课堂教学的时间多数是学生互动的时间,再也不是单一倾听了。

（二）研学释问，需从范式到变式

在课堂教学中，要使学生能积极地思考问题，参与研讨交流，光靠简单的口头要求是不够的，因为学生通常不知道从何说起。所以，让学生参与到研讨中来，需要渐进的过程。起始阶段，教师给小先生提供讲解的范式。"小先生"常有这样的四句话："请大家听我说"，"我要特别强调的是"，"大家有什么问题要问我吗？"，"感谢大家的分享！"这样使得每一个担当"小先生"的学生不会无话可说，而是根据自己的自学与尝试，说得有条有理。因为不管对错、好坏，他们都有话可说了。每当一位小先生讲解完毕，"大家有什么问题要问我吗？"话音一落，总有学生提出质疑和见解。实录中的对话，生1：错了，4应该写在个位，如果写在十位，40乘30等于1200。生4：14除以30的话，后面只有12了，个位上应该写上4，所以你这里30的0都忘记了。生5：如果前两位被除数不够除的话，要看前三位，不能只看前两位。生6：如果你这样除，三四四十二，后面的0也要添上去。很显然原本老师要讲的算理算法学生都能讲得比较清楚，虽然语法上、逻辑上还不是那么规范，但基本的意思都表达出来了，在童言与童言的交流中能更深入理解了。在这一过程中，学生的口头表达能力、分析能力得到了历练，更为可贵的是，课堂中学生之间经常性的"学术交流"不仅增长了智慧，同时增进了友谊，潜在地达成了对学生"情感态度价值观"的培养目标。因此，要让学生参与交流先要"入格"再是"出格"，这样才能有效地将目标落到实处。

（三）相信学生，多把讲台交给学生

由于受传统教学思想与教学习惯的影响，教师总是认为学生不会说，说不清，费时间，所以往往在课堂中与学生抢时间。这不仅是在日常的教学中，就是在许多的公开课中，我们也能常常看到，当学生表达不准确，或是一个概念、一个法则归纳不出或不完整的时候，教师要抢说，当学生与学生相互对话的时候教师常常习惯性插话。再则，不管是教师讲课的时候，还是学生在讲解的时候，教师又是习惯性地总是站在讲台这个位置。其实，我们大可以放心地把讲台交给学生，不仅交给学生，而且当学生站在讲台上讲解的时候还要指导学生，像模像样地侧身面朝同学来讲解，而不是面朝黑板，这不只是样子的问题，而是让学生充满着一种自信。当下面的学生对上面的学生讲解有意见的时候，他们会争着上来发言，这时教师一方面成全了学生的展示欲，同时更全面地表达出学生的思维。这时的讲台不再是教师的，而是学生研学舞台，教师只要站在不显眼的位置偷着乐呢。所以教师要多把讲台让给学生，相信学生能说清楚。当教师要回应学生的交流时，也可以慢一点，坚持先学生后自己。再有，如课堂小结，这是学生的事，教师不需要越位，不越位才能到位，如果像课堂小结这样的环节，老师经常取而代之，久而久之，学生就自然把课堂总结当作老师的事了。凡是学生的事，尽量要让给学生自己去完成。

只要我们实实在在地让教于学，积极引导学生自主提问与释问，多把讲台让给学生，为学生创设更多的研学时空，就能有效实现学教方式的实质性变革，使得我们的课堂因学生的精彩而美丽。

爱与责任

教学名师：袁优红

享受教育的幸福

人物档案

　　袁优红，1973年9月出生。浙江省特级教师、浙江省基础教育课程改革专业指导委员会小学科学组成员、省中小学教材学科审查委员会成员、省小学科学学会理事、市人大代表。获省第三届师德先进个人、市专业技术拔尖人才、市三八红旗手、市首届名师工作室导师等荣誉称号。

　　她积极倡导以学生为本，构建学生全面参与、主动探究的简约、真实的"活动化"课堂，让学生像科学家那样亲历科学探究全过程，激发学生科学学习兴趣，领悟科学魅力，点亮孩子心中的科学火种，提升学生科学素养。她曾被评为全国小学科学教学先进个人，获全国小学科学优质课比赛一等奖，全国中小学电视公开课特等奖。出版《上学生喜欢的科学课——小学科学教学有效性探索》专著，每年撰写论文、课题发表，在全国各地市多次作讲座，传播自己的教学追求与主张。

　　"上学生喜欢的课，做学生喜欢的老师"是她的教学信条，也是她孜孜不倦的教学追求。

上学生喜欢的课

"上学生喜欢的课",这是我对课堂教学朴素的描述。一位教师的快乐,莫过于学生喜欢你,兴趣盎然地上你的课。在23年的教学实践中,我不断学习教学理论,并深入课堂,注重理论与教学实践相结合,从大量的课堂原型中发现问题,寻求解决问题的最佳方法,吸取纯粹的经验,然后提取一般的教学规律,构建有序的经验系统,形成自己独特的教学艺术风格:基于学生基础的教学,构建学生全面参与、主动探究的简约、真实的"活动化"教学,实现学生科学素养的提升。

从以前的自然课发展到现在的科学课,课程在不断变革,结合国际课程改革发展趋势和特点,"促进学科融合,发展学生综合能力,以学生核心素养为培养目标"是未来科学课的发展趋势。

素养是学生获得的一种持久能力和品格,伴随孩子终身。那么如何上一堂基于核心素养的科学课?如何让学生喜欢科学课,激发学生学习科学的兴趣呢?现提炼我的教学艺术,与大家分享。

一、基于学生已有的认知水平和前概念实施教学,上真实的科学课

教学以学生为本,为学生服务,注重学生的感性经验。奥苏伯尔认为,如果必须将教育心理学的全部原理归结为一句话,那么这句话就是,影响学生学习最重要的一个因素乃是学生已经知道的东西,肯定这一点并据此教学。因此,教学要充分考虑学生已有的认知以及他们的前概念,为促成概念的转化而教。

例如,小学科学内容的地球宇宙主题,某些知识的理解要依靠比较强的空间想象能力,使得不少学生产生"畏"的情绪,从而挫伤了学习的积极性。因此,在教学中一方面要注意根据小学生的实际认识水平,把握、调整教学难易度,在学生现有的水平上得以发展。比如在教学地球自转方向时,我们是通过引导学生建立"相对运动"概念而进行教学的。对从没接触过"相对运动"的小学生而言,理解"相对运动"又成为本课的其中一个难点。为了解决这个问题,我们可以让学生回忆汽车在前进和倒退时,以及乘坐大转马时周围静止物体的运动状态,得出相对运动的规律,再让学生推想大转椅逆时针转动时周围物体的运动状态,根据推想再请学生真正乘坐转椅体验。在学生理解相对运动的基础上,引导学生观察地球以外天体的运动方向来反推地球的自转方向。教学以学生的认知为起点,步步为营,层层递进,学生在理解相对运动的基础上,从太阳的东升西落推出地球的自转方向"自西向东"就水到渠成。

同时,在教学中一定要清楚学生的前概念,有些前概念在学生头脑中是根深蒂固的,此时,就需要我们教师通过各种实验证据来推翻学生的前概念,建构正确的概念。比如"水珠从哪里来"这节课中,学生的前概念就认为水珠是从杯壁渗出来的,有些学生坚信杯壁上有缝而我们用肉眼是看不到的。此时,学生的前概念已经根深蒂固,通过教学若能改变学生的前概念,建构正确的概念,那么我们的教学便是成功的。以此前概念为突破点,教师提供

一只刚从冰柜中取出来的空的冷杯子，让学生观察，学生发现水珠也会慢慢出现，但是杯内是没有水的，所以就否定了杯壁渗水的概念，提出了是杯外空气变成小水珠的推想，经过层层论证，从而得出水珠是杯外的水蒸气凝结而成的。

所以，只有了解学生的前概念和认知水平，进行符合学生认知规律的教学才是教学唯一合理的依据。

二、让儿童像科学家一样进行科学探究，上儿童味与科学味兼得的科学课

科学课是由一个个观察、研究、认识周围事物和环境的探究活动组成的，"活动"是教科版科学教材的一个显著特点，学习科学，就是引导学生去参与、经历一个个观察、研究、认识活动。一堂课一般包含多个活动，活动与活动之间是有联系的、有结构的，活动与活动之间相互联系与作用将产生重要的教学意义。因此，我们要引导学生像科学家一样进行科学探究，既让孩子动手体验，又要积极引导学生进行科学思维，在每一个活动中确保学生都清楚我在做什么，为什么这样做，理清活动与活动存在的内在逻辑关系，让学生学得深入浅出，一目了然。

以教科版六年级上册"做框架"为例，先让学生认识什么是框架，再让学生自己制作三角形和四边形简单框架。通过制作实验，学生认识到三角形框架稳定，四边形框架不稳定，然后再进一步研究怎样加固四边形框架。接着，制作和加固正方体框架，从平面框架过渡到立体框架的研究。学生通过自己动手操作与体验，自己思考解决问题，构建了三角形稳固性科学概念，活动环环相扣，思维层层递进，科学逻辑主线分明，构建了属于学生的认知体系。同时，活动又不失科学的本质，在探究中让孩子感悟科学的无限魅力。

学生在自己经历科学活动的过程中，其实就相当于像科学家一样在探索研究，他们经历了"提出问题、猜想与假设、设计实验方案、实验验证、交流研讨、形成结论"等科学实践过程。在这些过程中，他们尝试去发现问题，为了解决问题，努力寻找科学的证据，主动参与动手操作、记录、画图、数据分析，基于研究证据提出种种解释，像科学家那样的行为方式、认知思维、科学精神等不断得到提升。

三、给孩子更多的自主探究空间，上简约有效的科学课

简约的课堂绝不是简单的课堂，我们可以简化材料、简化过程，但是绝对不能简化学生的思维活动。简约而有效的课堂教学对教师提出了更高的要求，其实是对教材、学生了解通透之后的驾驭。那么如何构建简约有效课堂呢？

首先，我们要选择简约而结构化的教学材料。作为科学教师，没有材料，我们的科学探究也就无从着手，没有材料，我们的科学课就成了纸上谈兵。我们也深刻体会到，提高课堂教学效率，首先就必须准备好材料。材料不仅要具有典型性，更应该体现简约性与结构化。例如，"100mL 水中能溶解多少克食盐"活动中，食盐一般以 2g 为单位投放，如果在课堂上让学生去称，时间是不允许的，如果老师提前称好，六七个平行班工作量是可想而知的。在教学中，教师把食盐分成 10g 一包，再让学生思考怎样变出以 2g 为一份。对四年级学生而言，此任务有一定的挑战性，却有能力去解决。一番商量后，学生先用塑料尺把食盐铺成一个长方形，然后按照比例一分为五。这样的做法既解决了教师材料准备烦琐的问题，又提高了学生解决问题的能力。

在选择好材料的前提下，以生为本，适当调整自己的教学节奏，将课堂教学重心定位在运用合适的教学策略帮助学生扭转错误认知，顺应学生认知规律，使教学变得简约有效。在设计科学活动时，教师可以合理简化或者舍去非重要活动，找准探究的关键、重点，给重点活动尽可能多的探究、体验空间。在指导学生活动时，引导学生理清活动之间存在的逻辑关系，构建一条简明的活动主线，使活动形成整体，教学变得简约有效，产生"1＋1＞2"的学习效果。

另外，在建构简约有效课堂的同时，我们应设法将课堂延伸到课外，开展课堂上学生意犹未尽的科学活动。比如，让学生自制食盐晶体花，自制叶脉书签，开展种植、养殖活动。以家庭实验室为载体，规范延伸活动过程的管理，完善评价激励机制，将学科学习与生活紧密相连，做一个小小科学实践家，发展学生的核心素养。

"以学生为本，真诚面对每一位学生"是我教学的座右铭。有了"真诚"我就能从学生已有基础出发实施教学，教学时，总是耐心地面对学生提出的各种"意外"，而不是去拦阻或掩盖那些教师自认为不那么合理的想法。每次带着"真诚"之心与学生交流，就能做到心与心交融，让学生真正喜欢我，喜欢上我的科学课。

这样，我就能一路享受教育带给我的幸福，快乐前行！

★ 成长经验

享受教育的幸福

时光如水，岁月如歌，转眼我已在教育这块园圃辛勤耕耘了 20 多个春秋。20 多年来我从一名普通的教师成长为定海区骨干教师、舟山市学科带头人、舟山市拔尖人才、浙江省特级教师、浙江省课程改革指导委员会成员……回首自己的教学历程，我真切地体会到了一名教师的艰辛，更多的是享受到了一名教师的幸福，在平凡的岗位上演绎着自己的人生故事。现总结成长历程中的几点体会与大家分享。

一、深爱教师这个职业，热爱学生，与孩子建立良好的师生关系

选择了教师这个职业，那就是选择了一种责任；承担了教师的职责，那就是承担了一种使命！无论是我们无奈当教师，还是喜欢当教师，既然选择了"为人师表"又何必埋怨清贫与寂寞呢？在担任教师的那一天起，就要试着去爱上教师这份职业，只有深爱教师职业，才能用爱去关注每一位学生，尊重每一位学生，满足并提升每一位学生的发展需要，用爱唤起每一位学生心底的学习热情，形成良好的师生关系。记得 23 年前，我走进校园，看到孩子们纯真的笑脸，看到老教师们对教育教学孜孜不倦的教学精神，游刃有余的教学技艺，我就立志：也要像老教师一样，做一名学生喜欢的老师。为了能够胜任教育教学工作，我晚上安排雷打不动的备课、业务学习，反思白天的教育教学工作，对着镜子一遍又一遍地试教。为了精心处理好一个教学环节，我会设计一套又一套的教学方案，一次次地比照；为了准确把握每一个知识点，我会不计代价地找各种资料，请教各界人士，直至找到满意的答案；为了让课堂教学语言精练而有吸引力，我在家里不厌其烦地试讲，直至旁听的女儿也能背出。我

们都知道，教师一个鼓励的眼神、一句亲切的话语，一堂别具匠心的课，都会在孩子们的心中激起涟漪，让我们的孩子倍受鼓舞，获得无穷的信心与学习的动力。这是为人师者最大的幸福，也是其他工作者所体会不到的幸福，我们受一点点的苦累又算得上什么呢？如果一位教师抱着安于现状、得过且过的想法，就会镇不住课堂与学生，误人子弟，毁人前程，并且丝毫不能体会到职业带来的幸福感。从良心上而言，我们要明白一个道理：如果我们不负责地教学，毁掉的不是一个人的前程而是一代人，甚至几代人。

二、严谨治学，积极进取，努力提高自身职业修养

对教师而言，上进可以变成一名好老师的翅膀。教师一贫如洗，对学生就不能慷慨解囊；教师要给学生一杯水，自己必须有一桶水。教师只有脚踏实地，勤于进取，不断提高自身素养才能适应教育发展的时代步伐。因此，每一位教师要读懂课程标准，读透教材与教参，精读各种理论书籍与名著，让它们成为教学的指南针和领航灯，对自己的教育观念产生积极而深远影响，并在实践中完善和创新，日积月累中形成属于自己的教育主张。同时，我们还要深读心理学、教育学书籍，掌握学生的心理特点和学习规律，把"为学生而教"的思想熟记于心；订阅教育教学报纸杂志，吸纳新鲜事物，更新教育观念，始终置身于专业教育教学的前沿地带。

教师的成长，通常会经历入门规范期、发展期、成熟期等不同发展阶段。每个阶段肯定会遇到高原期，其中积极面对，勇于实践，不断思考创新，加强阅读学习是突破自我、持续提升自我的良药之一。高原期内可以请同伴、导师、专家对症把脉，帮助自己分析找准发展的瓶颈，然后分析精品教学案例，精读几本自己所敬佩的专家自传，或者专攻几种理论，相信一定会给自己带来启示，另辟蹊径。

三、勇于课堂实践与摸索，把理论付诸行动，让梳理与反思成为一种习惯

理论指导实践，这绝不是一句空话，如果课堂实践没有理论的武装，课堂就会变成行为的空壳，教学有失内涵，往往偏离学科的本质。学习理论非常重要，但更重要的是将理论付诸教育实践。因此，在研读理论的基础上还要勇于实践，使实践与理论相对应，找到实践的根源。记得我与徒弟研究一堂课，我就让他说说这个教学难在哪里，为什么难，学生关于这些主题的已有经验又是怎样的，根据学生现有的特点与基础，我们应该制订怎样的学习目标，采取怎样的教学方法。当他对这些问题一一解答完的时候，他突然领悟：原来这就是我们平时所说的"以学生为本"理论的落地生根。通过教学实践领悟教学理论，理论才能为教学所用，真正提高课堂的有效性。

一般教师都是在理论与实践的双重作用下成长起来的，我也不例外，我的每一个成长阶段都有对教育的不同理解和相应的代表课例，反映出自己理论水平与课堂成长相呼应的三个发展阶段：第一阶段是模仿优秀教师、优秀案例上课，只知道跟着别人的教学设计依样画葫芦，把一节课上顺畅完整了；第二阶段，我会思考我应该怎样教学，再参考优秀教师的课例，统筹比较后再定妥教学设计，有意识地分析教学行为的理论依据，但总体上侧重设计自己怎样教；第三阶段，我会"想学生所想，急学生所急"，教学最先考虑的是学生，根据学生设计目标，设计教学环节与方法，想方设法使课堂真正走进学生的心里，上课有时感觉到是我与学生在进行心与心的交流。直至现在我追求的课堂：我会带着自己全部的人生体验与

情感走进课堂,结合学科的本质、人类探索科学的历程、孩子的学习思路与特点等要素,最终形成一堂课的学习逻辑思路,课堂就像我带着一帮孩子,在看似不经意的课堂游历中体验着别样的景致,禁不住用心体味,意味深长,植入心底。以上的发展经历也是一位教师的成长轨迹,以理论为功底,在实践中不断否定自己,再从理论中寻找再次实践出发的依据,循序渐进,直至一次次地化茧成蝶。

思考深度、视野广度决定了课堂高度,提升思考深度的重要途径是让梳理与反思成为一种习惯,在反思中调整自己的教学心态,改进自己的教学方法,促使自己确立正确、有效的教学行为,获得相对满意的教学效果,促使自己从经验型向科研型方向发展。当梳理与反思成为一种习惯,就会每天回想自己的教学,每天问问自己,感觉满意的有几节课、几个环节,甚至几句话几个动作,并分析满意的原因;不满意的有哪些,可以做哪些改进。随着反思的深入,就能触及教学本源性问题的解决,向更高的目标前进。随着梳理反思的跟进,教师可以根据教学重点与难点问题,以课题研究的形式来解决,通过课题研究系统理论的搜集,参考不同时期不同人员对此主题的研究,综合考量,提出可行性的实践方案与措施,在实践创新中总结经验,找到"柳暗花明又一村"的感觉,实现教学上质的飞越。

四、把自己置身于合作团队中,在团队中借力前行

一个人可以走得很快,一群人可以走得很远。一个人的力量毕竟是有限的,在我的成长历程中,非常幸运,遇到了几位我一生都难以忘怀的循循善诱、激励引导自己不断前行的导师和有着共同志向的同行们。导师经常会提出很多问题让我们解答,交与我们很多额外的任务去完成,我曾经也有过埋怨,有过"随便应付一下算了"的念头,但是看看周围伙伴的努力样,还有在一起探讨教学的乐趣,这些念头转瞬即逝,就不折不扣地去完成每一件事情,一路坚持,丝毫不敢懈怠。现在回想起来,这是导师信任我们,在实践中赋予我们成长的机会,任务越多机会就越多,我们一次次的实践才有了导师一次又一次手把手的指导,心与心的沟通,让我们少走弯路,让我们的教学之路走得更加坦然与坚定。

从我组建区、市、省工作室起,就怀着感恩反哺之心,把工作室当作交流教学、解决教学疑难问题的平台,把工作室成员当作相互学习与交流的伙伴,我们相互促进,共同提高。作为导师的我,既像当年师傅带我那样严格要求,脚踏实地,全身心地帮助徒弟提高教学业务水平,又以身作则,教给他们为人处事的道理。我们在一起可以为了教学问题而争论不休,又一起和气地聊生活,在假期一起约着仰望星空,在海边度假,其乐融融。我们期待每个人能在团队中携手奋进,有一天都能展翅翔翔。

成长意味着付出与艰辛,在这条艰辛的道路上,不妨找些志同道合的人结伴而行,在摔倒的时候相互搀扶,在遇到难题的时候享受随叫随到的待遇,在忙碌郁闷的时候相互发发牢骚、喝喝茶聊聊天解解闷气,等第二天日出的时候,我们再整装待发……

"博观而约取,厚积而薄发",教师只有心中时时刻刻有学生,对有利于教育教学工作的学问,处处留心,兼收并蓄,在教学中大胆实践,勇于创新,才会迎来桃李满天下的幸福!既定目标,行无彷徨。我坚信:一支粉笔,三尺讲台,一颗爱岗敬业的赤诚之心,足以让我们享受教育幸福,让我们的人生写满精彩!

让孩子像科学家那样探究

——五年级（下）科学《用水测量时间》

一、课前学情分析

（一）教材分析

《用水测量时间》是教科版《科学》五年级下册《时间的测量》单元的第 3 课，是学生在前面两课研究了光影可以用来计时，开始意识到能够用作计时工具的事物必须是有规律运动着的基础上的再研究。本课教材先呈现三只两种类型的古代水钟，让学生初步感知流水可以计时，并提出本课探究的核心问题：流水为什么能够用来计时？用水计时需要解决什么问题？接着，教材呈现了"滴漏实验"，使学生亲身经历流水计时的活动。学生通过滴漏的观察和研究，发现流水的速度是不均匀的，会随着水位的高低而发生变化。在此认识基础上，组织学生思考用流水计时需要解决的问题，再次关注古代水钟，解释古代水钟的设计原理。

（二）学生分析

五年级的学生，通过阅读、上网搜资料等途径对用水测量时间的方法已经有了粗浅的了解。不过，学生更多停留在一种思维层面的考虑，实践中关于水是怎样用来计时很少有学生亲自实践，组织学生做一做滴漏实验，观察流水的特点，解决用水计时的一些问题，这些活动对五年级的学生无论是科学思维，还是操作方法都具有挑战性，有一定的吸引力。

学生的潜意识里，时间具有等时性，能用来测量时间的流水也应该具有等时性。但是，在以往教学中发现学生所理解的等时性并不是教材所指的等时性，而是指前后流出一定量的水所需的时间一样。

（三）学习思路分析

整堂课，让学生亲身经历古人设计水钟，用水测量时间的探索实践过程，用自己的经历理解古代的水钟，解释水钟的原理，这也是教学的主线。课堂上，学生一步步地观察、实验、发现，一步步地再实践、再改进，体现了以学生为本，课堂留给学生尽可能大的体验空间，在科学活动中构建科学概念，理解科学学习的本质。

基于对教材与学生的理解，我对教材作了处理，把第一个活动改成让学生观察流水，从直观上判断流水能不能用来计时，再出示古人不同类型的水钟及初步原理。提出本课的研究问题——流水能用来计时，流水的速度会不会固定不变呢？

为了探究流水的速度是不是稳定不变这个问题，教师放手让学生设计方法。学生设计的方法一般有两种：一种是测量相同时间内流水的量一样吗？另一种方法是测量相同的流水量所需要的时间相同吗？利用记录单的辅助，明确实验的方法，在实验中获取数据证明自己的推测。学生通过多次观察测量，发现水流的速度居然会发生变化，水流速度发生变化的原因在此实验观察中被学生初步感知。

接着，教师引导学生继续开展研究：怎样使水流以固定不变的速度下流，达到能够用水计时的目的。学生提出保持相同的水位的方法，流水的速度可能会保持固定不变的想法。

顺着学生的推测,再次开展测量,分析所测得的数据发现:保持水位不变是用水测量时间所要解决的关键问题。

最后再次出示水钟,与第一次对水钟的认识进行对比,进一步理解了泄水型与受水型水钟,同时感受古人的智慧与勇于实践的精神。

本课学习思路主要基于以下几方面的考虑:

1.从学生现有的认知为起点,充分考虑学生认知与学习特点,实施以学生基础为依据的科学教学。

2.实施单元整体建构式教学。从整个单元内容来看,本课不仅是单纯的测量水的流速,而是根据水流的特点,想办法解决流水计时需要解决的问题,经历古人用水测量时间的探索全过程。

3.突出科学与技术的联系。本课与单元要求紧密结合,通过一些制作活动,把科学与技术联系起来,明白科学和技术是密不可分的,我们既要重视科学理论,也要重视技术作用。

4.回避了水的张力,取100毫升的水,等实验结束,容器中会有10毫升的水留下。另外,对于漏水孔的大小因素没有过多地干涉,因为两个变量混在一起,会削弱水位对水流速度影响的研究。关于孔的大小也是学生比较容易理解的变量,所以在最后的环节稍稍点拨。

二、教学目标

1.科学概念

同一个装置,水流的速度受水位高低的影响,控制水位的高低,就能保持水以稳定的速度往下流,人类根据这一特点制作水钟用来计时。

2.过程和方法

(1)测试流完100毫升的水,前、中、后30毫升分别用了多少时间,解释为什么流30毫升水的时间不一样。

(2)理解水钟计时存在的问题,并尝试改进的方法。

3.情感态度价值观

认识到细心观察、合作的重要性,发展研究计时工具的兴趣。

三、教学重难点

通过推想、实验、再推想、再实验,发现用水计时存在的问题及改进。

四、教学准备

1.每个小组准备:一个能容纳100毫升水、瓶盖有孔的塑料瓶子,一个100毫升量杯,一个大烧杯,铁架台,记录表一张。

2.学生自备:计时器。

3.教师准备:学生相同材料一份,课件。

五、教学过程

(一)复习导入,揭示课题

1.谈话:通过上节课学习,知道古人用什么来计时?(太阳)

古人用太阳来计时,那在没有太阳的阴天,还有晚上,他们又用什么来计时呢?

2.揭示课题:这节课学习《用水测量时间》。

3.用幻灯片出示古代水钟(教材第54页受水型与泄水型水钟)。提问:它们是怎样来计时的?请大家看图简要说一说。

(意图:从复习光影计时引入,既直截了当,又重温计时工具具有运动有规律的特点,为本课学习作铺垫。出示古代水钟,并请学生说说水钟的工作原理,既是对学生原有对水钟认识的前认知的了解,又成为本课最后环节再让学生说说水钟原理的对照。)

(二)滴漏实验:探究水是以稳定不变的速度往下流吗

1.出示流水装置(图1):铁架台、一个打了小孔的塑料瓶、量筒、水。一边演示操作,一边提问:瓶中的水会往下流,这个装置中的水可以用来计时吗?请学生仔细地观察流水,说说自己的推测与理由。

(学生预设的想法:可以计时,因为水流的速度是均匀的,与时间的流逝一样是有规律的;不能用来计时,因为这个水流的速度会发生变化。)

2.师生小结,提出探究问题:用水能不能测量时间的决定因素是这个流水的速度是不是稳定不变的。究竟流水的速度是不是固定不变,还是前后会有变化呢?怎样来证明我们的推测?

3.小组讨论证明水流速度是否稳定不变的方法。

4.汇报方法,完善各种方法的设计。

图1

流相同量的水所用的时间相同吗?

方法一:观察流完第一个30毫升、第二个30毫升、第三个30毫升分别用多少时间。然后进行数据的对比,看看是不是有变化。

方法完善,提问:做这个需要多少水?(100毫升)一次倒还是分开倒?几次计时?计时的时候流水不停顿,就是直接在秒表上按几下时间,最后再做记录。相同时间内流出的水量相同吗?

方法二:观察第一个30秒、第二个30秒、第三个30秒,漏的水量是不是一样多。漏的越多说明水的流动速度越快。

在学生的汇报中穿插提问:需要多少水量?倒水、计时怎样做?(与第一种方法保持水量相等100毫升,这样更公平些。)(图2)

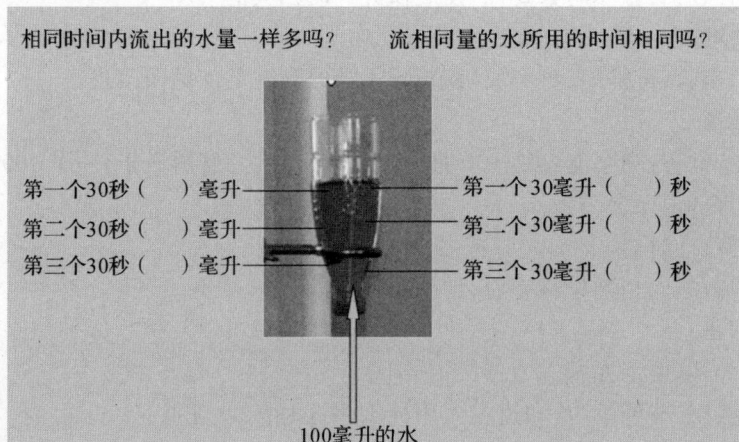

相同时间内流出的水量一样多吗?   流相同量的水所用的时间相同吗?

第一个30秒( )毫升 ———— 第一个30毫升( )秒
第二个30秒( )毫升 ———— 第二个30毫升( )秒
第三个30秒( )毫升 ———— 第三个30毫升( )秒

100毫升的水

图2

5.实验温馨提示。

(1)水量。用100毫升水做实验。

(2)小组合作。计时与流水要同步进行。

(3)填写实验记录单。小组选择用哪种方法就选用哪张记录单。实验记录单如下:

第一种方法　流相同量的水所用的时间相同吗?

第(　　)小组　单位:秒

	实测1	实测2
第一个30毫升		
第二个30毫升		
第三个30毫升		

分析数据,发现了什么?

_____

第二种方法　相同时间内流出的水量相同吗?

第(　　)小组　单位:秒

	实　测1	实　测2
第一个30秒		
第二个30秒		
第三个30秒		

分析数据,发现了什么?

_____

6.分组实验。

7.小组汇报测得的数据,分析数据,发现了什么?

(1)分析数据得出:水流的速度是先快后慢。

(2)提问:你是从哪些数据看出来的? 计算第一个30毫升与第二个30毫升,与第三个30毫升差了多少。

(3)教师再引导学生横着观察数据,发现了什么?(虽然竖着观察数据,发现流水速度越来越慢,但是横着观察,第一个30毫升、第二个30毫升流速还是稳定的,有一定的规律。)

8.提问:是什么因素在影响水流的速度?(水位高低发生变化)水位高,水压大,水流快;水位低,水压小,水流慢。

(意图:引导学生设计完善证明流水速度是不是稳定不变的方法,再用小组设计的方法进行验证,收集数据,通过对数据的分析,发现流水的规律,进而思考流水速度发生变化的真正原因。给学生创设了自我发挥的氛围,活动给予学生足够的思考与动手空间,也体现了科学研究的一种思路与方法。)

(三)让水以固定不变的速度往下流

1.提问:你们能想出办法使水保持固定不变的速度往下流吗?

2.小组讨论,交流方法。

3.谈话:现在我们就采取不停加水的方法来控制水位,看看在水位相同的情况下,水流的速度会发生变化吗?

> 实验建议:用记号笔在瓶子上画上水位线,这样就能使水位保持不变了。

4.学生实验:保持瓶中的水在同一水位,测量流水的速度是否会发生变化。

5.交流汇报。

保持水位不变时流水的时间记录表

第( )小组 单位:秒

	实　测
第一个 30 毫升	
第二个 30 毫升	
第三个 30 毫升	

分析数据,发现了什么?

(四)再次认识、解释古代的水钟

1.提问:经过一节课的实验研究,你们对流水计时有什么想说的?

或者说,用水计时的时候需要解决什么问题?

(保持水位的相同,要不停补水,如果水多了就要把水泄出去。)

2.提问:让我们再次观察古代的水钟。你们看看古人是怎样做到用水来测量时间的?

(1)古代水钟的水是一滴一滴漏的,不是流的。

(2)加水孔与泄水孔,保持水位不变。

(3)泄水型的水钟(泄水型水钟,没有加水,那它怎么来计时?是如何克服流水先快后慢、越来越慢的特点的?)刻度随着流速的变化而变化,不均匀,先密后疏,还是先疏后密?

(五)课外拓展,布置下节课材料准备

古人发挥他们的聪明才智,通过一次次的实践,一次次的改进才制作成水钟。一千多年前的北宋时期,能工巧匠们曾经设计了水钟,精确到每日只有 10 分钟的误差。

我们下节课也要制作一只水钟。同学们可以先去设计一下,制作怎样的水钟。在制作的过程中也希望同学们一次次实践,一步步改进。下节课我们要自己来制作一个能计时 10 分钟的水钟,请大家带两只塑料瓶。

教学名师：周燕娜

播撒科学的种子

人物档案

　　周燕娜，舟山南海实验小学科学教师，副校长兼教导主任，中学高级教师。市首批名师工作室挂牌名师、小学科学学科带头人、市 A 级教师、省教改之星。曾获省、全国小学科学优质课一、二等奖，论文、课题一等奖，自制教具二等奖。辅导学生参加各类科技比赛获奖 200 余项。参与编写《浙江省中小学学科教学建议》案例解读、《科学拓展阅读》丛书的四年级上下册、《跟我学科学》《归类集训》等，均已出版。

　　对待学生、家长耐心有爱，不仅在教学上更是在日常的言行举止中给学生关爱、照顾、指导，受到学生和家长的认可。所带领的工作室团队连续三年考核优秀，所在教研组获得市党员先锋岗、市五星级教研组等荣誉称号。

　　工作 19 年来，一直坚持在一线教学，依然热爱自己的本职工作，不骄不躁，不急不慢，不停不止，行走在教育教学专业成长的道路上，并享受这样的过程。

播撒一颗科学的种子

把课堂无限延伸，播一颗科学的种子，兴趣是阳光，信心是雨露，方法过程是土壤，以此为任，努力求索。

——题记

1998 年 8 月毕业分配工作至今，一直在一线课堂教学，最初教"常识"，后改为教"科学"。作为一个不怎么擅长理科思维的女教师，我从一开始的抗拒，到逐渐适应，并努力胜任，寻求自己的教学主张，形成自我的教学风格。一路得到师傅、同行、教研员等的指导，始终不忘在日常的教学中坚持写案例、论文、反思等，每学期必上各种教研课，并开展课题研究。抓住每一次学习培训的机会，用各种活动、新的教学方法等否定自我，发展自我，也成就学生，发展学生，渐渐有了自己的教学积累与成果。

每一个孩子都是天生的科学家，婴儿出生后的玩水、吸吮手指等常见的现象，便是孩子对这个世界探索的开始。之后蹒跚学习走路，对周围的世界问"为什么"，足见他们从来没有停止过自发地对生命世界、周围环境进行探索。小学科学是引导孩子探索周围世界、培养孩子基本科学素养的启蒙学科，小学科学老师作为启蒙教育者，重要的是支持孩子、读懂孩子、保护孩子、发现孩子、发展孩子，使他们对自然、对环境、对他人、对社会有探究的好奇和兴趣，有自信并有基本的探究技能，最后让他们成为最好的自己，这是我的责任。

本着对学科教学和启蒙教育的理解，我在课堂上，秉持着"向学生学习，与学生共成长"的教育理念，尊重教育教学规律，敬畏儿童的独特性和可塑性，相信"勤勉付出、教学相长"。特别喜欢学校和学生，因为能够看到纯真的生命成长过程；喜欢小学科学，因为科学带我走进理性的思考空间，打开一扇扇未知大门。目前，已形成"动态简约，自然生成"的课堂教学风格，尤其在科学教学与科普阅读结合并推广上，以课题研究引领，渗透常态课堂教学，拓展延伸课外活动，定期进行科普书籍的阅读交流，对学生产生了深远的影响。

一、向学生学习，与学生共成长

教师观与学生观紧密相连，也影响后续的教育观、教学观。庆幸自己把教育教学工作与喜欢的事相结合。作为我们的教育对象——小学生，是社会中特殊的一类人，他们生来具有无限潜在的力量，纯真阳光，充满求知欲。教育的目的在于促进人的天赋力量和谐发展，而教师在促使儿童内在力量、智慧发展的过程中，面对与众不同的个体，可以从中学习、感受到生命的多姿多彩。

教书越久，越对学生心存关爱和敬畏。因为每个学生都是家庭的希望和未来，教师没有评判权，只有尽己所能引导。在课堂内外，尊重学生的差异性，因材施教。尊重每个学生的差异性、独特性以及每个家庭背后的不同环境因素，承认有时教育的无可奈何，身不由己，也充分相信教育的慈悲功德。所以面对每一个不一样的学生，成长中的孩子，我能做的就是："有时，去改变；常常，去肯定；总是，去鼓励。与学生共成长。"

二、引领学生亲近自然，和自然对话，在自然中学习

大自然是神圣的精神导师。走进自然，沐浴风吹雨打，见证植物的蓬勃生长，动物的爬行跳跃，就是生命教育的最好实践。孩子本来就是自然的一员，最纯粹天真地和自然发生着连结，毫无疑问，孩子们在大地上奔跑，在大自然中观察，是最美的教育风景之一。

在科学课堂上，有很多的内容涉及动植物、宇宙天体、自然环境等，我尽量做到将课堂延伸到大自然，在校园的草坪上、大树下、果园里、山坡上，让孩子们观察食物链、生态平衡，观察雨水对土地的作用，寻找小动物的家。对比学校大树的枝干、树叶、果实，用显微镜观察花蕊、昆虫的翅膀，用望远镜观察校园的鸟类。利用双休日，我组织有兴趣的孩子和家长，进行舟山草本植物的调查，观察星空、月相，让孩子们有亲身体验自然的机会。此外，我还在学校的五彩学堂拓展课中，开设了"观察自然"校本课程，作为五彩学堂"奇奇课程"中的低段选修课程，走进孩子们的学习生活。七年来，"观察自然"课程成为孩子们最喜欢的校园拓展课程之一，在每学年的问卷调查中名列前三。

"观察自然"选修课程给了一二年级的学生与自然亲密接触的机会，因为一二年级目前没有科学课，而孩子们却非常喜欢自然科学，对大自然充满着无限的遐想和好奇。尊重并保护儿童与生俱来的与自然的亲切感，守护他们的美好童心，在此基础上去开发创造条件，在自然童心由感性向理性发展的过程中提供有效的引导，这也是一个小学科学老师的情怀。

三、引入科普资料，推广科普阅读，做科普阅读的点灯人

从 2011 年开始，通过对学生课外科普阅读情况的调研，我觉得把科普阅读引入科学教育教学是一件有意义的事，值得继续去做。

基于对教材内容的反思、建设书香校园的背景、对科普读物意义的认知以及学生发展的现实需求四点分析后，我认识到科普阅读的重要意义和急迫性，连续五年，通过对所教教材内容的充分挖掘，汇编相关的各类科普文章、片段、资料、新闻信息等，整合成各分册的科普资料库，结合学生所学的每单元内容，有机渗透分解在各课教学过程中。通过课前、课内和课后整合、渗透与主题延伸三条策略途径，汇编成电子和纸质两大类小学科学资料库。参与编写、出版了《科普拓展阅读》系列丛书 8 种，开展两次省级、三次市级层面的课题研讨观摩。

我把课堂教学、课题研究以及专业成长、学生科学素养的提升统筹整合，也把自己所在的工作室团队研究重点放在科普阅读以及后续的扩展研究中，还形成了小学科普资料库进课堂的三种课堂教学模式与学生课外科普阅读评价法。

当科普资料库在科学课上从文字资料转变为科学探究材料，应用在科学课的不同探究环节，就创新了学生的科学学习方式，让学生感受到阅读科普资料库这种独特学习方式与科学探究相结合的魅力。

今后，我将从课程与教学的角度，设计开发更多吸引学生、适合学生的课堂，开发属于自己的科学阅读课程，让学生的科学素养发展得更好，以适应未来多元化的社会。

播撒科学的种子

我专业成长中的关键他人和事件

——说说我的专业成长故事

一个教师从师范学校毕业分配到退休，一般有 30 多年的时间与学生紧紧相连。因为我们的职业是教师，所以会过得和他人完全不一样。在我们的专业发展中，一般有这样几个时段来定位自己的专业成长，1～5 年适应期，5～10 年发展期，10～20 年成熟期，21～30 年享受期。经过这样 30 年形成的教师类型有三种：谋生和养家糊口的生存型、体验人生和品味幸福的享受型、服务社会和完善自我的发展型。

我知道其实每个人的出身不同、生长环境不同、个性不同、价值观不同，对教师职业的追求肯定也是不一样的。对照我自己，在 19 年左右的教育教学工作中，能够快速成长，一路收获着专业发展的成果，除了自身喜欢"教师"这个职业并提升为"事业"去追求外，还离不开专业发展中的关键他人和事件，帮助我成长。

1998 年 8 月，我毕业分配到岱山泥峙蓬山小学。该校虽是一所农村小学，却一直以现代化教学技术的运用为特色。在这里我遇到了我的师傅——韩志南老师。韩老师动手能力强，人很善良，特别会出点子。那时候，我参加了很多各级各类比赛。为了上一节县级公开课，我们几个老师一起做课件，深夜一两点钟，不断改进、否定又讨论，大家很快乐，愿意去付出。我成长很快，工作第二年，即 1999 年，我参加舟山市第一届 AB 级教师认定，全市教师选拔，我成了舟山市最年轻的市 A 级教师，也因为有这样一个荣誉，后来创办南海实验学校，我才有资格报名，并且也因为有先前的积累，非常顺利地进入了南海实验学校。

认准自己的目标，虚心学习，广而杂地锻炼自己，不设限，去勇敢尝试，也允许自己犯错，这是我成长过程中的第一份经验。

第二位重要的老师是原市教研员王莉珠老师。在我的专业成长道路上，王老师除了给我搭建平台，创造机会，更多的是一种做事风格态度的影响。她的认真、勤勉、付出是一种无声的榜样，让我跟着她，顺利走过了专业成长的发展期。

清楚记得 2005 年 4 月 25 日，我带着 6 个月大的儿子，到丽水参加教学生涯中的第一次省优质课比赛，那年我 28 岁。在省优质课比赛的舞台上，我绝对是个年轻的选手，但我踌躇满志，我没有想过如果我不是一等奖会怎样。尽管课堂按照事先若干次的磨课顺利完成了，也没有什么偏差，但当成绩出来我得的是二等奖的时候，我当天晚上整夜都是梦，梦中王老师跑过来告诉我，燕娜，是评委分数算错了。

其间 8 年，我参加过各种各样的比赛，没有哪次比赛能这样让我感到留有遗憾。作为王老师最后一年任职教研员的最后一次省优质课评比，我没有获得一等奖对她来说是一种遗憾。说是自我施压也好，自我要求太高也罢，表面上看，那一次我是失去了登上最高领奖台的机会。可是过去几年后，突然有一天我想到，我应该感谢这次失败的机会，28 岁的我，走得太顺的时候，如果没有这样的一段经历，那么我也就失去了一次反思的机会。

时不时地，我总会去思考排除他人因素后，为什么我会和一等奖擦肩而过。在这样高手如林的省级比赛中，应该如何做才能取得更好的成绩？除去平日的积累沉淀，课堂展示上自己的亮点想法应该也很重要。如果一节课平平淡淡，就不会留下亮点。比赛课和研讨课、家常课是有区别的，不光学生要听懂你的课，评委也要听懂你的课。

在专业成长的第二阶段，我感谢这样的挫折和带我上高一级平台的前辈。这个过程中，我始终坚持着自主学习，自我设定压力，开始独自进行结合课堂教学的课题研究。把问题—研究—反思—提升四步结合，不断追问自己这样做的根据是什么，要达到的最终目标是什么，具体行动中有了自我思考，成长也变得有质量。

第三位重要的老师是现在的教研员陈增士老师。陈老师是个有智慧的老师，有时候很多事情他不管不做，让我来做，反而成全我，全方位地锻炼我。讲座、论坛、上课、培训，陈教师就像放山羊，更磨砺我独当一面的能力。

时隔八年，36岁的我，得知要再次代表舟山参加省优质课比赛，我很害怕会失败。岁月真是个神奇的东西，同样的一件事，同样的一个人，在不同的时间点会有完全不一样的感受和思考。

2013年4月14—17日，温州广场路小学，省优质课比赛如期举行。

因为有平时阅读思考的积累，笔试比较顺利，波澜不惊。实验操作，虽然遇到一点材料障碍，但也算顺利完成。16日早上，我抽到五年级下册第三单元第5课《机械钟摆》一课，尽管在预料之外，但凭借着充足的准备，而且这8年中，我基本上没有停止过对各种各样类型的课的教学研究，上各种研讨课、观摩课、比赛课，所以经历积累成了财富，我已经有点适应，以不变应万变了，我想这就是成长，在努力付出后的成长，当然收获的也是成绩。

课堂教学展示很顺利，基本上能够把自己的教学设计想法展现出来，并且在摆的等时性这个学生理解难点处进行了深入的分析。当省优质课一等奖真正属于我的时候，似乎也没有特别高兴，为什么对取得的成绩保持如此的淡定？要不就是成熟了。

回顾这8年两次省优质课之间的自我成长，我从一个依靠者成为一个被依靠者，还是不忘日常的课堂教学反思、记录、交流，走出舟山，去展示自己。特别是名师工作室的组建，让我不仅仅关注自己的成长，还要带领一个团队一起走在专业成长的道路上。如果说以前专业发展路上是别人推着我走，现在是自己推着自己走。中间几年有过迷茫、不确定感、无方向感、随波逐流，想想这一阶段也属于正常。

很感谢这一路走来，我所遇到的师长、同事、朋友，能够在工作中遇到志同道合真诚相待的朋友比在生活中遇到知己更加难得。人生就像爬山，有很多的山峰在眼前，等待你去攀登和欣赏，我爬过了一座心中的大山，看风景的人和爬山的人感受是完全不一样的。路还很长，卸下一些包袱，整理另外的行囊，继续出发，我愿自己做一个依然潜心安静教书、享受和学生一起成长的老师。

经典课堂

《河流对土地的作用》教学设计

一、教材解读

本课是五年级（上）《地球表面及其变化》单元中的第7课。在前面学生已经了解了地球表面的主要地形及基本特征、地球内部运动引起地形变化、岩石会在各种力的作用下发生变化以及岩石风化后土壤的特征、雨水对土地的侵蚀。本课继续探究流水对土地的侵蚀，不同的是本课侧重在河流对土地的侵蚀、搬运、沉积等作用方面。

因为这次是向四年级的学生单独教学这一课，没有前面的教学基础，所以我在教材解读中，是基于用第7课这个教材点而不是整个单元系统教学的思考，这是完全不同以往教学的思考点之一。其次，通过这个教材点，我想呈现科学实验与科普阅读结合，学生通过观察、阅读所得，交流研讨、质疑延伸，内化为新的认识和形成一定的学科素养。

学生对河流不陌生，许多地方都有河流。人们往往把城市建立在河流的两岸，沿河而居，是因为河流为人类提供了维持生存和文明发展的重要条件。人们常常把河流比喻为哺育我们的母亲，说明河流对人类的重要。这是人类赋予河流的人文意义和河流涵盖的自然价值。我们希望这一点在科普阅读中能够让学生体验感受到。但是类似"河流会侵蚀两岸的土地吗？如果河流从崎岖不平的山地流到地势平缓的地方，河水携带的泥沙会怎样呢"这样的问题，因为孩子们无法在短时间内现场看到河流的变化，所以离孩子的生活经验很远。课堂上我们通过模拟实验让学生观察、记录，对比分析河流流速快慢、河道深浅大小、山坡陡峭平缓之间的互相影响作用，得出河流会对土地造成侵蚀和沉积两种影响，而且地球表面的很多地形地貌的形成都与河流有关；反过来，原本的地形也会对河流的流向造成影响。

本课内容分为两部分：第一部分是"模拟实验观察河流对土地的影响"；第二部分是"研讨河流对土地影响的各种现象及造成的地形变化"。

二、学生分析

因为是借用四年级孩子上这一课，他们先前对地形、地球内部运动（地震、火山）引发地形地貌变化、岩石土壤的变化都是基于自己已有的课外认识，并不是单元系统教学所掌握，所以在这一课教学中，我基于学生平时旅游或生活中对河流的感知、课外科普书中阅读得到的关于河流的信息，通过教师提供材料下模拟实验的观察、记录和分析，结合科普书籍中资料的运用理解，从丰富的感性认识到理性分析，使学生认识河流对土地的侵蚀和沉积作用。

三、教学目标

（一）科学概念

1. 了解我国主要河流和身边的河流。

2. 河流会侵蚀河床和两岸，并带走泥土，流速和流量等不同会导致不同的侵蚀、搬运、沉积作用。

3. 河流对土地的作用，形成了许多不同的地形地貌。

（二）过程与方法

1. 小组合作设计并操作模拟实验探究河流对土地的作用。

2. 观察河流实验中的现象，会用文字和不同的符号记录和表示实验结果，并对实验结果做出自己的解释。

3. 会运用课外阅读信息，结合实验现象，尝试解释平原的形成原因。

（三）情感、态度、价值观

1. 认识到河流以及其他因素对地形地貌的影响和地形地貌的不断变化，对大自然产生敬畏之情。

2.培养对土壤的感情,认识到保护耕地不被破坏的重要性。

3.对模拟实验产生一定的兴趣,并愿意自主进行更多的科普阅读来增进对地理知识的了解。

四、教学重难点

重点:通过模拟实验和科普阅读结合理解河流对土地的作用,尤其是不同的游段有不同的影响,能在地形和河流之间建立联系。

难点:在观察、实验中记录和表示河流实验结果,并有根有据地对实验结果做出自己的解释和分析。

五、教学准备

分组实验准备:湿润和混有少量沙的土、长方形塑料水槽(有一个出水孔)、毛巾、500毫升大烧杯、纸杯(杯底侧边扎孔)、水、尺子、接水桶等。

课前阅读《愤怒的河流》。

教师演示:实验材料一套、课件等。

六、教学过程

(一)课前(5分钟)

1.亲爱的同学们,读万卷书,行万里路。大家平时都到哪些地方旅行过呢?最喜欢看什么书呢?(课件:书法作品《读万卷书,行万里路》)

2.真是幸福的孩子们啊。旅行和阅读能够增长我们的见识。(课件:行走过的地标)

3.周老师也喜欢旅游,目前为止国内走了19个省,在我所行走过的地方,有很多是名山大川,你能在地图中找出我们国家2条著名的河流吗?

● 学生在课件中找一找长江、黄河的位置。

● 真好,这节课,就让我们来挑战一下,学习五年级上册教材中关于河流的一课内容。

(板书:河流)

(二)出示钱塘江信息,引发学生思考,形成探究主题(5分钟)

1.在同学们生活的浙江,其实有一条很有名的河流——钱塘江。

我们所在的省,浙江,就是因为钱塘江曲曲折折流经而命名,所以也有之江、折江的叫法。

(出示课件:浙江地形图,钱塘江水系)

你能说说你对钱塘江的认识吗?

2.钱塘江的源头有两个,南和北,流经了我们浙江的大部分地方,我们熟悉的新安江、富春江、楠溪江等都是她的支流。最后同学们看她流入了哪里?

3.对,杭州湾,之后是东海。老师这里带来了一张钱塘江入海口不同年代的示意图。

(出示课件:不同时期钱塘江的入海口的情景)

看了上面的这些信息后,你有什么好奇或者疑问吗?

一方水土养育一方人,河流对土地到底有什么作用呢?

4.出示课题:河流对土地的作用

(三)模拟探究实验,河流对土地的作用(10分钟)

1.河流对土地的作用是很缓慢的,而且我们也不可能搬一条河流来教室哦,所以如果

播撒科学的种子

想在课堂里研究这个问题,同学们觉得有什么方法帮助我们?

模拟实验(板书)　　造一条河流　　　(导学单)

观察记录

现在我们就摇身变为河流对土地的作用小小考察员吧。

同学们,这里的模拟实验我们首先要做什么呢?

老师给大家准备了一些材料,请各小组讨论设计这个实验,可以参考"探索活动导学单"。

(出示课件导学单)

2.小组上台介绍各种材料,以及介绍各部分的作用。

我们准备的土壤,可以用来模拟(地表),中间小组合作挖一条河流,模拟(河道)。需要用持续的水来形成河流,老师已经准备了这些材料。

有一个视频演示可以提醒我们注意的地方。(视频演示)

一边实验,一边做好实验的观察记录。特别是河流实验前后的宽和深数据请汇集到老师这里。(课件:实验提醒、数据汇总、结束整理好,结合课外阅读进行研讨)

3.实验结束后,请根据研讨单进行小组研讨记录。

4.学生分组实验,记录。教师观察,协助,并拍摄小组的活动照片、视频。

(四)组织研讨:河流对土地的作用(20分钟)

1.小组交流分享一——河流总体变化。

我们小组设计了一条河流。实验前的河道宽(　　　),深(　　　),实验后再次测量为宽(　　　),深(　　　),说明河流对土地、河道有(　　　)作用。

(采用列数字的方式来说明,用副板书的形式张贴)

课件随机呈现课堂拍摄的河流变化对比照片。

河流对土地有侵蚀、冲刷、冲击、滋润等各种作用。一般一条河流都分为三个河段——上游、中游、下游。在河流冲击的过程中,不同的河段现象一样吗?课件呈现各河段的变化。

2.小组交流分享二——各河段的变化。

我们把水流冲击河流的上游,观察到河流在上游(　　　),中游(　　　),下游(　　　)。我们分析这是因为(　　　)。

(流速快慢,流量大小,对岩石、泥沙的不同搬运)

(随机板书:侵蚀、搬运、沉积)

教师随机生成——

分析河流的上游、中游和下游不同的景观。

河流在侵蚀土地的过程中,各游段会有不同的景观。老师前几天推荐大家看的一本科普书《愤怒的河流》,有这方面的信息吗?

学生交流:一则很有趣的比喻,一条河流的上、中、下游就像一个人的不同年龄阶段。

刚才有同学讲到河流的搬运作用,在不同的游段河流搬运的石头会有什么不同呢?请大家说说看。

请看,这是科学书中的图片。(课件:上、中、下游的图片)

上游——大石块;中游——鹅卵石;下游——细沙。

（课件视频显示各游段的景观）

河流下游的入海口变化

原来河流各游段对土地的作用是不一样的。当然，大家也不要以为在上游只有侵蚀，其实也会有沉积和搬运；中游也是一样。

3. 小组交流分享三——河流对地形的影响（平原形成）。

大家再来仔细观察下游，你们还发现了什么呢？

教师出示手机中拍摄的现场照片和现场的活动录像（课件制作）。

一些细沙被河流带下来之后，慢慢沉积，在这里就形成了什么？（平原、三角洲）河流确实会影响地形。

这些地形含有丰富的土质，一般适合种植农作物。

4 小组交流分享四——地形对河流成因的影响。（机动）

这里有一张中国地形和河流分布图。大家看。（课件出示中国河流和地形图）

反过来地形对河流有什么影响呢？

我们的西部都是高原，山地为主，东部是平原，河流从西向东流，地形地势影响了河流的走向。

怪不得有一句歌词叫"大河向东流"。

板书：　　西高　　　　　　　东低
　　　　（高原、山地）　　　（平原）

（板书：画河流）

西高东低的地势让河流向东流去奔入大海，同时河流在不同河段的侵蚀、搬运和沉积作用改变着地形，对地形产生了作用。

5. 小组交流分享五——所学解释应用，回应课前疑问。

那我们回过来分析钱塘江入海口土地的变化。

你能够用今天所学的河流对土地的作用来解释这种变化吗？

（课件对比变化图，动画效果）

（五）总结推广科普阅读（5 分钟）

大家通过模拟实验、观察分析、记录和阅读研讨来解释生活中的现象。其实，关于河流还有很多值得大家去阅读和思考的。最后给大家推荐《河流与生命》纪录片。

教学名师：包国华

回归语文本色，构建灵动课堂

人物档案

　　包国华，中学高级教师。被评为浙江省中小学师德楷模，舟山市首批挂牌名师，舟山市学科带头人，定海区优秀专业人才，定海区先进生产工作者等。曾入选"浙派名师培养工程""浙江省中小学名师名校长工作站第二期高端班""浙江省初中语文青年教师研究小组""舟山市名师培养行动工程"等。

　　钟情课堂，积极探索课改之道，几十次担任省、市、区级公开课、展示课、观摩课的教学任务，曾获浙江省基础教育课程改革"课堂教学展示"一等奖，第二届全国中小学公开课电视展示活动二等奖等。重视教研，努力做到以教研促课改。论文《现代诗的情感解读与现代诗教学》在全国中文核心期刊《教学月刊》发表，并被人大书报资料中心《初中语文教与学》全文转载；论文《评汪曾祺〈端午的鸭蛋〉的艺术特色》《文言散文阅读教学涵泳六法》在全国中文核心期刊《语文教学通讯》发表；论文《论语文学习中感悟的三个层面》在全国质量进步社科学报《浙江海洋学院学报》发表；教学设计《记承天寺夜游》在全国中文核心期刊《语文建设》发表；论文《在"微写作"中唤醒》获浙江省初中语文教学论文评比一等奖；此外，还有十多篇论文及案例在省市级各类报纸杂志上发表或获奖。

要成为一名优秀的语文教师,应该研究语文到底"教什么""怎么教""为谁教"等问题。语文教学要研究"教什么""怎么教",其实强调的是语文教师专业化的问题;而语文教学要重视"为谁教"的问题,强调的是学生主体性的问题。综合这两点考虑,我觉得自己在教学上要努力追求成为一个"本色、灵动"型的老师。"本色"就是回归语文教学的本质,实实在在研究提高学生听说读写能力的方法与策略,体现语文教学内容的实用价值。"灵"就是灵活、灵巧,做一个专业知识丰厚,懂教学规律又有教学机智的老师;"动"就是能够建构起真正动态生成的课堂结构。我想我追求的"本色、灵动",其实就是教师能以专业教学者的身份构建服务学生学习的高效课堂,从而最大可能地解决"教什么""怎么教"及"为谁教"的问题。

一、关注"教什么",强调教学实用功能

"教什么"就是要研究课程,研究教材,研究学生,选择适合学生能力发展的教学内容。

阅读和写作教学是语文教学的双翼。对于阅读教学,我现在越来越关注对学情的研究与把握。坚持做到在课前反复细读文本,通过细读确定有效的教学内容,通过细读寻找教学的切入点,"入乎其中"才能"出乎其外",才能找到教学设计的金钥匙。坚持做到新授课前先了解学生对课文的认知程度,收集、整合并分析学生的问题,基于学生的问题意识确定教学重难点,设计教学环节,尽量做到"学生已懂的少教,学生不懂的多教",努力做到让学生每节课都有所得。对于写作教学,我近年来尝试"微写作"教学实践。"微写作"强调写作的应用性、情境性与实践性,是近年来语文写作教学与评价的改革热点。以"微写作"为突破口力求激发学生的写作兴趣、提高写作能力。比如,我将短信、图配文、观察日记、人物小传、旅游手册、微评论等微写作纳入写作系列,增强写作的实用性和趣味性,打通写作与生活的渠道,唤起学生的写作欲望,让他们感受到自己能支配自己的笔,成为写作的主人。

比较以前重读写、轻听说的教学现象,我现在越来越重视对学生听说能力的培养。比如,我现在恢复了课前三分钟演讲的活动,对于教学内容中一些具有争论性的话题组织学生辩论,如教学《丑小鸭》后组织学生辩论"生活在养鸭场里的丑小鸭会不会变成白天鹅"等。重视听说能力的培养,是有意识地为学生们将来的职业、生活做准备,为培养有思想、有判断力的合格公民而谋划。

二、落实"怎么教",创设有效教学环节

"怎么教"就是按语文教学的规律办事,创设有效的教学活动与教学环节。我个人把它归纳为三点:(1)语文教学要因"体"教"文"。这是我目前教学时很关注的问题,小说应该有小说的教法,散文应该有散文的教法,诗歌应该有诗歌的教法。好的课应该是教什么、像什么、是什么,这就是专业教师呈现出来的课堂建构能力。(2)语文教学要"言""文"合一。语文教学的魅力在"言""文"合一,切忌"言""文"割裂。把语言赏析、内容理解、主题感悟、文化传承等教学目标有机地结合起来,精心设计教学环节,在品读语言文字中自然领悟作品

的思想情感和文化内涵。(3)语文教学要"语""文"并重。语文相比其他学科的最大特点在于它的人文性,在学习语言、篇章的基础上传承人类优秀的文化品质是语文教师义不容辞的责任。依托教学环节的有效设计,把课上清楚,上丰厚,这是我对课堂教学艺术的一点追求。

比如教学陶渊明的《归园田居》,我主要设计了以下几个环节组织教学:(1)细读题眼"归",读出"归"字的字面义与潜台词,生成第一个问题:诗人为什么要弃官归园?(2)品读田居生活的多重滋味,让学生既读出辛苦的感受,又读出快乐的感觉,生成第二个问题:诗人明明不善于经营田园为什么又钟情田园,这田居生活又苦又累,为何又乐在其中?(3)通过对"衣沾不足惜"的补白,结合六次辞官经历的介绍,探究诗人"弃官归园田居"的真实想法。整堂课就依托这三个教学环节,一步步品读诗人"看似平淡、实则醇厚"的语言风格,在层层推进的教学中逐渐读懂诗歌所蕴蓄的情感思想和文化内涵。

三、重视"为谁教",回归学生本位立场

教师要俯下身子,收起自己的言语霸权,设身处地考虑学生的学得,依据学生的学设计自己的教,通过自己的教促进学生的学,课堂不是教师的秀场,课堂应该是教师和学生共同成长的生命场。从教师本位到学生本位,这是我今后要持续重点关注的问题。备课前不仅要充分地备教材,更要充分地备学生;教学活动的设计要能有效激发学生的思考力、学习兴趣,但又不偏离语文学习的轨道;要琢磨课堂提问的艺术性和有效性;课堂上能灵动地生成一些有价值的问题等;最重要的是架设让学生和教师、同伴、文本对话的渠道。

比如上《伟大的悲剧》之前,照例让学生在课前提问,课堂上组织学生在学习小组内甄选优秀提问并到黑板上展示。学生的问题照例五花八门,孩子们的思维总是鲜活而迥异。在一连串的问题中,有一个问题引起了师生的关注:"对于这么勇敢的一行人,为什么英国的探险队只给他们垒了一个石墓,并竖一个简陋的黑色十字架?"提问者是一个学习能力很差的学生。的确,教了很多遍的《伟大的悲剧》,从来没有一次去关注文本的这个细节。孩子的发现犹如灵光乍现,点燃了同学们思维的火焰。

孩子们的答案也是五花八门:

有人说,探险队去寻找他们遗体的时候不可能带很多的东西,黑色十字架可能是他们就地简单做的。这是基于生活实际的答案。

有人说,斯科特他们毕竟是失败者,给一个失败者竖精致奢华的十字架,这反而是对他们的亵渎与讽刺。这个答案多少还有点以成败论英雄的味道。

有人说,对基督徒来说,十字架象征了生命与爱,生命与爱的本质是朴素与平凡的,给他们竖简陋的十字架反而更能表达对他们精神的肯定。这个答案能从十字架的象征意义着手去思考斯科特一行的精神内涵,实属不易。

这个时候,老师突然想到,茨威格曾经写过一篇散文《世间最美的坟墓》,于是向学生介绍茨威格笔下列夫·托尔斯泰的坟墓只是一个小小长方形的土丘,甚至没有十字架、墓碑和墓志铭,但却比任何一个奢华的坟墓更能震撼作者的内心,这是因为托尔斯泰伟大的人格超越了任何物质的价值,精神的力量才是永恒的力量。

课堂至此,大部分学生豁然开朗,茨威格为什么更愿意为这些失败者立传,因为在他的心里,那些在极端苦寒的环境中依然能保持优美人性的人才是真正值得尊重的人。

一个由语文学习能力差的学生提出的问题，掀起了一波课堂学习的高潮，让我这个执教者再次铭记：请尊重每一个学生的阅读思维和感悟力，回归学生本位，因为每一个人都有能力制造你意想不到的精彩。

我想我追求的"本色、灵动"的教学理念其实就是按照语文教学的若干普遍规律把语文教实、教活、教得法。构建动态灵活、尊重个性、生活化、实用的高效语文课堂，实现语文学科对学生性情、性灵、性格的塑造，这是我近年来想追求的教学境界。

成长经验

从业已有 20 余年，回顾自己的教育教学生涯，曾经努力过、奋斗过，也积累了一定的工作经验，取得过一点小小的成绩。有时想想，自己应该还算用功，对职业也有一定的追求和规划。但这几年也曾遭遇事业发展的瓶颈，在忙碌的行政和教学工作中迷失前进的方向。庆幸的是，自己能及时反思工作状态，并调整心态，用平和、悦纳超越忙碌和浮躁，慢慢适应新的工作节奏，且行且思考，有几点感受值得总结。

一、努力追求适合的教学理念

这几年，我曾认真地思考过自己应追求怎样的教学理念并形成怎样的教学特色的问题。我坚持认为，一名优秀的语文教师应该既是专家又是杂家。作为专家，要体现语文教师的专业价值，会上各种文体、各种类型的课；作为杂家，必须博览群书，用自己的阅读涵养和文化素养引领学生的精神成长。从事语文教学工作，还应该考虑"为谁教""教什么""怎么教"等问题。"为谁教"是对培养怎样的学生的思考，"教什么"是对教怎样的课程的思考，"怎么教"是对采用有效的教学方法的思考。综合这些考虑，我在教学上努力追求成为一个"本色、灵动"型的老师。"本色"就是回归语文教学的本质，实实在在地研究提高学生听说读写能力的方法和策略，坚持教学不仅是应试之需要，更是学生终身发展之需要。"灵动"就是要建构基于学生学习需要的动态生成的有效课堂，搞活教学的形式，激活学生的思维，尊重教育规律与学生差异，探索实践适合学生发展的适性教育。

二、努力营造学生喜欢的课堂

我追求做这样的教师：让学生在人格上仰慕你，在情感上呼应你，在专业上佩服你，在对话中走近你。教师的魅力与价值，最主要的是能在课堂中得到体现，而专业能力与有效对话是建设高效课堂的核心因素。我一直认为，好教师善于在课堂上唤醒学生，不仅和学生在言语中有对话，更重要的是跟他们在心灵上有呼应。随着年龄渐长，我渐渐发现自己也会被学生抛弃，有一段时间，学生在课堂中的习惯性沉默让我很烦恼，同时促使自己反思教学中存在的问题：自己所教的是不是学生真正所需要的？自己有没有话语霸权的倾向？课堂教学有没有点燃学生的思维热情？持续的反思转变了教学的观念，不断的改进促进了教与学的和谐，现在我能自觉地依据学生的学设计自己的教，通过自己的教促进学生的学，努力实现从教师本位到学生本位的转变，努力让自己成为教学的组织者而不是知识的搬运工，努力让学生在课堂中体验思考的快乐与言说的畅快。我觉得自己要有这样的本事：让学生在课堂上眼动、口动、手动、心动，而不是发呆、发闷、发怵，发慌；让学生愿意亲近你、喜欢你，甚至崇拜你。这样教师的职业价值才能得到彰显。

三、努力发展教师的专业素养

教师的专业发展是细水长流的缓慢成长过程，专业成长的内驱力，源于教师的心态和追求。我们要让学生"问不倒"，自己就要有"学不厌"的精神，我们要让学生"亲其师"，自己要有具备让学生"信其道"的涵养。教师的专业素养表现在教师要掌握学科知识，更要掌握学科教学知识，一个优秀的教师要努力探索并实践运用恰当的方法和策略，让学生有效地掌握学科知识。此外，教师的专业素养还表现在教师要具备教材解读能力、教学设计能力、课堂执教能力、试卷编制能力、学业评价能力等。教师在专业发展的道路上必须秉持两个信念：①持续学习的信念。教师要清醒地认识到，厚积才能薄发，厚积决定厚度，教学上的"灵气"和"才气"不是自然的水到渠成，而是经过刻苦磨炼以后的豁然开朗。我们还要看到，积累往往比机会更重要，因为机会永远垂青有准备的人。②持续反思的信念。每个人在教学中都会遇到问题、遇到困惑，千万别忽视它们的价值，要善于面对问题和困惑，产生研究的动力，将它们转化成研究的成果，在反思中提升，在研究中成长。

四、努力追随时代发展的脚步

教师的工作充满了挑战，教师面对的是一个不断变化的教育环境，那里有不断发展的课程标准、不断改编的教材、不断变化的学生、不断改变的社会环境。教师唯有不断学习、不断适应，才能跟得上形势的发展。在不断变化的教育环境面前，教师要做到"不变"与"变"的辩证统一。①教师要不忘自己的初心，坚守住自己的教育情怀。比如，教师要恪守"传道授业解惑"的师者本心，既学着做"经师"，更学着做"人师"，既能用所教知识满足学生的成才之需，更要用语文学科充沛的人文思想满足学生的终生之用。②教师要不断改变、不断进步，适应变化的学生与知识。在教学工作中时时做好两件事。首先要随时学习，教育面对的永远是发展的学生，这个行业永远有新的知识，这个行业永远有比你更优秀的同行，谦虚有助于成长。2000年后的学生越来越见多识广，我们不加强学习可能很快就会被他们"out"。其次要不断思考。教育教学理念层出不穷，花样翻新，如果不学习、不思考、不甄选，就会盲从他人、人云亦云，就会越搞越糊涂，搞教越迷茫。

最后，想说一句，好老师不是天生的，而是在教育教学实践中锻炼成长起来的。优秀教师在成长的过程中要留下故事、留下成绩、留下口碑。衷心希望每位教师都学做、能做学生心目中的好老师。

经典课堂

《记承天寺夜游》教学设计

一、课文介绍

《记承天寺夜游》是人教版八年级上册第六单元第27课《短文两篇》中的第二则文言文。苏轼由最初反对"新法"到后来反对"尽废新法"，屡遭贬谪，更由于莫须有的"乌台诗案"被闲放到穷乡僻壤的黄州，人生境遇凄苦凋零。此文为杂记类文言文，仅为85个字，记叙他夜游承天寺获得短暂情感释放的一次经历。此文写作体现"词约义丰"的文言写作特点，叙事自然和顺，写景含蓄形象，语言精约简洁，情感内敛深沉，代表了杂记类文言文的最高成就。文章虽短，但作者情感一波三折，微妙复杂，"解衣欲睡"时的孤独，"月色入户"时的欣喜，"念无与为乐者"时的感伤，"怀民亦未寝"时的慰藉，面对满院月光时的清朗空明，最后感叹时的潇洒旷达……情感起伏曲折，情韵由弱到强。在品读精约简洁的文字中感受文脉的曲折有致、内容的丰富厚实、情感的深沉绵远，会觉得余味无穷。

二、学情分析

《记承天寺夜游》没有特别难的文言词语，八年级学生简单疏通文义应该困难不大。但这篇文言短篇散文词约义丰，很多词语和句子没有足够的涵泳品读难以进入文本的言语世界和精神世界。教师在教学时切忌过度阐释、过多讲析，而要恰当选择文言涵泳的基本方法，如诵读法、细读法、体验法、替换法、意象分析法、修辞赏析法等，引导学生通过品读、体验、赏析文中的关键词句，逐步沿着语言之径，叩开情感之门，实现对作品的深度解读。

三、教学目标

1. 通过尝试朗读、品味词句和对话体验，由浅入深、由表及里，探究苏轼隐含在文字深处的独特心境。

2. 通过品读苏轼在凄苦孤独的环境中修炼的宁静欣悦的心境，感悟苏轼豁达超然的人生态度。

四、教学方法

朗读法、赏析法、体验法。

五、课前准备

1. 要求学生多读课文，涵泳品味文言散文精美的语言，并获得初步的情感体验。

2. 建议学生查找有关苏轼与黄州的相关资料，收集并阅读苏轼在这一时期的经典诗文作品，如《念奴娇·赤壁怀古》《定风波·莫听穿林打叶声》《前赤壁赋》《后赤壁赋》等。

六、教学课时

1课时。

七、教学过程

（一）紧扣游记的体式，整体感知课文，初探苏轼的心境

1. 导入课文：今天我们学习苏轼的游记散文《记承天寺夜游》（板书）。先请一个同学讲讲标题中的关键词是哪个。

（夜游的"游"字）

2. 初步了解游记这一文体：同学们能否说说什么是游记？（简单地说，游记就是将旅途的所见所闻所感描述下来表达自己内心情感的一种文体。）这篇游记散文非常短，全文只有85个字，同学们可以自由大声地朗读课文，把读不懂的字圈出来，并思考多媒体里表格中的空该怎么填写。

多媒体展示，见下页。

回归语文本色·构建灵动课堂

夜游的时间	（十月十二日夜）
夜游的原因	（月色入户，想邀人取乐）
夜游的对象	（贬官之人张怀民）
夜游的地点	（黄州承天寺）
夜游的内容	（庭院赏月）
夜游的心情	课堂生成

3.初步解决字词，疏通文义：先让学生说说有哪些不能独立解决的字词。可能出现的或需要教师提醒的有"户""无与为乐""盖""但"等。

然后请一个同学用现代汉语完整地描述一下全文的内容。

4.完成表格。

5.试读课文，初探苏公心境：苏轼那天晚上怀着怎样的心情来赏月？你是从哪些词句中读出来的，你能尝试着把这种心情读出来吗？

可能出现的答案如下：

(1)愉悦，从"月色入户，欣然起行"的真情流露中感受到。

(2)孤独，从"念无与为乐者"中的知音难求中感受到。

(3)沉醉，从"庭下如积水空明，水中藻荇交横，盖竹柏影也"的写意描述中感受到。

(4)悠闲，从"但少闲人如吾两人者"中的不胜感慨中可以感受到。

……

(二)知人论世，了解夜游的背景

1.教师引领：同学们刚才读出了苏轼愉悦、宁静的情怀，沉醉于美景中的欢畅，但有些同学也感受到了一丝孤独与清冷。孤独是一种很折磨人的情绪，在这篇课文中苏轼究竟有没有流露出孤独的情绪，如果有的话，你是如何捕捉到的？

2.感受苏轼的孤独：依然出示表格的内容，暗示学生从表格中寻找信息。

(1)从夜游的原因看：有面对明月，"无与为乐"的孤独。

(2)从夜游的地点看：承天寺，佛门禁地，有一丝孤寂之感。

(3)从夜游的同伴看："闲人"东坡和张怀民，两个被贬的失意官员。

(4)从夜游的内容看：月光虽美似乎也有一丝冷清之意。

……

教师引领：孤独是一种很特殊的心境，它往往是人在经历了某一事件后所沉淀下来的一种情绪。有谁知道苏轼的这段经历吗？

多媒体展示背景知识：天才遭妒，因为苏轼太有才了，朝廷中当权的章惇、李定、舒亶等人非常嫉妒他，他们硬说苏轼在很多诗中流露了对朝廷的不满和不敬，让北宋皇帝宋神宗在将信将疑之间几乎判了苏轼的死罪，这就是著名的"乌台诗案"。后来因为一些有道德良知的人汇聚起来，为苏轼上奏、求情，也因为宋神宗的确欣赏苏轼的才情，于是苏轼被释放，以团练副使（一个闲职）的官职贬谪黄州。

教师启迪：大家从这段背景资料中看出了哪些信息？

(1)苏轼是一个得罪了皇帝和权臣的罪臣。

(2)苏轼在黄州几乎没有任何社会地位。

（三）通过对关键语句的赏析来体会苏轼超越孤独的旷达情怀

1.教师启发：面对孤寂的人生境遇，那天晚上苏轼的心境是怎样的？你从哪些词或哪些句子中可以感受到？

学生可能出现的答案：

心境——平静、悠闲、恬淡等。

词语——欣然、闲人等。

句子——"庭下如积水空明，水中藻荇交横，盖竹柏影也"等。

2.赏析美景：庭下如积水空明，水中藻、荇交横，盖竹柏影也。

问题一：那天晚上苏轼在承天寺的庭院里看到了哪些景物？（月光，竹柏的影子）学生可能会加上"积水"和"藻荇"，这时就顺便讨论"如"和"盖"的意思。

问题二：那天晚上的月光有什么特点？（空明）"空明"的意思是什么？（空灵明净）

问题三：作者是怎样来描写月光的"空明"的？

（1）把月光比作水，写出了月光澄澈透明的美。

（2）还用竹柏的影子来衬托。这里可以追问：为什么作者写的是竹柏的影子而不是竹柏？（用竹柏的影子更能创造中国画的意境。）

教师启发：通过这句优美的描写，相信这片空灵美丽、澄澈透明的月色照进了苏轼的眼睛。但是有没有照进苏轼的内心呢？何以见之？

3.探究心境："何夜无月？何处无竹柏？但少闲人如吾两人者耳。"

环节一：请学生站起来读文句并说说感情处理的理由。

环节二：探究闲人的含义。（空闲？闲置？悠闲？闲情逸致？）

环节三：改句子。改成"夜夜有月，处处有松柏，但少闲人如吾两人者耳。"改后表达效果有何不同？（这句话的潜台词是"夜夜有月，处处有松柏，只是哪里能找得到像我俩这样即使人生不如意却还能从容地享受美景的人"。反问句更能表达苏轼在不如意的环境中自得其乐、不胜快哉的乐观豪迈。）

环节四：教师讲东坡食汤饼故事——苏轼与弟弟苏辙被贬谪到南方时曾经在梧州、藤州之间相遇，路边有卖汤饼的，兄弟二人一起买了吃，汤饼粗劣得难以吃下去。苏辙放下筷子叹气，而这时苏轼已经很快吃光了，他慢悠悠地对苏辙说："九三郎，你还想细细咀嚼吗？"说完大笑着站起来。秦少游听说这件事后，说："这是东坡先生'只管饮酒，莫管它的味道'的风格罢了。"现在老师引用秦少游的话说，就是只管赏美景，莫管他人生如意不如意罢了。

（四）创造对话，体验苏公心境

教师启发：一次平凡的夜游，让我们感受到了一言难尽的苏轼，他带着满身的伤痛，被抛弃在穷乡僻壤的黄州，但他照样笑看大自然的清风雨露，笑谈人世间的赏心乐事。我想，苏轼也是一个凡人，他比谁都有七情六欲，比谁都懂悲欢离合，只是他能做到把痛苦深掩在内心，把快乐传达给别人，这就是他的不凡之处，也是他传扬给后人永恒的精神力量。

假如现在你就是元丰六年十月十二日夜的苏轼，面对天上的那轮明月，面对身边同样遭遇的朋友，你想对他们说些什么？请你选择其中一个对象加以倾诉。

苏轼对明月说的话：_____

苏轼对怀民说的话：_____

教师范例：明月啊，你高挂苍穹，不知起于何年？又将终于何岁？人生代代无穷已，江月年年只相似。你阅尽了人世间的悲欢离合、风云变幻、沧海桑田,却仍不改你澄澈的光华,淡雅的韵致,我愿像你一样,平和达观地生存,即使做不成一流的名士,也要做一个一流的会过日子的普通人。

（五）诵读全文（当堂背出）,布置课外阅读

1.阅读余秋雨散文《苏东坡突围》。

2.阅读林语堂著《苏东坡传》。

八、点评

本教学设计充分体现了文言文阅读教学的基本理念,也落实了课标对阅读教学"能有自己的情感体验,初步领悟作品的内涵,从中获得对自然、社会、人生的有益启示"这一基本要求,具体表现为:

（一）"言""文"合一,涵泳语言教出语文味

文言教学切忌"言""文"割裂,字词教学管字词教学,内容分析管内容分析,文言文教学的魅力就在于"言""文"合一。以《记承天寺夜游》教学为例,苏轼在承天寺赏月的心情不是自己喊出来的,而是巧妙地藏在"入""空明""竹柏""但""闲人"等关键字词中。教师的作用在于引领学生徜徉在文字的世界里,通过朗读法、体验法、替换法等在文字中走一个来回,慢慢探究文字的精妙,把深藏在简约文字背后的语文味挖掘出来。

（二）因"体"教"文",选好教法,理清情感线

文言散文教学要强调朗读法和体验法。朗读重在"因声传情",是口与心、声与情的结合。留足够的时间给学生,让他们沉浸在文字的精妙中,读出一点语气、语调、语速的变化。抑时弱,扬时强,抑扬有致;诵而思,思而诵,诵思并进,在诵读中激发阅读兴趣,通过诵读创设阅读情境,帮助学生理清文本的情感走向,进入文本的情感内核,感受作品的艺术魅力。体验教学要求创设情境让学生直观地触摸文字的温度,体验是从文字通向情感的一座桥梁。比如"月色入户,欣然起行"这一句,尽管"欣然"一词直接表露了心情,但仅凭"月色入户"四个字的简笔描写,学生对"欣然"的理解是勉强的。这时候,教师如果能创设一个体验的环节,引导学生调动自己的生活体验,想一想农历十二（接近满月）的月光透过窗镂照进屋内的情景,并用精美的语言把这种情景描绘出来。学生美美地想过了这个情境,又美美地表达了这个情境,就不再是被动地接受"欣然"的意思,而是在体验的过程中自觉地将自己的情绪和作者的情感交融起来,产生对作品的深刻共鸣。

（三）"语""文"并重,依托语言教出文化味

语文较之其他学科的最大特点在于它的人文性,在品味语言文字的基础上传承优秀文化是语文教师义不容辞的责任。以《记承天寺夜游》为例,该文是苏轼被贬黄州后写的一篇85字的小短文,黄州是苏东坡人生中一个重要转折点。因为"乌台诗案"的背景,苏轼带着满身脏水来到黄州,凄苦、清闲,阅尽人间的世态炎凉。难能可贵的是,即使这样,苏轼还是积极地生活,在"东坡"的荒地上开垦出了中国文学史上最富传奇色彩的黄州文化。在该文中,尽管诗人也流露出了孤独、失意的人生怅恨,但他用乐观、旷达的胸怀承接了凄苦的环境,形成了中国文化史上伟大的"东坡心理",这是一笔巨大的精神财富。所以教学这篇课文,教师有责任去引领学生体验苏轼的情怀,因为苏轼豁达超然的人生态度可能正在影响或将要影响学生的人生。把寄寓在《记承天寺夜游》中的精神密码翻译给学生,这既是传承文化之需要,也是完善人格之需要。

教学名师：任世尧

贴近生活，让语文教学返璞归真

人物档案

任世尧，中学高级教师，1989年8月参加工作，一直从事初中语文教学工作，1999年8月，担任岱山县初中语文教研员，是岱山县初中语文学科带头人、岱山县第五届优秀专业人才、舟山市名师工作室挂牌名师。10余篇文章发表在《中学文科》《教学月刊》《上海教师》《语文报》等专业期刊上发表，在市县内作公开讲座20余场，主持或参与多个省市级教育规划课题研究。

语文教学，重学习习惯的培养，把培养学习习惯作为形成能力和素养的前提；重体验与运用，把生活的活水引入语文课堂，构建生活味的语文课堂，让学生在濡染和实践中理解语文，理解生活，理解人生，理解生命；重读写结合，以此作为语文教学的支点，促进教学实践的高效；重生本理念，既从学生的角度审视文本与作者，又尽力多给学生提供展示、发展自我的空间。语文教研，聚焦课堂，致力于教师的教学方式的变革和学生的学习方式的变革；关注教师成长，为教师的专业发展搭建平台，倾注自己的热情和智慧；重视调研，把语文教学中存在的问题和困惑作为研究的主要课题，寻找解决的方法与策略，并把"老师们到底需要我做什么"作为教研工作的出发点。在教学与教研路上，与教师同行，共享成长之乐。

教学艺术

要在课堂中把教材内容很好地教给学生，调动学生学习的积极性和主动性，启发他们的思维，培养他们的能力和发展他们的情智，达到教学形式和教学内容的有机统一，必须要有娴熟的教学艺术。所谓教学艺术，就是有效教学的行动策略和方法。

一、重学习习惯，以养成语文素养

新课标要求语文教师在教学中让学生"养成语文学习的自信心和良好习惯""注重培养学生自主学习的习惯和方法"。在教学实践中，我努力践行新课标的这一要求，十分重视培养学生的语文学习习惯。①常规习惯，如课前主动预习的习惯、专心听课并做好听课笔记的习惯、课后及时小结的习惯、质疑问难的习惯等。②阅读习惯，如有目的地进行朗读的习惯、默读的习惯、边阅读边圈点批画的习惯、背诵古诗文及课文精彩段落的习惯等。③写作习惯，如经常收集有意思的新闻信息的习惯、动笔进行创意表达的习惯、先拟写提纲后写作文的习惯、认真修改作文的习惯、书写工整及讲究格式的习惯等。④口语交际的习惯，如讲话注意对象和场合的习惯、用语准确及条理清楚地表达自己的想法和心情的习惯、耐心专注地倾听的习惯、边听边记并抓住中心和要点的习惯等。多年的教学实践证明，培养学习习惯是学生养成语文素养的重要前提。

二、重体验与运用，让语文介入学生的生活

强调语文课堂的生活化，就是强调语文教学要创设生活情境，倡导生活化学习，并使学生在学习语文的同时学习生活，体悟生活。在教学中，首先，充分利用现实生活中的资源，优化语文学习的环境，扩大学生语文学习的空间，变封闭的教学为开放的、生活化的教学，最大限度地拓展语文学习的内涵，使语文课堂富于时代气息和生活情趣。只有打通语文与学生生活之间的界限，语文课堂中所学的知识才能成为素养，才能成为能力。如在教学《春》《背影》等课文时，就可以让学生回想一下自己在春天来临时候的感受，体悟一下自己与父亲之间的感情。这些体验是每一个学生都有的，不用伤脑费神，在课堂上只需做一下引导即可。之后再来学习课文，那文中作者在春天到来之时的那种强烈的兴奋，在父亲送别"我"时所感受到的父亲对"我"深深的爱，也就移植到学生的身体里了。再如学习《孔乙己》，让学生假设一下，如果孔乙己来到我们的身边，我们会不会像咸亨酒店里的看客那样冷漠。引导学生思考自己正经历的时代、正生活的社会，以期与作品产生共鸣，加深对作品的理解和认识。其次，关联课内课外，学用结合。如看优秀电视节目，要求学生写感受、作评论；收集有价值的时事新闻、热点话题以及相关评论，并写下自己的思考，发表自己的见解和主张。这样课外的学习资源就有机地融合在教学中，丰富了学生的语文积累，并培养了学生收集和加工信息资源的能力。

"语文的外延与生活的外延相等。"让生活走进课堂，让教学走近生活，不仅可以优化语文教学过程，而且容易激起学生学习的兴趣，营造平等、和谐、轻松、愉悦的课堂教学氛围，实现师生互动、生生互动。语文生活化，在培养学生能力的同时，有利于帮助学生形成健全的人格，促进学生全面的发展。

三、重文本细读,在"得言"中"得意"

在教学实践中,我潜下心来,全神贯注直面文本,关注语言形式与语言文字,挖掘文本内涵,引导学生用一种从容不迫的心态,慢慢读、慢慢品、慢慢赏,一步步走进文本深处,突破文本的重点和难点,促进教学实践的高效。

如教学《社戏》,通过研读,发现该文用近乎真实的笔触描绘了一段年少的生活,字里行间充满了幸福的回忆,作者最后由衷地感叹道:"真的,一直到现在,我实在再也没有吃到那夜似的好豆,也不再看到那夜似的好戏了。"作者的所有幸福与满足都浓缩在一个"好"字上了,而且前面还加个"真的"予以强调。这两个"好"就是文章的关键处,是文本内容和情感的高度浓缩。据此我设计两个问题:①其实那夜的豆并不好吃,那夜的戏也并不好看,但作者为什么说再也没有吃到那夜似的好豆,也不再看到那夜似的好戏了? ②"好"的仅仅是"豆"与"戏"吗? 通过这两问引领学生研读全文,学生发现好豆与好戏的背后有更多的"好":美丽的乡村风光、淳朴善良的民风、有趣刺激的月夜活动、天真烂漫的玩伴、无拘无束的快乐、纯真无邪的友谊……这一切远远胜过豆和戏本身。豆也许还可以吃到,戏还可以看到,但那种快乐、那种情景、那种岁月、那种友谊是再也不可以复制了,所以会带有遗憾的满足。在这样的文本细读中,学生将文本的情节内容和情感世界的感知与体验置于关键词品读中完成,他们跨越时空的藩篱,感同身受"我"的快乐与幸福。这种"得言"与"得意","言""意"兼得,很好地实现了语文学科工具性和人文性的统一,体现了语文学科的独特之美。

四、重读写结合,找准教学支点

经过多年的教学实践发现,写作能力能在阅读过程中循序渐进地提高,阅读能力也能在写作中得到进一步提升,"读写结合"完全可以成为语文课程的教学支点。于是,我在阅读教学中把每篇文章当作范文,对每一篇文章中值得借鉴的写作手法加以总结分析,引导学生学习文章"写了什么""表现了什么",更关注"作者是怎么写的",把写作教学分布在阅读教学中。在指导写作时,我根据这一次的写作目的,有意识地要求学生回顾已经学过的相关课文,从中提取一些写作方法供他们借鉴运用。在写作过程中思考自己写作时运用的是阅读中已掌握的何种写作技巧,写作完成后对比分析自己习作与原作运用技巧的差距,真正明白原文运用技巧之巧妙,从而更深刻地理解原作。

比如阅读《孤独之旅》,首先,品析文本,让学生领会景物描写对于烘托人物形象的妙处。接着,通过讨论,总结出景物描写相关知识:①写景既要尊重所写景物的特征,抓住特征进行描写,又要以有情之笔去描绘景物,所写之景要体现主观情志。②运用比喻、拟人、夸张手法描写景物,做到情景交融。③可借助对比、衬托、想象等写作手法来表现人物形象。最后,指导学生写作实践:①你孤独时心情怎样?②说说哪些景物的特征切合你彼时的心情? ③根据表达的需要,运用比喻、拟人、夸张的修辞和恰当的写法增强表现力。阅读和写作是个互逆的过程,阅读是理解吸收,写作是理解表达。只有吸收得充分,表达才更加有力。坚持读写结合,使得阅读教学和作文教学相得益彰,真正提高了学生的语文水平。

成长经验

一枝独秀不是春，百花齐放春满园。名师带动，共同提高，逐步形成一支高素质的教师队伍，这是语文教学改革能够取得成功的关键。作为一名基层教研员，愿意与教师同行，共享成长经验。

一、精心备课

备课是课堂教学的起点，备好课是上好每节课的重要保证。备课备得充分，上起课来心里便会感到踏实；备课备得周到，上课时便能避免陷入尴尬的境地。通过充分的备课活动，教师还能增强自己的课堂教学业务能力，在课堂教学活动中充分发挥自己的教学水平。

备课应当遵循以下三个基本要求：首先，要对教材内容进行仔细的分析研究，对教学内容有较为深刻的理解和个性化的解读，尽可能做到融会贯通，了然于心；其次，要在教学目的和教学要求的指引下，处理好教材，明确教材的重点和讲课的重点，理清讲课的思路；最后，要充分考虑学生对教材内容的可接受性，选择学生易于接受的教学方法，对教材作必要的取舍、加工和再组织。

二、善于听课评课

1. 听课

听课就是观摩课堂现场或观摩课堂教学实录，是提高教师教学业务水平的一条重要途径。听课因其有特定的教学氛围，如若再加上听者一边听教师讲授，一边看学生听课时的反应，同时再联系自己的教学实践进行比较和思考，教师从中得到的益处和启迪，是通过其他种种途径的学习和实践得不到的。

在听课中，听课者要带着问题听：执教者怎样设计教学、实施教学，怎样发挥其教学机智处理课堂教学中的偶发事件，怎样设问与提问，怎样启发引导学生分析问题、探究问题、获取知识……关注学生的学习参与面怎样、学习状态怎样、学习效果怎样。为了使听课有更好的收益，听课者事先必须做好相关准备。一般来说，听课者预先应做好以下三方面的准备工作：一是熟悉教学内容，对课文内容至少要浏览一下，做到心中有数；二是要有自己的教学设计，对该课文的教学思路和教学方法有个大体设想；三是理出本课教学中你自己觉得难以处置的问题和不易把握的环节。另外，教学观摩一定要做好记录，而且最好是较为详细的记录，以便课后有较为丰富的材料进行分析研究。

1. 评课

评课总是和听课联系在一起，听课者与执教者坦诚地交换意见，双方都会得益匪浅。评课是根据一定教学目标、原则或标准来分析和评价课堂教学质量，一般要关注以下几个方面：教学重难点和教学目标的确定是否正确得当；教材的处理、教学设计和教学过程是否科学；在教学过程中是否很好地贯彻了新课程的教学理念；教学方法的选择是否恰当，有哪些主要的优缺点；是否完成了教学任务、到达教学目标；课堂效率如何，学生的学习状态怎样、收获了多少；等等。

在具体的评课实践中，不可能对一节课的方方面面作出具体的评述，听课者应对其中的某一方面或某一部分加以特别的关注。例如，可以把重点放在执教者向学生传授知识时所运用的教学方法以及调动学生开展有效学习活动的教学技巧上面，这是因为一堂课上得好坏，一个教师的教学水平高低，很大程度上取决于教学方法选择的恰当与否以及教学技巧娴熟与否。评课还应"一分为二"，辩证思考分析，既要抓住执教者上这堂课的过程中做得较好的地方、值得自己借鉴的地方加以分析，也要抓住其处理得不好的地方、值得自己吸取教训的地方进行探讨。

三、自主反思

所谓"反思"，就是要对自己的教学行为进行客观的审视，以辩证的眼光来分析自己所具备的优势和不足，从而求得改进和完善。

1. 总结教学经验

教学经验是在教学实践中一点一滴逐步积累起来的，从不知到知，从知之甚少到知之甚多。如果能认真、有意识地把这些具体、零碎的教学经验加以总结，提炼出其中带规律的东西，把对教学的感性认识上升到理论认识，那对自己今后的教学工作会有很大的帮助。这里需要指出的是，一些刚踏上教育岗位的教师会认为总结教学经验是老教师的事，新教师教学时间不长，没有什么经验可以总结。其实，新教师只要对自己的教学实践加以留心体察，也能在日常教学活动中品出其中蕴藏的"门道"来。

总结教学经验要确定合适的选题，其基本要求有两条：一是从自己的实际出发，挑选自己感受最深的内容进行抽象概括，这样的总结就会有血有肉，就有独创性。二是要挑选课堂教学中带有普遍性的问题进行分析研究，这样总结出来的经验典型性较强，对同行来说会有较实用的借鉴意义。总结教学经验时挑选的题目和选择的内容范围宜小不宜大。选题过大、涉及的范围过宽，往往会因难以驾驭而失之空泛；而如果选得小一些，具体一点，一是把握起来比较容易，不至于偏离"轨道"，二是容易突出重点，可紧扣某一点往深处发掘，容易发掘出有价值的东西。

2. 写教学后记

写教学后记，是一线教师的一种比较便捷的反思方式，每周至少把两堂课教学的成败得失记录下来，将自己教学的真实感受记录下来，不断地反省，在一点一滴的进步中逐渐走向成熟。写教学后记，最好用"教学叙事"的形式来写，教师边叙事边把思想活动呈现出来。教学叙事囊括了实践—思考—学习—改进的全过程，它应该作为教师专业发展的垫脚石。以"教学叙事"为形式的教学后记，其基础是课堂教学实践活动，离开了课堂教学实践，这种教学后记就成了"无源之水""无本之木"。要想写好教学后记，就要随时做好记录，积累一定数量的素材，要做个有心人，要善于留心课堂教学活动中那些值得思考和回味的现象，哪怕是表面看起来十分平淡的，也要紧紧抓住它们。适合写教学后记的内容相当多，关键是选准角度和找准切入点，或是从"教"的角度，或是从"学"的角度，或是从"教""学"双边如何沟通的角度出发，通过剖析教学中的某一具体事例或某一具体现象，从中悟出某一道理，或形成自己的观点。

要成为一名优秀的语文教师，就要养成写教学后记的习惯，有意识地将自己经历的教学事件和对教学的切身体验如实地记录下来，这样用心来反思自己的教学行为和教学习惯，一定能获得真正的进步，一定能迅速地成长起来。

《望江南》教学设计

一、创设情景导入

播放《秋天不回来》MTV，屏显歌词。

师：同学们，大家刚才听到的这首歌曲名字叫《秋天不回来》，有谁能说说你的感受呢？

生：这首歌曲表达了情侣之间切盼重逢却又无法相逢的复杂情感。

师：是啊，和自己心爱的人分别了很长时间了，想见却不能相见，心中是何等的痛苦！今天也有一位美丽动人的女子，她正在江边，痴痴盼着久别的人的归来。请同学们跟着我一起走进温庭筠的《望江南》。

二、集体有感情地朗读，感受主人公的情怀

学生集体读。

师：请一个学生来展示一下朗诵。（一男生读）

读得真不错，再请一个学生来展示下。（另一男生读）

师：大家来评价下他们的朗读吧。

师：请你来评价一下吧。

生：读得快了一点，但是很深情。

师问第2个读的男生：你读得那么深情，你读出了什么？

男生2：读出了温庭筠有点忧愁。

师：那么温庭筠在写谁呢？

生：温庭筠是个女人（学生笑），她急切盼望着，盼望着她重要的人归来。

师：你为何笑？

一女生：她，温庭筠应该是在等丈夫回来。

师：你为什么笑？

生：因为温庭筠是男的。文中写一个深闺女子在等着丈夫，等着不来的孤独与幽怨。

师：读出了一个闺中思妇。那么你说的等待，从哪里看出来？

生：梳洗罢，独倚望江楼。

师：哪个词？

生：独

师："独"（板书）写出了什么？

生：孤独、寂寞。（板书）

师：还从哪里看出来？

生：过尽千帆皆不是。

师："皆不是"写出了什么？（板书：皆不是）

生：很失望。

师：对，那说明她一开始是抱着希望的，哪些词能看出抱有希望？

一男生:望。一直望着。

一女生:梳洗罢(师板书)。女子梳妆打扮等着。

师:正所谓"女为悦己者容",这是为丈夫打扮,她心心念念丈夫,却等不到丈夫的归来,这是什么心情?

生:失望。(板书)

师:还有哪些词表现了她的心情?

生:斜晖脉脉,想着她的情人,在斜阳下脉脉相望。

生:肠断白蘋洲。"肠断"是思念过度,以至肝肠寸断。因为等不到而肝肠寸断。(师板书)

师:这时候她已经失望到怎样的地步了?

生:绝望、悲哀。

师:很好,所以这首诗是写了一个女子由希望到失望再到绝望、悲哀(板书)的心路历程,表现的是一个愁肠百结、寂寞孤独的闺中思妇形象(板书)。那我们再把它读一遍,读出她的这种心路。

生齐读。

三、理解诗中"意象"的内涵,探究意象的作用

师:我们可以从诗中直接表情达意的词中感受主人公的情怀,我们还可以从诗词的意象中去感受闺中思妇的愁肠百结。那么什么是意象(板书)呢?

生:女子想象中的情景画面。

生:诗人表达主人公的情感所借助的景物。

生:能够表达作者情感的一些景象。

师轻拍桌子:这是什么?

生:桌子。

师:这是意还是象?

生:应该是象吧。

师:那老师现在写首诗,借用桌子来表达我对你们的喜爱之情,那这时桌子就成了意象,因为桌子融入了我的情感。所以意象就是:

【屏显】 意象是主观的"意"和客观的"象"的结合,就是寓意之象,也就是融入诗人思想情感的"物象",是赋有特殊义和文学意味的具体形象,类似于借物抒情中的"物"。

师:请你圈出词中能表达女子期待、失望、忧愁、悲伤等等情感的意象,并谈谈对这些意象的理解。

学生讨论。

生:"斜晖"。太阳慢慢下沉,有点希望慢慢破灭的感觉。

生:阳光灿烂到阳光慢慢消失,变得寒冷,她也从希望到失望。

师:很好,太阳光辉的渐弱与女子的失望相融合。还有吗?

生:"望江楼"也是,这是个地名,这应该是有着情感的。

师:"楼"是用来干嘛的?倚楼有什么感觉?

生:望,在无助地等待。

师补充:倚楼等待,是诗歌中常见的意象。我们一起来看下这样的诗句。

【屏显】

汴水流，泗水流，流到瓜洲古渡头，吴山点点愁。

思悠悠，恨悠悠，恨到归时方始休，月明人倚楼。（白居易《长相思》）

闲愁最苦，休去倚危栏，斜阳正在，烟柳断肠处。（辛弃疾《摸鱼儿》）

明月楼高休独倚，酒入愁肠，化作相思泪。（范仲淹《苏幕遮》）

师：可以发现，倚楼往往与"愁"有关，皆因人心中淡淡愁绪，或思念，或期待等。

师：刚才同学说到夕阳，也有相关的诗句。

【屏显】

夕阳西下，断肠人在天涯。（马致远）——这是浪迹天涯的游子对家乡的思念。

夕阳无限好，只是近黄昏。（李商隐）——这是怅惘失意诗人的无奈叹息。

山映斜阳天接水，芳草无情，更在斜阳外。（范仲淹）——这是羁旅之人的愁思。

鸡栖于埘，日之夕矣，羊牛下来。君子于役，如之何勿思？（《诗经·君子于役》）

大意：黄昏日落，鸡群归巢，牛羊下了山坡，然而丈夫去服役了，教我如何能不想他？

师：夕阳有美好事物消逝不再的意蕴，含有希望转眼成空的沉沉愁念。诗中的夕阳是思念，是失望，是思而不得的失意与惆怅。

师：词中还有类似的意象吗？

生："过尽千帆皆不是"中的"千帆"，"千帆"给人希望，但"皆不是"则让人失望。

师：是呀，"千帆"给人希望与美好。刘禹锡有诗云"沉舟侧畔千帆过，病树前头万木春"。

生："斜晖脉脉水悠悠"中的"水悠悠"。水连绵不断代表女子的悠悠愁思，也是连绵不断。

师：很好，同学们对意象的理解比较透彻。那关于水的古诗句多吗？

生：多。

师：来说说。

生：恰似一江春水向东流。

师补：问君能有几多愁？水和什么有关？

生：与愁有关

屏显与水有关的诗句，生齐读：

流水，在我国古代诗歌里和绵绵的愁丝连在一起，多传达人生苦短、命运无常的感伤与哀愁。

抽刀断水水更流，举杯消愁愁更愁。人生在世不称意，明朝散发弄扁舟。（李白《宣州谢朓楼饯别校书叔云》）

山桃红花满上头，蜀江春水拍山流。花红易衰似郎意，水流无限似侬愁。（刘禹锡《竹枝词》）

问君能有几多愁，恰似一江春水向东流。（李煜《虞美人》）

离愁渐远渐无穷，迢迢不断如春水。（欧阳修《踏莎行》）

便作春江都是泪，流不尽，许多愁。（秦观《江城子》）

师：水悠悠其实就是情思悠悠，愁绪悠悠，相思悠悠。

师：还有别的意象吗？

生："肠断白蘋洲"中的"白蘋洲"。用"白蘋洲"来体现女子的漂泊不断,以及等不到丈夫归来的失望与伤心。

师:"白蘋"是什么?

生:"白蘋"是一种白色小花。

师:"洲"呢?是水中高地。

师:你觉得这和她的情感有什么关联?请展开丰富的想象。

生:可能是与丈夫分别之地。

生:"白蘋洲"指的是水中陆地,水中孤零零的一个地方,和女子的心境一样,孤独寂寞,漂泊无依。

生:可能是女子和丈夫的定情之地,那里承载着许多美好的回忆。

【屏显】

送人发,送人归,白蘋茫茫鹧鸪飞。(张籍《湘江曲》)

惟见分手处,白蘋满芳洲。(赵徵明《思归》)

师:可见,白蘋和白蘋洲与诗词的什么主题有关?

生:与送别主题有紧密联系。

师:水也好,斜晖、楼、白蘋洲也好,被诗人寄寓情感而成意象,由此表现一个女子的百结愁肠。

师:再读读这首诗,可微闭眼睛,脑海里形成画面,想象一个女子在夕阳下倚楼眺望等待的情景。

生自读后,再齐读。

四、描绘意境,进一步再现作品中的形象,产生共鸣和移情

师:接下来请大家用诗意的语言描述这首诗用意象所展示的画面。如何描述呢?

生:先将诗的内容转述出来,再结合自己的想象来描绘。

生:根据意象,用自己的语言把诗人的意思和情感表达出来。

师:说得真好。抓住了描述诗歌意境的三个关键:"意象""诗意""想象"。

【屏显】 (方法指要):1.阅读全诗,理解诗意。

2.抓住意象,关注内涵。

3.结合想象,描述画面。

具体细节提示:1.确定抒情主人公,选用人称(第一、二人称)。

2.人、景、情三者合一。

师分好合作小组,诗意地描述该词所展示的意境:

第1、2组描述"梳洗罢"——"过尽千帆皆不是"。

第3、4组描述"斜晖脉脉水悠悠"——"肠断白蘋洲"。

生拿出课堂写作本,随着音乐描述。

五分钟后,生展示。

生:我换上一身新衣,描好眉,扑上胭脂,一步步登上高楼去等待爱人的归来。看着来来往往的帆船都没有我心中期盼的人,我的泪水默默地随着那江水悠悠地流,为什么这么多的帆船没有我心中的所爱呢?

生:远去的渡口,苍茫的江畔,为什么心里的人还在远方。过尽千帆,望着它们远去,心里传来一阵阵的隐痛。该等待还是该离开，等待的人是否在船上，等待的人是否把我遗忘？

生：夕阳西下，血红色的残阳又一次洒在江面，我已经不能自已，泪水模糊了视线。夕阳就这样沉入水中，江水依旧向东流，我依旧等待。明天他该回来了吧？

师：写得真好，意象让同学们思接千里，深刻体验到了女主人公的情感世界。

师出示自己的作品，让全班配乐读。

【屏显】

你走后，我习惯了一种姿势，独倚江楼；你走后，我习惯了一种神情，望穿秋水。

潮升潮落之间，看千帆漂过，慢慢模糊我的视线。日升日落之间，我高挽的云鬓，我青春的容颜，逐渐老去。纵使淡妆浓抹，也难掩我心里的万般憔悴。

啊！天边昏醉的斜阳是我深情的凝眸。啊！江中悠悠的流水是我绵长无尽的思念。曾几何时啊！我的愁肠早已在白蘋洲处断为寸寸苇草。

师：意象带给我们无穷的想象，有句话说得好，"寄意于象外，言近而意远"（板书），一定的物总是表达着一定的情。读诗歌时抓住一些意象，就能够把握人物形象与情感，有助于对诗的理解与感受。同学们平时可以多多积累。老师再给你们一些古诗词中常见的意象。

【屏显】

杨柳——离别	菊花——傲视	落叶——失意
青松——高洁	梅花——坚强	竹子——虚心
浮云——游子	鸟——自由	月——思念
雨——清新或忧愁	鸿雁——思乡怀亲、羁旅伤感	

......

师：诗人多采用富有感染力的外在客观形象来表情达意，即往往把一种内涵丰富的情绪"移"到外在事物上加以表现。但要记住象有形，而意无穷。只要你沉下心来，用心去读，定能有所感悟。

今天的作业：任选上面一种或几种意象，尝试完成一首小诗。

师：下课。

五、教学点评

古典诗词是初中语文教学的重要内容，但是横亘在古典诗词教学前的许多障碍，如时代背景相去甚远，学生的生活阅历和人生经验有限，古典诗词语言精练含蓄、跳跃性大，字里行间留有大量空白等，导致了古典诗词教学问题颇多。《望江南》这堂课突出了古典诗词的文本特质，探寻出了古典诗词有效教学的方法与途径。

（一）重视朗读，促使学生产生移情和共鸣

教学过程通过"悟读""臆读""写读"，让学生读出层次，进而点燃了学生思维的火花，理解课文渐入佳境。"悟读"：根据自己的理解来读。初步感受主人公的孤独寂寞，希望与失望的煎熬。"臆读"：通过理解诗词中的细节，进一步体会诗歌的情感。如通过揣摩"梳洗罢""独倚""皆不是""肠断"等细节，以达到对一个生活孤单寂寞、心情由希望至失望而至悲伤绝望的女子形象的理解与把握。"写读"：通过描绘意境，唤起学生的情感体验。这一学习活动引导学生联系生活，调动自己的生活经验，想象画面，捕捉画面所传达的信息及情绪，再现作品中的形象，从而产生共鸣和移情。

古诗词正是由意境来反映诗人眼里和心中的世界的，读者只有与诗人情脉相通，才能体会到诗人的真情实意,受到强烈的情感熏陶和情绪感染。本课教学十分注意品读并丰富作品中的意境,学生拥有很大的体会与想象空间,较好地提升了学生的审美情感,感受到人文情怀的浸染,以及审美理想的强化。

(二)从意象入手理解诗歌的内涵,在理解过程中形成感悟

这堂课把教学的着力点放在了诗歌意象的理解上,着力打通诗歌意象与诗意之间的关系,通过意象来让学生了解诗意,从而在学生心里形成"通过意象理解诗意的意识"。教学中教师在学生积累的基础上,让学生感悟、品味诗句中意象的内涵。如教学中抓住词中"小楼""千帆""斜晖""水悠悠""白蘋洲"等意象,让这些意象站出来倾诉它的含义,让学生感悟女主人公复杂而细腻的情感世界:离别的痛苦,相思的寂寞,守望的孤独,如火的期待,似水的柔情。在分析意象的活动中带动了学生的读与思考,帮助学生进一步理解诗意与诗境,在感受过程中形成感悟,起到了牵一发而动全身的效果。

古诗词教学从"意象"入手,是从古诗词作者创作的方法中寻求到了解读的技巧,这算是抓住了根本,只要找准意象,把握常见意象的含义,那么鉴赏诗歌就不再那么难了。也是鉴于这点认识,教学中补充了古诗词中常用的意象,丰富学生的积累,提高他们自主阅读古诗词的能力。

(三)借助联想想象,与主人公的灵魂对话

古典诗词犹如一幅山水画,里面有很多的空白,教师可引导学生去填补,如填补抒情主人公的言行,诗人的生活场景等,从而来感受抒情主人公的情绪波动、思想感情等。本课教学中,设计"描绘意境,进一步再现作品中的形象"教学环节,让学生借助联想想象,用自己诗意的语言来描述诗歌意境,把诗句画面展现出来,促使学生感悟融情入景、情景交融表现手法的妙处,理解词中女主人公希望落空、幻想破灭的苦痛与凄凉。这实际上就是在对诗歌的空白进行填补,在所给的意象之外体味诗境,体会象有形而意无穷。

在诗词教学中,引导学生与主人公的灵魂对话,最好的方法就是要求学生充分调动想象和联想,将自己设想成作者本人,从作者当时的立场设身处地地体验感受。当诗词中描写的形象和景象一一浮现于脑海中,再现逼真的情景,加上学生自己平日对生活的感性的体验,那么此时学生眼前的画面就不单是视觉的画面,也融合了他的感情和情绪,他的脑海中就会增加许多诗词中并未提到的物象,抒情主人公的人物形象会跃然纸上,学生会全然进入词中的意境。一旦进入意境,那么诗人的思想感情以及诗词所反映的社会现实则不言而喻,学生也就掌握了诗词的精髓。

教学名师：郑伟君

用心于教，让课堂成为激励、唤醒、鼓舞的场所

人物档案

郑伟君，1962年4月生，中学高级教师，浙江省特级教师。现任南海实验学校学术委员会主任。舟山市中学数学研究会副会长，浙江省基础教育课程改革专业指导委员会初中数学组成员，1982年8月至1993年2月在定海区柳行中学任初中数学教师，1993年至2001年在区、市教研室任数学教研员，2001年至今在南海实验学校任初中数学教师。

从2007年至今被舟山市委组织部授予专业拔尖人才和资深专业拔尖人才称号。2008年入选浙江省农村中小学教师"领雁工程"讲师团、全国教学名师巡讲团。2013年被评为舟山市教授级中学高级教师。自2002年以来，在全国、省、市教育部门组织的活动中承担培训教师的工作，在省市内外承担示范课、观摩课、课堂教学点评等公开教学任务30多次，在兰州、乌鲁木齐、武汉、大连、天津、重庆以及江苏和浙江各地、市做题为"我的数学教学感悟""数学解题教学的思考与研究""课堂教学情境的设计"等的讲座40余次。发表教学论文多篇，出版《新课标课堂教学设计与案例（1—6册）》（人民教育出版社、延边教育出版社），参与编写《"浙江省中小学学科教学建议"案例解读：初中数学》等。

![教学艺术]

一、要善于把文本形态转化为教学形态

教学艺术是教师素质的综合表现。人们常说"教学既是科学又是艺术",科学性和艺术性是教学的两种基本属性。"教学是科学"意味着教学要遵循科学规律,科学合理地组织教学过程,规范有序地进行教学活动;"教学的艺术性"要求教师在科学性的前提下表现出教师的个人风格,表现出教学的创造智慧和丰富的人文精神。教学艺术只有在科学性的前提下遵循教学活动的客观规律,并进行美的创造和艺术的升华,才能达到理想化的教学艺术。

教材是知识的结晶,课本具有把知识浓缩化的特征,教师在教学中应根据学生的年龄、心理特征和思维规律对教材的文本进行适当的处理,转化为便于教学的形态。

【案例1】 "直角三角形斜边上的中线等于斜边的一半"的教学过程

教材直接呈现了直角三角形的这个性质,然后应用这个性质进行问题的解决,处理简约,体现了高效学习知识的特点。事实上,根据八年级学生的年龄和乐于动手的特点,考虑到前后知识的联系和这个性质反映的本质特征,教学中可安排动手操作的教学环节,使学生经历"直角三角形斜边上的中线等于斜边的一半"这个性质的发现过程。

准备一张直角三角形的纸片,通过折叠,把这个直角三角形分成两个等腰三角形,你能办到吗? 请你试一试。

如图1,把 Rt△ABC 沿 AC 边翻折,使点 A 与点 C 重合,得折痕 MN,连结 NC(见图2),那么△CAN 和△CNB 都是等腰三角形(请说出理由)。

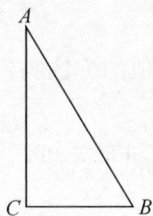

图1

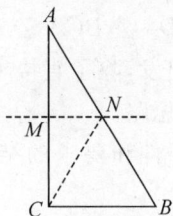

图2

由此得到 $AN = NC = NB$,即:

直角三角形斜边上的中线等于斜边的一半。

这样的处理既复习了图形的轴对称变换和等腰三角形的有关知识,加强了知识的连贯性,又进一步反映了"直角三角形斜边上的中线把直角三角形分成了两个等腰三角形,并且其中的两个锐角分别是这两个等腰三角形的一个底角"这个本质特征,加深了对知识的理解。

二、要掌握分析问题的方法和重视暴露思维过程

发展学生的思维能力和分析问题、解决问题的能力是数学课程的重要教学目标。为此,在教学中对问题解决的思维过程应该经历科学艺术化的教学过程——暴露问题分析的

用心于教,让课堂成为激励、唤醒、鼓舞的场所

思维过程。我们不能仅给出问题解决的结果和方法,更重要的是让学生学习解决问题中经历的思维过程和方法,把此过程进行艺术化的加工和处理。

【案例 2】 如图 3,将沿弦 BC 折叠,交直径 AB 于点 D,若 $AD=4$,$DB=5$,求 BC 的长。

第 1 步:审题,弄清已知条件。（在教师的引导下尽量让学生得出）

1. 本题的已知条件中,由数量关系直接可知的有 $AD=4$,$DB=5$,直径 $AB=9$,从折叠的条件看点 D 应有一个对称点 D',直线 BC 是对称轴。

2. 利用这些直接的已知条件,结合图形和有关定理,经过简单的推理又可得到更多的结论（已知条件扩大化）。

①有关角的结论:$\angle 1=\angle 2$,$\angle 3=\angle 4$,$\angle 5=\angle 6$,$\angle ACB=90°$……

②有关弧、线段（数量和位置关系）的结论:$\overset{\frown}{AC}=\overset{\frown}{CD'}=\overset{\frown}{CD}$,$AC=CD'=CD$,$\overset{\frown}{BD'}=\overset{\frown}{BD}$,$BD'=BD=5$,线段 DD' 被 BC 垂直平分,$AC\parallel DD'$……

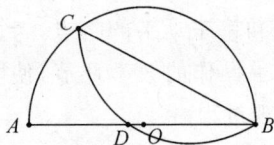
图 3

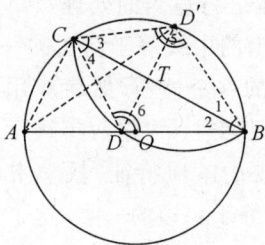
图 4

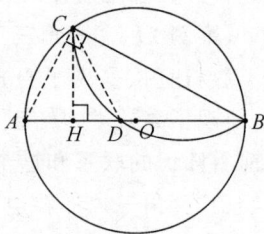
图 5

③等腰三角形 $\triangle ADC$,$\triangle BDD'$……

直角三角形 ABC……

全等三角形 $\triangle BDC\cong\triangle BD'C$……

相似三角形 $\triangle BTD\backsim\triangle BCA$,$\triangle ACD\backsim\triangle DBD'$……

3. 从要求的结论出发,除了直接求 BC 的长,还有其他的方法吗?

第 2 步:设计解题思路。

根据以上的已知条件和要求的结论,结合图形特点和有关知识及解题经验（特别是有关常见基本图形的结论）。

【思路 1】 直接求 BC。如图 5,注意到 $AC=CD$,底边 $AD=4$ 和 $\angle ACB=90°$,要求的 BC 是 Rt$\triangle BAC$ 的一条直角边,想到等腰三角形三线合一和直角三角形斜边上的高分成的三角形相似等结论。作 $CH\perp AB$,有 $\triangle BCH\backsim\triangle BAC$,得 $\dfrac{BC}{BH}=\dfrac{BA}{BC}$,即 $BC^2=BH\cdot BA=7\times 9$,得 $BC=3\sqrt{7}$。

【思路 2】 转化为先求 AC 的长。如图 6,注意到线段 DD' 被 BC 垂直平分,$\angle ACB=90°$,$AC\parallel DD'$,结合已知条件,则有 $\triangle BTD\backsim\triangle BCA$,$\triangle ACD\backsim\triangle DBD'$。设 $AC=x$,由 $\triangle BTD\backsim\triangle BCA$,得 $DT=\dfrac{5}{9}x$,$DD'=2DT=\dfrac{10}{9}x$,又由 $\triangle ACD\backsim\triangle DBD'$,得 $\dfrac{AC}{AD}=\dfrac{DB}{DD'}$,得 $\dfrac{x}{4}=\dfrac{5}{\frac{10}{9}x}$,所以 $x^2=18$,最后,在 Rt$\triangle ABC$ 中,求得 $BC=3\sqrt{7}$。

第 3 步:实现解题计划（略）。

第 4 步:回顾反思。在 Rt△ABC 中,AB＝9,为了求得 BC 的长,思路 1 是先求出斜边上的高,然后直接求得 BC 的长。思路 2 的第一步是转化为求 AC 的长,再求 BC 的长。

事实上,在思路 2 中求 AC 的长还有其他方法:如图 7,注意到∠1＝∠2,∠ACB＝90°,可联想到等腰三角形……如图 8,注意到 $\overset{\frown}{AC}=\overset{\frown}{CD'}$,联想到垂径定理……

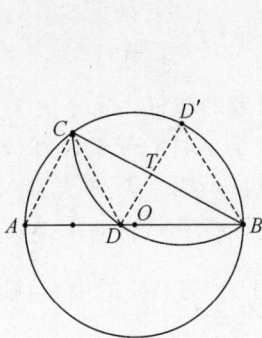 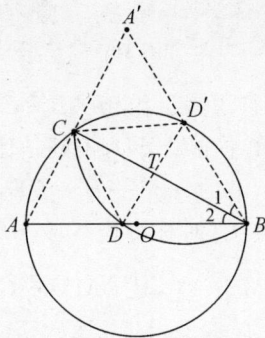 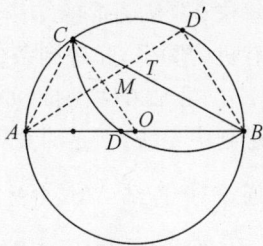

图 6   图 7   图 8

对已知条件做深入的研究,落实好审题过程。在教学中通过教师的艺术化启发和引导,引发学生的积极思考。暴露思维过程的主要方法是分析过程的"两头凑"原则。在教学过程中把三类思维(由因导果——综合法、由果索因——分析法、综合分析法)过程与教师的教学风格结合起来,进行艺术化加工,能较好地达到提高学生思维能力的目的。

三、要深入分析,善于联想,举一反三

根据已知条件和结论,并结合图形的结构和特点,利用基本图形的性质,运用正确的分析方法和推理过程,从已知条件着手寻找结论成立的条件,就能较自然地找到添加辅助线的方法。在结合图形对条件和结论进行深入分析的基础之上,根据图形中隐含着的特点,联想已有的基本图形,在猜想、尝试、合情推理的基础上构造符合结论的图形,并加以证明。这种构造辅助线的方法是解决几何问题的重要方法。

【案例 3】 如图 9,已知 AD 为∠BAC 的角平分线,AB＜AC,在 AC 上截取 CE＝AB,M、N 分别为 BC、AE 的中点,求证:MN∥AD。

解法 1 如图 10,连结 BE,记 BE 中点为 F,连结 FN、FM。

因为 FN 为△EAB 的中位线,所以 $FN=\frac{1}{2}AB$,且 FN∥AB。

又因为 FM 为△BCE 的中位线,故 $FM=\frac{1}{2}CE$,且 FM∥CE。

已知 CE＝AB,则 FN＝FM,故∠3＝∠4,又∠4＝∠5,所以∠3＝∠5,又∠1＋∠2＝∠3＋∠5,而∠1＝∠2,则∠2＝∠5,故 MN∥AD。

评注 探究上述思路的来源,关键是由中点联想到中位线定理,由 AB＝CE 进一步联想应构建以 AB、CE 为底边的三角形,从而发现相应的辅助线,形成思维路径。实际上本题还有如下的思考途径:

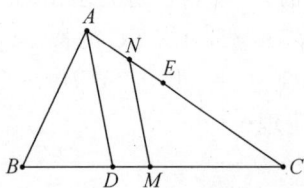 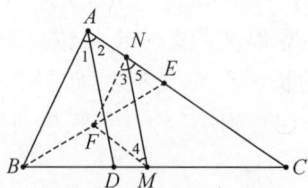 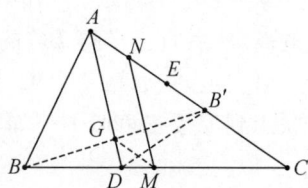

图9　　　　　　　　图10　　　　　　　　图11

解法2　从图形的结构特点进行思考。由于 $AB=CE$,但两者的位置决定了它们无法形成有机的联系,联想到条件中的角平分线 AD,正好是建构轴对称的核心元素,因此,想到把 $\triangle ABD$ 沿轴 AD 翻折(如图11),于是 $AB=AB'=CE$,故有 $AE=CB'$,从 M 为 BC 中点再联想到中位线,但这时另一个中点 G(对称点连线段 BB' 与轴 AD 的交点)的出现却是恰到好处,于是连结 GM,自然就有 $GM\parallel CB'$,且 $GM=\dfrac{1}{2}CB'$,由于 N 为 AE 的中点,则 $GM=AN$,故四边形 $AGMN$ 为平行四边形,则 $AD\parallel MN$。

解法3　如图12,过点 B 作 MN 的平行线与 CA 的延长线交于点 F,由于点 M 是 BC 的中点,则 $NF=NC$,又因为 $AN=EN$,所以 $FA=EC=AB$,所以 $\angle F=\angle 1$,又 $\angle 2=\angle 3$,$\angle F+\angle 1=\angle 2+\angle 3$,所以 $\angle F=\angle 3$,所以 $BF\parallel AD$,所以 $AD\parallel MN$。

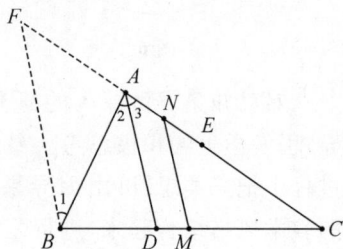

图12

　　教学艺术体现在教学过程各个方面,教学艺术更多地来源于教学实践,以新鲜的经验为其生长点,强调个体的经验体会或灵感和顿悟,反映了教师的教学智慧。教学艺术的最高境界是"教无定法,非法即法"。教学艺术只有在注重学科的理论研究和理性认识的基础上结合个体进行科学的艺术化,才能发挥出好的教学效果。

 **成长经验**

一、学生给我成长的源泉

　　学生求知的愿望,激励着我不断进取。1982年8月我毕业于浙江师范大学舟山分校(后并入浙江海洋大学)数学专业,取得大专学历。毕业后分配在我的家乡定海区柳行中心学校的初中部任教初中数学。学校规模很小,只有6个初中班,不到20位教师,3名数学教师中数我学历最高。学校教学环境与现在两所山区学校相似。那时学校的日常工作比较单纯,每天就是按要求上完2节课,批完作业,备好课就完成了一天的工作,没有什么职业培训和现在那么多开不完的会和形式繁多的各种活动。由于学校规模小,教研活动一般和邻校一起进行,每学期一两次。作为新教师,教学中最大的困难就是缺少同学科老师的指导和帮助,缺少教学资料。教学中遇到困难和问题只能自己对着教材发呆冥想,寻找对策(好在那时有很多时间)。20世纪80年代是改革开放初期,相当多的父老乡亲对获取知识的要求并不低,他们希望自己的孩子通过读书考上中专和舟山中学,从而成为"国家的人"。多数学生求知欲望较强,眼中流露着对知识的渴望。家长和学生的愿望激励着我努力工作,所以我把"教会学生,考出好成绩,不辜负父老乡亲的期望"作为工作的目标。教学中经常在上完第 1 节课后根据课堂中学生的学习情况对教案进行修改,再上第 2 节课;遇到学生学得不好,听不懂我的课时,会感到内疚和不安,想办法进行弥补,课后进行个别辅导;为提高表达能力经常对着空荡荡的教室模拟上课,练习板书;为了提高自己的业务水平,主动开展数学兴趣班的教学活动,开设数学竞赛辅导,学生在省、市、区的竞赛中取得了较好的成绩。1985 年中考,任教的 2 个班取得了很好的成绩,有 3 个学生得了满分,学生的优秀率等指标列区农村学校第一,得到了教育局表彰和社会的认可,被评为区先进工作者。

二、同事教我思考教学

"贵人"相助,促我成长。要做好教学工作,提高教学水平,教师同行之间的相互交流,经验丰富高水平专家的指导和帮助,加上教师本人的努力投入,能够使新教师少走弯路。回想我的工作历程,得到了很多经验丰富的教研员和专家的指导和帮助,心存感激。定海区的老教研员刘老师,在我工作的前十年中对我进行精心的指导,他经常从定海来到学校听我的课,具体分析教学过程,教我研读、分析教材,分析学生,进行具体的教学指导,肯定我的教学方法和指出教学中的不足之处,鼓励我上公开课,使我在实践中得到锻炼和成长。原舟山师专的过老师带我参加全国的学术会议,使我大开眼界,指导我进行教学科研和教法研究。还有很多的同行也给予我很多具体的帮助。在我工作的前几年,一名老教师对我说"你会感到教学中有困难和不足,会因此而不安并积极思考教学,你一定能教好书而成为一名好老师的!"这种朴素的话语隐含着对我教学工作方法的指导,也是对我的莫大鼓舞和督促,就是在现在我还是经常以此为鉴。正是在"贵人们"的关心、督促和帮助下,我更加用心于教学工作,经常听老教师的课,吸取他们的教学经验,共同探讨教学问题,邀他们听我的课并指出我教学中的不足,这使我在教学中克服了很多困难,迅速成长为一名年轻而又有丰富教学经验的"老教师",1992 年我被评为浙江省教坛新秀。

三、学习和反思使我强大

反思使人进步。教学工作中的自我反思是教师专业成长的另一个加速器。美国学者波斯纳指出:教师的成长=经验+反思。教学反思能建立科学的教学理念并转化为教学行动,能解决理论与实践的脱节问题,能加深对教学活动规律的认识和理解,能激活教师的教学智慧。

俗话说"三百六十行,行行出状元"。教师行业也是如此,但我认为,要成为行业"状元",离不开本人的不断学习和对行业特点的反思。作为教师,如果把教书作为一种谋生的职业,上课时只是把课本知识照本宣科地教给学生而不反思自己教学过程中的得与失,要想在专业上达到较高的水准是不太可能的。这就要求我们研究教学内容,理解知识内涵,弄清知识体系,反思教学方法。教学中"如何做好数学概念的教学"困惑了我很长一段时间。通过学习"教学方法论"等有关理论,我认识到学生获得数学概念有形成和同化两种基本形式,概念的形成是在教师的指导下,从大量例子出发归纳出一类事物的本质属性。概念的同化是利用学生已有的知识经验,以定义方式直接向学生揭示概念的本质。例如,为了使学生形成一次函数概念,书本举出了大量关于一次函数的实际例子,在此基础上对其中的两个变量具有的关系进行归纳和总结;而圆周角概念则是直接给出,"顶点在圆周上,角的两边与圆相交的角叫圆周角",然后再通过具体的例子进行辨析。这样的学习和积累使我的教学水平有了质的提升。为此,工作至今我研读了关于"怎样解题""中学数学思维方法"等方面大量的专业理论书籍,订阅了专业杂志,通过函授学习取得本科学历,完成了数学研究生主要课程的学习。通过学习,我具备了坚实的教学理论知识,我还积极总结教学经验,撰写论文,开展教学讲座等。

四、享受"教书"的乐趣,诲人不倦

从教的经历使我越来越感悟到:教育教学工作从爱学生开始。只有对学生充满爱,从内心深处关爱学生,才能把握工作方向,激发工作热情,对工作负责,使领导、社会、家长放心。在工作中我以学生为本,关心他们的学习和思想,经常与学生谈心交流,了解他们的所思所想。有正确的教育观,不歧视成绩不好的学生。我在课堂教学上坚持"重视基础、传授方法、提升能力"的教学理念,形成了"轻松活泼、深入浅出、高效率"的教学风格,任教的班级学生学习兴趣浓厚,学科成绩在年级段总是名列前茅。长期的教师工作使我与学生结下了深厚的师生情,30多年来,教过的学生数以千计,以前的学生把我当成他们的大哥,现在的学生把我当成他们的家长。为此,我享受着教师的快乐,学生掌握了新知识、解出了一道道数学题时的兴奋表情,回答问题时睿智的眼神,都让我体会着教师职业的崇高。一届又一届的学生从他们踏入校门时的懵懂而又天真烂漫的孩童,到初中毕业时长成自信而又充满期待的阳光少年,使我感到了工作的价值和作为教师的自豪,愿把坚持三尺讲台作为我终生的幸福!

经典课堂

整式的加减(1)

一、教学设计思路

整式的加减是在学习了单项式、多项式、整式和合并同类项等知识的基础上结合乘法的分配律对代数式进行变形的过程,主要目的是对代数式进行化简并简化实际问题中的表示式,是最基本的代数式运算,是后续学习方程等代数式知识的基础,是本章教学的重点。教材安排了两课时的教学时间。

第一课时主要内容是去括号法则,去括号法则本质上来说就是运用乘法的分配律,只是现在的分配律是"数×多项式"的形式,书本中的去括号法则实际上就是括号外的数是"+1和-1"的特殊情形(所以去括号实际上就是计算"数×多项式")。在此基础上及时运用"数×多项式"的练习题以达到熟练掌握去括号的技能和巩固知识的目的。

本节课的重点是去括号法则,讲清分配律及其运用过程中的注意事项,使学生能熟练正确地计算复杂的整式的加减问题是本节课的难点。

第二课时主要是在上节课的基础上,解决可转化为整式加减的数学问题(以达到深化知识的目的)和有实际背景的应用问题,这两类问题都突出了分析过程,所以在教学时要对给出的问题进行分析,然后进行计算。整式加减可归结为去括号和合并同类项。

二、教学目标

1.通过实例让学生自己发现去括号的规律。

2.理解去括号就是将分配律用于代数式运算。

3.掌握去括号法则,会利用去括号、合并同类项将整式化简。

三、重点和难点

本节课教学的重点是去括号法则。课本中例1的代数式比较复杂,化简的步骤较多,并涉及求代数式的值,是本节课教学的难点。

四、教学过程

(一)创设情境,引入新课

如图13,要表示这个图形的面积,你有几种不同的方法?

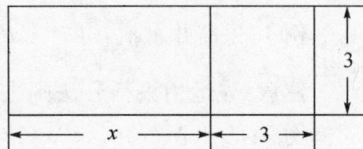

图13

【设计意图】 引导学生分析题意,列代数式,感受从不同角度看待问题,体会去括号的必要性。

(二)观察思考,发现规律

1.从上面的讨论我们得到 $3(x+3)=3x+9$

问题1:观察这个式子,等式从左边到右边发生了什么变化?

问题2:根据已有知识,你能明白运算的依据吗?

【设计意图】 引导学生观察、讨论、思考,理解运算的依据是乘法运算的分配律,并进一步体会去括号的必要性,培养学生的观察能力和表达能力。

2.练习:去掉下列各式中的括号

(1) $2(1-2x)$ (2) $-3(2x^2-1)$ (3) $-\dfrac{3}{2}(-x^2+2xy-3y^2)$

(4) (a^2-3a+7) (5) $-(x^2-3x+2)$

注意:数与多项式相乘,要把数乘遍多项式中的每一项。

3.结合上面练习中的(4)(5)两题,讨论去括号规律

如何去掉 $+(a-b+c)$ 和 $-(a-b+c)$ 中的括号?

把 $+(a-b+c)$ 看作 $1\times(a-b+c)$, $-(a-b+c)$ 看作 $(-1)\times(a-b+c)$,运用分配律就可以去括号 $+(a-b+c)=a-b+c$, $-(a-b+c)=-a+b-c$。

思考:观察这两个算式,看看去括号前后,括号里各项的符号有什么变化?

【设计意图】 引导学生观察、比较,给学生以充分的时间去交流和归纳,关注学生对法则的表述,培养学生的归纳和表达能力。

通过上述讨论,归纳出去括号法则:

括号前是"+"号,把括号和它前面的"+"号去掉,括号里各项都不变号;括号前是"-"号,把括号和它前面的"-"号去掉,括号里各项都改变符号。

这一法则可编成一句顺口溜:

去括号,看符号;是"+"号,不变号;是"-"号,全变号。

(三)巩固法则

1.去括号: $a+(b-c)=$ _____ $a-(b-c)=$ _____

$a+(-b+c)=$ _____ $a-(-b+c)=$ _____

2.判断正误,如不正确,请改正。

(1)$a-(b+c)=a-b+c$ （　　） 　　　　　(2)$a-(b-c)=a-b-c$ （　　）

(3)$2b+(-3a+1)=2b-3a-1$ （　　） 　　　(3)$-2(b-c)=-2b-2c$ （　　）

3.去括号,合并同类项:$2n-(2-n)+(6n-2)$

学生板演,其余同学独立完成,由学生评判板演情况,共同归纳去括号时的典型错误,查明原因,强调法则的正确使用,进一步深入理解和掌握法则。

(四)应用法则,内化知识

例1:化简并求值:$2(a^2-ab)-3\left(\dfrac{2}{3}a^2-ab\right)-(-ab)$,其中 $a=-2,b=3$。

注意:先运用去括号法则去括号,再合并同类项化简,最后代入求值。

例2:已知 $M=3x^2-2xy+y^2,N=-2x^2+xy$,计算:

(1)$M+N$; 　　　(2)$M-2N$。

注意:代入时要加括号。

练习:化简并求值

(1)$(a^2b-ab)-2(ab^2-ba)$,其中,$a=-\dfrac{1}{2},b=2$。

(2)客车上原有$(2a-b)$人,中途一半乘客下车,又有若干人上车,若结果车上共有乘客$(8a-5b)$人,问上车乘客有多少人?

分析　上车乘客=现有乘客-下车乘客。

(五)课堂小结

1.谈谈通过本节课的学习,你有何体会?

2.如何去括号?

(六)布置作业(略)

教学名师：邬建芬

乐学善思，追求数学课堂新境界

人物档案

邬建芬，大学本科学历，浙江省特级教师，浙江省数学学会理事，浙江省名师名校长工作站导师。现任岱山实验学校校长，曾获第九届苏步青数学教育奖、全国五一劳动奖章，被评为全国优秀教师、浙江省劳动模范、舟山市有突出贡献优秀专业人才、舟山市十佳人民最满意教师、舟山市首届模范教师、舟山市"111"拔尖人才等。

邬建芬是一位智慧型、科研型、专家型教师。从教30多年来，一直以慈母般的挚爱耕耘在教育第一线，形成了自己独具特色、扎实有效的教学风格。在全国、省、市级开设的公开课均以设计新颖独到、教学艺术精湛获得师生的高度赞赏。行家评她的课是："内容挖掘有深度，处理教材有角度，调动学习积极性有力度。"教学艺术精湛，教学成果喜人。所教班级的学生成绩在全市名列前茅，所带学生频频获得省（市）竞赛大奖。潜心教科研，成果丰硕。在《数理天地》等许多国家级核心期刊及省级杂志上发表论文40余篇，并多次获全国一、二等奖。她主持并参与的课题研究成果在全国、省、市获奖或推广。

作为一名跨世纪的校长，她用专家治校的方略带领着全体班子成员精心策划，共谋学校发展的蓝图，着眼于科研文化建设，着力于探索内涵发展之路，打造优质教育品牌，办人民最满意的教育。

教学艺术

一、构建高效的"三好"课堂

我们中学数学教师时常会碰到这样的问题：许多学生在认真听完课后，仍对所学知识感到很迷茫，做习题时无从入手，即使勉强做完，过一段时间又不会做了。所以我就以此为突破口，以生为本、以学定教，通过创新、独特的教学设计及实施，帮助学生学好数学。我首先要教的是思维方法，重视数学思想、解题分析策略的引导，让学生体会到如何容易、合理地确定解决数学问题的思维方向、方式和方法，即为好思，然后让学生在正确思路的引领下，规范、快速、准确地完成数学学习任务，此为好做，最后，还应以各种手段使学生比较容易地掌握、记忆数学知识及技巧等，这是好记，从而构建"三好"课堂。

为达成"三好"，让孩子们在愉悦中参与教学的全过程，是最为重要的，主要方法就是分步组合式教学设计。这是一种以板块形式呈现，突出学生学习任务的教学设计，就是以学习任务为逻辑顺序，结合数学知识特征，对学习内容进行整体思考和编排，然后设计几个清晰的学习任务板块，并以分步组合式的形式呈现，流程图如图 1 所示。

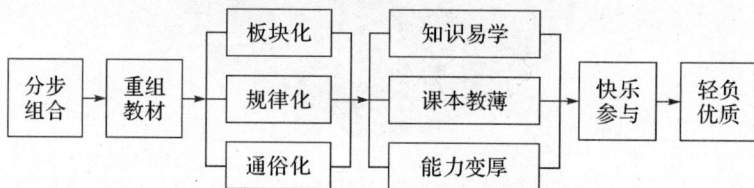

图 1　分步组合式教学设计流程

根据教学实际，分步组合式教学设计可以有不同的表现形式。

1. 基于问题推进的设计

"问题是数学的心脏"，在提出问题，师生协作解决问题、深化问题的过程中，不断接近学习目标，就能使学生产生学习的内在动力，主动地投入到学习过程中。

如在《一元一次方程的应用》学习中，学生常有迷惑，为什么要列方程？怎么列出方程？等等。所以本课就设计了四个问题板块：

(1)为什么要列方程？让学生体会：列方程解应用题的优越性是顺向思维。

(2)怎样列方程？使学生归纳出列方程解应用题的实质，就是选择一个量，两种不同方式表示之，构成等式，方程即列成。

(3)怎样简捷地列方程？师生合作，共同探究一类应用问题的解决方法。

(4)你会列一元一次方程了吗？让学生畅谈本课收获。

全课利用突出任务导向的、层层递进的四个问题将学习内容分为四个板块，形成"提出问题——学习新知——解决问题"的学习过程。时刻让学生清楚了解目前在想什么、学什么、做什么，促使学生深入思考、学习。

2. 基于学情分析的设计

初中学生喜欢思考，喜欢发现，喜欢丰富自己的知识，已经能深入本质，确定因果联系，并能在探索活动中得到发展。所以我也常以学情分析为出发点设计教学板块。

如学习《认识不等式》时,发现学生的参与积极性很高,所以设计了以下板块:①阅读教材,寻找不等式实例;②交流实例,归纳不等式概念;③学会根据要求列不等式;④探索利用数轴表示不等式;⑤展示学习成果;⑥感悟规律,拓展提高。这样以学生为学习的主体,以促进有意义的思维为教学活动的目的,以主动而有质量的参与为有效学习的标志,极大地促进了学生的学习。

3.基于数学拓展的设计

数学拓展型课程可以培养、激发学生的兴趣爱好,开发学生的潜能,促进学生个性、特长的发展。我在设计数学拓展课时,就使各板块体现开放性,具有动脑、动手的特点,以此吸引学生积极参与,实现学生自我表现的愿望。例如,我设计了"玩转直角三角形"一课,四个板块分别是摆一摆、画一画、转一转、折一折,让学生在"玩"直角三角形纸片的过程中,深化数学知识,体验数学思想,拓展数学能力。

二、改教学为"学教"

现代初中生的显著心理特征是追求独立性。在学习过程中,突出表现在:学生觉得自己能学懂的知识,就不想再听别人多讲;感到自己能解决的问题,就不愿再请别人提示;认为自己会做的事,就不愿再让别人帮助。实际上,学生的整个学习过程也就是一个争取独立和日益独立的过程。而每个学生,都有相当强的独立学习能力。只有认识、尊重、积极引导和发挥学生的独立性,才能收获更好的教学效益。

我所进行的教改实践,核心在于"学为中心",先学后教,学教并重,既要充分体现学生的主体作用,又要发挥教师的指导作用,变传统的教学为"学教"。

也就是说,把学生作为"学教"的真正主体,让学生尝试自主学习、探究,生生合作、交流探讨,主动获取知识。而教师,则是以学生的学为中心,研究怎样组织学生学,怎样引导学生学,怎样帮助学生学。教师的教学设计、组织实施,都要为了有助于学生的学。

由此,我的"学教"课堂的流程如图2所示。

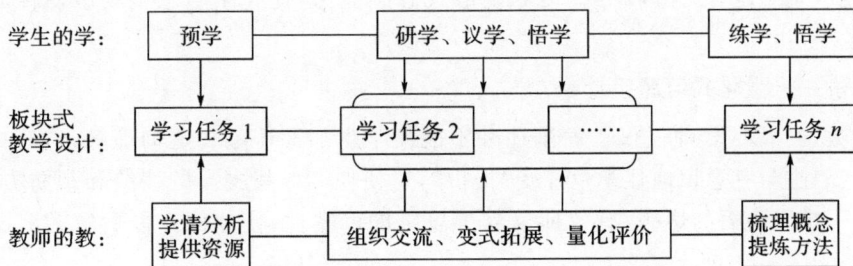

图 2 "学教"课堂流程

一般的,一节课首先是由教师依据学情、课标和教材,基于学习任务进行板块式教学设计,接着学生按照要求进行预学,即学生独立阅读教科书和导学案,尝试理解教科书内容。通过自主阅读、独立思考形成自己的知识体系,养成良好的阅读习惯,提升自学能力。教师也可以在了解学生的预学情况后,对教学预设进行调整、改进,真正实现以学定教。

在课堂学习环节,根据学习任务的不同,学生要进行研学,就是根据教科书及导学案设计的学习流程进行自主尝试、探究、发现、归纳等活动，思考并尝试解决其中的问题，体验知识的发生发展过程。学生不再被动等待教师的授课，不再机械记忆教师给予的现成结论。

然后开始议学，在学生独立思考的基础上，先进行小组合作，交流对数学知识的理解，解决问题的方法，以及学习中的感悟和困惑，提出需要同学或教师帮助解决的问题。再就各小组解决问题的不同方法、典型错误、困难困惑等进行全班交流展示，其余同学点评、质疑、提问、补充。通过小组互学、全班交流共享问题解决的方法和经验，探讨有疑惑的问题。

教师在此过程中组织、激励、引导（深度、方向、节奏），使问题呈现一定的梯度，注意变式拓展，让学生循序渐进，并适时进行点拨、讲解。

之后学生尝试悟学，反思概念形成或问题解决的过程和方法，归纳概念的本质、解决问题的方法，从而感悟、体会其中的研究方法、规律和渗透的数学思想。

最后是练学，学生尝试用新学的知识进行概念判断、举例、解决问题等新的练习，促进新学知识和方法的巩固与掌握，提高学习能力，同时也是进一步的悟学过程。

对于学生在预学、讨论、展示、互动、练习等学习活动中的表现，教师以打分的形式进行量化评价，并做到及时汇总记录，在每节课结束时表扬优胜小组和个人，在每月、每学期进行嘉奖，使学生时时得到激励，更使每个学生都有得到肯定、鼓励的机会，也提升学生的合作意识与集体荣誉感。

我的目的是改变传统的课堂，更加突出学生在学习中的主体地位，确立基于"学为中心"的"学教"思想，使课堂真正成为"开放的课堂，展示的舞台"，变教学模式为育人模式，在课堂中让学生学会交流，学会表达，学会合作，学会分享，学会讨论，学会探究。

三、精心设计有效作业

从提高作业有效性的角度来看，老师自己精心设计作业是非常必要的。方法可以有多种，如：

1. 多变——规律式习题设计

就是选择适当的题型，变换条件和结论，得出新题，由一题变多题，引导学生将问题步步深化，克服思维定势，开阔思路，培养发散式思维能力，提高学生思维的敏捷性和解题的灵活性。

2. 陷阱——强化式习题设计

有的数学知识，教师仅仅正面阐述并不能使学生加深印象和透彻理解，这时如果教师巧妙设计"陷阱"，有意识地让学生经受"挫折"，迫使他们寻找失误的症结和预防方法，就能给学生留下难以磨灭的烙印，有效地培养了思维的严密性，使他们在以后解题时不走或少走弯路。

3. 题组——同类式习题设计

归纳分类、题组教学能使学生加深对知识的理解，培养学生举一反三的能力，使他们通过有限的练习，从中悟出共同的解题规律，使之从题海中解脱出来。题组形式很多，有叠加题组、串联题组、并联题组、同类题组、变式题组、专题题组等，其中，同类题组最有意义，它的主要优点在于：解题思路开阔，解题方法类聚，思维规律性强，不但有利于提高学生的解题能力，而且尤其有利于培养学生类比、归纳、猜想和探索的能力。

4. 激趣——创新式作业设计

富有趣味性的作业能更好地吸引学生,促使他们用大部分时间兴致勃勃地完成作业,而且会做得又快又好。因此,在设计作业时,应该打破陈规、创新思考,在作业的内容和形式上都有所发展,例如,设计贴近学生生活的应用作业,在完成作业的方式上有所变化,提供思辨色彩较浓厚的练习等,以此激发学生的创造力,调动学生的学习热情,让学生感受学习数学的乐趣,高效完成作业。

我始终追求的是让我们的数学不再死板,让我们的数学充满乐趣,让数学走入学生的内心世界,让师者教得快乐,学者学得快乐!

成长经验

我是一名从教整整 35 年的海岛中学数学教师,教书是我深爱的事业,同时不可否认,它也是我们教师赖以生存的职业,所以说,教好书,育好人是我的天职,是我的责任。但是,上级领导却给予了我很多、很高的荣誉,全国五一劳动奖章、全国优秀教师、省劳动模范、省特级教师、市有突出贡献优秀专业人才、市专业技术拔尖人才等。面对这一项项殊荣,我深切地感受到了它们沉甸甸的分量:一分规范,两分鞭策,三分义务,四分责任,合起来就是整整十分的使命——发展自我、引领同行,在工作的各个方面发挥领头雁作用,为教育发展作出应有的、更大的贡献。

著名作家冰心有一句经典的话,那就是"读书好,好读书,读好书"。这 9 个字不但时时刻刻地激励着我去认认真真读书、学习,并且被我化为自己 35 年成长经验的感悟,那就是"教书好,好教书,教好书"。

一、教书好

我始终认为,能站在三尺讲台,是一件神圣而又幸福的事。我爱我的三尺讲台,是因为我爱我的孩子们。我喜欢和孩子们一起探究问题,我珍惜每一次和孩子们心与心坦诚相对的机会。每当看到孩子们一双双求知若渴的眼睛,我的心中油然而生一种崇高的使命感;每当看到孩子们听完我分析讲解复杂的数学题目后茅塞顿开的神情,我的心里就会产生满满的成就感、幸福感。

可以这样说,没有爱就没有教育,当一名教师,首先要是一个充满爱心的人,把追求理想、塑造心灵、传承知识当成人生的最大追求。正是因为这种追求,三十几年来,我无论担任什么样的行政职务,担当哪一级的导师、专家,一直执着地、自豪地站在三尺讲台,播撒着我的智慧,挥洒着我的辛勤和汗水;正是这种追求,支撑着我为教育事业无怨无悔地付出,也让我收获着和老师们合作的愉快和和谐,和孩子们在一起的快乐和充实。

一直以来,把我们老师比作蜡烛、春蚕,我不太赞成,若真要比喻,那我们现代的老师应该要做的是一盏永不断电的明灯,照亮了别人也充实了自己,大胆地去追求教育的快乐和幸福,真实地去感受工作的从容和美丽。每当孩子们给予我对待母亲般的关爱,甚至是胜过对待母亲的敬重时,对于像我这样年过半百、只有独生儿子的一位母亲来说,真是庆幸自己选择了教书这份职业。

二、好教书

"好教书"是我在数学教学的实践与研究中付出的那一份智慧、那一份创新。好，即爱好、善于。因为热爱，所以我在教育土壤上勤勉地劳作着，像我们很多老师一样，兢兢业业地工作着。但是，教书需要汗水，更需要智慧。只有专业地读懂教材，用心地读懂学生，智慧地读懂课堂，才能不断适应现代社会对教育的越来越高的要求，才能真正实现轻负优质的教学目标。

清楚地记得一个学生给我的评价：邬老师从不会简单直接地"指教"，她更愿意耐下心来"引导"，哪怕要花成倍的时间。她不会沉迷于学生获得"指教"时一瞬间仰慕的目光，而是在学生思考探索时默默守候，微笑着等待寻求"指引"的你。即便是指引也是启发的、开放的，更注重思维和方法的锻炼。

几十年来，我一直致力于课堂教学的研究。因为四十分钟的课堂教学，是我们塑造灵魂、传授知识、培养能力的前沿阵地，也是我们发挥才智、谱写青春事业华章乐彩的立体大舞台。教师是学生心灵的耕耘者，教课就要教到学生的心上。教师所教的内容，所采用的方法，和学生心中的弦对准音调，才能在学生心中弹奏出和谐的乐曲。

让孩子们在愉悦中参加教学的全过程，是我教学设计的根本出发点；让每一个学生在我的数学课中都能够感受到"有趣味、有意义、有必要"，是我设计的要求；以知识目标为主线、能力目标为核心、情感目标为动力是我设计的三维目标；让我的每一位学生都能做到"好思、好做、好记"，是我的"三好"课堂。

我在全国西博会以及全国睿智大课堂中进行过展示，好评如潮。这样的课堂教学模式让学生在轻松愉悦中享受了数学学习的乐趣，感受到了数学的美，变被动学习为主动学习，变苦学为乐学，变学会为会学。此教学模式被专家充分肯定，更被广大教师推广实践。作为浙江省中小学名师名校长工作室导师，几年来，我时常受省教育厅的派遣，赴温州的泰顺、文成，丽水的龙泉、松阳，金华的兰溪，宁波的北仑，新疆的阿克苏等地开展名师送教活动，为当地的学生上课，给中学数学教师培训，为他们开设讲座。我的三好课堂的展示及其课后的精辟剖析，得到同行和专家的高度评价，我感受到自己的智慧付出得到肯定后的极大的欣慰，也更加增添了不断探索研究课堂改革的动力。

"好教书"，这是我前进的动力，努力的牵引力。几十年的课堂实践，我深深地体会到：离开了讲台，就是离开了成长，名师永远只有一个起点，那就是课堂。从课堂走向科研，又用科研指导课堂，我不知疲倦，不断实践，大胆创新，取得了显著的教学效果。比如，我很荣幸地获得了全国中学数学教育界的最高奖"苏步青数学教育奖"，成为了舟山市获此奖的第一人。

三、教好书

"教好书"是我在教育土地上应做的奉献与引领。教好书，这是我义不容辞的天职，是我努力奋斗的目标，有此目标才能不满足于现状，才能向更高层次攀登，无疑而生疑，生疑而思疑，思疑而破疑，破疑而再生疑，这样才有所提高，有所进步。巴尔扎克说过，"我们的头脑可以在天空中驰骋，但双脚必须踩在大地上"，我是一名有三十五年教龄的老教师，但时代赋予了我新的任务，必须成为一名学习型、思考型的教师，为此，我经常反思自己教育实践的得与失,提炼成功的经验,集多年经验与新课堂理念为一体,积极参加各级各类教研、学术活动,近几年来,在《数理天地》《中小学数学》《教学月刊》《现代教育报》《中国数学教育》等国家核心期刊以及省级杂志上发表论文四十余篇,并多次获全国一、二等奖,主持并参加了三项国家级课题、十余项省级课题的研究与实施。

作为市拔尖人才、市"名师工作室"导师,我率先垂范,发挥名师的专业引领作用,以培养指导青年教师的成长为己任,除了带校内徒弟及省厅指定的欠发达地区教坛新秀徒弟以外,还与我县大衢中学、高亭中学及岱山初中数学组组成区域团队,开展各种教育改革研究活动,为他们分析教学问题、解决问题,与他们共享优质资源,共同提高学校的教育质量,积极开展"传、帮、带"活动,促教师群体发展。

我习惯以自己坦诚的待人态度,热心热忱的为人方式,踏实的工作作风,科学人文的引领、指导、帮带、交流,为青年教师作出表率。无论是校内还是校外的青年教师,我都一视同仁,毫无保留地介绍自己的教学体会,耐心翔实地指导课堂教学设计,说出自己的想法,提供有价值的资料。凡是我县数学老师上县级以上的公开课,几乎都来征求我的意见,而我也非常热心地对待那些虚心好学的后起之辈,不管多忙,总是实行三次试教。首先,我非常认真地看完其教案,听完第一次试教,我和我的团队提出修改意见,然后用已经修正过的教案,由我亲自做示范性课堂示教,让青年教师身临其境,真实体会,收效特好。然后要求青年教师写成详案,写好听后感,再做一次试教。这样,在一次次的磨课教研实践活动中,在我的言传身教、细心指导下,青年教师迅速成长,我的徒弟们有的已经成了市、县学科带头人,有的获得了省、市优质课一等奖,还有许许多多的青年教师迅速成为了岱山数学学科教育领域闪耀的新星……

回首往事,作为一名教师,我用自己对数学的热爱,创造了孩子们喜欢的数学课堂,唤起了他们对于数学知识、实践技能和美好价值观的追求,我也从中收获了教师职业的幸福,感受着自身不断成长的快乐;作为一位专家,我以自己对教师同行的热爱和促进教师专业成长的有效服务,在成就许许多多中青年教师职业追求过程中,也拓展了自己的学习历程,丰富了自己的人生价值。

这就是我,一个特级教师一路走来的历程,如赤子般充满激情、心无旁骛地醉心于"课堂",沉潜于教研,投入于引领。没有轰轰烈烈的事迹,但是每一天的教育生活,都是不一样的,而在这些不一样中,又时常存留着自己不变的情怀与追求。我不是一个传奇,只是一个普通的从大学走向教育工作岗位的普通教师。

我希望所有有志于教育事业的教师,都能早日成为学生心目中的"名师",让我们一起用生命、心灵、智慧来经营我们所选择和钟爱的教育人生。

经典课堂

启迪数学思维,构建三好课堂

——复习课"再认等腰三角形"的教学实践与评析

单元复习课是根据学生的认知特点和规律,在结束某一单元学习后,巩固、梳理已学知识、技能、数学思想方法,帮助学生提高运用所学知识解决各类问题的能力,形成优良的知识结构,促进知识系统化、条理化的一种课型。它是数学课堂教学的重要课型之一,在数学教学中占有重要的地位。

美国著名心理学家布鲁纳认为:"获得的知识如果没有完美的结构把它们联系起来,那是一种多半会被遗忘的知识。一连串不连贯的知识在记忆中仅有短得可怜的寿命。"而单元复习课,就是强调把每一个单元看成相对独立的知识结构,在分节授课的基础上,把单元知识系统化、结构化,使本单元知识结构纳入本学科的整个知识网络,这也是单元复习课要实现的目标。

单元复习课浓缩的知识点多,上好这种课型并非易事。数学大师华罗庚说过,学习数学有两个过程:其一是由薄到厚,其二是由厚到薄。学习一个单元的内容,可以看作由薄到厚的过程,而对单元的复习则是由厚到薄的过程,即对凌乱的知识进行提炼、概括、总结,以便在头脑中形成思想、观点和方法——"薄",这些"薄"的东西才是数学最本质的东西,也是应该让学生头脑中留住的东西。边复习基本知识点边串成体系,有利于完善学生的认知结构。

对于不同的学情,比较成功的单元复习课应侧重于知识点的梳理,连点成线,织线成网,建构知识体系;侧重于问题纠错,概念的辨析;侧重于活动过程的再认识,解决问题能力再提高。

因此,单元复习课的基本环节应是:创设情境、导入课题;回顾知识、构建网络;错点辨析、完善网络;应用知识、提升网络;总结反思、深化网络。

以下就浙教版八年级上册第二章"2.1~2.4等腰三角形",展示单元复习课的具体做法。

一、教学目标

知识目标——巩固、掌握等腰三角形(等边三角形)的性质和判定;

能力目标——能运用等腰三角形的有关知识进行推理和计算,提高对几何问题的逻辑分析能力;

情感目标——在解决问题的过程中让学生体验成功,享受愉悦的学习过程。

二、教学重点

复习、应用等腰三角形的性质和判定。

三、教学难点

等腰三角形性质和判定的灵活应用。

四、课前准备

辅助教学 CAI 课件、学生学案、等腰三角形纸片、剪刀等。

【所谓复习课,实质就是对曾经学过知识的再认识,即对所学知识进行巩固、提炼和升华,进而使学生的能力也得到锻炼。同时为了避免让学生感到复习课枯燥,在课题名称上也作了变化。这就是本课课题的由来。】

五、教学过程

(一)感受对称之美

展示天安门、北京民族文化宫、俄罗斯冬宫等建筑图片,问:为什么古今中外的很多建筑的屋顶都要采用等腰三角形屋顶?(利用三角形的稳定性和等腰三角形的对称性,使之既美观又实用)引入、揭示课题。

【以授新课的形式上复习课,创设生动有趣的情景,合理自然地引入课题,激发学生的

学习兴趣,调动学生的学习积极性。】

(二)回顾知识要点

首先完成一组基础题。

1.等腰三角形的一边长为 3 厘米,另一边的长为 4 厘米,则等腰三角形的周长是 _____ 厘米。

知识点 1:等腰三角形两腰相等。

2.等腰三角形有一个内角为 $100°$,则其余的两个角为 _____。

知识点 2:等腰三角形两底角相等。

3.如图 3,$\triangle ABC$ 中,$AB=AC$,AD 平分 $\angle BAC$,若 AB 为 5,BC 为 6,则 $AD=$ _____。

知识点 3:等腰三角形"三线合一"。

4.利用多媒体软件将等腰三角形沿顶角平分线翻折,使学生体会。

知识点 4:等腰三角形是轴对称图形。

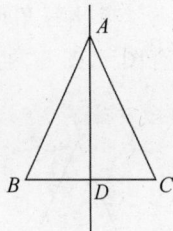
图 3

【用以题带点的形式串联、巩固、复习知识要点,更为生动,效果更佳。】

教师归纳:

四大视角看图形——等腰三角形:

> 边　　两腰长相等(等角对等边)
>
> 角　　两底角相等(等边对等角)
>
> 内部　　三线合一
>
> 整体　　轴对称图形(对称轴是直线)

【从四个方面观察、分析、理解图形,提法新颖,内涵深刻,对于学生今后的学习也有较大的帮助,给出了图形问题的一种学习、思考方式。】

为巩固等腰三角形的有关知识点,要求学生完成下列是非题:

1.如图 4,$\angle 1=\angle 2$,则 $AB=CD$。　　　　　　　　　　　　　　　(　　)

注意 1:同一三角形是必需。

2.如图 5,在 $\triangle ABC$ 中,D 是 BC 的中点,若 $\angle B=50°$,则 $\angle BAD=40°$。　(　　)

注意 2:等腰三角形是前提。

3.等腰三角形有一条对称轴。　　　　　　　　　　　　　　　　　　　(　　)

注意 3:等边三角形是特殊。

4.如图 6,BD 平分 $\angle ABC$,ED∥BC,则 $\triangle EBD$ 是等腰三角形。　　　(　　)

注意 4:"角平分、线平行、形等腰"是必然,即"双平等腰"。

【用精炼、生动的语言在每一是非题后总结出注意点,可以使学生印象深刻。】

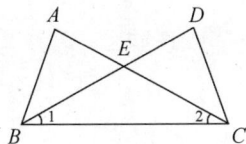
图 4

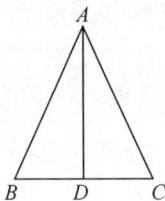
图 5

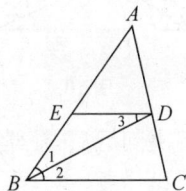
图 6

(三)探索解题方法

1. 计算题

等腰三角形一腰上的高与另一腰所夹的角是 40°,求等腰三角形的顶角的度数。本题有图 7、图 8 两种情况。

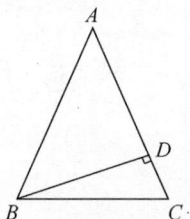

图 7

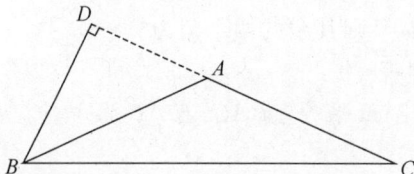

图 8

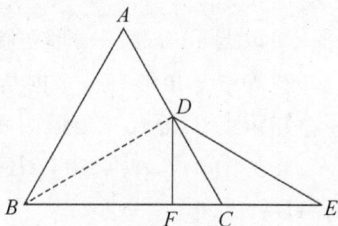

图 9

教师指出:分类思想在等腰三角形中体现得尤为淋漓尽致,同学们应已充分体验到了分类讨论。在解决等腰三角形问题遇边、遇角、遇(腰上的)高时,要想到分类讨论。

2. 证明题

如图 9,在等边△ABC 中,D 是 AC 边上的中点,延长 BC 到 E,使 CE=CD,F 是 BE 的中点,则 DF 与 BE 垂直吗?请说明理由。

教师引导学生归纳出一类常用辅助线:见中点,连中线,并体验到等边三角形的特殊性。

3. 组合题

(a)计算:如图 10,△ABC,∠1=∠2,∠3=∠4,FD∥AB,FE∥AC,且 BC=10,则 △FDE 的周长是多少?

(b)证明:如图 11,∠ABC 的平分线 BF 与∠ACB 的平分线 CF 相交于点 F,过 F 作 DE∥BC,交直线 AB 于 D,交直线 AC 于 E,求证:BD+CE=DE。

教师指出(a)(b)两题都遵守同一条规律:"角平分、线平行",则"形等腰"。那么下面这一题能否利用这一规律解决呢?

(c)探究:如图 12,∠ABC 的平分线 BF、△ABC 的外角平分线 CF 相交于点 F,过 F 作 DF∥BC,交直线 AB 于 D,交直线 AC 于 E,那么 BD、CE、DE 之间有什么关系?请加以证明。

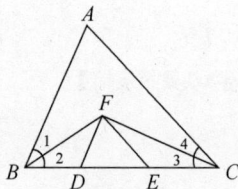

图 10

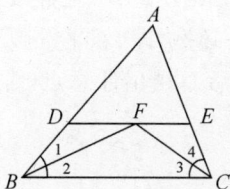

图 11

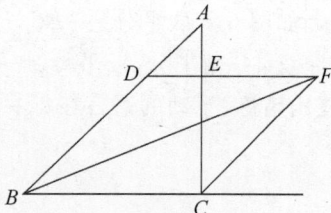

图 12

解决问题后,让学生从中体验数学问题中蕴含的规律性。

4. 操作题

如图 13,△ABC 中,AB=AC,∠A=36°,你能否剪两刀将△ABC 分成三个等腰三角形,请将剪痕画在三角形中。

让学生合作讨论,动手操作,教师适当引导:符合条件的三角形有何特点?(看法:都拥有一个 36°角),怎么样才能完成任务?(做法:再造一个 36°角)这样的看法和做法都是基于一个什么原理?(想法:同一三角形中,等角对等边)并使学生体验到数学的实践性。

【在这一单元的学习中,涉及了计算、证明、探索、操作等多种题型,形式丰富,学习方式多样,而且并不是为解题而解题,每一题都引导学生有所归纳、有所收获、有所体会。】

(四)反思再认成果

首先要求学生理一理:在本课的学习中你感受了……回顾了……体验了……

然后在学生回答的基础上,归纳出"三个四",即

四大视角 $\begin{cases} \text{边} \quad \text{两腰长相等(等角对等边)} \\ \text{角} \quad \text{两底角相等(等边对等角)} \\ \text{内部} \quad \text{三线合一} \\ \text{整体} \quad \text{轴对称图形(对称轴是直线)} \end{cases}$

四点注意 $\begin{cases} \text{同一三角形是必须} \\ \text{等腰三角形是前提} \\ \text{等边三角形是特殊} \\ \text{"双平等腰"是必然} \end{cases}$

四种体验 $\begin{cases} \text{分类性} \quad \text{规律性} \\ \text{特殊性} \quad \text{实践性} \end{cases}$

最后问学生:本节课我们做得最多的是什么? 在学生回答是解题后,引出:

数学家苏步青说:学习数学要多做习题,边做边思索。先知其然,然后知其所以然。

在日常教学实践活动中,"复习课最难上"是许多数学教师经常发出的感叹,它既不像新授课那样有"新鲜感",又不像练习课那样有"成就感",而且教师在上复习课时遇到了许多问题,如:学生听课注意力不集中,学生学习积极性、主动性差,学生听起课来感到乏味等等,结果,花费了大量的时间和精力,效果却不是很明显。

对此,本课作了很好的示范:首先从天安门、北京民族文化宫、俄罗斯冬宫等精美图片中让学生体会等腰三角形的对称之美,激发学生的学习兴趣。接下来用一组简单的习题复习了全部知识点,再用特选的题组强调了知识应用的四个注意点,并用简单通俗的语句加以总结,加深了学生的记忆,整堂课"一题一得一体验"贯穿始终,极大地提高了复习的效率。

全课按板块设计,分为四个单元,脉络清晰,环节分明,授课思路非常清楚。注意创设生动的教学情景,时时运用精到、合理的语言进行小结和归纳,整节课顺畅、自然,教学效果好,做到了多方位地处理教学过程,富有深度地挖掘教材,千方百计地调动学生,努力使学生在思考问题时"好思",解决问题时"好做",回顾问题时"好记"。

最后用数学家苏步青的话告诫学生学习数学不但要多练,更要多思,起到了画龙点睛的作用。

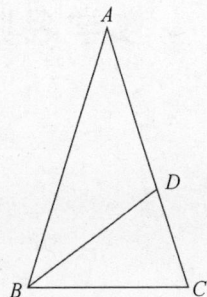

教学名师：张宏政

追求自然、简约、深刻的数学课堂

人物档案

　　张宏政，浙江省特级教师，教授级中学高级教师，宁波大学硕士研究生兼职导师，浙江省网络名师工作室主持导师，舟山市首批名师工作室挂牌名师，现任舟山第一初级中学副校长（主持工作）兼党支部副书记。

　　从教近 30 年来，专心致力于初中数学教育教学研究。曾参与编写了《新课标数学竞赛通用教材》《高分直通车》《初中数学解题思想方法技巧》等多本竞赛辅导用书，有 40 多篇论文在省级以上数学期刊发表，5 篇被《初中数学教与学》全文转载；主持省"十一五"重点课题"基于高效教学的初中数学教学设计的模式研究"获浙江省教科研成果二等奖，省规划课题"寄宿制初中不良群体学生的生成原因及转化策略"获 2006—2007 年度浙江省优秀教科研成果三等奖。曾获省数学竞赛优秀指导教师、省义务教育课程改革先进个人、舟山市优秀教师、舟山市优秀共产党员、南海实验学校十佳优秀教师等荣誉称号。近年来，应浙江大学教育学院、浙江外国语学院、浙江师范大学、宁波大学、杭州师范大学及各地教研部门的邀请，他为来自河南"国培计划"、青海优秀特岗教师、新疆阿克苏双语教师、山西名师班学员，以及浙江各地的初中数学教师开设观摩课或学术讲座 50 余场，屡获好评。

一、教会学生研究数学的基本套路

在日常的教学实践中,既要关注"怎么教"的问题,又要关注"教什么"的问题,这是因为数学教育,自然是以"数学"内容为核心,数学教学的优劣,自然应该以学生是否能学好"数学"为依归,也就是说,方法与手段必须为数学内容服务。数学教师的数学理解水平,直接决定了学生的数学理解水平,影响了学生的数学认知兴趣和数学认知能力的发展。因此,我们在对教学内容进行设计时,一定要切实了解数学知识的背景及逻辑关系,理解内容所反映的思想方法,把握知识的多元联系,充分挖掘数学知识背后所蕴含的科学方法、理性精神,以做到既教知识,又教方法,既重结果,又兼顾过程。

【案例1】 等腰三角形概念及性质探究课堂实录。

教学片段1

(请学生朗读)定义、性质、判定——几何研究的三个内容;观察、猜想、论证——几何学习的基本途径。

师:大家都知道,几何是一门直观与逻辑相结合的学科。下面就让我们从观察开始进入今天的学习之中(出示图1与问题)。

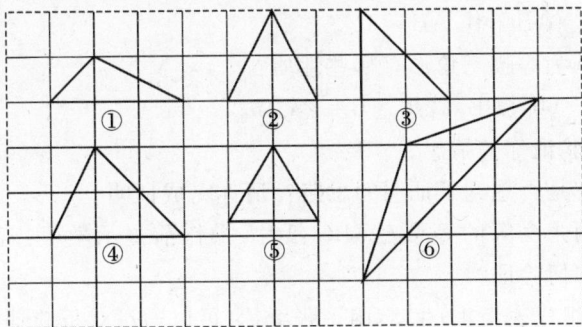

图1

观察上面六个三角形,你认为是否存在特殊的三角形,若存在,是哪几个? 特殊在什么地方?

生1:我认为②③⑥是一类,它们都有两条边相等;⑤也是一类,它的三边相等。

师:大家都同意他的观点吗?

生2:三边相等其实也可以包含在两边相等之内,所以②③⑤⑥都可以算一类。

师(看到个别学生还有一点疑惑):哦,看来个别学生还有疑惑。举个例子吧,今天有很多老师来听课,那么听课的女老师是老师吗?

生众:那当然是的。

师:所以,三边都相等的三角形包含在两边相等的三角形中,好,为了研究方便,请给这一类三角形取个名字,并且下一个定义吧。

生众:叫等腰三角形吧,它的定义是:至少有两边相等的三角形叫等腰三角形。

师:非常好,这样三角形按边分类就是:

三角形 { 不等腰三角形
等腰三角形 { 仅有两边相等的三角形
等边三角形——三边都相等的三角形

下面我们来了解等腰三角形的一些概念(PPT 呈现)。

如图 2 所示,已知△ABC 中,AB＝AC,则△ABC 就是等腰三角形。

等腰三角形中,相等的两边都叫腰,另一边叫底边。

两腰的夹角叫顶角,腰和底边的夹角叫底角……

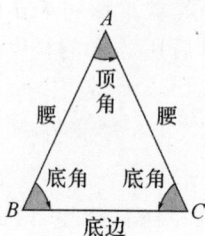

图 2

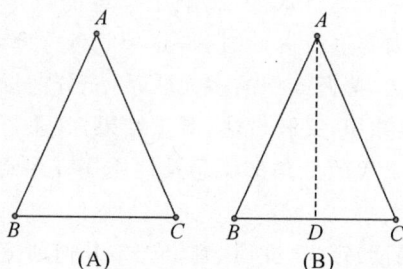

图 3

教学片段 2

猜想、验证、证明。

如图 3(A),已知△ABC 中,AB＝AC。

◆通过观察,你认为等腰三角形有哪些性质?

生众:∠B＝∠C。(师板书:猜想∠B＝∠C)

◆请你通过操作验证你的猜想。

◆由操作方法,你是否想到了证明的思路? 请你完成证明。

(给每个小组发两张全等的等腰△ABC 纸片,操作前提示学生:若用一张纸片如何验证,用两张纸片又该如何验证?)

(约 7 分钟后,小组代表汇报)生 3:用一张纸片,可以通过对折验证。若用两张纸片,可以把第一个三角形的∠B 与第二个三角形的∠C 重叠在一起验证。

师:那你们组是如何证明的呢?

生 3:如图 3(B),作∠A 的平分线 AD,则∠BAD＝∠CAD,又因 AB＝AC,AD＝AD,故△ABD≌△ACD,所以∠B＝∠C。

如图 4,因为 AB＝AC,AC＝AB,BC＝CB,所以△ABC≌△ACB,所以∠B＝∠C。

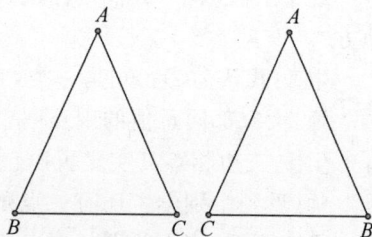

图 4

生 4(补充道):也可以用 SAS 证明,因为还有∠A＝∠A。

师:很不错,学习数学就是学习转化。两种方法都是把证明角相等的问题转化成证明全等三角形的问题,可谓殊途同归。但第一种是把三角形分割成一对全等三角形,第二种则是无中生有,复制出一对全等三角形,真是条条大道通罗马啊。那么,通过第一种证明还能得到哪些副产品?

生5：因为△ABD≌△ACD，所以 $BD=CD$，∠BDA=∠CDA=90°，故等腰三角形顶角的平分线、底边上的高线与中线互相重合。

生6：因为△ABD≌△ACD，所以等腰三角形还是轴对称图形，角平分线 AD 所在直线是它的对称轴。

师：非常好，这样我们就从边、角、重要线段、整体这四个视角分别诠释了等腰三角形的定义与性质。（余略）

为什么要这么设计？

不妨让我们先看看教材的安排。等腰三角形从概念到性质共设计 3 个课时进行探索，其中第 1 课时了解等腰三角形的概念，掌握等腰三角形的轴对称性（基于操作基础之上的感性认识）并应用，第 2 课时先探究等腰（等边）三角形角的性质，第 3 课时再探索等腰三角形的三线合一性质。同时，教材对等腰三角形的概念是通过"在小学我们已经学过，有两边相等的三角形是等腰三角形"这样一段文字直接给出的，缺少为什么要研究的动因，而教材对性质探究的安排又人为割裂了知识发生发展的过程与相互联系，按照这样的设计展开教学，容易让学生只见树木，不见森林，难以对几何的基本研究套路形成清晰而完整的认知，于是便有了本课一气呵成的重组：从若干三角形中寻求特殊（按边特殊分类）→定义等腰三角形（提出课题）→研究性质→观察猜想→验证解释→分析证明→巩固运用→归纳小结。这样的设计，遵循了学生的认知规律，既为后面直角三角形（按角特殊分类）的教学进行了铺垫，也为今后让学生自主研究特殊平行四边形奠定了必要的方法基础。

而本课的教学重点是等腰三角形性质的探究，因此，如何让学生自主发现证明思路就是本课的关键事件。事实上，多年的教学实践经验告诉笔者，第一种证明思路学生容易想到，而第二种证明思路学生确实不容易想到。于是，本设计借用了两张全等的等腰三角形纸片，让学生在自主验证猜想的过程中发现两种证明的思路，并在后面的方法对比环节让学生从思想方法的高度体验两种证明思路的本质是一致的。值得一提的是，这样的设计是可行也是有效的，学生在后面探究勾股定理逆定理的时候，就比较自然地想到了复制一个直角三角形进行证明。

二、"变"出效率

众所周知，复习课的教学既要帮助学生梳理基础知识，建立知识联系，形成认知网络，又要帮助学生深入体验数学思想方法，感悟数学基本经验，进而有效提升学生的思维能力，但这势必会造成教学时间、学生差异及内容安排之间的突出矛盾。因此，由一个初始问题（图形）入手，通过变式进行有效串联，由浅入深，层层深入，自然生成课堂的全部内容，既符合学生的认知心理，兼顾了不同层次学生的不同复习要求，也能使学生有相对充裕的时间对问题进行深入探讨，从而让思维在交流中得以增值，方法在比较中得以优化，数学本质在思考中得以凸显，并有效达成预期的教学目标。

【案例2】　反比例函数专题复习课。

1.提供图像线索，梳理相关知识

问题1：如图 5，根据图像，你能得到什么信息？

生1：这是反比例函数的图像，故解析式可设为 $y=\dfrac{k}{x}$，因双曲线在一、三象限，故 $k>0$，且在每一象限内，y 随 x 增大而减小。

师：还有吗？

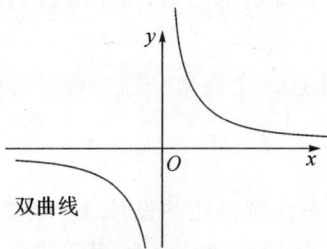

双曲线

图 5

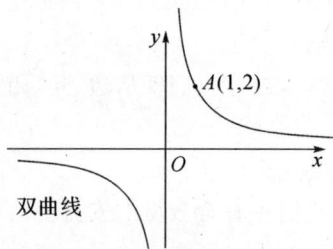

双曲线

图 6

生 2：双曲线关于原点成中心对称，且关于直线 $y＝x$ 和直线 $y＝-x$ 成轴对称；图像虽无限接近于坐标轴，但与坐标轴永不相交。

师：看来，同学们对反比例函数的性质都理解得不错，若这条双曲线经过点 $A(1,2)$（如图 6），你还能得出哪些信息？

生众：可求出 $k＝2$。

问题 2：对于函数 $y＝\dfrac{2}{x}$，当 $x≥1$ 时，y 的取值范围是什么？当 $y＜2$ 时，x 的取值范围又是什么？

生 3：当 $x≥1$ 时，$0＜y≤2$，当 $y＜2$ 时，$x＜0$ 或 $x＞1$。

2. 突出本质特征，强化基本方法

问题 3：作直线 AO 交另一条曲线于点 B（如图 7），你又能得出什么结论？请简述你的理由。

生 4：点 $B(-1,-2)$。因为双曲线是中心对称图形，因此，A、B 两点关于原点成中心对称，所以点 $B(-1,-2)$。

生 5：可求出直线 AB 的解析式为 $y＝2x$。

师：若记直线 AB 的解析式为 y_1，那么当 x 取何值时，$y_1＜y$ 呢？

生 5：观察图像可知，当 $x＜-1$ 或 $0＜x＜1$ 时，$y_1＜y$。

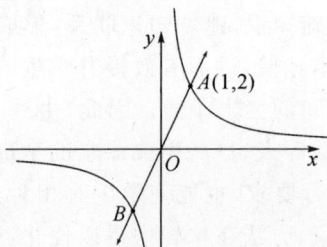

图 7

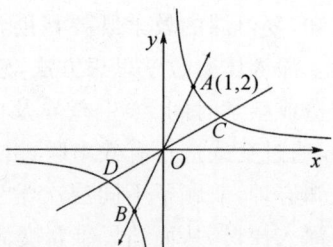

图 8

师：如图 8，再作一条过原点的直线 $y＝\dfrac{1}{2}x$，分别交双曲线 $y＝\dfrac{2}{x}$ 于点 C、D（点 C 在第一象限），你还能得出什么结论？

生 6：把 $y＝\dfrac{2}{x}$ 和 $y＝\dfrac{1}{2}x$ 联立解方程组，方程组的解就是点 C 和点 D 的横、纵坐标。可

以求出点 $C(2,1)$、$D(-2,-1)$。

师：唔，很不错。在此基础上，你们还可以得到哪些结论？

生 7：还可以得出，当 $x<-2$ 或 $0<x<2$ 时，$\dfrac{2}{x}>\dfrac{1}{2}x$；当 $x>2$ 或 $-2<x<0$ 时，$\dfrac{2}{x}<\dfrac{1}{2}x$；当 $x=-2$ 或 $x=2$ 时，$\dfrac{2}{x}=\dfrac{1}{2}x$。

师：通过本题的解决，我们可以看到，方程、不等式与函数之间存在内在的联系。从图像上看，方程组的解所对应的有序数对就是函数的交点坐标；不等式的解就是函数的部分图像所对应的 x 的值。因此，方程组、不等式问题除了用代数法解决，还可以用图像法来解决。

3. 代数几何一体，方法能力共生

问题 4：如图 9，过点 A、C 作直线，分别交 y 轴、x 轴与点 I、J，这样你们又能得到些什么结论呢？

生 8：可以求点 I、J 的坐标。

师：如何求？

生 8：先求直线 AC 解析式，求出来是 $y=-x+3$，再把 $x=0$，$y=0$ 分别代入，求出 I 的坐标为 $(0,3)$，J 的坐标为 $(3,0)$。

师：非常不错。进一步还能求什么？

生 9：还可以求出很多三角形的面积。$\triangle AOI$ 的面积等于 $\dfrac{1}{2}\times3\times1=\dfrac{3}{2}$，$\triangle OCJ$ 的面积等于 $\dfrac{1}{2}\times3\times1=\dfrac{3}{2}$，$\triangle AOC$ 的面积……

师：刚才这位同学求 $\triangle AOC$ 的面积时遇到了一点小麻烦，现在我们都来帮他算一算。每个同学独立完成后，请与组内成员先交流，看看方法是否一致，各学习组长整理下不同的解题方法后，请各小组派代表发言。

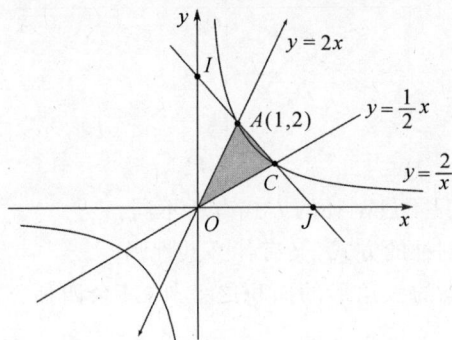

图 9

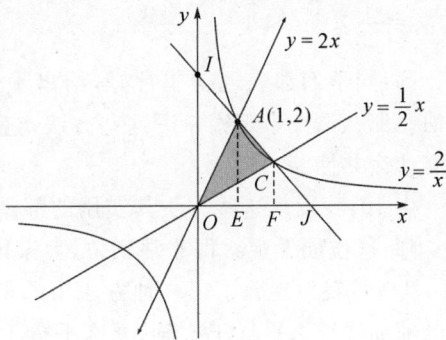

图 10

（约 8 分钟后，各组代表分别上台呈示了下列方法）

解法 1　如图 9，$S_{\triangle AOC}=S_{\triangle AOJ}-S_{\triangle OCJ}=\dfrac{1}{2}\times3\times2-\dfrac{1}{2}\times3\times1=\dfrac{3}{2}$；

或 $S_{\triangle AOC}=S_{\triangle OCI}-S_{\triangle AOI}=\dfrac{1}{2}\times3\times2-\dfrac{1}{2}\times3\times1=\dfrac{3}{2}$。

名师教学艺术与成长经验（上）

解法 2 如图 10，分别过点 A、C 作 $AE \perp x$ 轴于 E，$CF \perp x$ 轴于 F。

$$S_{\triangle AOC} = S_{\triangle AOE} + S_{\text{梯形}AEFC} - S_{\triangle COF} = S_{\text{梯形}AEFC} = \frac{1}{2} \times (1+2) \times 1 = \frac{3}{2}.$$

解法 3 如图 11，构造矩形 $OFHG$，$S_{\triangle AOC} = S_{\text{矩形}OFHG} - S_{\triangle AOG} - S_{\triangle AHC} - S_{\triangle COF} = \frac{3}{2}.$

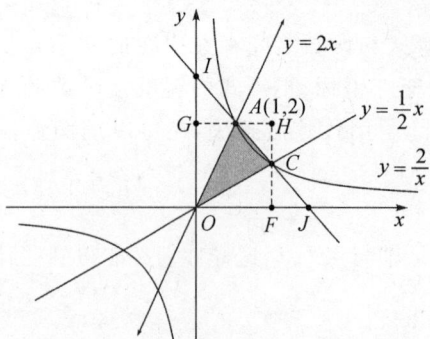

图 11

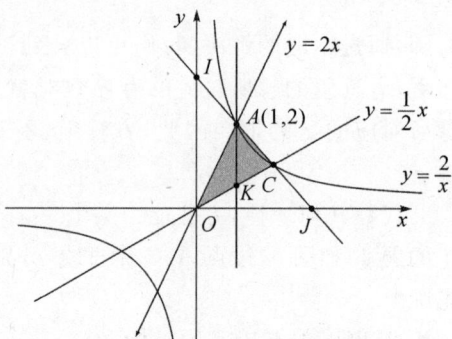

图 12

解法 4 如图 12，过点 A 作 y 轴的平行线交直线 OC 于点 K，把 $x=1$ 代入 $y = \frac{1}{2}x$ 得 $y = \frac{1}{2}$，所以 $K\left(1, \frac{1}{2}\right)$，$KA = 2 - \frac{1}{2} = \frac{3}{2}$，则 $S_{\triangle AOC} = S_{\triangle AOK} + S_{\triangle AKC} = \frac{1}{2} \times \frac{3}{2} \times 1 + \frac{1}{2} \times \frac{3}{2} \times 1 = \frac{3}{2}.$

解法 5 如图 13，过点 C 作 x 轴的平行线交直线 OA 于点 P，把 $y-1$ 代入 $y = 2x$ 得 $x = \frac{1}{2}$，所以 $P\left(\frac{1}{2}, 1\right)$，$PC = 2 - \frac{1}{2} = \frac{3}{2}$，则 $S_{\triangle AOC} = S_{\triangle OPC} + S_{\triangle APC} = \frac{1}{2} \times \frac{3}{2} \times 1 + \frac{1}{2} \times \frac{3}{2} \times 1 = \frac{3}{2}.$

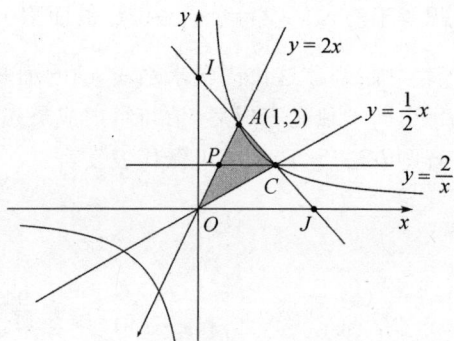

图 13

师：同学们都表现得非常好，给出了这么多的解法。那么请大家观察一下这些方法，它们之间有没有什么共性？

生 10：我发现这些方法其实用的都是割补法，只不过割补的方式有所不同。

师：这位同学观察得非常到位，大家再看这些割补的方式，又有什么共性吗？

生 11：我发现除了第一种方法用的是两个现成的三角形的面积之差外，其余四种方法添的辅助线要么平行于 x 轴，要么平行于 y 轴。

师：嗯，观察得非常仔细。因为坐标系中平行于 x 轴或 y 轴的线段的长度比较容易用坐标来表示，这样利用平行两坐标轴的直线割补出来的图形面积相对而言比较容易求。所以，化斜为直进行割补是我们解决坐标系中几何问题的一般思路。好了，既然已知反比例函数的解析式能求一些图形的面积，那么，若已知图形的面积，是否能倒过来求反比例函数的比例系数 k 呢？让我们再看下面的问题。

问题 5：如图 14，若矩形 $OFHG$ 与反比例函数 $y=\dfrac{k}{x}$ 的图像相交于点 A、C，且 $HC=CF$，四边形 $AOCH$ 的面积为 8，求 k 的值。

生 12：连结 OH，由图易得 $S_{\triangle AOG}=S_{\triangle OCF}=\dfrac{k}{2}$，所以 $S_{矩形 OFHG}=\dfrac{k}{2}+8+\dfrac{k}{2}=k+8$。

又因为 $HC=CF$，所以 $S_{\triangle OFH}=2S_{\triangle OCF}=k$，

所以 $S_{矩形 OFHG}=2S_{\triangle OFH}=2k$，

所以 $k+8=2k$，故 $k=8$。

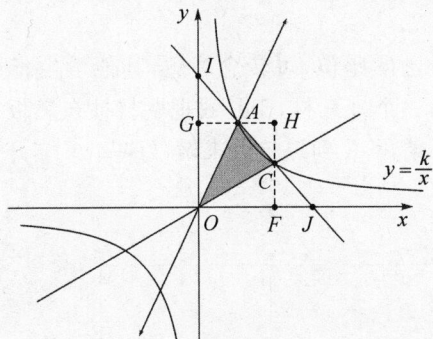
图 14

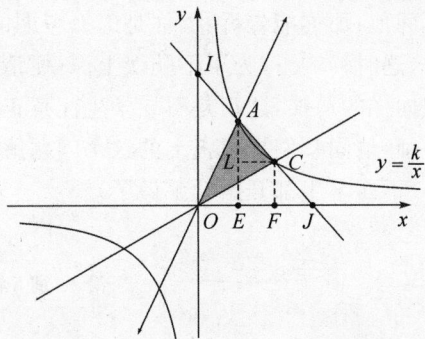
图 15

变式 1：如图 14，若矩形 $OFHG$ 中，$HC=nCF$，四边形 $AOCH$ 的面积为 8，求 k 的值。

生 13（经过几分钟的思考）：方法是一样的。

因为 $HC=nCF$，所以 $S_{\triangle OFH}=(n+1)S_{\triangle OCF}=\dfrac{(n+1)k}{2}$，

所以 $S_{矩形 OFHG}=2S_{\triangle OFH}=(n+1)k$，则 $k+8=(n+1)k$，故 $k=\dfrac{8}{n}$。

变式 2：如图 15，若直线 $y=ax$ 与 $y=bx$ 分别与反比例函数 $y=\dfrac{k}{x}$ 的图像相交于点 A，C，直线 AC 交 x 轴于 J 点，且 $S_{\triangle AOJ}=12$，$AC=CJ$，你还能求出 k 的值吗？

生 14：设点 $A(a,b)$，再过 A，C 作 x 轴的垂线，垂足分别为 E，F，则 $OE=a$，$AE=b$，再过 C 作 $CL\perp AE$ 于 L，则 $\triangle ALC\cong\triangle CFJ$，这样 $EF=FJ$，因 $CF=\dfrac{1}{2}AE$，所以点 C 的纵坐标为 $\dfrac{b}{2}$，又点 C 在反比例函数图像上，故点 C 的横坐标为 $2a$，于是 $EF=a=FJ=OE$，因 $S_{\triangle AOJ}=12$，所以 $\dfrac{1}{2}\times 3ab=12$，得 $ab=8$，即 $k=8$。（余略）

三、把握生成，成就精彩

什么是教学的智慧？教学的智慧就是遵循教学规律，洞悉教学现象，应对教学事件，驾驭教学活动中所表现出来的创造性及其能力。不难知道，教学智慧首先来自教学实践，丰富的教学经验成为生成它的前提。教学智慧还表现为对经验的超越，不仅善于预设引发学生兴趣、想象和思维的情境，润物细无声地抵达预期的目标，而且善于把教学现场的偶然因素转化为教学机会，因势利导地把教学引向深入，从而成就课堂的精彩。

追求自然、简约、深刻的数学课堂

【案例3】 老师，我为什么错了？

一天，我刚走进教室就有个学生 A 来问一个问题，题目是这样的：

如图16，一圆柱体的底面周长为24cm，高 AB 为4cm，BC 是直径，一只蚂蚁从点 A 出发沿着圆柱体的表面爬行到点 C 的最短路程大约是　　　　　　　　　　　　　（　　）

A. 6cm　　　　　B. 12cm　　　　　C. 13cm　　　　　D. 16cm

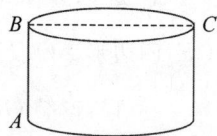

图 16

生 A：老师，我做出的答案 13cm 为什么错了？

我仔细看了题目，明白了这是由于不认真审题，并且受思维定势影响而产生的错误，于是反问他：那你能告诉我，你是怎么考虑的吗？

（这时铃响了，为了不耽误上课，便请他回到自己的座位，可转念一想，其他学生肯定也会犯同样的错误，这正是引导学生注意正确审题的一个好素材，于是我把题目抄在黑板。）

师：请同学们把黑板上的这个问题解决一下！请生 A 到黑板上来做，好吗？

（下面学生都开始动手做了）

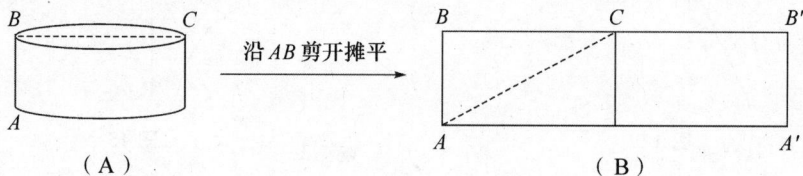

沿AB剪开摊平

（A）　　　　　　　　　　　　　（B）

图 17

生 A：解：如图17（B），因为底面圆的周长为24cm，所以 $BB'=24$cm。

又因为点 C 是 BB' 的中点，所以 $BC=12$cm。

因为 $AB=4$cm，所以在 Rt$\triangle ABC$ 中，根据勾股定理得：$AC^2=AB^2+BC^2$，

$AC=\sqrt{AB^2+BC^2}=\sqrt{4^2+12^2}=\sqrt{160}\approx13$，

所以答案选 C。

（下面的学生基本上也都做好了，有的在看黑板的解答过程。）

师：下面请生 A 来说说你的想法吧！

生 A：应用两点之间线段最短，这里就是线段 AC 的长。

（下面马上就有很多附和的声音，"对呀！""不就是这样嘛！""有什么不对吗？"……）

师：在这个圆柱体的表面上像生 A 计算的线段 AC 长一定是最短距离吗？难道真的没有比这个距离更短的了吗？

（"表面"两字我特别加重了语气。这是"应发而未发""无疑却有疑"之处，可以有效激发学生思维的"兴奋点"。）

一石激起千层浪，绝大部分学生很快进入了探索状态。

生 B：老师，从 A 点先竖直向上爬到 B 点，再沿直径 BC 爬到 C 点，这样算不算？

师：同学们，你们说算不算？（学生议论开了，但说法不一。）

生 C：我认为算的，因为题目说的是在表面上，而表面包含侧面和底面，这条路线可以走。可我认为不会是最短，它是折线了，应该是线段最短的。（很多学生投给他赞同的目光。）

生 B（很不服气的样子）：既然可以走，那我计算过了，它比刚才的要短！（他又补充了一句）就是高加直径。

师：那请你给同学们在黑板上演算一下好吗？

生 B：解：如图 17（A），因为底面圆的周长为 24cm，所以直径 $BC=\dfrac{24}{\pi}\approx7.64$cm，

所以最短路程$=AB+BC=4+7.64=11.64\approx12$cm，所以选 B。

（教室里一片哗然。"真的比刚才短了！""厉害！""我怎么没想到呢"……）

我暗自得意，目的达到了。正当我准备收场时，突然有个学生举手了。

生 D：老师，是不是类似以上的题目，如果条件说在侧面上的话应该是把圆柱体按某条高线"剪开"然后摊平再计算两点之间的线段长；如果条件说在表面上的话应该是计算圆柱体的高和其底面直径之和？

（多数学生对他的概括表示赞同。）

没有充分准备的我被他这样一问愣了一下，说实话对这个问题以前我的确也没有深究过，但直觉告诉我这里肯定有点问题，所以我在脑子里突然闪出这样一个念头：我准备的课不上了，就陪你们"玩"下去。

师：生 D 概括得很好，可真实情况是不是像他所说的呢？同学们有没有兴趣探究一下？

学生：有！（情绪都很高涨。但感到无从下手，思考中……）

（有个学生开始打破了僵局。）

生 E：画个和上面不一样的圆柱体来算算看好了。（他给出了图 18，而且把条件改了一下，即设 $AB=24$cm，底面的周长为 5cm。）

师：按照这位同学说的大家来算算会怎样！

（过了一会儿）

生 F：若按先"剪开"后摊平计算两点之间线段则为24.13cm；若按先竖直向上后爬直径计算则为 25.59cm。和刚才的情况不一样了，生 D 说错了！

（教室里像煮沸的油锅，一片议论声。）

师：这是怎么回事啊？

生 E：大概与圆柱体的形状有关吧！

（下面的学生：是的，是的，与形状有关！"胖矮"的走"直径＋高线"，"瘦长"的走"剪开摊平后两点之间的线段"。课堂上洋溢着快乐、轻松的气氛，也有学生收获后的喜悦。）

突然！

生 F：老师，那有没有两条线路都可以走的时候？

师：生 F 问得好！既然我们已经知道走哪条线路与圆柱体的形状有关，那么到底"胖矮"与"瘦长"的标准是什么？用什么来界定呢？

（学生沉静下来，苦思冥想中……过了一会儿。）

生 H：我认为两条线路相等时就是分界点。可我猜不出这个圆柱体是怎样的。

生 I：我想设高线为 h，底面的半径为 r，通过路线长度相等，一定能找到关系！

（多么漂亮的回答！想到了由特殊到一般的思维方法，我由衷钦佩学生的智慧和勇气。）

师：那你能带领同学们一起找找吗？（学生 I 勇敢地走上了讲台，在黑板上解了起来。）

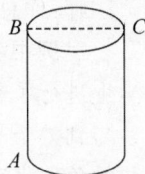

图 18

生 I：解：设 $AB=h$，$BC=2r$。

1. 如图 19：设 $A \rightarrow B \rightarrow C$ 路程为 S_1，则 $S_1=h+2r$。

2. 如图 19：设 AC 路程为 S_2，则 $S_2=\sqrt{h^2+\pi^2 r^2}$。

当 $S_1=S_2$ 时，$h+2r=\sqrt{h^2+\pi^2 r^2}$，

即 $(h+2r)^2=h^2+\pi^2 r^2$，

即 $4hr+4r^2=\pi^2 r^2$，

因为 $r \neq 0$，所以 $4h+4r=\pi^2 r$，

所以当 $\dfrac{r}{h}=\dfrac{4}{\pi^2-4}\left(或\dfrac{2\pi r}{h}=\dfrac{8\pi}{\pi^2-4}\right)$ 时，$S_1=S_2$，即两条线路爬行路程相等。

（学生给予他热烈的掌声。）

生 H：我知道了！

① 当 $\dfrac{r}{h}<\dfrac{4}{\pi^2-4}\left(或\dfrac{2\pi r}{h}<\dfrac{8\pi}{\pi^2-4}\right)$ 时，$S_1>S_2$，即选择"先剪开后摊平再计算两点之间线段的长度"；

② 当 $\dfrac{r}{h}=\dfrac{4}{\pi^2-4}\left(或\dfrac{2\pi r}{h}=\dfrac{8\pi}{\pi^2-4}\right)$ 时，$S_1=S_2$，即两条线路爬行路程相等；

③ 当 $\dfrac{r}{h}>\dfrac{4}{\pi^2-4}\left(或\dfrac{2\pi r}{h}>\dfrac{8\pi}{\pi^2-4}\right)$ 时，$S_1<S_2$，即选择"直径＋高线"计算。

师：你总结得太好了！……

图 19

案例中我面临学生的挑战，没有消极处理，而是积极顺应学生已经展开的思维活动与学生进行了平等的对话交流。在整个探究活动中，以一个组织者、引导者和合作者的身份参与到整个教学活动之中，并适时给予激励性的评价，从而成就了本课的精彩。因此，从智慧的角度来审视教学，教得如何并不重要，重要的是学生学得怎样。教是为了成就学，甚至可以有无教之学，不能有无学之教。懂得教为学让步之日，也许就是教学智慧滋生之时。我想这应该是为师者追求的境界吧！

★ 成 长 经 验

爱心铸就师魂，方法成就智慧

从普通教师成长为一名小有名气的省特级教师，按世俗的眼光，我在教育这个行业干得还算成功。但自己也清醒地认识到，无论是教育视野，还是教学技艺，抑或是研究能力，自己距离真正的名师还有很长的路要走。但细细回顾 28 年来自己的成长足迹，既有入职时的无奈，也有遇到发展瓶颈时的彷徨；既有怀揣教育理想时的豪情，也曾有过面对工作压力时的退缩；既有享受职业幸福的成就与满足，也有着面临教育困境时的挫败感。但支撑自己不断进步的动力源泉，则是来自对待教育的事业之心，对待专业的敬畏之心，以及对待教育研究的进取之心。

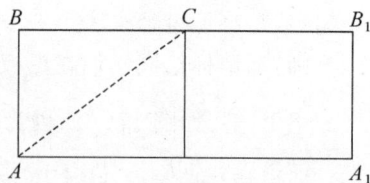

一、爱是教育的源泉

夏丏尊先生说过："教育没有情感，没有爱，如同池塘没有水一样；没有水，就不能称其为池塘，没有情感，没有爱，也就没有教育。"教育本就是一种以心育心、以德育德、以生命育生命的精神劳动。教育的本质应该是追求学生真实的生命成长，促进学生生命质量的超越，最终成就孩子的未来幸福。作为教师，心中有了学生，有了作为完整的人的学生，才可能拥有正确的教育预设，才可能形成一股积极的力量来教育。因此，要做一名好老师，首先应投入全身心的力量去爱学生，爱教育。只有这样，你才能获得事业上的乐趣。

教育，既需要母亲般的仁爱，也需要尊重、宽容和民主。尊重学生就是承认每个学生都是独一无二的生命个体，就是要承认他们的认知差异与个性特质。因为尊重，你在教学设计时除要考虑教学内容的逻辑起点外，也要思考学生的生活经验与认知起点，更要善于从学生的角度去思考问题，这是教育的起点，也是你课堂成功的基础。当然，也因为尊重，你要多一把衡量学生的尺子，多一点帮助困难学生的耐心，多一份静待花开的信心。

而宽容，则是课堂生活的起点。因为宽容，学生才敢于道出困惑，才敢于质疑，才敢于创造；因为宽容，教师才能知道学生的困惑，才能听到质疑的声音，才能判断教学的下一个方向在哪里。只有有了宽容，师生真正的思维对话与碰撞才得以展开，课堂也才会被演绎得波澜起伏。

当然，仅有尊重与宽容的课堂还是不够的。因为教学民主的核心是思维民主，是师生间的平等对话、理性辩论，是对真理怀有共同的敬畏之心。因此，你的课堂要少一点服从，多一些民主，力争做到既讲原理，也讲道理，既教知识，也教方法，既讲逻辑，也讲情趣。一句话，让你的课堂充满沟通之美、数学之美与思想之美。这就涉及教师专业能力的问题。

二、提升专业能力是教师发展的关键

教师是专业技术人员，也就意味着教书育人是一个专业性很强的职业。因为我们面对的是活生生的人，这就要求这份职业比其他的行业更需要有专业精神，也就是说，教师除了需要职业操守，还需要专业尊严。

什么是专业尊严？就是一个人在处理问题的时候，使用的方法是科学的、具有专业性的，是行业外的人想不到和做不到的，这样就能彰显你的职业价值和尊严。举个例子来说，面对成绩不好的孩子，你若笼统地对家长说：这个孩子的主要问题是学习习惯差。这个家长可能也认识到了，他也会说这句话，这就没有一点专业性。而如果你能归因出造成该生学习习惯差的主要因素，并协助家长进行有效的干预，慢慢帮助孩子克服这个毛病，这就是一个专业的方法。这其中体现出来的专业性和成就感，就是教师的专业尊严。

而要提升专业能力，就必须持续地学习、实践和反思。作为一名数学教师，既要学习教育学、心理学的一般原理，也要学习数学教育的基本方法；既要深入学习数学的本体性知识，也要学习数学的学科教学知识；既要向书本学习，也要向优秀教师学习；既可以向同学科老师学习，也可以向其他学科教师学习。同时，既要注意理论学习，也要在实践中加以反思。唯如此，才能把书本中死的知识内化为自己的实践智慧，才能真正做到理解数学（掌握知识、方法及其内在逻辑结构），理解教学（遵循教学规律，善于把知识从学术形态转化为教育形态），理解学生（把握学生的认知起点、学习规律与情感规律）。

追求自然、简约、深刻的数学课堂

比如，乘法运算的法则"负负得正"，只是一种规定，而不是推导出来的。先规定运算法则，然后研究运算律是否成立。这样的规定只是为反映客观实际的某种数量关系而产生的一种数系，以此解决有关的实际问题。因此，从理论上说，不讲为什么，只说负负得正是一种规定，让学生记住并能运用，是正确的。但数学理论上正确的东西，落实到教学上并不妥当，因为它不符合学生的学习心理与认知规律；只是抽象的规定，而完全没有现实意义的东西，对学生的思维发展是不利的。正因为如此，在我们的课本上，在我们的教学实践中，才会去设置种种情境，构造许多的模型，再从现实需要中抽象出"负负得正"的规律。这里，本来是抽象的代数结构，被我们生活化了。这里的评判标准不是数学，而是数学教育的需要。

再如，对于乘法公式，教材为什么不从面积问题入手，而从一些特殊的多项式乘法问题引入。两者比较，用面积问题引入乘法公式好像不是更易于学生理解吗？但若对乘法公式在初中数学中的地位和作用进行分析就会发现，多项式的乘法法则是一个一般性的法则，而乘法公式是整式乘法法则的下位概念，是整式乘法法则的特例，这些公式本身的核心在于其结构特征（字母可变，结构不变），而"面积问题"仅仅是从"形"的角度来说明乘法公式的。因此，"面积问题"不应作为教学重点，而应在得到公式后再从几何的角度帮助学生进行解释与理解。也就是说，用"文字描述""符号概括""图形直观"三种基本形式对乘法公式进行刻画，既帮助学生更好理解数学的内在逻辑结构，也教会了学生研究此类问题的基本方法，这是理解数学的需要。

三、让教育研究成为一种生活方式

进入任何一个教育论坛，谈论最多的往往是教育的琐碎和繁杂；问及教师的生活，除了累就是烦……在教师的世界里，总会弥漫着一种让人窒息的东西，那就是职业倦怠。为师之初的那些教育激情，经过时间的冲刷，逐渐在简单的重复与疲于应付中慢慢消失殆尽。究其原因，是我们忘记了教育生活方式的本原，忘记了教师应有的那份研究之心。遇到问题，喜欢就问题解决问题，没有思考，不懂得举一反三，更没有归纳、提炼的意识。长期下去，今天遇到的问题明天依然是问题，问题越来越多，生活越来越复杂，工作越来越单调，最终让麻烦堵住了教育的所有通道，教育也就走进了死胡同。

而要消除职业倦怠，最有效的方法莫过于通过教育研究去把握教育规律，体验教育美好来增强自己的职业幸福感。内容的丰富多彩、对象的千差万别为教育研究提供了无限可能。特别是耕耘在课堂的教师，时时都能遇到鲜活的教育问题，例如：你对一题多解、多题归一等解题策略的思考；在备课时对一个情境、一个片段、一个顺序重置、一个例题讲法、一个活动安排、一个引言、一个结语或一个高潮预设的构思；上课时的偶发事件与应对效果分析；对学生作业中带有普遍性、甚至必然性的错误原因诊断；对某一问题的理解、某一内容教法的正本清源；对变式问题的设计思考；对复习课设计的理论分析与实践；对学困生的成因分析与有效转化策略研究；影响学生数学学习的情感因素分析；等等。这些都是你可以研究的素材，关键是要善于捕捉，不放过任何机会。这和其他研究一样，需要理性，即科学方法，也需要情感，即研究的冲动。一旦我们形成了这样的意识，当遇到教育问题的时候，就绝不会再就事论事，而是利用已有的教育理论和专业知识对问题进行检验、反思和完善，摸索出一套有效解决问题的策略，并在不断的实践中总结规律，继而用它指导以后的教育实践，这是一种最有效的教育研究。也就是说，只有当教育研究成为教师的一种生活方式，当教师能逐步把握教育规律的时候,职业幸福感才会油然而生,教师成长才有可能走上专业发展的快车道。

有专家指出:教育是科学,科学的关键词是探索;教育是哲学,哲学的关键词是思辨;教育是艺术,艺术的关键词是鉴赏。那就让我们一起在丰富多彩的教育实践中不断追求,止于至善吧!

经典课堂

一叶一菩提,一图一世界
——"直角三角形复习"的课堂教学实录与思考

2014年11月24日,浙江嘉善第二届"课博会"初中数学专场在嘉善实验中学隆重举行。笔者作为受邀嘉宾,为与会的400余名教师展示了一堂八年级"直角三角形复习"的观摩课。现将课堂教学实录与自己对教学设计的思考过程整理如下,以飨各位同仁。

一、教学目标

1.通过复习,梳理与巩固直角三角形的性质与判定方法;

2.能运用直角三角形的相关知识解决一些相对复杂的几何问题;

3.进一步体验方程模型、数形结合、分类讨论等基本数学思想在解决问题中的作用,积累解题经验,感悟数学方法。

二、教学实录

(一)提供背景图形,生成相关知识

【问题1】 如图20,已知△ABC中,∠C=90°,你能得出哪些结论?

生1:∠A+∠B=90°,$AC^2+BC^2=AB^2$。

板书:直角三角形的性质:①两锐角互余;②勾股定理。

师:下面老师给出数据,请你们求一下这个三角形的面积。

[想一想]已知△ABC中,∠C=90°,若AB=10,求△ABC的面积。

(沉默了一会)生众:不能求的。

师:为什么?

生众:这个三角形不确定的。

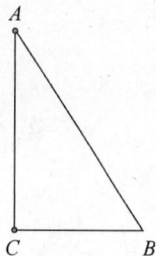

图20

师:哦,那就请你们再添加一个条件后解决下列问题。

生2:我添BC=6,由勾股定理求得AC=8,则面积等于24。

生3:我添∠A=45°,因$AB=\sqrt{2}BC$,$AC=BC=5\sqrt{2}$,面积为25。

生4:我添∠A=30°,则$BC=\frac{1}{2}AB=5$,于是$AC=5\sqrt{3}$,则面积为$\frac{25}{2}\sqrt{3}$。

师:非常好。(板书:③等腰直角三角形的三边之比为$1:1:\sqrt{2}$;④含30°角的直角三角形的三边之比为$1:\sqrt{3}:2$)让我们看下面的问题。

【问题2】 如图21,已知△ABC中,∠C=90°,AB=10,BC=6,若点D为AB边上任意一点,则线段CD的取值范围是多少,为什么?

生 5：当 CD 是 AB 边上的高时最短，这时利用 $S_{\triangle ABC}=\frac{1}{2}\times 6\times 8=\frac{1}{2}\times 10\times CD$，可求 $CD=4.8$，所以 $4.8\leqslant CD\leqslant 8$。

师：（板书：面积法）看来面积法是解决几何问题的一种有效方法。那点 D 还有哪些特殊位置值得研究，这时 CD 的长分别是多少，为什么？

生众：中线与角平分线。

生 5：当 CD 为 AB 边上的中线时，$CD=\frac{1}{2}AB=5$；当 CD 为角平分线时……

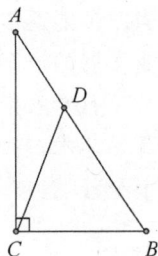

图 21

师：（板书：直角三角形斜边上的中线等于斜边的一半）哦，好像遇到困难了。

请想一想，角平分线有什么性质？

生 5（恍然大悟状）：过点 D 分别作 AC、BC 的垂线段 DE、DF（如图 22），则 $DE=DF$，这时，$\triangle CDE$ 为等腰直角三角形，所以 $CD=\sqrt{2}DE$，但 DE 的长为……

师：请坐。请同学们思考，这么多的高线，你们能联想到什么方法呢？

生 6：还是用面积法求。设 $DE=DF=x$，则 $\frac{1}{2}\times 6\times 8=\frac{1}{2}\times 8x+\frac{1}{2}\times 6x$，解得 $x=\frac{24}{7}$，因此，$CD=\frac{24}{7}\sqrt{2}$。

师：看来，能否对条件中隐含的信息进行充分挖掘，是解题的关键。下面我们把题目中 CD 的位置变一变，刚才的方法还适用吗？

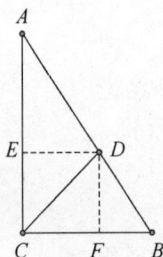

图 22

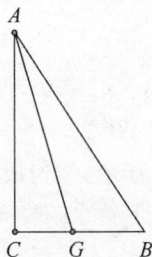

图 23

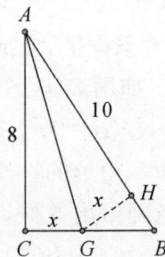

图 24

【变一变】 如图 23，若上述条件均不变，把 $\angle C$ 的平分线改成 $\angle A$ 的平分线 AG，则 AG 的长又为多少？

生 6：面积法还是能用的。过 G 作 $GH\perp AB$ 于 H，设 $GH=CG=x$（如图 24），有 $\frac{1}{2}\times 8\times 6=\frac{1}{2}\times 8x+\frac{1}{2}\times 10x$，则 $x=\frac{24}{9}$，再由勾股定理求 AG 即可。

师：看来，面积法在解决问题中确实具有普遍性，那是否还有不同的方法呢？

生 7：可以利用勾股定理来求。因 $HB=AB-AH=AB-AC=2$，$GB=6-x$，于是得 $x^2+(6-x)^2=4$，从而求出 x，再求 AG。

师：（板书：设元构建方程模型）哦，利用勾股定理构建方程模型也是重要的解题思路。当然，有时需要像本题这样先通过（轴对称）变换，把条件聚集到同一个三角形（$\triangle GHB$）中。

好了，前面我们从角、边、重要线段入手梳理了直角三角形的相关知识，同时对解决问题的方法也有了进一步的体验,下面让我们横向地联系一下。

(二)建立图形联系,体验数学思想

【问题 3】 如图 25,在 $\triangle ABC$ 中,$\angle C=90°$,$AB=10$,$BC=6$,D 为直线 BC 上任意一点,当 CD 等于多少时,$\triangle ABD$ 是等腰三角形?

生 8:当 $AD=AB$ 时,由等腰三角形三线合一性质得,$CD=CB=6$;当 $AB=BD=10$ 时,$CD=CB+BD=16$ 或 $CD=BD-CB=4$。

师:这位同学通过分类求出了不同的答案,那是否还存在其他情况呢?

生 9:他漏了 AB 为底边的情况。如图 26,这时 D 在 AB 的中垂线上,设 $CD=x$,则 $AD=DB=x+6$,因 $AC=8$,故有 $(x+6)^2=x^2+64$,于是 $x=\dfrac{7}{4}$。

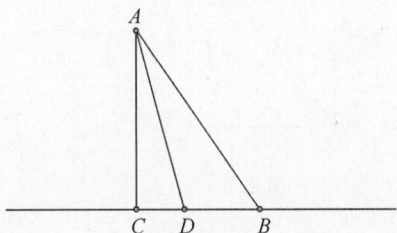

图 25

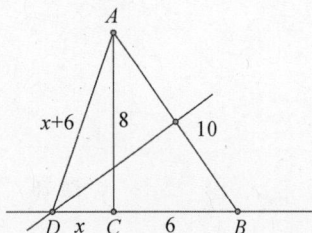

图 26

师:这位同学让我们再一次体会到了利用勾股定理构建方程模型的威力。请同学们根据上述两位同学的想法思考一下,怎样进行分类才能做到不重不漏呢?

生 9:以 AB 为腰或底边分类,当 AB 为腰时,再分 AD 为腰与 DB 为腰两种情况考虑。

师:同学们都理解了吧。若用作图的方法思考,以 AB 为腰时,则点 D 就是以 A 为圆心,AB 为半径的圆弧与已知直线的交点;若 BD 为腰,则点 D 就是以 B 为圆心,AB 为半径的圆弧与已知直线的交点;若 AB 为底边,则点 D 是 AB 的中垂线与已知直线的交点。所以,已知一边与已知直线上的一点构成等腰三角形,可以简单地说成:弧、弧、中垂线。

(三)回溯直角判定,思考策略方法

师:几何学习总是围绕定义、性质与判定来展开的,那如何判断一个三角形为直角三角形呢?请看下面的问题。

【问题 4】 如图 27,已知 $\triangle ABC$ 中,CD 为 AB 边上的中线,若 $AB=10$,$CD=5$,则 $\angle ACB$ 是直角吗?请说明理由。

生 10:利用直角三角形斜边上中线等于斜边的一半。

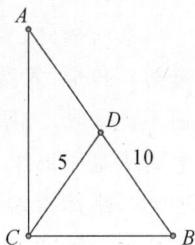

图 27

师:哦,已知直角三角形了还要证直角?这个说法对吗?

生 10(思考了一会):讲错了,应该是用"一边上中线等于这边一半的三角形是直角三角形"。

师:这位同学用到了"直角三角形斜边上中线性质"的逆定理。大家都懂吗,哪位同学能把这个定理重新证明一下。

生 11:因 $AD=CD=BD=5$,故 $\angle A=\angle ACD$,$\angle B=\angle DCB$,而 $\angle A+\angle B+\angle ACD+\angle DCB=180°$,则 $\angle A+\angle B=90°$,故 $\triangle ABC$ 为直角三角形。

师:这位同学用到了"两锐角互余的三角形是直角三角形"的判定方法,同时也帮我们证实了"直角三角形斜边上中线性质"逆命题是一个真命题，非常不错，学习数学就是要知其然，更知其所以然。下面我们再把题目变化一下。

【改一改】 如图 28，若把上题的 $AB=10$ 改为 $AC=8,BC=6$，其他条件不变，则上面的结论仍然成立吗，为什么？

学生交流了几分钟后还是感到没有思路……

师：大家都知道三边长分别为 $6,8,10$ 的三角形用勾股定理的逆定理可以证明它是一个直角三角形，那么由条件能否构造出这样的三角形呢？

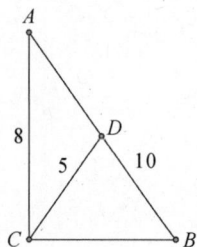

图 28

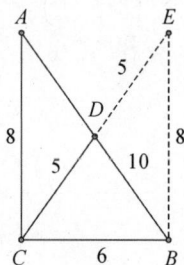

图 29

生 12：那就延长 CD 至 E，使 $CE=10$，连结 BE（如图 29），这样 $AD=BD,CD=DE$，$\angle ADC=\angle EDB$，通过 $\triangle ADC\cong\triangle BDE$ 得到 $BE=AC=8$，$\angle CBE$ 就是直角了。

师：接着呢，我们现在是要证明 $\angle ACB$ 是直角啊。

生 12：证明 $\triangle ABC$ 与 $\triangle ECB$ 全等。因为 $AC=BE,BC=CB$……

师：看来还缺少一个条件。想一想，AC 与 BE 的位置关系如何？

生 12：噢，平行。由 $\triangle ADC\cong\triangle BDE$ 可得到 $\angle A=\angle DBE$，所以 $AC\parallel BE$，这样再由同旁内角互补就得到 $\angle ACB$ 是直角了。

师：很好。这里把分散的条件通过（旋转）变换聚集起来，是几何证明中非常重要的策略，当然，在证题中不能想当然，认真分析已经得到的信息很重要。

（归纳小结部分略）

三、教学设计时的思考

众所周知，直角三角形是初中几何领域最重要的一块内容，知识点众多，方法典型，与全等三角形、等腰三角形等内容的联系又相当紧密。有些学生对几何内容的基本研究思路还不甚清晰，有些学生对基本的数学方法还没有内化。因此，如何在一个课时内完成复习，笔者头脑中形成了这样的三个预案：一是上成专题探索课（如三角板的组合研究），在图形变化与规律探索上做文章；二是重点放在一块内容（如勾股定理的应用）的研究上，在深度与广度上下功夫；三是上成一般意义下的复习课，就是对直角三角形的知识进行回顾、组织与运用。显然，前两种课型易上且内容的选择余地大，而第三种在时间上难以把握，在内容上更难创新，但考虑到本次活动的意义与研究价值，笔者还是倾向于第三种方案，于是就有了下面的想法：

（一）去繁为简，一图贯之

考虑到内容与时间的冲突，笔者舍弃了复习课通常采用的先知识梳理、再适度巩固、后应用拓展的基本思路,而是按照性质、联系、判定的几何研究线索,采用边梳理、边巩固内化的方式展开,同时,为给学生留下相对充裕的思考时间,一是在问题的数量上予以精简,二是避免出现烦琐、冗长的综合性问题,于是就有了课例中用一个图形贯穿始终,并由浅入深、层层深入的设计思路,而其中开放性问题的设计、动点元素的渗透以及设问形式的变化,则赋予了本课灵动与生机,也有效提高了课堂思维的含量。

（二）提炼方法,生长智慧

复习课的重要目标,就是让学生在梳理知识的同时,感悟数学解题策略,提炼基本数学方法,从而达到生长智慧的目的。因此,从"想一想"中的求三角形面积到问题 2 中的求 CD 的范围,为面积法的引出进行了必要的铺垫,也影射了数形结合的重要性,而后面求角平分线长度的设计既对这一几何基本大法予以强化,同时也自然生成了建构方程模型的想法,伴随的几何变换思想也为问题 4 中"改一改"问题的解决搭好了脚手架。而问题 3 用动点沟通图形联系的设计既体现了复习课的综合性要求,也为分类讨论、方程模型思想的运用与概括提供了逻辑通道。最后,问题 4 的构思则再次体现等腰三角形与直角三角形之间互相依赖、相互转化的关系,为学生认识图形、把握本质创造了思维载体。

教学名师：陈志军

孜孜追求，永无止境

人物档案

　　陈志军，中学英语高级教师，现任教于舟山市第一初级中学，兼任舟山市小学和初中英语教研员。

　　自 1988 年从教以来，经历过初、高中的英语教学。自教学以来，在英语教学、班主任工作、教研组及教务处管理以及新课程改革等方面，均取得了不错的成绩。曾获得第四届全国优秀中小学外语教师、舟山市优秀教师、舟山市教学能手等荣誉称号，数次被中共舟山市委教育工委评为优秀共产党员。前几年也被选派参加了省浙派名师初中英语培训班。近五年来的学校考核年年优秀。

　　自 2013 年市名师工作室创办以来，承担市属级以及市级的培训讲座和示范公开课不计其数，并多次承担了观摩课。每年指导浙江海洋大学英语专业实习生的英语教学，获得好评。数次代表舟山市在省级英语培训活动中做主题发言及上观摩课，也曾承担了省教育厅组织的"百人千场"送教下乡示范课。近年来多篇论文在省、市获奖，在报纸杂志上也发表了数篇学术文章，数次在《浙江教育月刊》刊登中考模拟试题。近三年连续参与舟山市中考英语命题工作，也曾参与浙江省义务教育段配套教学用书的修订。

　　我的教学理念是：让学生通过听、说、读、写等方面的语言实践活动，通过高效的小组合作，学习、积累、应用英语，并丰富情感，发展英语语言能力。要培养学生的创造力，开阔学生的国际视野，达到英语课程工具性和人文性的统一。

　　目前，英语学习存在着一个较为普遍的现象：语言学习的难度逐渐加深，学生的兴趣逐渐降低，参与课堂活动的积极性也随之降低，这种现象，是英语教学一味地为分数而注重知识的灌输所导致的。学习语言是为了使用语言，语言的教学目的是交际，在教学中要重视语言技能的培养，这就要求教师要采用灵活的教学方式，注重教学中新理念的尝试，培养学生的学习兴趣，提高教学质量。

一、我觉得打好初步的基础是关键

　　按照新课程标准的要求，义务教育阶段英语课程的总目标是：通过英语学习使学生形成初步的综合语言运用能力，促进心智发展，提高综合人文素养。我们应该通过听、说、读、写的训练，使学生获得英语基础知识以及初步运用英语的能力，激发学生的学习兴趣，养成良好的学习习惯。初中英语教学的主要任务就是打好学生的英语基础。基础包括打好口语以及书面语两方面的基础，因此要学生切实地掌握英语的语音、语调以及拼写的技巧，掌握基本的句型以及习语，掌握基本语法知识和一定的词汇量以及用法，掌握词的变化规律以及构成规律，掌握阅读技巧以及写作技巧。

二、培养学生初步运用英语的交际能力

　　语言是交际的工具，交际能力就是"人与人之间进行信息、思想、感情相互交际的能力"。而交际能力包括语言能力、认识能力、文化知识及其他方面的知识和能力。也就是说，一个人良好的交际能力，不但要有语言的知识，还要明白语言在社交中的规则。交际能力是由不同层次的能力融合在一起的综合能力，形成了一个极其复杂的知识及能力体系。

　　在实际英语课堂教学中，我觉得我们也应该继承传统初中英语教学的优点。我国初中英语教学长期采用的就是教师、学生、课本、粉笔四者的结合。这是一种以教师为中心的、单纯传授语言知识以及技能的教学模式，是传统教学模式下最常见的教学法。这种模式尽管有很多弊端，但这种方法关注词汇以及句型，以此为中心向学生输入语言形式，有利于学生形成良好的语言基础。我们可以在此基础上创新教学方法，以巩固学生的基础知识。

　　当然，我们更应该实施新课标所倡导的初中英语教学新理念。新理念的实施能够从培养学生的兴趣入手，对学生进行科学的、规律的指导，使学生养成良好的学习习惯，对各种能力进行综合的开发，侧重创新能力以及实践能力的培养，使学生主动、积极地学习，培养学生语言学习的时代性以及创新性。

1. 突出多媒体网络辅助教学的兴趣性

　　多媒体提供丰富而便捷的网络资源。运用多媒体教学有利于提高课堂效率已经是显而易见的。兴趣是最好的老师，一堂成功的教学课，学生一定是保持积极的学习兴趣以及态度的。多媒体首先应是学生提高学习兴趣的好帮手，恰当的多媒体在教学中的运

用，不仅能提升学生的学习兴趣，也能够使学生快速而高效地获取知识、发展思维乃至形成能力。

另外，利用相关软件能够创造具体而真实的教学环境。而学生在这种具体的语言环境中，能够形成一种融洽的课堂氛围，激发创造性思维，而创造性思维能力的培养与激发学生的求知愿望、动机以及心理素质的培养密切相关。

2. 学习兴趣与课堂活动的合理情景创设密切相关

在初中英语教学中，我们要注重合理创设情景，在学习语言的同时，更重要的是激发学生的学习兴趣，并且以此来培养学生的口头交际能力。首先，初中生一般都是好奇而充满求知欲的。每节课的导入就要为学生创造一种浓厚的英语学习氛围，以便学生及时地进入角色，在这个时候，我们就应该运用适时的话语感染学生，使之产生模仿的欲望。而课堂上热情洋溢的师生对话带来的喜悦以及交流的成功感，能够有效地激发学生的积极性，使之产生浓厚的学习兴趣以及强烈的学习动机。教师的话语，学生一听就懂，一练就会，能激发学生的模仿欲望以及参与欲望，极大地活跃课堂气氛。同时，在课堂中可以适时欣赏英文电影片段，利用英文电影片段教学实际上是视听教学方式的体现，英语影片欣赏以其规范的字幕、地道的语言以及清晰动感的图像刺激学生的求知欲望，可使学生了解中西文化差异，提高跨文化交际能力，增强全球意识，实现文化知识以及思想意识的全面素质教育。跨文化意识的培养是初中英语教学的重要方面。

3. 加强学习策略指导，培养学生自主学习能力

学生逐步形成有效的学习策略对于提高学习效果十分重要。发展有效的学习策略是英语课程的重要目标之一。我们要结合学生母语学习的经验和认知发展需要，针对英、汉两种语言的特点和异同，重点培养学生运用学习策略的能力。另外，要根据学生的认知特点和学习风格，整体安排学习策略的发展目标，有计划、有步骤地指导学生发展具体的学习策略，把学生培养成为自主的学习者。

4. 体现学生的自我管理评价

学生是评价的主体。除去其他的多种评价，我们应体现学生的自我管理评价。帮助学生实施可行的评价操作方法，在班中建立合适的、公平的评价机制。采取有效的评价措施，支持和激励学生的学习，促进学生的全面发展。

在教学实践中，我主要依据以上的教学理念实施教学。七年级抓基础阶段，我突出语音教学，扎实词汇运用和重点语句（段）的仿用。为培养学生运用语言的交流能力，精心设计贴近生活的课堂语境活动，同时非常注重兴趣培养。在课堂教学实践中，小组合作时时体现，为学生的共同提高创造了良好的条件。另外，还设立"小先生合作制"模式，语言学习的课堂要有不断交流的过程，学生的小组活动应该基于一定量的语言输入，"小先生合作制"不违背这一原则，同时，合作对语言有二次提升的作用。在班级中，我和学生一起实施公平可行的评价措施，由学生操作，教师辅佐，这大大激励了学生的学习积极性，近一年来，尽管有时候考试成绩不是年段最好，但每个学生在课堂中相处融洽，英语学习兴趣浓厚。这为学生英语能力的可持续发展打好了基础。

　　俗话说，"打铁还需自身硬"。教师的自我成长最根本的是要把教育看成自己的事业而非职业。子曰："学而不厌，诲人不倦。"要成为教育上的中坚力量，必须有孜孜不倦的钻研精神和勤勤恳恳的工作态度，明确目标，从点滴做起，时刻"充电"，自我完善，从教师成为名师。

　　我自工作至今，一直奋斗在教学第一线。近30年来，不管是初上讲台时，还是如今有点名气，我都从不放弃任何有价值的学习机会，我听过许多名师的课、听过许多专家和名师的讲座，每一次都仿佛是在欣赏一首让人荡气回肠的名曲。我也听过大量同事及兄弟学校老师们的课，每一节课我都会细细品味，吸取一些使人心动的教学亮点。同时我阅读了许多专业书籍，每一本书都让我受益匪浅，让我得到了很大的提升。为锻炼自己，我积极要求上公开课，课后虚心讨教。尤其在南海学校的十年，公开课成了家常便饭，这些大大小小的每一堂公开课，给了我很大的锻炼，让我养成了钻研课堂的好习惯，这成就了我的常态课就如展示课，上课的美妙灵感至今源源不断。一直以来我非常享受上课中那种快乐的感觉。

　　我不是一个擅长写作的人，但是在教育教学上，一点经验、一点反思、一点感触等，我都会记录在案，最终汇成一篇论文、一篇心得、一个优秀案例等，这些年来，每年我都有论文、案例发表或获奖。

　　许多年来，大量的课外辅导练习书误导了老师们，让老师们的教学有失偏颇，为达到真正意义上的"优质轻负"，我带领老师们研究中考试卷，抓住重点知识，精编习题，让练习题与试卷题真正有效，"轻负"也就在身边。

　　近30年来，我敬业勤奋、好学进取，不断提高自己的专业素养，虚心向他人学习，取得了一些成绩。教学业务上比较过硬，且具有一定的教科研能力，有较强的团结协作精神。工作期间，凡是各类讲座、观摩课教学、新教师指导等任务，都能认真负责完成，并得到各方好评。在提升自我的同时，我也时时影响他人一起进步。我也深知自己的责任重大，我以工作室为核心，开展了大量的工作，工作室成员的成绩也不断提升，在各级各类比赛中都能获奖。我们工作室的工作不仅仅只是工作室成员们开展英语教学学习和研究，而且也辐射到几乎全市的各所学校，工作室的每次活动都有全市不同学校英语教师的活动轨迹，共同提升英语教师的教学教研水平也是我的责任所在。同时我也会毫无保留地传授经验，上传资料给全市兄弟学校的老师们享用，因此受到了全市很多同行的赞誉。由于工作出色，我的工作室两年的考核成绩分别为优秀和良好。

　　这些年，我付出很多，也得到很多。舟山市第一初级中学最美教师、市教学能手、市教育工委优秀党员、市优秀教师、浙派名师、第四届全国中小学优秀外语教师等荣誉让我更有责任全身心地投入党和人民的教育事业。我谨记下面的教育名句：教师是火种，点燃了学生的心灵之火；教师是石阶，承受着学生一步步踏实地向上攀登。

孜孜追求，永无止境

七年级(上) Unit 5 Do you have a soccer ball?

Important language points:1.—Do you have a(n)…?

　　　　　　　　　—Yes,I do. I have a(n)…

　　　　　　　　　　(No,I don't. I don't have a(n)…)

　　　　　　　2.—Does he have a(n)…?

　　　　　　　　　—Yes,he does. He has a(n)…

　　　　　　　　　　(No,he doesn't. He doesn't have a(n)…)

　　　　　　　3.—Let's play soccer.

　　　　　　　　　—That sounds good.

Difficult language points:1.—Does he have a(n)…?

　　　　　　　　　—Yes,he does. He has a(n)….

　　　　　　　　　　(No,he doesn't. He doesn't have a(n)…)

　　　　　　　2. That sounds good.

Step 1: Warming-up and Revision

T:(Show a picture of Love Heart)　What is it?

　It is a love heart.

　(Stick it onto the blackboard)(I ♥ U)(Ask students to read it)

　Do you love your father / mother / your school …?

　Do you love soccer ball / volleyball / basketball / tennis / computer game…?

　(Try to help Ss to ask me some questions)

S:Do you love…?

T:Yes. / No…

T:By the way,who is your English teacher?

S:…

T:Do you love your English teacher?

S:…

T:Love is great. Your English is good because you love your English teacher,Miss…

If you love English,your English will be better. So let's say:Love Miss … ,Love English.

Step 2: New Words Learning

1. T:Do you love Miss …?

Do you love basketball? (展示一个篮球 PPT)

| Do you have a basketball? | Where is it? | What color is it? |
| Do you have a pen? | What color is it? | Do you love it? |

Do you have a ping-pong ball? （展示一个乒乓球 PPT）

Do you have a soccer ball? （展示一个足球 PPT）

Do you have a (volleyball，baseball，baseball bat …)? （展示一个……）

2. Read the new words.（PPT）

3. What will you think of when you see the following pictures.

4. 1a   Match the words with the things in the picture.

5. 1b   Listen and circle the words you hear.（listen and repeat）

Step 3：Practice

1. T：—Do you have a basketball?　　　—Yes，I do. I have a basketball.

　　 —Do you have a baseball?　　　　—No，I don't. I don't have a baseball.

2. Pair work

Model：

A：Hello，…

B：Hello，…

A：Do you have a(n) …?

B：Yes，I do. / No，I don't…. Do you have …?

A：Yes，I do. / No，I don't…

Step 4：Learning

1. T：You parents love you so much. So you have many things. You have a nice room. And you have good things in your room. Now look at this picture of room. It is Bob's room. He has many things. What does he have?（先自问自答）

　　 T：Does he have a(n) …?

　　 （Try to ask Ss to say like this：Yes，he does. He has a(n) …）

　　 Does he have a(n) …?

　　 （Try to ask Ss to say like this：No，he doesn't. He doesn't have a(n) …）

2. Pair work

　　 A：Does he have …?　　　　　B：…

　　 A：Does he have …?　　　　　B：…

Step 5：Groupwork ＆ Report

1. Guessing game.　　　Group work：（四人小组活动）

You will get a piece of paper. On it you can see some words. That means you have the thing(s). Try to find out what your group classmates have. Please use this question *Do you have a(n) …?* Then I'll ask you to report it out like the following.（你会抽到一张纸，纸上写的物品就是你所有的。请你用句型 Do you have a(n) …? 问你组员，弄清楚他们有什么。然后请你用如下形式汇报出来。）

2. Report

We have many things.

I have a(n) …　　×× has a(n) …

×× has a(n) …　　×× has a(n) …

He loves…　　He doesn't love…

Step 6：Watch a Video

You must be a little tired. Now let's have fun. Let's watch something interesting.

…

T：That sounds good.

Step 7：Practice

（Show pictures）

A：Do you have a tennis ball?

B：Yes,I do.

A：Great. Let's play tennis.

B：That sounds good.

Step 8：Pair Work

Make up a new conversation like this.

Model Conversation（示范对话）：

A：Hello,×　×．

B：Hello,×　×．

A：Let's play soccer.

B：I don't have a soccer ball,but my brother has a volleyball.

A：Well,let's play volleyball.

B：That sounds good.

A：Let's go.

…

Step 9：Homework

1. Read the sentences in Grammar Focus loudly.

1. Write down the conversation you made up just now.

2. Read the news and recite them out.

教学设计简介：

本节课（初一英语第 5 单元第一课时）的主要内容以及要求是：①学习 Do you have…?
句型以及回答,同时也学习一些运动类词汇,要求熟练运用。②初步熟知句型 Does he have
…? 以及肯定、否定回答和第三人称 has 的肯定、否定句。③学习掌握邀约他人一起活动的
句型以及应答：—Let's play soccer. —That sounds good.另外,本节以爱心为主线培养学
生的情感态度。

从整个单元来进行教学设计,我对教材内容进行了整合并进行了一定的创新,本节课
在文本中的主要内容体现是：Section 1a, 1b, 1c, Grammar Focus, 3c 和 3b 中的难句—
Let's play soccer. —That sounds good.

这堂课的设计,以 love 爱心为主线,从爱父母、爱老师入手,引出句型 Do you…? 进行
预热,同时很自然地复习了前几单元中的一些词汇。

然后学习运动类的新单词,在句中学,并对 Do you have…? 的学习做了更进一步的

铺垫。

接着回到课本 1a 和 1b,进一步巩固新单词和熟悉新句型。

之后进行 pair work,操练新句型,对句型加以巩固。

从交流父母的爱中很自然地呈现 room 图片,学习新内容:动词第三人称单数 Does he/she have a(n)…? 句型以及肯定和否定回答(详细回答)。为巩固上一步新学的内容,我设计了一个小组活动,进行必要的知识拓展,从四人小组活动(guessing)和之后的汇报(report)中,要求中等以下学生初步熟知一般现在时态动词 have 的第三人称单数 has 的运用(句型 He/She has a(n)…),要求好的学生能基本运用。

接下来又以 love 为线观看精选的对教学有启发的卡通片段,引出并学习新内容(为下一课时的学习做铺垫):邀约他人一起活动的句型以及应答:—Let's play soccer. —That sounds good. 同时又复习了 Do you…? 和 Does he have…? 以及回答。

最后进行一个 pair work 活动,旨在巩固本节课的重点知识。拓展性的 pair work 不仅起到了巩固已学语言知识的作用,而且对学生知识的提升起到了很好的作用。

本堂课教学设计思路清晰,在各个击破知识点的同时又融会贯通、层层递进,重视学生的语音训练,情感教育也始终贯穿其中,在组织各项任务型活动中,把合作学习和激发学生学习英语的兴趣摆在很重要的位置上,而这也是初一英语教师最需重视的地方。华而不实是公开课的通病,而追求实在、培养兴趣是我一贯所崇尚的,本堂课的设计也融入了我的这个理念。

孜孜追求·永无止境

163

教学名师：翁素君

教以生为本，学以悟为根

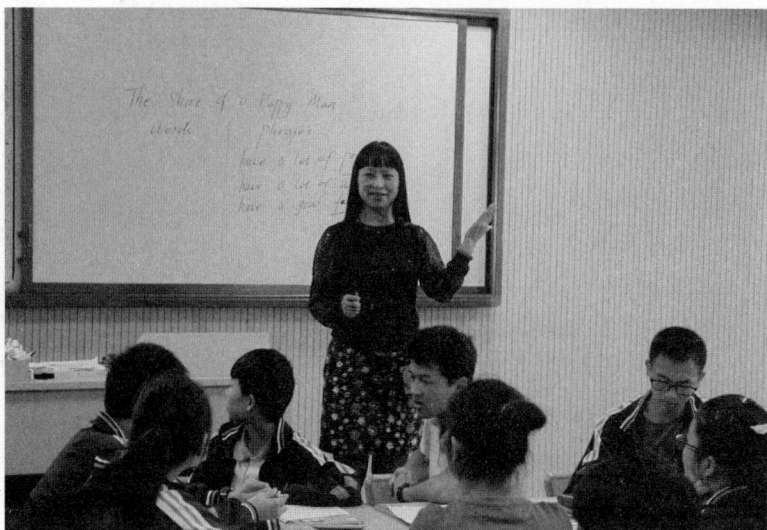

人物档案

翁素君，舟山市普陀区中学英语教研员，市首届享受教授级待遇中学高级教师，市初中英语名师工作室挂牌名师。1992年8月从教，从事一线初中英语教学工作23年，担任教研员2年。翁老师热爱中学英语教育，具有美好的教育理想、积极的教育教学观和优秀的教学素养。

近五年来，翁老师承担省"睿智大讲坛"名师课堂、省"百人千场"名师送教等各级各类公开课、观摩课10余节；承担省"浙派名师课堂教学艺术展""课博会"等各级各类教育教学业务讲座与观课点评40余次；主持省教研课题、省双名工程专项课题等各级各类课题研究近10项；撰写、发表教育教学论文20余篇并获省、市奖项；作为副主编、编委编写地方特色英语教材《普陀海洋英语读本》《教学转型的学科实践》等书；承担市、区两个英语名师工作室的导师任务，培养指导过青年英语教师50余人。

上好每一堂英语课是所有英语教师的共同追求。我的理念是：一堂好的英语课应全方位体现"以生为本"的教学观，它的核心立足点在于通过教师一段时间的课堂教学后，学生获得具体的进步或发展。课堂教学有没有效益，并不是指教师有没有教完内容或教得认不认真，而是指学生有没有学到知识或学生学得好不好。如果学生不想学或者学了没有收获，即使教师教得再辛苦也是无效教学。同样，如果学生学得很辛苦，但没有得到应有的发展，也是无效或低效教学。因此，是否实现"以生为本，学为中心"，学生是否有进步或能力是否有发展是评价一堂课的唯一指标。

基于此，近三年来，笔者尝试构建了初中英语"学习共同体（Learning Community）"课堂教学模式，试着把"师本"的桎梏本质性地解开，真正把课堂还给学生，把学生从"客位"的学习状态转换成"主位"的学习状态，个体学习者的"我"与作为群体学习者的"我们"一起开展学习活动，形成平等、积极、互助、对话式的学习关系，使教学动态生成处处焕发出蓬勃的生命力。

一、英语"学习共同体"课堂教学模式概述

具体而言，"学习共同体"是由学习者（学生）和助学者（教师）共同组成，以完成共同的学习任务为载体，以促进成员全面成长为目的，强调在学习过程中以相互作用式的学习观为指导，通过人际沟通、交流和分享各种学习资源而相互影响、相互促进的基层学习集体。初中英语"学习共同体"课堂教学模式，以培养学生学科核心素养为目标，以生本小组合作为主要载体，构建学生英语学习的认知共同体、管理共同体、成长共同体等三维共同体模式，充分发挥学生的主体作用与教师的帮扶引导作用，提高课堂单位时间内学生英语学习、交流、表达的频度、密度与效度，在教学中强调人际心理相容与沟通，依托集体智慧和群体动力作用，全面提升英语学习力。

当然，英语"学习共同体"课堂教学模式与"传统小组合作"教学模式有着本质的区别。"传统小组合作"教学模式受着以往传统课堂教学的负迁移干扰，小组活动设置较随意，限于课堂随机分组"议论"，流于"合桌"而不是"合作"学习形式，合作规则模糊，缺少科学全面的评价，其出发点和目标仅仅是完成教师的教学设计和课堂教学任务，学生的学习活动如爬楼梯，往往只有一条路。而英语"学习共同体"课堂教学模式中的"生本小组合作"，是构建学生三维共同体学习模式（认知共同体、管理共同体、成长共同体）的载体。合作小组长期建章立制，每个组员都有明确分工职责，有良好的合作技能，积极的相互依赖，并为实现共同目标不遗余力。在合作学习过程中，小组成员不仅要努力达到个人目标，而且要帮助同伴实现目标，着力团队的整体进步。在"学习共同体"英语课堂中，学生的合作学习活动犹如登山，总有多条道路到达峰顶。

二、英语"学习共同体"课堂教学模式的核心要素与课型流程图

英语"学习共同体"课堂教学模式的构建，就像一棵树的摇曳带动了另一棵树，目的在于激发学生的潜能，不同层次、不同水平的学生之间产生积极互帮的团队精神，大家都能懂得分享和互补，从而营建组内成员互助学习、组际竞争合作的充满正能量的英语学习氛围。

教以生为本，学以悟为根

1. 英语"学习共同体"课堂教学模式的核心五要素

英语"学习共同体"课堂教学模式的核心五要素分别为语境创设、听说领先、语用推进、活动巩固合作积分、课终小结互动评价（图1）。英语教师要依据"简单、根本、开放"的生本教学原则，为学生创设生活化、人文化的英语学习语境，以"学习共同体"多元小组活动推动学生在活动中学习语言、感受语言、体验语言、运用语言。

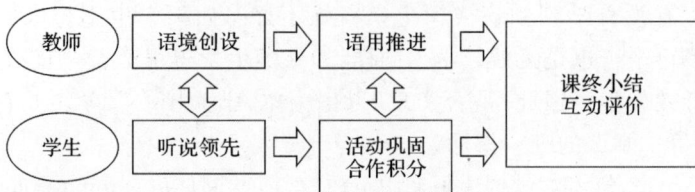

图 1　核心五要素

2. 英语"学习共同体"课堂教学模式的不同课型流程图

英语"学习共同体"课堂教学模式在具体的实施中，根据实际的教学任务和不同的课型，实施的流程也是有所不同的。笔者尝试建构并运用以下3种不同的英语课型流程图，并尝试初中英语"学习共同体"教学模式核心五要素的具体实践应用。

（1）新授课流程图（图2）

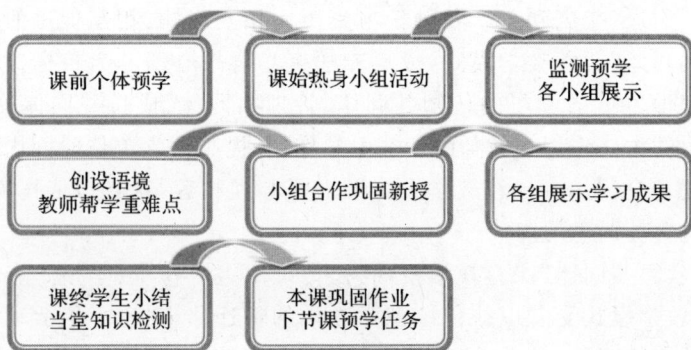

图 2　新授课流程图

（2）单元复习课流程图（图3）

图 3　单元复习课流程图

(3)试卷评研课流程图(图4)

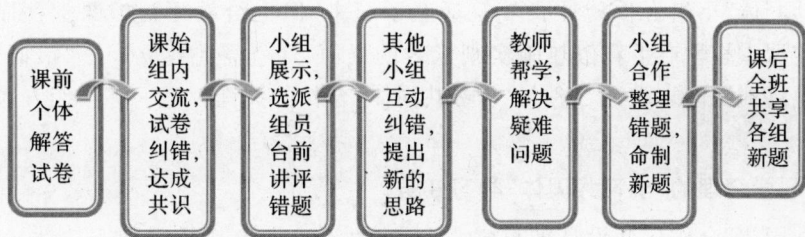

| 课前个体解答试卷 | 课始组内交流,试卷纠错,达成共识 | 小组展示,选派组员台前讲评错题 | 其他小组互动纠错,提出新的思路 | 教师帮学,解决疑难问题 | 小组合作整理错题,命制新题 | 课后全班共享各组新题 |

图4　试卷评研课流程图

(4)流程图应用的几点解说

①无论是哪一种课型的流程,都要遵循上述英语"学习共同体"课堂教学模式的核心五要素。

②任何课型,展开"学习共同体"合作活动前,一定要先给予每个学生足够的独立思考、独立学习的时间与空间。

③无论哪一种课型,英语教师都要放手把课堂还给学生,做一名积极的帮学者,以"学习共同体"多元合作活动推动学生的语言认知,把教学所有活动转化成推动学生自己学习的内驱力,把"不求人人成功,但求人人进步"作为英语"学习共同体"课堂追求的理想境界。

④每一种课型都是以打分为课堂节奏,给出预学分、参与分、展示分、点评分、互动分、反馈分等,可简单使用积分小卡片(如图5)。回答问题积极的、抢答正确的、表演得奖的都有加分,没完成作业的、违纪的、合作学习不到位的都要扣分。教师把每组原始分计算好后,打印成一份计分表,课代表于英语课后把新的得分登记下来,一周总结一次,评出周优秀小组。但是积分要周周清零,周周要有新起点,学习才更有动力。

图5　积分小卡片

⑤每一种课型都要尽量地展示合作成果,轮流为每个合作组、每位学生提供表现的机会,这样就可以汇集多角度的思想,突破思维的局限,拓展学生的视野,激发学生的学习热情。

⑥各"学习共同体"小组展示中,要充分发挥"任务单"及"小白板"在展示过程中的呈现与启思作用。

三、英语"学习共同体"课堂教学模式的实施策略

"学习共同体"教学模式走进英语课堂,在具体实施中,需要好的策略。

1. 排兵布阵,组建合理和谐的"学习共同体"合作小组

教师在构建合作小组时,应注意学习结构的合理性与发展性,要把学生的差异性看成宝贵的教学资源。在排兵布阵时,按照"互补互助、协调发展,组内异质、组间同质"原则,灵活动态分组。各小组成员应是动态的,可以是组间男女生的互换或流动,也可以是组间某些角色的互换或轮换,还可以按活动主题的需要让学生进行自由组合,给每个学生提供不一样的发展机会。每个成员在小组中都要被赋予特定的、具体的职责。

2. 制定有效有序的"学习共同体"合作常规

"学习共同体"小组合作使课堂气氛活跃了起来，但也给教师调控课堂秩序带来了困难，很容易使课堂教学产生看似热闹实则低效的局面，这就需要建立一套"活而有序"的合作常规，并通过训练使之成为习惯。"学习共同体"合作的关键就是一些小组交流微技能的培养。

3. 设计科学合理的"学习共同体"学习任务

"学习共同体"合作任务设计的科学性、合理性影响着合作学习的实效性。因此，在下达合作学习任务之前，教师应做好任务的设计。选择具有合作价值的学习内容和学习活动，是开展小组合作学习的重要前提。

4. 把握"学习共同体"合作学习恰当的时间、空间和时机

"学习共同体"小组合作是课堂教学的一种重要方式，但不是唯一的方式。小组合作虽有众多的优势，但并不是说每堂课、每一个教学内容都必须有小组合作，有合作学习的也不是说整堂课自始至终都要通过合作学习来完成，更不是只在课堂中使用，课前的预习、课后的阅读、课外实践更离不开小组合作。合作学习也不是越多越好。教师要根据教学内容、学生实际和教学环境条件等，选择有价值的任务、有利的时机和适当的次数让学生进行小组合作，要把宝贵的教学时间用在刀刃上，并努力把课内合作向课外合作延伸。

5. 建立科学完善的"学习共同体"评价制度

"学习共同体"把"不求人人成功，但求人人进步"作为教学所追求的一种境界。因此，教师在评价过程中要特别注意不能用一把尺子来衡量每个学生，教师要对每个学生的实际水平与课堂中在小组里的表现作深入的了解，为他们定一根不同的基础线，只要他们超越了这一基础线，哪怕是一点点，也要给予表扬和激励，让他们充分体验到合作的乐趣，允分享受到成功的快感。

6. 依托教师帮扶引导开展"学习共同体"教学

强调学生间的"学习共同体"生本合作，并不是忽视教师的主导作用。要让"学习共同体"合作达到应有的深度，发挥其真正的作用，离不开教师的组织与引导。在合作学习过程中，教师要担当好不同的角色，并进行适当的干预，以期实现富有实效的合作学习。

美国课程学者 Doll 曾经形象而又深刻地指出：在教学过程中存在着一种"酶（ferment）"，正是由于这种"酶"的存在，实现了某种转换，促使了课程的达成。笔者从日常英语教学实践中，深刻地体会到：基于学为中心的英语"学习共同体"课堂教学过程中师生正确的定位、积极的互动、和谐的发展就是这种"酶"。

"教以生为本，学以悟为根。"在"学习共同体"课堂教学模式中，学生的教师和教师的学生也许已不复存在，代之而起的是新的术语：教师式学生和学生式教师。在这个共同体课堂中，教师始终把学生置于主体地位，把英语学习的主动权、学习的大部分时间空间都还给学生，真正实现合作互助性学习，把英语课堂建设成为教师、学生合作双赢的精神家园。这种英语课堂模式，笔者认为，是新课标所需要的新格局。所以，我们有必要加强研究，进一步挖掘"学习共同体"课堂教学模式的力度、深度与广度，有模式但不模式化，不断提升英语课堂的教学效能。

教师成长固然有赖于好的环境,但更重要的是取决于自己的心态和作为。只要有目标、会坚持,就会在教育教学的广阔土壤中找到适合自己的生长点。

一、让阅读滋养成长

教师的成长需要阅读的滋养。苏霍姆林斯基早就给我们教师开出了一帖教育"保健""保鲜"的良方:读书、读书、再读书。的确,读书是教育者的根,学科素养的短板会成为制约教师专业发展的瓶颈。当然,读书要有所选择,有所侧重。读学科专业的书,这是为自己添实力;读教育艺术书,是为自己充活力;而读文化修养书,则是给自己添魅力。多年来,我结合自己的实际情况,聚焦课堂教学困惑找书读、读透书,并试着学以致用。王蔷主编的《英语教学策略论》《英语教学方法论》、雷云萍主编的《英语教学技巧与机智》、程晓堂主编的《英语教师课堂话语分析》、英国教育专家 Tricia Hedge 编的 *Teaching and Learning in the Language Classroom* 等书均让我获益匪浅。澳洲学者 Allan Carrington 创造的 Pedagogy Wheel 教学论与德裔美国心理学家库尔特·勒温(Kurt Lewin)的群体动力学相关理论都给了我很大的启发,正是在它们的影响下,我尝试构建依托群体动力来提升学习力的英语"学习共同体"课堂教学模式。

二、让反思激活成长

众所周知,教师的成长=经验+反思。如果教师仅仅满足于获得教师经验而不对经验进行深入反思,那么他的成长将大受限制。教学反思,不仅能提高学科教学质量,而且能激发教师的教学积极性和创造性,有助于教师教育教学知识的优化重组。在上完一天的课后或者在观摩他人的课后,对着教学素材和课件,我常常会静下心来反思,反思这样的教学生成是否达到了预期目标,哪些做得比较到位,哪些还有明显缺憾,怎样进一步地优化完善等,然后把碎片化的反思整理成文字,留下几段教学随笔,并且有意识地在自己下一堂课中进行必要的调整。虽然是寥寥数笔反思,但是日积月累,让我慢慢习惯留意关注日常教学的细小案例,于是粗糙的经验不断地处于被审视、被修正、被强化、被否定等思维加工中,去粗存精,去伪存真,渐渐地我对教学有了自己较敏锐的眼光和独到的想法,专业技能也得到了提高。

三、让目标引领成长

教师的成长需要目标的引领。梦想是方向,目标是原动力。自从我踏上三尺讲台,一直怀揣着美好的职业理想,那就是:"痴心一片终不悔,只为桃李竞相开。"多年来,我潜心研究教材教法,积极开发利用多种课程资源,注重培养学生的自主学习能力和用"英语做事"的能力,在教学中尽量给学生创设一种民主、平等、和谐、自由、宽松的学习环境,让学生真正把英语学习作为快乐的事。我经常换位思考"假如我是孩子""假如是我的孩子",严在该严处,爱在细微处,用一颗英语教学的平常心,事事着眼于学生的学科素养,尤其对学困生更是倾注了满腔爱心。当学生英语成绩出现下降或缺失学习信心时,我始终坚持"四个一"原则:"一把椅子让学生坐下来;一次倾诉让学生表达出来;一单建议让学生提高起来;一份

教以生为本,学以悟为根

期待让学生振作起来"。我坚信,把平凡的事做好就是不平凡,把简单的事做好就是不简单。

经典课堂

七年级下册　A Review Lesson of Units 11—12
单元复习课教学实践与反思

"没有学生的主动参与,就没有成功的课堂教学。"新课程倡导的自主学习、合作学习、探究性学习都是以学生的积极参与为前提,因此教师要努力把学生从"客位"的学习状态转换成"主位"的学习状态。在日常教学中,英语教师可组建起"学习共同体",旨在依托群体动力,为学生创设生活化、人文化的英语学习情境与语境,打造以学为中心的生本英语课堂,从而提升学生的英语学习力与课堂教学效益。

基于这一理念,笔者依托英语"学习共同体"课堂教学模式,尝试了以下单元复习课的教学设计和实践。

一、教学内容

人教版 Go For It 七年级下册 Unit 11 How was your school trip? Unit 12 What did you do last weeked? 两单元综合复习课。

二、教材分析

这两单元的主题是运用一般过去时态谈论过去的活动(school trips 和 weekend activities)。Unit 11 以访问农场为主线,新授一般过去时态的听说读写等语用和动词的规则与不规则过去式。Unit 12 以谈论上周末的活动为话题,一方面复习之前学过的很多动词短语,另一方面继续巩固一般过去时态的语用并展开相关的写作训练。

三、教学目标

1. 复习巩固这两单元的重点词汇和句型结构。

2. 巩固动词的过去式、由 Did/Was/Were 引导的一般疑问句及其回答、What/Who/How 引导的特殊疑问句及其回答,运用一般过去时态谈论过去的活动。

3. 综合运用 Units 11—12 两单元的高频词、词组、关键句型编排并演绎英文小剧,增强学生的合作力,并逐步培养学生开放性思维能力、丰富多元的语言能力和积极负责的学习态度。

四、教学重难点

一般过去时与动词过去式的正确语用。

五、设计思路

笔者以初中英语"学习共同体"课堂教学模式的单元复习课流程图(图6)为参考依据,以生本小组合作学习为主要活动形式,进行本堂复习课的教学设计。复习课前,学生对单元新授知识已有初步印象,并借助课前个体复习与小组合作完成了初步的自我提升。接着,笔者通过对复习内容话题情境

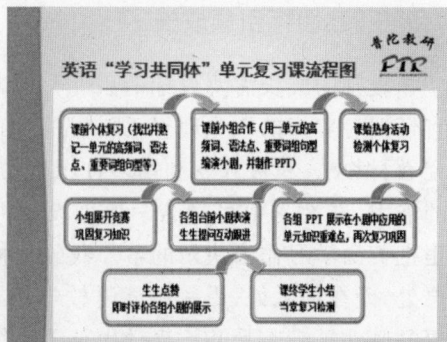

图6

语境的创设,组织单元小剧等多种形式的课堂互动,鼓励学生通过观察、模仿、体验、探究、展示等方式学习和运用英语,引导他们学会自主学习和合作学习,发挥学生学习的潜能,将课堂真正还给学生。

六、教学过程

(一)Pre-task 课前自主学习,完成预学任务

课前个体预学:每个学生自主复习,找出并熟记 Unit 11、Unit 12 两单元的高频词、语法点、重要词组句型等。

课前小组预学:每个学习共同体小组,完成团队合作任务,用 Unit 11、Unit 12 两单元的高频词、语法点、重要词组句型编演小剧,并按要求制作好相应的 PPT。

(二)Warmer 课始热身铺垫,激励小组合作

At the very beginning of class, let students watch a short video.

(Monkey King: Hero is back.)

T: Hello. Long time no see. How was your summer vacation?

S1: It was boring/interesting/tiring/busy…

T: What did you do during the vacation?

S1: I studied and swam.

S2: I read books and did my homework.

S3: …

T: And I saw several movies. (PPT 展示电影图片) Do you want to know about my favorite movie? Ask me any question you like. One question, one mark. And today we'll have a great competition. (图7) At the end of the class, we'll choose the best group and they will get mysterious gifts after class. (PPT 呈现神秘礼盒) You should try your best. Come on!

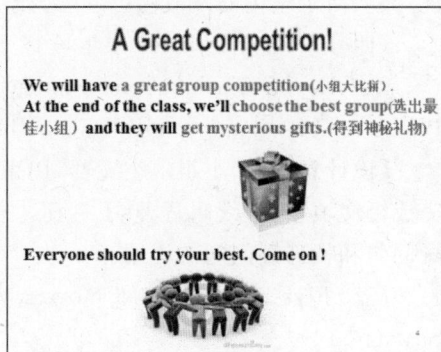

图 7

【设计意图】 课始,教师播放 60 秒《大圣归来》英文预告剪辑片段,导入本课的教学,瞬间吸引学生眼球,使学生在轻松愉悦的状态中进入课堂学习。紧接着,教师简要说明本课活动主线"小组大比拼"的要求和规则(图7),把个体与团队紧密相连,课终评出的最佳小组将获得神秘礼物,以此来鼓励各学习共同体合作小组为团队胜出而努力!

(三)Question Time 小组抢问时段,检测个体预学

T: Now let's begin. These key words may help you. (图8)

S1: Was "Hero is back" your favorite movie?

T: Yes, it was. Good question. Really smart! (鼓励各小组成员用一般过去式抢问电影信息,教师及时回答与点评,并奖励点赞卡。)

Q2: Were you interested in the movie? (Yes, I was.)

Q3: Was the movie interesting? (Yes, it was.)

Q4: Did you go to the movie by bus? (No, by car.)

Q5：How was the movie? (It was interesting.)

Q6：Who did you see the movie with? (My friend)

Q7：Where did you see the movie? (Zhoushan Cinema)

Q8：When did you go to the movie? (On July 19th)

...

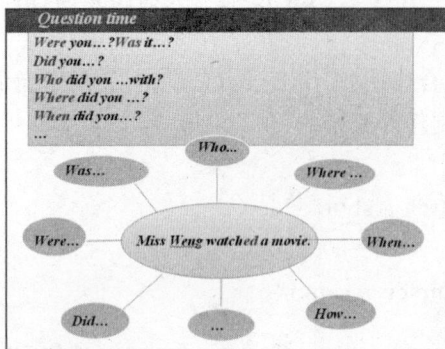

图 8

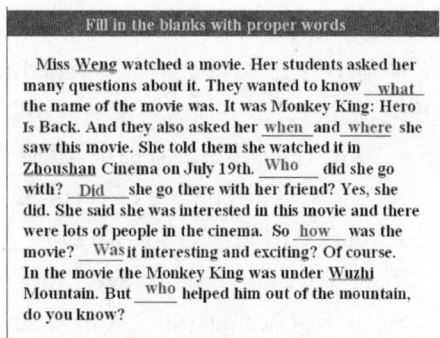

图 9

【设计意图】 设计各小组对教师最喜爱的电影概况进行抢问和师生互动问答。这一环节，既检测了学生课前对一般过去时态一般疑问句、特殊疑问句及其回答的个体复习情况，又激活了学生的发散性思维，为接下来的复习推进打好了扎实的基础。

（四）Fill in the blanks 小组填空竞赛，巩固语法知识

T：OK，you asked me some good questions. Here's what we talked about just now. (图 9) Please read it silently and fill in the blanks with proper words.

【设计意图】 小组填空竞赛，用正确的疑问词完成短文填空，继续巩固复习一般过去时态、一般疑问句和特殊疑问句的语用。

（五）Five challenges to move away the Five Seals(图 10)

创设移除五指山情境，激发组际挑战，教师帮扶巩固知识重难点。

T：In the movie，the Monkey King was under Wuzhi Mountain. Look，there are five seals on the mountain，so he can't get out. Do you want to help him?

图 10

Ss：Yes！

T：You are so kind. To help him，you must move away the five seals by finishing five challenges.

【设计意图】 教师创设情境，通过组际竞赛，完成五个挑战来帮助压在五指山下的孙悟空移除山上的封印，激发学生的学习兴趣，发挥学生的主体作用，提高课堂复习的容量和效益。

Challenge 1　Memory Game.

挑战一　记忆力大比拼(Summer Vacation Activities)。

T：Besides watching movies，I did many other interesting things in the summer vacation. What else did I do? I'll show you pictures and you have to memorize them as many as possible. (图 11，Present pictures of summer vacation activities very quickly，including feeding sheep，going fishing，swimming in the swimming pool etc.)

T：What else did I do?

S1：You <u>rode a horse</u> in the summer vacation. (板书即时呈现动词过去式)

S2/S3/S4/S5/S6/S7/S8/S9：You _____ in the summer vacation.

T：Wow! You all have good memory. Successfully，you moved away the first seal.

图 11

【设计意图】 PPT 快速闪现教师的暑期活动图片，学生速记图片并进行完整语言输出，以此来复习这两单元中出现的高频词组，关注用正确的动词过去式来表达过去的事件。

Challenge 2　Finish the sentences quickly and correctly.

挑战二　组际竞争，用所给动词的适当形式，快速完成句子。

T：So，did I spend a colorful summer vacation?

Ss：Yes，you did.

T：So I…

Ss：You <u>spent</u> (spend) a colorful summer vacation.

T：Yeah，I <u>spent</u> (spend) a colorful summer vacation. Now，here comes Challenge 2. Finish these sentences very quickly.

Group1/Group2/Group3/Group4/Group5：…

(随机检测各小组，快速完成任务。)

(学生完成句子后，教师立刻把句子中的动词剥离出来，师生合作，进行动词过去式语法归类。)

T：Look at the verbs，they are all past forms. We can divide them into two groups. These are regular forms，those are irregular forms.

T：(Point at the verbs in the regular forms) How to change?

T&Ss：Some verbs add "ed" directly.

T：(Point at the word "move") Here it is "e"…

T&Ss：Just add "d".

T&Ss：(Point at the word "study") Change "y" into "ied".

T&Ss：(Point at the word "shop") Double the last letter "p", then add "ed".

T：(Point at the irregular forms) You should remember them by heart.

Ss：go—went, see—saw, wake—woke, ride—rode, come—came, make—made, spend—spent etc.

T：Can you remember all these verb forms of the past tense?

【设计意图】 师生帮扶合作，完成对动词过去式规则变化和不规则变化的即时小结。

3. Challenge 3　Talk about the pictures with the structures.

挑战三　小组合作，比拼看图造句。

T：Good job! You moved away Seal 2. Now the mountain is lighter than before. The Monkey King is so happy that he wants to jump up and down.

But in fact, he can't jump at all. Still, there are three seals on the mountain. It is difficult for him to get out of the mountain.（教师边说边 PPT 逐句呈现以上三个句子。）

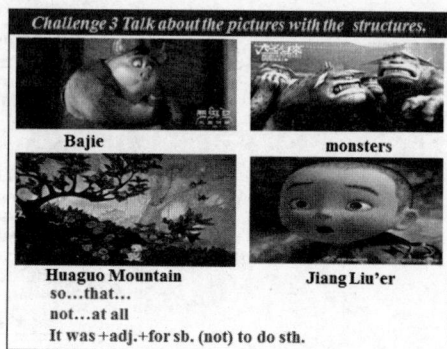

图 12

T：Read together.（同时，教师板书 so… that …，not… at all，It is＋adj.＋for sb. to do sth. 等句型结构）Now it's time for Challenge 3. Talk about the pictures with the key structures.（图 12）Discuss in your groups first.（学生小组讨论，尽量用所给句型结构看图多造句，教师全场巡视并给予必要的指导，两分钟讨论结束后，各小组选派代表展示，看一分钟内哪个小组所造句子最多。）

以下是 Smart Seal Group 所造的几个句子：

Smart Seal Group：Bajie was so fat that he couldn't walk. He was not thin at all.

The monsters are so scary that I don't like them at all.

It was happy for the Monkey King to live in Huaguo Mountain.

Huaguo Mountain was so beautiful that the Monkey King enjoyed living there.

Jiang Liu'er's nose is not big at all.

Jiang Liu'er was so surprised that he opened his eyes widely…

（小组比拼中，教师对造句正确的小组均予以点赞卡的奖励。同时，教师还不断提醒学生注意倾听他人发言，时不时重复朗读发言同学的优美好句，从而达成组间信息资源的共享。）

【设计意图】 小组比拼活动是开展“学习共同体”课堂教学的常用形式之一。在活动中，组员互补互助，积极合作，共同进步，为实现共同目标不遗余力。在这个环节中，教师先让学生在讨论中复习“so … that … ，not … at all，It was＋adj. ＋for sb. to do sth. ”这三个重点句型结构，各小组成员既能倾听他人发言，学会质疑他人观点，又可以分享他人的思维成果，这样的活动设计，能让学生真正提高主动学习的积极性。

Challenge 4　A Diary about a Happy Day.

挑战四　小组抢答，完成日记。

T：You are so smart and creative! Seal 3 was moved away. I'm sure you can do a good job in Challenge 4.

T：After watching the movie，I wrote a diary about the happy day. But some words are missing now. Try to fill in the blanks. First read it silently and think it over.（图 13）

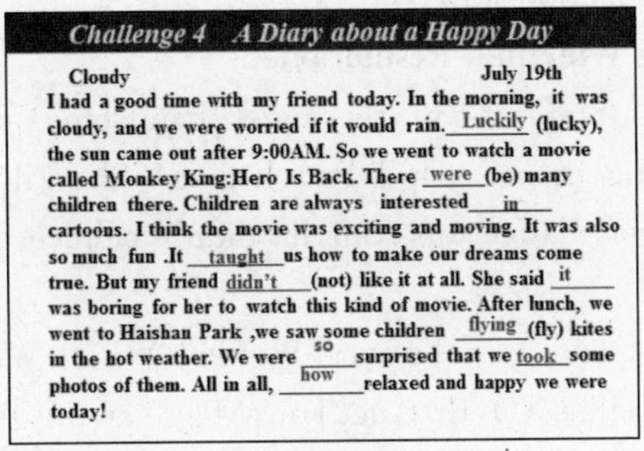
Challenge 4　A Diary about a Happy Day
Cloudy　July 19th
I had a good time with my friend today. In the morning, it was cloudy, and we were worried if it would rain. Luckily (lucky), the sun came out after 9:00AM. So we went to watch a movie called Monkey King:Hero Is Back. There were (be) many children there. Children are always interested in cartoons. I think the movie was exciting and moving. It was also so much fun .It taught us how to make our dreams come true. But my friend didn't (not) like it at all. She said it was boring for her to watch this kind of movie. After lunch, we went to Haishan Park ,we saw some children flying (fly) kites in the hot weather. We were so surprised that we took some photos of them. All in all, how relaxed and happy we were today!

图 13

T：(After 30 seconds) Now，which group can try?

After checking the answers，have the students read the diary aloud together.

【设计意图】 以小组抢答形式，以语法填空题为支架，引导学生对复习知识再次进行巩固。

Challenge 5　Act out Mini-plays.

挑战五　小组合作，演绎单元小剧。

T：Now，Seal 4 was moved away，too. Only one left. This is the most difficult one. So you will face the biggest challenge. Each group act out a mini-play prepared before class. Which group will try first? Stand up，please.（随机抽取各小组小剧表演顺序。各小组均制作 PPT，有演员介绍、观后提问、知识小结等，如图 14。）以下是其中一组小剧表演实录：

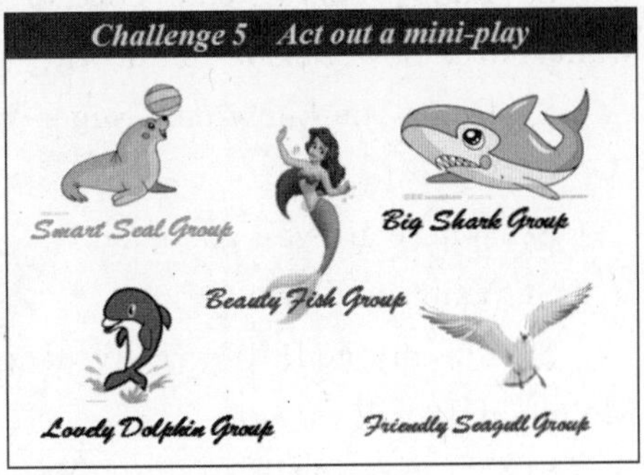
Challenge 5　Act out a mini-play
Smart Seal Group
Big Shark Group
Beauty Fish Group
Lovely Dolphin Group
Friendly Seagull Group

图 14

T：OK. Lovely Dolphin Group first. Welcome.（师生鼓掌）

名师教学艺术与成长经验（上）

Mini-play 1: Wu Song Fought With the Tiger(图 15)

S1: Wu Song   S2: Waiter

S3: Shopkeeper   S4: Tiger

S5: Policewoman   S6: Narrator

S1: Our play is Wu Song Fought With the Tiger. I am Wu Song.

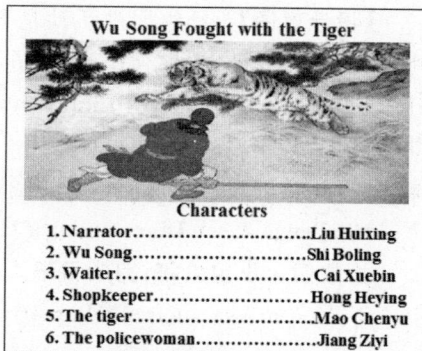

图 15

S2: I am the waiter.

S3: I am the shopkeeper.

S4: I am the tiger.

S5: I am the policewoman .

S6: I am the narrator. Action now!

S6: Scene 1   Drinking Wine in a Restaurant

S1: Hello! I am Wu Song. I am the most handsome and the strongest man in Liangshan. Now I am going home to kill Pan Jinlian! She killed my brother. I told my brother that Pan Jinlian was dangerous. But he didn't believe me. I hope other men will learn a useful lesson.

S1: Oh, a restaurant! Good. I am hungry. Waiter! Wine! Wine! The best wine!

S2: Hi, sir. Would you like XO, Er Guo Tou, Mao Tai, or Qing Dao beer?

S1: Er Guo Tou!

S2: OK. Here you are.

S1: Good wine, very good! More Er Guo Tou! Waiter, waiter!

S2: Sorry sir, you can only drink two bowls.

S1: What a terrible surprise!

S3: Look! This Er Guo Tou is really powerful. One bowl is OK. Two bowls, you can't walk. Three bowls, Soon fall down!

S1: Don't you know me? Super Wu Song! Bring me Er Guo Tou!

S3: O…K!

S2: Where are you going, sir?

S1: Yang-gu Town.

S3: Oh, my god! It's really dangerous, you know? There is a big tiger on Jingyang Mountain. It will eat you.

S1: A tiger? Really? kill it! You see, I am so strong!

S6: When Wu Song got to Jingyang Mountain, the moon came out. Wu Song was sleepy, so he put up his tent and went to sleep. Suddenly, a big noise woke Wu Song up. He looked out of the tent and saw something walking towards him.

S6: Scene 2   Fighting with the Tiger

S1: Oh! My god! A big tiger!

S4: My dinner! Ha, ha…

S1：Stop! Are you a real tiger?

S4：Of course! Come and see. My fur, my teeth, and my tail!

S1：Oh, yes. Can I take a photo? I want to put it on Wechat.

S4：Wechat? Sounds great! Come on!

S4：Oh, no, no. I can't see now!

S1：Going to die, tiger!

S6：At last, Wu Song killed the tiger. He was so tired that he just slept on the ground. The next morning, a policewoman found Wu Song and the tiger.

S5：A dead tiger! Oh, my god, who killed the tiger? You?

S1：Of course!

S5：We must protect tigers. Follow me to the police station.

S1：Oh, no, I am the hero! Let me go. Let me go…

趣味单元小剧表演结束后，该小组立刻向全班提问，互动跟进：

1. What did Wu Song drink in the restaurant?

2. Where did Wu Song sleep on that night?

3. Was Wu Song a hero? Why or why not?

提问环节，依然有点赞卡奖励。提问结束后，Group Leader 做小结，PPT 呈现单元知识点在小剧中的应用和拓展，并带领全班朗读小剧中出现的重难点知识和新词汇，再次复习巩固一般过去时的各种语用（图 16）。

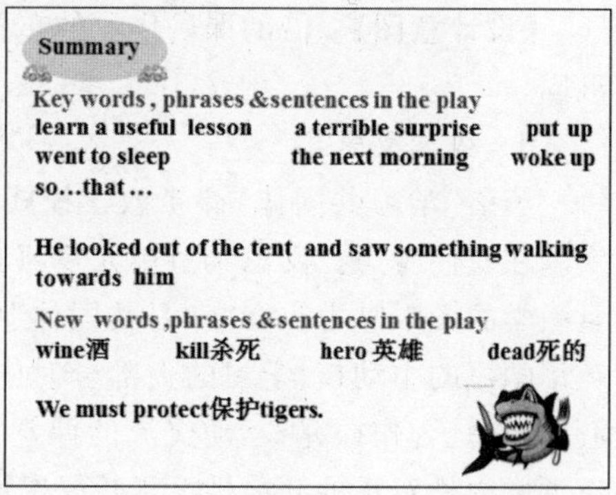

紧接着：Mini-play 2：Three Times' Beating Monster （Smart Seal Group）

Mini-play 3：Who Burned the Old Summer Palace （Big Shark Group）

（Friendly Seagull Group、Beauty Fish Group 等未在本节课完成小剧汇演的，下节课继续。）

> **Summary**
>
> Key words, phrases & sentences in the play
>
> learn a useful lesson　a terrible surprise　put up
>
> went to sleep　　　　the next morning　woke up
>
> so…that…
>
> He looked out of the tent　and saw something walking towards　him
>
> New words, phrases & sentences in the play
>
> wine 酒　　kill 杀死　　hero 英雄　　dead 死的
>
> We must protect 保护 tigers.

图 16

【设计意图】"学习共同体"的教学理念是：以活动推动学习，在活动中学习语言、感受语言、体验语言、运用语言。本课中，学生运用所学单元高频词组、句子结构等来编演小剧，以小组合作活动来激发学生的自主学习兴趣。学生通过自己的小剧编演，充分理解并运用了所学语言知识点，而且在此环节中教师放手把课堂交给学生，学生英语表达的细胞在此完全得到释放，学生思维的火花也得以璀璨绽放，学生在真实场景中运用英语的能力和做事能力得到了培养。同时，让优秀生在小剧编演中尝试当小老师，带领全班同学一起学习，这既是对优生的肯定，又能充分调动其他学生的学习热情，有效实现了双赢。

T：Thanks for your wonderful shows. You are really excellent. You moved away the last seal. The Monkey King was helped out by your kindness, hard work and intelligence. You see, **Where there is a will, there is a way.**（情感升华：有志者，事竟成.）

（六）Summary 师生合作，课终小结本课学习内容

T：Boys and girls, today we've learned a lot. Let's work together to make a short summary, based on the Blackboard Design today. (some key words, phrases, structures and sentences of Unit11 and Unit12, talking about past events by using Simple Past Tense)

（七）Assessment "学习共同体"小组活动课堂积分评价

T：So which is the best group in today's class? Wow, Smart Seal Group is the best! Congratulations! Here's a prize for you.

【设计意图】　根据各小组积分卡和所获点赞的数量，现场评出优胜小组（Smart Seal Group），并给小组成员每人一张周末电影票作为奖励。同时表扬了积极参与表演的 Big Shark Group, Lovely Dolphin Group, 也大大鼓励了得分略低的 Friendly Seagull Group, Beauty Fish Group。

（八）Homework 课后作业巩固

T：Today's homework：Write a short passage about today's English class. You can begin like this：

Today, we had a fun English class. There were _____

_____

_____

All in all, we learned a lot and it was relaxing and interesting.

【设计意图】　借助课后作业的布置，再次对运用一般过去时叙述过去的事件进行复习巩固。

七、教学反思

英语"学习共同体"课堂教学模式，看似简简单单，其实奥妙无穷；看似离我们很远，其实就在我们身边。反思本节单元复习课的课堂动态生成，笔者深刻感悟到"学习共同体"课堂教学的无限魅力。在"学习共同体"中，教师式学生和学生式教师的新理念，促使教师把英语学习的主动权、学习的大部分时间空间都还给了学生，真正践行了"以生为本、学为中心"。它是合作探究、互动交流的课堂，也是让学生事先可以有所准备的课堂，因此学习具有课堂内外双重的开放性。无论是"预学作业"还是"前置性思考任务"，都需要学生在课内外不仅独立思考探索问题，还要积极地与同伴协作交流。"小立课程，大作功夫"，笔者期待能在今后的英语"学习共同体"课堂教学中不断地创新与实践，以期走得更宽阔、更高远！

教学名师:孙 涛

从细节入手,把握科学课堂的探究味

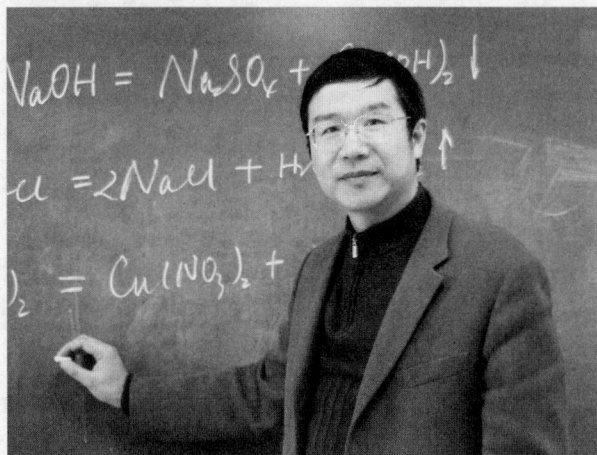

孙涛,舟山市正教授级高级教师,现任浙江省舟山市定海二中教育集团总校长、定海区人大常委。被聘为舟山市人民政府兼职督学、定海区人民政府兼职督学;舟山市中学自然科学研究会常务理事、定海区教育学会科学研究分会会长、定海区教育学会常务理事、副秘书长。

曾获全国五一劳动奖章,被评为浙江省劳动模范、浙江省功勋教师、舟山市科技教育青年标兵、舟山市教科研先进个人、舟山市优秀教育工作者、舟山市劳动模范、舟山市拔尖人才、定海区教育系统先进个人、定海区先进工作者、定海区劳动模范、定海区优秀专业人才等。获市校长论坛一等奖和区校长论坛一等奖;先后出版了《初中科学课堂教学策略与研究》《行走在精彩与遗憾间》《为爱行走》三本专著。现任舟山市"孙涛名师工作室"导师。

任廷佐小学校长期间,学校在城区所有小学综合考核中排名由倒数第三升至第一。任定海二中校长期间,定海二中中考被舟山中学录取人数位居舟山市初中学校首位。近年来,定海二中教育集团先后荣获浙江省五一劳动奖状(舟山市当时唯一获此荣誉学校)、浙江省百年名校(舟山市独此一家)、浙江省文明单位、舟山市文明单位、定海区首批劳动模范集体等数百项集体荣誉。

教学艺术

一、把科学加工成"合作、交流"的科学

《科学课程标准》多次强调要注重培养学生的"合作、交流"能力。合作、交流的学习方式也成为《科学课程标准》所提倡的主要学习方式之一。教师在科学教学中要多采取合作学习的方式，挖掘教材中概念的辨析、规律的发现、操作实验、探究问题等因素，充分提供合作、交流的机会。要让每一个人都对小组的学习和成功有所贡献，要让每一个人都在小组中展示自己的能力和才华，这就是"责任到人""人人尽责"，唯此，真正的合作才可能实现。分配给每个人特定的操作任务，要求他承担特定的责任。只有当每一个小组成员都完成了自己的任务时，小组的目标才能实现。小组成员要为小组做出贡献，要为小组的成功尽责，在小组活动中，每一个人都不应该当观众。"责任到人"让每个学生都必须承担一定的学习任务，并同时掌握所分配的任务。教师通过学生在小组中的行为表现来评估他们是否尽责尽力。在合作学习中，学生是否真正承担起了责任，不仅看其是否完成了自己所承担的任务，同时还应该观察其是否积极参与小组活动。合作不是个体活动的"拼盘"，合作学习活动过程中，每个人都要有小组意识，都要愿意为达成小组目标积极贡献自己的力量。

例如，探究凸透镜成像规律时，传统教法是教师第一堂课先通过逐一演示得到凸透镜成像规律，第二堂课学生再到实验室验证。这样，在第一堂课教师演示时学生只是被动接受，第二堂课因为已经知道了规律，实验的吸引力就丧失了许多。有鉴于此，可将教师的演示实验改为学生的分组实验。上课一开始，先让各个小组用放大镜观察《科学》课本封面上的字，并不断改变放大镜与课本之间的距离，比一比哪组找到的像的种类多，同时在小组代表发言时将各种像的性质写在黑板上，如倒立缩小、倒立放大、正立放大。接下来经过渡语之后，教师出示光具座和实验记录表，介绍用法、注意点、物距、像距的读法，并指出有些像能成在光屏上，有些不能成在光屏上，只能透过透镜直接用眼睛看。同时要求完成倒立缩小像的实验、倒立放大像的实验、正立放大像的实验。实验结束由小组代表将本组数据输入电脑的表格中，进行组间汇报交流，分析数据得出结论。通过组内合作、组间合作，让学生得出凸透镜的三个成像规律。整堂课通过组内合作、组间合作，顺利完成了凸透镜成像规律的探究。课堂中，通过合作学习，师生、生生间形成了平等协作的课堂氛围，课堂上学生有了自主合作的机会，学生的主体意识得到强化，学生从被动服从向主动参与转化，潜在的创造能力得到了激发。另外，在合作学习中通过学生间的讨论与交流，某方面处于优势的学生可以帮助这方面弱的学生，从而形成知识技能等方面的互补，达到"人人教我、我教人人"的良好教学效果，培养了学生的团体合作和竞争意识，发展了学生的交往与合作能力。

二、创问题情境，一石激起千层浪

"问题情境"是一种特殊的学习情境，情境中的问题既适合学生已有的知识水平、能力，又需经一番努力才能解决，从而使学生形成对未知事物进行探究的心理。目前，国际科学教育领域有观点认为：创设学生认为值得思考的"问题"情境是最符合建构主义认知过程和

科学推理特征的教学行为方法。

（1）让学生面临要用理论解释的现象或事实。例如，在学习"力的作用效果"时，学生们从教师的实验中看到，用鸡蛋去砸石头，石头没有被砸碎，而鸡蛋却破了，这激发了学生的问题意识：一个物体对另一个物体施力的同时，是不是本身也受到了力？

（2）激发学生分析生活中的日常观念与科学概念之间的矛盾。例如，学生已拥有这样的观念：乒乓球放在水中，它一定是漂在水面上的。而当学生学习"物体的沉浮条件"时，从实验中看到一个现象：三个乒乓球在水中的沉浮情况各不相同，有漂在水面上的，有悬在水中间的，更奇怪的是还有一个乒乓球竟然沉到水底下去了，于是引起了问题情境。

（3）激发学生比较和对照事实现象，由此引起了问题情境。例如，在学习"惯性"时，让学生比较如下现象：百米赛跑，冲到终点想一下子停下来却做不到；抖动衣服，衣服还在身上，但衣服上的灰尘却不见了；锤头松了，把锤柄的一端在石头上撞击几下，锤头就紧紧地套在锤柄上了……为什么会出现这些现象？

（4）让学生对比已知事实与新事实，并独立概括。例如，学习"耳和听觉"时，教师问：为什么一只蜜蜂从你耳边飞过，你能听到"嗡嗡"的声音？学生根据小学学过的常识答曰：因为它的翅膀在振动，而只要振动就能发出声音。但一想到蝴蝶飞过耳边时，却听不到声音，便引起了问题情境。

问题情境的创设可用在课堂的不同时段，以起到不同的教学效果。例如，在"摩擦的利与弊"一课的开始，创设问题情境引入新课：设计一个"拔河比赛"的问题情景。取一根木棒，事先一端涂上油。让一位班里公认为力气较大的男同学和一位力气较小的女同学分别用一只手握紧木棒两端后互相拉，并且涂油的一端给男同学，进行拔河比赛。结果在全班同学都认为男同学必胜的情况下，女同学赢了。学生大惑不解。这种反常现象使他们的兴趣一下子被吸引到"摩擦"上来。

在"物质的导电性——电阻"一课的中段，创设问题情境延续学生的思考。首先创设这样的问题情境，将小灯泡分别与两段不同的导线连接，通电时发光亮度不同。学生观察实验现象后，在惊奇中提出问题：为什么前后两次灯的亮度不同呢？教师组织学生开展小组讨论，然后各抒己见，最终达成共识：灯泡亮度不同是由于通过灯泡的电流大小不同，而造成电流大小不同的原因是组成电路的导体不同。这时，教师不要马上给出电阻这个概念，而是引导学生思考如下问题：电路中导体对电流有什么作用呢？它是如何影响电流大小的？为了点拨思维，教师引入"不同的路况对车辆的限速不同"进行类比。学生通过比较发现不同导体对电流的阻碍作用有大有小。在此基础上，水到渠成，学生得到电阻的概念。同时，问题就由"问号"逐渐变成了"句号"。"句号"在使学生心理上得到满足的同时，思维的发展被停滞下来。为了再次激起学生的思维，教师取下导体让学生观察，提出问题：导体的电阻大小究竟与哪些因素有关呢？于是，教师又组织学生开展讨论，并鼓励学生大胆假设。通过学生自己动手、动脑，得出结论：导体的电阻大小取决于导体的长度、横截面积、材料。最后，教师又提出新问题：怎样方便地调节电灯的亮度？如果要使灯泡亮度即电灯的电流连续变化，与电灯串联的电阻在结构上应有哪些特点？教师通过不断地创设问题情境，使学生的大脑始终处于思考的状态，利用已有的知识和生活经验去探索。这样，学生不仅在这节课中一直积极思维，而且把思维延续到了课后，也为下节课做了铺垫。从生活现象出发，设计出新颖、激情、对话、开放的问题情境，能营造出轻松

从细节入手，把握科学课堂的探究味

和谐的气氛，让学生在对知识进行总结、巩固、扩展、延伸、迁移的过程中，感觉到智慧的力量，体验到学习的快乐。另外，在科学课程中，问题情境与科学规律之间是特殊和普遍的关系。以情境作为教学手段时，不应注重其特殊性，而要引导学生从特殊性过渡到普遍性，并在各种情境中运用科学规律，表现出知识的一致性的建构，如此才构成完整的科学教育，达到教学的目的。

三、注重探究，让科学更有"科学"味

《科学课程标准》指出：学生是学习的主体，教师是学习的组织者、引导者与合作者。然而很多初中科学教师在实际教学过程中出于升学压力，并没有真正地去组织、引导学生渐入佳境地学习科学，经常只是按自己的思路直接把知识结论灌输给学生。但对学生来说，每一个教学内容的学习往往都是一次发展，也正是这一次又一次的发展才导致质的飞跃。因此，在科学教学中，教师必须转换立足角度——从教师到学生，降低思维层次——从已知到未知，把"已知"的科学当作"未完成"的科学来教学，把教材内容转化为学生讨论和探究的学习材料。

例如，在测量空气中氧气含量的实验教学时，按照教材的传统教法：实验前介绍这一装置的实验器材与测定原理，实验中观察现象，得出结论，实验后归纳该实验中要注意的几个地方，以及如果没按要求做会使测量结果出现什么情况。

教材内容再加工后教法：教师在提出问题后，先引导学生回想硫酸铜晶体中结晶水含量测定的实验原理与操作过程，学生从中获得启示：想测空气中氧气含量，必须想办法把空气中的氧气赶出去。怎么赶？学生在激烈讨论后，否定了吸气法、液化法，最终把目光集中到燃烧法上。选什么物质燃烧来消耗氧气呢？学生提出用木条燃烧消耗空气中氧气，经一番讨论后木条燃烧不可行，同时在讨论中得出该实验中物质的燃烧既要消耗掉氧气，又不能产生新的气体。在学生讨论中，教师自然地提出选红磷作为燃烧物质。随后，教师再提出如何才能保证将氧气耗尽。由学生得出红磷的准确用量。在弄明白实验原理与药品用量后，教师带着学生转到装置的设计上。从学生对 A、B 装置的逐一否定到对 C 装置的疑惑，教师再呈现 D 装置（图 1），利用 D 装置，教师演示从瓶内吸出一些空气时，让学生观察现象，思考为什么会产生这样的现象，从而自然地解开了学生对该实验为何采用 C 装置的疑惑。再提出：如果采用教材中的这一实验装置，还应注意些什么。

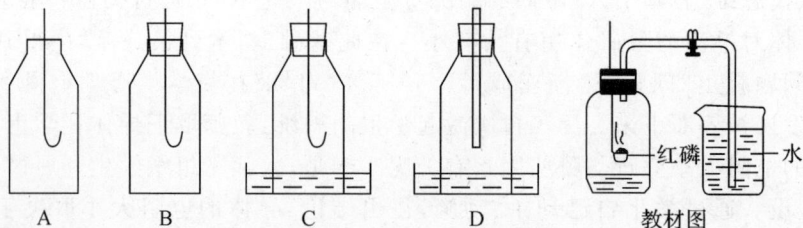

图 1

演示实验是科学课程的一个重要资源。对于演示实验，部分教师在课前准备时只注重如何让实验做成功，使之出现最为明显的实验现象，并引导学生由实验现象概括出科学的结论。这是对教材中演示实验肤浅的认识和狭义的理解。其实，教材中的演示实验蕴含着

极为丰富的教育内涵,可供我们去深入地发掘。很显然,经过再加工后的教学内容,教师并不是仅仅将测定空气中氧气含量的演示实验说给学生听,做给学生看,而是以一个"未知者"的身份参与了这场讨论活动,并积极引导学生参与到这个演示实验方案的设计和实验装置的设计等活动中,极大地增强了学生学习的自主性,减少了学习的盲目性,同时提高了学生的科学素养。虽然,经以上再加工后的教法所花的时间要比传统教法多,但能使学生对演示实验不但能知其然,而且能知其所以然,使学生不仅学会了一个方法,更学会了思考,学会了探索,学会了创造,这才是真正的科学教学目的所在。

★ 成长经验

一、平平淡淡才是真

回首 30 余年的工作历程,仔细想来分为三个阶段,高中毕业刚参加工作时对前途充满遐想,总认为自己能干出大事情来,但在经历一年工厂生活、近三年农村插队落户生活、高考又因当时特定社会环境无法进入更好高校的情况下,只能在错误的时间、错误的地点、选择错误的职业情况下到师范院校就读;毕业后走上三尺讲台,历经几年磨炼成了本专业小有名气的教师后,仍对当初的选择难以释怀,仍幻想成为一个企业家,以至于为自己定下四十岁前如仍无法如愿就安心教育的想法;终因种种原因这些"梦想"无法达成,也成就了我目前最安心教育的现状。

回想从前的经历,尽管充满着痛苦,但塞翁失马焉知非福。工厂一年、农村近三年尽管浪费了我人生中最宝贵的时光,但也练就了我吃苦耐劳、坚忍不拔的性格。农村近三年吃尽一般人一辈子都吃不到的苦,但也成就了一个人性格的转变,使我在以后的人生中不再怕吃苦,使原先碰到困难就想退缩的我变成了敢于面对困难并战胜困难的人。在农村的三年中,我修过水库,挖过涵洞,当过青年突击队长,在冰天雪地里挖过河,在村办工厂里做过粉丝、做过年糕、做过烧酒。曾因修水库导致脚趾发炎,活生生拔掉了大蹬趾甲;曾因割稻割破手指晕倒田头;曾在人家最不愿要的贫瘠、坡陡的自留地上创造过高产的纪录。也许有人会说,当"知青"吃点苦有什么了不起,中国有多少青少年就生长在农村,他们吃的苦可能比"知青"吃的苦更多、时间更长,但我们今天来看已过去的那一段历史就不能简单地这么理解了。曾记得有一年"双抢"结束回家,一个月时间人被晒脱三层皮,整整瘦了 28 斤,以致回到所住的大院子里,几十个邻居竟然没有一个人认出我来。就在我将成为一个合格甚至优秀的现代农民时,中国重新恢复了高考制度,尽管当地生产大队不允许"知青"参加高考,但我还是义无反顾地参加了 1977 年高考,并达到录取分数线,在填写高考志愿时,我填写的都是医学类和化工类的专业,但终因当时的社会环境未能如愿,只能就读于刚成立的浙江师范学院舟山分校。毕业后就走上三尺讲台,经过几年的努力已在本专业小有成就,但少时的梦想一直萦绕心头。

因一直想成为一个企业家,我对经济和管理颇有研究,当时也确有很多机会让我脱离教育搞企业,但终因在调动上教育局一直不放,并让我以副校长身份兼一个校办工厂的厂长,一段时间后又因行政体制调整的原因回到了学校,几经曲折随着年龄的增长做一个企业家的梦也慢慢地破灭了,梦尽管破灭了但经历中留下的东西却也对我现在的管理工作很有裨益。

1995 年担任校长后开始致力于教育管理,历经五年拼搏,带成一所综合考核第一,教学质量七项指标 4 项第一、2 项第二、1 项第三的享有较高知名度的学校。2000 年转任现职,当时学校处于较为艰难的调整期,内外部环境都很不利于学校的发展,但面对困难我只能战不能退。上任伊始,就逐步对学校的内部管理体制、组织结构进行了一系列改革,建立了一支高效、精干的管理队伍,树立以人为本的管理思想,不断调动广大教师的积极性,不断发掘教师的潜能,经过几年努力,学校逐步走出困境,并连续创造了舟山市初中教育史上的多项第一,获得了众多的荣誉,成了当地最负盛名的一所初中。学校先后获得了浙江省百年名校、浙江省最适合学生发展的实验学校、舟山市文明单位、定海区劳动模范集体等上百项荣誉,我个人也先后获得区优秀教育工作者、区优秀专业人才、区劳动模范、市劳动模范、省劳动模范、全国五一劳动奖章获得者等数十项荣誉。

在教育上已有了一定成就,我现在想得最多的是如何做得更好,如何以己之长回报社会,因为荣誉只能代表过去。为此,在今后一段时间里我考虑的主要有两项工作:一是如何创设一个师生个性特长能得到充分发挥的和谐的校园环境;二是加大教育教学改革力度,走出一条轻负担、高质量的教学之路。

从事教育工作二十余年,深知当今教育之利弊,一方面是教育为社会、为更高一级学校培养了大批优秀的人才,推动了社会、经济的发展;另一方面是教育束缚了学生的想象力、创造力,将学生沦为了应试的机器,造成教师压力大、学生身心苦的不良现状。为此,为了在减负上走出一条路来,也为了曾经在一位老领导面前的承诺,于 2004 学年开始进行教学改革,在没有政策支持、没有其他学校跟进的情况下单方面进行"裁军",大幅度减少学生在校时间,一定程度上减少学生的作业量,尽管这样做将承担极大的风险,但还是义无反顾地坚持了下来,值得庆幸的是,改革几年教学质量不但没有下降,反而稳中有升。几年的实践经验告诉我,在减轻负担时只要方法妥当,措施得力,教学质量是可以稳定的;如果能有效调动教师积极性,发掘学生的潜能,教学质量的进一步提高也是做得到的;只想一味增加教学时间来提高质量的方法最终是要走入死胡同的。2015 年九月新学年开学,又开始了新一轮的减负改革,每节课时缩减为 40 分钟,上午二、三节之间安排 25 分钟的大课间,下午放学前安排集体"阳光体育"活动,同时要求教师在前几年课堂教学改革的基础上做好两件事,一是使教学更贴近学生的兴趣和实际,二是提高教学和学生作业的效率,力争经过几年努力,初步形成一种既能有效减轻教师、学生负担,又能保证教学质量的教育之路。

路漫漫其修远兮,吾将在提升教育教学质量之路上不断地探索,倾毕生精力于教育,为中华民族的教育事业尽自己最大的努力。

二、从教书育人到环境育人

作为一所有着近三百年发展历史的老校,作为舟山市唯一一所"浙江省百年名校",同时又是一所只有近 30 年中学办学历史的年轻学校——定海二中,如何在传承与发扬、传统与现代之间找到最佳的结合点,并使之更好地服务于教育教学一直是定海二中人长期追求和探索的目标。

三百年的发展历史,使定海二中积淀了深厚的校园文化底蕴,这是引导和激励一代又一代定海二中人不断进取的巨大精神力量。一所学校的浓厚文化积淀既是一笔财富,有时也是一种包袱。综观中外一批知名的老牌学校,不是在历史沉积的基础上经过几代人的不懈努力而成为具有蓬勃生机的名校,就是囿于历史的重负不能进取而归于沉寂乃至消亡。定海二中一直致力于对校园文化建设的重视和追求,努力使进入定海二中的每个人都深受影响,终身受益。

有人曾说:"好的大学就像一个染缸,使每一个从那里出来的人都带有一种特有的印记,这种印记会深深地影响一个人的一生。"清华大学、北京大学培养了一批又一批治学、治业、治国的人才,正是清华大学、北京大学这种文化环境不断孕育积淀才形成了他们独特的校园精神,其实这就是校园文化,一种被大家认同并遵循的价值观念。优秀的校园文化是优质学校的灵魂,是优质学校重要的生命根基。正是各具特色的学校文化,使得名校犹如常青树一样屹立于教育之林。

校园文化是校园氛围和办学风格的反映,它通过师生的道德规范、行为准则、心理趋向、价值观、人际关系等透射出校园精神的凝聚力、感染力和震撼力。它不仅对师生具有巨大的感染作用,而且通过培养出的人才的高素质辐射社会,其影响是全面、深刻而持久的。因此,加强校园文化建设,对于优化育人环境,全面贯彻教育方针,提高整体办学水平具有不可替代的重要作用,从这个意义上说缺乏校园文化建设的学校教育是不完整的教育。

校园文化建设是学校精神文明建设的重要组成部分,深入持久、富有成效的校园文化建设对形成良好的校风、教风和学风将起到至关重要的作用。校园文化是社会主义精神文明在学校的体现,是一所学校独特的精神风貌。定海二中在"要成才,先成人""要为学生一生的发展服务"以及"教书育人、服务育人、管理育人、环境育人"等校园文化建设理念的指导下,以格调高雅的校园环境净化人,通过校园环境创新和校园文化引路,坚持不懈地狠抓学生的常规教育、养成教育、创业教育、人格教育、法制教育,用优美的环境和丰富的校园文化内涵,培育和造就了一批又一批具有较高社会认可度的优秀毕业生。

我校的校园文化建设围绕"为学生的一生发展服务"这一主题,以"人文、团结、创新、实践"的学校精神为指导,主要做了三个方面的探索实践:一是育人的环境建设,二是学校文化传统建设,三是校风、教风建设。下面就谈谈我们的校园文化是如何体现发展的理念,发挥发展的功能的。

1. 确立新的校园文化观,树立校园文化建设与发展的新理念

校园文化指学校的办学思想、办学历史、育人环境、办学特色等,具有鲜明特色、浓厚文化底蕴、统一和谐的校园理念形象,是一种高尚的精神塑造、无声的熏陶和感染,是教育的未来性、生命性、社会性和校园建设与发展的主体性、生成性、原创性的综合体现。

在校园环境建设上,要打破常规的一成不变的、静止的模式,赋予它丰富的生命力,在我们熟知的领域里挖掘出新的教育资源,为学生的发展提供更为宽阔的空间,为此,学校在校长室、办公室的布置中大量采用了学生的书法和美术作品,既提升了学校的品味,也丰富了学校的内涵。

面向 21 世纪的教育,是努力使人的个性全面、和谐发展的系统工程。学校教育的根本功能是促进人的成长与发展,学校工作的着眼点,应当聚焦在未来人类社会的生存需要和未来社会创造者发展的需要。校园文化建设与发展，要求促进人的发展、为人的发展服务。树立校园文化建设与发展的新理念，首先要求学校管理者树立正确的办学思想，用现代的教育思想、办学思想和管理思想引领学校的建设与发展，提升学校办学水平。办学思想是校长的教育理念、信仰、价值观在学校工作中的体现，体现了校长的使命感、责任感和追求的目标，是校长的智慧和创造才能的展示；办学思想体现了校长在校园文化建设与发展方面的思路和策略，是实现理性目标的中介。作为学校的管理者，校长要始终保持一个建设性和创造性的头脑，既要有识别教育改革机遇的敏感性，又要有捕捉学校发展机遇的胆识，要以办学思想的主导力、人格的影响力、思想的辐射力、道德的感召力、威信的穿透力体现其核心作用。

树立校园文化建设与发展的新理念，要树立正确的教育观，真正理解教育的本质，明确面向 21 世纪的教育的基本功能是促进人的成长和发展。把培养学生的创新精神和实践能力视为基础教育的重要任务，作为校园文化建设与发展的重要课题，把教育观念的转变重点放在教育的价值观、人才观、学生观和质量观上，放在人才培养模式和教学模式的转变与创新上，实现教法与学法的统一，教法为学法服务，促进学生情感、态度和价值观的形成，培养终身学习的意识和能力，促进学生健康成长。为此，学校提出了学生要减负，教师要加负的思想，通过教师压力的增加、教学水平的提高来减轻学生的压力。

2.继承学校文化传统，树立校园文化建设与发展的新理念

从校园文化特色角度看，各个学校校园文化建设并未显示出各自的特色；校园文化有共性的一面，但因历史背景、学校结构、培养目标不同，各个学校具有鲜明的个性特征，这些特征正是校园文化具有无限的生命力，对学校成员具有巨大的号召力、感召力的根源所在。为此，学校在每年的新生始业教育和家长学校开学式上都将学校从清康熙四十九年（1710年）知县缪燧初建"蓉浦书院"，几经沧桑、几经演变发展为现在的定海二中的历史向新生及家长进行介绍，因为这其中既有几代人思想的发展，又有数百年文化的积淀，是学校的一笔宝贵财富。

树立校园文化建设与发展的新理念，要树立新的课程观，坚持用科学的课程价值观引领学校教育教学工作。必须明确课程实践在本质上是一种价值论的引领，必须遵循一定的价值原则。任何课程建构如若不优先考虑价值取向问题，如若没有哲学价值论的引领，都将陷入盲目和混乱。新课程实验的目标就是追求教育的极致，反对竭泽而渔，拒绝只图眼前利益而损害教育的长远效应，在关心教育效率的同时也关注教育的效能，实现符合素质教育要求的有效教育。

树立校园文化建设与发展的新理念，要自觉树立科学的教研观，让教师们真正懂得教科研源于素质教育，课题源于教学实践，解决教学问题的过程就是科研，明确"问题即课题，教学即研究，教师即专家，结果即成果"。要让教师对课题研究从自我取向和任务取向提升为教育价值取向，实现以课题研究促进课改实验，以课改实验推动素质教育的全面实施。

树立校园文化建设与发展的新理念，要迅速树立新的评价观，让教师们真正明确教育评价的目的是：促进学生的成长，促进教师教学水平的提高，促进学校的发展，使评价的过程成为促进发展与提高的过程，发挥评价的教育功能。要改变评价过分强调甄别与选拔的功能,忽视改进与评价改革的核心要点。

3. 建设良好校风、教风,树立校园文化建设与发展的新理念

校风建设是校园文化建设的核心。校风建设实际上就是校园精神的塑造。校风作为构成教育环境的独特的因素,体现着一个学校的精神风貌。好的校风能激发和凝聚学校成员的内在动力,催人奋进;好的校风具有深刻"强制性"的感染力,使不符合环境气氛要求的心理和行为时刻感受到一种无形的压力;好的校风对学校成员的心理发展具有保护作用,对不良的心理倾向和行为具有强大的抵御力量,能有效地排除各种不良心理和行为的侵蚀和干扰,形成集体成员心理特性最协调的心理相容状态。在校园环境建设上,要打破常规的一成不变的、静止的模式,赋予它丰富的生命力,在我们熟知的领域里挖掘出新的教育资源,为学生的发展提供更为广阔的空间。

在教风建设中,在当前社会主义市场经济和深入开展素质教育改革的特殊历史条件下,我们应该从资源的高度来看待名师的作用。有了这种不可多得的宝贵资源,学校就有了得天独厚的优势,就有了更高的立足点和更广阔的发展空间,学校优质教育的实践就有了巨大的助力。学校因教师而出名,教师因学生而出名。可以毫不夸张地说:"名师资源的开发和利用,甚至可以改写一个学校的历史,影响一代人的成长。"

名师是一种标准、一种档次。我们笼统地说提高教师队伍素质,是没有参照系的,当一个学校打造培养出了一个或几个知名度很高的教师,老师们就会不约而同地把眼光投向他们,来重新审视对方,同时也审视自己。通过与自己身边名师的相互比较,前后比较,就会形成对名师的再认识,并自觉地向名师看齐,查找自己落伍的原因,努力迎头赶上,这样就缩小了教师个人之间素质的差异,全校教师队伍素质因此而提升。学校名师的水平越高,全校教师整体素质的定位也就越高。这就是一个整体素质相对较差学校的佼佼者被调到一所整体素质较高的学校,一开始便感到明显的不适应,而过一段时间情况就会大为改善的原因。事实上,不是因为这位教师适应了学校,而是学校老师普遍的高素质同化了这位教师。

总之,校园文化是学校教育的一个重要组成部分,是素质教育的重要载体。抓好校园文化建设,将有利于全面实施素质教育,促进学生健康成长和全面发展。

经典课堂

探究平面镜成像特点

平面镜成像特点这节课,由于学生在合作学习过程中对同伴的立场、观点和所提供的事实不断地进行比较、分析、推理、判断和综合,从而其高级思维能力得以发展,创造精神得以培养。课堂上学生合作学习时主动性的体现,并不否认教师在教学中的主导作用,相反,教师的有效引导能更好地发挥学生的主体作用。那么,课堂上如何引导学生开展探究实验合作学习,才能有效地发挥学生积极参与和构建知识呢?对于这一问题,以探究平面镜成像特点为例进行探讨。

一、三维目标要求

1.知识与技能目标：了解平面镜成像的特点；了解平面镜成虚像；了解虚像是怎样形成的；了解日常生活中平面镜成像的现象。

2.过程与方法目标：经历"平面镜成像特点"的探究过程。学习实验探究的基本思路和掌握替代法；通过折纸，感悟虚像的形成原因。

3.态度情感与价值观目标：在探究"平面镜成像特点"中，体会到小组合作学习更易克服困难、解决问题。通过对图片的观察，感受大自然的美。通过对平面镜的物与像对称的讨论，领略平面镜成像中的简洁对称之美。通过实验，培养实事求是的科学态度。通过利用平面镜的小发明、小制作，认识平面镜在科学技术、生产和生活中的广泛应用。

本节设计探究平面镜成像特点的实验任务合作活动，从看、想、交流、做、总结等多方位培养学生的观察能力、表达交流能力、动手操作能力、协作能力、分析归纳能力等，从平面镜的应用上培养学生能以辩证的思想看待问题的能力。

二、教学准备

1.学生准备（按小组）：平面镜（2～4 个）、白纸四张、铅笔、刻度尺等。

2.教师准备：平板玻璃两块、相同的蜡烛两根。

三、教学过程设计

1.程序设计：观察猜想—实验设计—进行实验—结果及评价。

2.教学过程设计：请同学们拿出平面镜，对着镜子仔细观察镜中的像与物并进行比较，从不同角度你会有哪些发现？要求：①小组成员轮流观察并记录发现；②每个合作小组中必须有不少于四点的发现（说明：四点发现，对学生个人来说是比较困难的，但如果放在小组就比较容易，这可激起学生主动合作交流的积极性，在独立思考的基础上发挥集体的智慧）；③每个小组选一代表汇报发现结果，看哪个小组能获得"发现之王"的称号（说明：强调学生的交流和表达能力，组间形成竞争）。

每个小组学生都能仔细观察镜中的像，然后开始交流发现，再观察、辨别真伪，由组长进行记录，总结小组集体发现，选定一人进行汇报。

这次活动第 1 组发现的情况最多，是发现之王。

虽然第 4 组发现的现象少点，但是实验时人人认真，希望该小组在以后的实验中能更积极探索，也会成为发现之王。（说明：及时鼓励后进小组，委婉分析失败的原因，引导他们下次成功）

评价说明：①教师在学生汇报前，尽量让学生将汇报的各个发现写在纸上，避免后汇报的小组仅汇报不同的发现，将其他小组先汇报的发现作为自己小组的成果（说明：保证评价的公正性）；②必须让每个小组都发言，避免发现少的小组失去锻炼评价的机会，损害后续合作学习的积极性；③积极评价合作的主动性与各小组的成果，同时褒奖一些具有特异思维的学生。

刚才大家的发现都很有价值，下面我们来思考：如何通过实验验证发现的准确性？需要哪些器材？针对像与物的大小、像与物到镜面的距离的关系以及像与物相对镜面是否对称等，你如何寻求它们的规律？请各位同学认真思考后，提供方案。（说明：强调学生的独立思考，避免发生部分学生不动脑筋，只想在其他同学中得到答案的偷懒行为）

A 生：需要平面镜、刻度尺、白纸、铅笔、两根蜡烛。

师:回答得很好(及时鼓励,延续学生大胆发言的信心),还有其他方案吗? 如有,还需要哪些器材?

B生:有,需要玻璃板、刻度尺、白纸、铅笔、两根蜡烛。

师:我们都知道,玻璃板也能成像,但它与平面镜哪一个成像效果更好呢? 我们应采用哪种方案呢?

师:实验时,需要扶好镜子,同时还要用另一根蜡烛去重叠像,并要量物距、像距,一个人能顺利完成吗?(说明:实验复杂,激起学生合作实验的需求)

生:不能,我们需要两人合作。

师:好的,你们把4人组分成两小组进行实验(说明:分组合作不能教条,根据条件可以重新分成2人或者3人组,目的是让更多的学生动起来,发挥学生主动积极探究的精神),协调好实验的分工,共同完成实验(说明:培养学生的分工协调能力)。值得注意的是,实验时出现困难应立即汇报。

C生:老师,我们发现无法确定平面镜中像的位置。

D生:我们玻璃板能够找到像的位置。

很好,C生能在实验中发现问题并及时汇报,D生组不但能够发现问题,并能够及时解决问题,希望其他小组向他们两组学习(说明:评价时应及时将个人的发现转化为集体智慧,避免出现个人英雄主义,同时号召其他同学向他们学习,既保护和促进他们积极思考解决问题的积极性,还增加其他小组的竞争意识)。希望大家在下面的实验中积极配合,同心协力,更快、更好地完成实验,同时能够在实验中发现问题,分析问题,更能解决问题。(说明:学生开始实验,教师不断巡视,及时纠正和解决学生在实验过程中出现的错误及困难。教师在学生合作实验中不能无所事事,要指导困难学习小组,甚至直接参与落后小组的探究实验,引导他们顺利完成实验,从而培养他们的实验信心)。学生实验结束后,各组汇报实验结果并分析总结实验过程中出现的问题。

实验总评:①对学生在实验过程中发现一根蜡烛存在两个像,要大力表扬,并引导学生分析原因。②对于得出物距稍大于像距的实验小组,要充分肯定他们实验的严谨性,帮助他们分析得到这样结果的原因,建议、鼓励他们课后再取更薄的玻璃进行实验,以检验结果的正确性。③对于有些小组有时物无法重叠像的原因进行分析。④评价部分小组只得到一组数据的缺陷。⑤对小组活动进行整体评价,引导学生课后自评。

四、教学点评

第一,在较复杂的实验探究课上开展合作学习,一般分三个阶段进行,即观察猜想、设计、实验。如液体蒸发快慢的影响因素、浮力大小的影响因素、滑轮组的机械效率、欧姆定律等都需要这三个阶段。切不可忽视前两个阶段的合作学习,因为前两个阶段是真正开发学生智力、加强交流合作的重要阶段,而实验阶段只是培养学生的动手和协作能力的一个阶段。

第二,三个阶段的时间要设计好,一般来说,前两个阶段各5分钟,实验阶段需要10分钟,根据具体情况可做适当调整。不管怎样,教师要提前预设好,避免匆忙或者耗时过多而降低课堂合作效率。

第三,实验探究合作课小组人数不需要固定为4人,可根据器材条件灵活机动,将4人小组再分成更小的小组亦可,但汇报结果时,可让小组汇总后,以大组(4人)汇报。

第四，在学生实验之前，教师不要将实验可能出现的问题考虑得面面俱到，只需在影响实验的重大问题上点拨到位即可，其他次要问题则可让学生在实验中考虑、解决，或在汇报结果时帮助分析纠正，这样更能体现实验的真实探究性，而不是单纯地进行验证性实验。

第五，在实验探究过程中，学生合作已达到 3 次，其他内容最好不再安排合作（调查结果显示，85.3％的学生认为不应超过 3 次），次数太多，学生会失去兴趣。如对平面镜在日常生活中的应用，无须小组讨论汇报，直接让学生各自思考，然后进行抢答补充，以此增加学生的竞争性。不过在抢答中，应适度多给学困生回答问题的机会，以增强他们的自信心和勇气。

教学名师：顾海军

研究让有缺陷的教学趋向完美

人物档案

顾海军，中学高级教师，现为定海二中教育集团南校区校长，定海区科学教学研究分会副会长。

1994年8月至2002年8月先后在烟墩中学、岑港中学任教，2002年8月至今先后在定海三中、定海二中北校区、定海二中南校区工作。曾获浙江省高访学者、浙江省教育科研先进个人、舟山市学科教学带头人、舟山市优秀教师、舟山市首届A级教师、市属定海首届教坛新秀、舟山市课堂教学能手、舟山市优秀党员等荣誉称号，现为浙江省首届"浙派名师"培养对象、舟山市首届挂牌名师。

多次承担省、市、区以上公开展示课，多次在省、市级以上活动中承担主题发言和专题讲座，获得好评。在"领雁工程""师徒结对"等活动中，多次被评为优秀指导教师，主持过多项省、市级以上研究课题，研究成果多次获奖，参与编写《初中科学课堂教学策略与研究》等著作，撰写的《找准问题症结，提高科学探究课的有效性——对科学探究课若干现象的再思考》《先验概念对科学学习的影响及克服对策》等多篇论文获省、市一等奖。

教学艺术

一、以鱼学渔，生成智慧

古人曰："授人以鱼，只供一饭之需；教人以渔，则终身受用无穷。"布鲁纳提出："能力＝知识＋技能＋科学方法。"科学方法是将知识和能力联系起来的桥梁，是能力的核心。在掌握科学概念、规律等知识的同时，重视科学方法的学习与运用，能够悟物穷理。法国科学家笛卡尔说："最有价值的知识，是关于方法的知识。"

智慧比知识更重要，过程比结果更重要，知识是启发智慧的手段，结果是动态过程的延伸。教学中只有把结果变成过程，才能把知识变成智慧。

我的做法是：以知识为载体，结合科学史和方法论，揭示知识发生的细节，再现知识发生的过程，呈现前人创新案例，采用知识发现法去教学，克服了将知识"大餐"端上来而不讲烹饪方法的倾向，不断给学生以点点滴滴的启迪，培养学生严密的思维习惯，提升他们提出问题、分析问题、解决问题的能力。在此过程中，学生的创新素质得到潜移默化的提高，学生的智慧得以生成。

下面以牛顿第一定律的教学过程设计为例：

活动一：观察演示实验，分析物体运动原因。

设计这两个实验的目的：让学生通过生活实例来体会科学家当年研究问题的过程。

实验一：老师从教室里拿出一个板凳，并将板凳放到讲台上，用手轻拉板凳。

学生观察到现象 1：人拉板凳，板凳运动；人停止拉，板凳停止运动。

小组讨论得出结论：物体运动需要力的作用。老师引导学生回归课本：亚里士多德当年通过生活中马拉车的现象得出了什么结论呢？

学生回答：马车的运动需要力来维持。

实验二：将实验小车放到刚才做实验的小板凳上，轻推一下小车。

学生观察到现象 2：手推一下小车，手停止推后小车继续向前运动一段距离。

小组讨论得出结论：物体运动不一定需要力的作用。

让学生对比两次得出的结论，发现矛盾。

提出问题：到底力和物体的运动之间存在什么关系呢？

我们可以用什么方法来研究？

实验的方法。

活动二：观察演示实验，分析物体停止运动的原因。

实验三：将小球从左边斜面上滚下（图1），在水平轨道上垫上毛巾，让学生观察实验，记录实验现象。

图 1

提出问题：小球为什么会越滚越慢？

讨论后得出结论:小球越滚越慢是因为小球在滚动中受到摩擦阻力的作用。

实验四:将放在水平轨道上的毛巾换成粗糙程度小一点的棉布,让小球从同一高度滚下。

提出问题:比第一次滚得远的原因是什么?若接触面更光滑,小球又会怎样运动?

结论:棉布面比原来的毛巾面光滑,摩擦阻力小了。接触面越光滑,小球运动得越远。

过渡:很多年前,伟大的科学家伽利略就观察到:表面越光滑,小车会运动得越远,并推断若没有摩擦,小车将会永远运动下去。为了说明他的思想,他设计了著名的伽利略理想实验。一起来回味伽利略的理想实验。(略)

丰富的科学思想有着众多的表现形式,即在科学中蕴含着丰富的方法论内容:分析、综合、比较是最基本的方法;抽象、归纳、演绎是最重要的方法;类比、等效、守恒、对称是最常用的方法。这些方法渗透在科学的每一个具体研究过程中,融合在每一个科学概念、定律、公式的建立过程中,因此在讲授科学概念、定律时,既要讲清它们的来源、思路、建立过程、建立方法及物理意义,还要关注概念、定律、定理之间的内在联系和面临的新问题,有意识地引导学生去深入研究、思考。

二、实验探究,揭示本质

科学实验教学可以直观地揭示事物的科学本质,千言万语说不清,一看实验变分明。举例来说,初中学生学了阿基米德定律之后容易产生一个误解,以为浸在水中的物体之所以受到浮力是因为"排开水"。只有指出浮力的本质才能消除这个误解,但又缺少理论分析的知识基础。为此,我将蜡烛加热软化后在玻璃板上压出一个平面,然后将蜡烛和玻璃板小心地浸没在水中,结果,蜡烛在水中并不浮起,"排开水"但没有受到浮力。当拨动蜡烛使其下方有水,上下有了压力差时,蜡烛受到浮力而上浮。一个对初中学生很难讲清的问题,通过实验探究解决了。

三、走进生活,学以致用

有人说,学生对学习没有兴趣的最大理由是教学内容离他们的生活太远。这个结论虽有点绝对之嫌,但说明的道理也是显而易见的。知识与生活脱节,知识与应用分离的现象严重地削弱了学生对知识的渴望。知识本身并没有意义,知识的意义体现在知识的应用之中,知识来源于生活,生活是鲜活的,鲜活的生活介质会拉近学生思维与知识间的距离。知识与生活的融合,既增长了学生的智慧,同时,也培养了他们的情感、态度和价值观。

从现实生活中提炼科学问题,在分析问题的过程中建构科学知识,并将科学知识应用于具体的生活与生产实践,应该是科学教学的重要策略。当我们的教学走进学生的生活世界时,科学的知识就会鲜活起来,理性力量就会扩张,学生就会感受到生活中科学无处不在,科学的知识是有广泛应用价值的。

譬如,牛顿发现万有引力定律后仍然不能计算出两个质点间的万有引力大小,因为引力常量 G 未知,是卡文迪许首先在实验室中用非常巧妙的装置测出了 G 值,G 是物理学中一个重要的常量,难怪卡文迪许把自己的实验说成是"称量地球的重量"。卡文迪许的贡献是不仅使测量地球的质量成为可能,而且使万有引力定律具有了广泛的实际应用价值——计算未知天体的质量、计算天体的运行轨道等。

历史的经验告诉我们，将刚学习的知识应用于具体的生活情景中，是巩固学习效果的不可或缺的途径。譬如在讲"静电的防止和利用"时可以举这样一个真实的例子：1976 年，停靠在日本某码头的挪威油轮别尔克·伊斯特拉号，因为水手用油刷油漆甲板，聚集的电荷产生静电高压，迸发出火花，点燃了弥漫于甲板上方的石油蒸汽，这艘 25 万吨的超级油轮毁灭于顷刻之间。

不难想象，向学生介绍这样触目惊心的例子恐怕要比枯燥的"照本宣科"讲静电的危害要好得多，因为真实的事例对人的心灵会产生震撼，而这正是教育应该追求的力量。

成长经验

一、每节课的"根基"是有突出的中心内容

教师成长，基于上好每一节课；一节课的最基本点是要有突出的中心内容。

1. 中心内容是这节课的主要教学目标

教学目标是一个比较大的概念，在课标中，它包含知识与技能、过程与方法、情感态度与价值观等方面，但必须明白，并不是每节课都要有完整的三维目标，45 分钟教学时间里必须突出中心内容，一堂课把握不好中心内容，搞成一堆支离破碎的知识大杂烩，必然影响教学效果。教师在设计教案时，着眼点要放在中心内容上，同时要区分它是理论性的、思想性的，还是实验性的，以决定课堂中呈现它的最佳教学形式和流程。

2. 明确中心内容，通过创造性劳动，才能取得教学的自由

听了一些青年教师的课，说不好吧，所有的知识点都讲到了，没有越雷池一步；说好吧，就像烧菜，油盐酱醋都全了，但菜不好吃。问题的根源就在于没有正确理解教材，没有把握中心内容，主次不分，平铺直叙，没有特色。从某种意义上说，决定一节课的魅力的主要因素在于教师创造性的劳动，教师通过分析教材，将要传授的主要内容融化在心中，变成活的东西，然后结合自身特点和学生的实际情况，形成一个不同于课本文字表述的新的演绎、表达的思路。上课照本宣科，机械重复课本提供的材料，就谈不上是有创造性的劳动，也就谈不上课的魅力。另外，明确了中心内容，才能对课文的详略取舍做正确处理，自如地驾驭教材，进而取得课堂教学的自由。我上课不受课本的约束，但也从不脱离课的主题，就是得益于此。

二、学然后知不足，教然后知困

1. 学会读书，做一位有经验的教师

刚踏上教师工作岗位，感到无论在教学思想方面，对教材的内容和体系把握方面，还是在教学手段和方法方面，都可以说是一片空白，心里一点"底气"都没有，有需"充电"的紧迫感。因此，我在教学之余抓紧时间刻苦阅读和研究相关教材和教学指导手册，遇到不清楚的地方虚心向同事请教，外出开会或出差时，经常到书店看看，只要看到自己觉得合适的书就买回来研究。学校图书馆、阅览室也是我经常光顾的地方。经过自己不懈的学习和努力，才逐渐感到心里有一点点"底"，同时体会到，对于教师尤其是新教师，读书这种学习形式是促进其快速成长的有效途径。我认为,读书应该伴随教师成长的整个过程,这是因为时代在发展,知识在更新,社会对人才的需求在变,教育对象也在变化,教育理念需要更新。因此,教师如果不能经常地更新知识结构、教育理念、策略、方法和手段,不能对新知识保持长久的好奇与敏锐,其教育教学的质量也是可想而知的。至今我仍保持这坚持读书的习惯,经常翻阅教科研论著。

2. 学会反思,做一个有个性的教师

当教师工作了三五年以后,往往会自认为在各方面都取得了较大的进步,教育教学的基本功和能力已初步形成,并且已取得了不错的业绩,认为科学教学方面已经没有什么能难倒自己了,由此而产生一定的骄傲自满情绪,故步自封,从而影响自身的进一步发展和提高。在这种情况下,学会反思不失为推动教师进一步发展的有效方法。

"反思",《现代汉语词典》解释为:"思考过去的事情,从中总结经验教训。"教师反思就是把自己作为研究对象,研究自己的教育理念和教育实践,反省自己的教育教学实践,反省自己的教育观、教育行为和教育效果,以便调整、改进和提升。作为新教师,在工作中更需不断地反思,细心地审视和分析正在发生的一切教育教学现象:自己实施的教学方式、教学行为、教学方法是否符合新理念?是否有利于学生个性的发展?是否有利于学生能力的提高?

我在教学过程中充分意识到反思的作用,注意将反思活动落实在教育教学的方方面面。例如,在上元素单质及其化合物的化学性质和转化关系时,发现表面上这些知识相对独立,规律繁杂,记忆容量很大,学生在学习这些知识时存在较大困难,而且学了后面,忘了前面,是中学科学教学过程中的难点之一。如何解决这些难点呢?我发现用反思的方法研究单质及其化合物的反应规律,总结教师的教法,可有效化解难点,通过理解记忆、举一反三,达到对元素及其化合物知识的有效掌握。

3. 学会研究,做一名有思想的教师

一名优秀的教师应当是一个有思想的人,只有思想才能点燃思想,有思想的高度,才会有教育的深度和宽度,高屋建瓴地看问题,许多费解的问题也就迎刃而解了。那么,教师成长的道路何在呢?经过多年的亲身经历和反思,我清醒地认识到,教师的成长无非两条路:一是自发成长;二是自觉成长。前者缺少理论学习,靠积累教学经验,形成一定的教学能力,成为一个被肯定的教师;后者则重视理论学习,积极参与教育科研,不断提高教育教学水平,形成自己的教育思想、教学理论观点。两者比较,自发成长缓慢,最终成为经验型教师;自觉成长迅速,最终成为研究型、创造型乃至学者型教师。

虽然经验是宝贵的,生活中每一个领域都不否认经验的价值,但当厚重的经验沉积转化为久远的积习之后,极难自我超越。所以我认为,教师要突破这种自我封闭的枷锁,就要积极参与教育科研活动,从自发成长走向自觉成长。教而不研则浅,研而不教则空,只有把教学研究与教育实践紧密结合起来,才能走上有特色的发展之路。

三、创设自主学习空间,让学生成为学习的主人

"我的课堂之所以不错,是因为我不重要,课堂应该是孩子的课堂。"全美最佳教师奖得主雷夫一语道出了课堂教学的本质。教育的主体在于学生的生命提升,因而基本上最终依

靠的也应该是学生自己。要让学生真正有所收获,教师必须把课堂设计从教师怎样"教好"逐步转向让学生怎样"学好"。学习不是靠教师告诉学生什么,而是靠学生自己经历了什么,做了什么。"听,会忘记;看,会记住;做,能理解。"对人的终生发展有用的东西都不是靠老师讲出来的。孩子是天生的学习者,从学生的潜力来说,每个孩子确实是一座宝藏,课堂教学应该是学生在教师指导下的自主学习。因此,教师在课堂上要努力为孩子们创设自主学习的空间,让孩子真正成为学习的主人。

经典课堂

《温度的测量》教学设计

(教材:浙教版《科学》七年级上册第1章第4节)

一、教学目标

1.知识和技能:① 知道温度的意义、单位、测量原理、温度计(体温计)的构造;②学会正确使用温度计,并能正确读数和记录温度。

2.过程和方法:①通过观察和实验了解温度计(体温计)的结构;②通过学习活动,使学生掌握温度计的使用方法。

3.情感和态度:通过教学活动,激发学生的学习兴趣和对科学的求知欲望,使学生乐于探索自然现象和日常生活中的科学道理。

二、教学重点与难点

1.教学重点:温度计的正确使用。

2.教学难点:液体温度计的工作原理。

三、教学方法

实验探究法、多媒体辅助。

四、教具

自制温度计、实验用温度计、体温计、寒暑表、烧杯(每桌2只,中等大小)、多媒体课件、开水、冷水。

五、教学过程

1.视频展示前置任务:教材图1-51温度的感觉。

| 活动:右手食指浸在热水中,左手食指浸在冰水中。 | 学生视频、声音:我感觉热水很热,冰水很冷。 |

师:同学们对温度的感觉很真实。热水很热,我们在科学中就说它温度高;冰水很冷,我们就说它温度低。那么,大家觉得温度是用来表示什么的呢? 应该怎样描述呢?

生:物体的冷热程度称为温度。(教师板书:温度定义:表示物体的冷热程度)

师:这位同学对温度含义的理解很准确。

然后,两个食指同时浸入中间杯子的温水中。

师:这个实验,告诉我们什么道理呢?

生1:人的感觉并不可靠。

师:要准确知道物体的温度高低,靠感觉是不行的,那靠什么呢?

生:靠测量(或温度计)。

师:那有没有同学曾经测出过日常生活中某物体准确的温度值?(或者没测过但知道物体准确的温度值?)

生:人体的温度是37℃(冰水的温度是……)。

师:请你把这个温度写在黑板上。(学生板书)

师:有没有不同的意见?

生:人的正常体温是37℃。

师:"37"是表示物体温度大小的数值,"摄氏度"表示什么?

生:是温度的单位。

师:这个同学对温度了解得非常多。(强调正常体温是37℃左右)在科学中温度的单位是摄氏度,用"℃"表示。[教师板书:单位:摄氏度(℃)]

师:大家都知道了温度的单位是℃,有没有同学知道摄氏温度是怎么规定的?

生:……

师:我们一起来看看摄氏温度是怎样规定的。

摄氏温度的规定:

在一个标准大气压下

把冰水混合物的温度规定为0℃

把沸水的温度规定为100℃

在0℃和100℃之间分100等份,每个等份代表1℃

师:今天老师从网上看到温州历史上的最低气温是这么一个值:-10℃,那应该怎么读呢?代表什么意思?

生:读作负12℃,负表示零下的意思(老师纠正读法)。

师:说明还有比冰水混合物更低的温度,如"零下12摄氏度",那有没有比100℃更高的温度呢?

生:有,比如……

师:今年夏天浙江多地遇到了罕见的高温,温州记录的最高温度是多少?现在的气温是多少?哪种环境温度下生活更舒服?

师:温度与我们的生活息息相关,尤其是环境温度的变化,深刻地影响着我们的生活。

研究让有缺陷的教学趋向完美

2.温度计

师：刚才我们讨论了很多具体的温度，那么大家有没有考虑过，具体的温度的值是怎么得到的呢？

生3：测量出来的。

师：我们要准确测量温度，就要使用温度的测量工具。测量温度的工具叫什么名字？

（板书：测量工具——温度计）

师：温度计大家都比较熟悉，都见过，也都使用过。今天老师想问问大家，我们能不能自己来设计一个温度计？（介绍仪器：桌子上放有一个装满红色水的瓶子，上面插有一根玻璃管，放在盛有水的一个烧杯中。）我们能否利用这个瓶子比较出现在这个烧杯内的水温与另一个烧杯内的水温，哪一个高？大家讨论后做一下。

师：你们比较出两个烧杯内水温的高低了吗？怎么比较的？

生：把瓶子放在热水里面，液注升高，放在冷水里面，液注下降。

师：液注为什么会升高或者下降呢？

生：因为液体的热胀冷缩。（"液体"这个词学生说不出来没有关系）

师：液体的热胀冷缩是温度计在使用过程中的工作原理。液体温度计在制作的过程中，里面的液体多用水银、酒精或煤油。（板书：工作原理：液体的热胀冷缩）

师：现在我们可以利用小瓶分辨出液体温度的高低，但是这个小瓶到现在为止，还不能测出具体温度的值，小组讨论一下，我们能否对它进行改进，以测出温度的值？

生：在玻璃管上刻上刻度。

师：那具体怎么刻呢？0刻在哪里？

生：0刻在最下面。

师：有没有不同意见？

生：刻在中间……

师：为什么呢？（视学生回答给予引导）

生：放到冰水混合物中，液面稳定时刻上0。

师：0刻度出来了，那升高多少算1℃呢？大家讨论一下。

生：放到沸水中，刻出100℃；然后做上记号，再在0℃和100℃之间平分100格。

师：老师也有一个设计，看看跟大家设计的是否一样。（动画展示）

师：大家分为100格，每格1℃，老师觉得玻璃管较短，分为10格可以吗？那每格是多少？

生：10℃。

［板书：刻度，分度值（最小刻度）］

师：这个小瓶能测很高很高的温度吗？为什么？

生：温度太高，水都溢出来了。

师：最高只能刻到最上端，设计的这个温度计有一个最高温度值。那这个小瓶能测很低很低的温度吗？为什么？

生：温度太低……

师：我们把这两个温度叫作温度计的量程，超过这个范围就测不出来了。

师：刻上刻度以后，这个小瓶就不是小瓶了，我们可以把它叫温度计了。（板书：温度

计)

师:如果老师现在用大家设计的这个温度计去申请一个专利,每个产品10元卖给你,你们要吗?

生:不要。

师:说明大家觉得还不是很满意,测温度带一个这样的瓶子很不方便。每个组的同学再讨论一下,怎样把这个温度计改得更好些,应该怎么改?看看哪一组设计得最好。

生:瓶子小一些,另一端封住。

生:玻璃管再细一些……

师:这就是我们自己设计的温度计。那与真实的温度计比较,有哪些差异?(出示实验室常用的温度计图片)请大家从抽屉中拿出真实的温度计。

师:现在我们要用温度计来测量一杯水的温度。请大家注意一个问题,我要测出一杯水真实的温度,要注意哪些地方?

师:(总结学生错误……)

师:(小结温度计的使用方法)

师:人生病时,能否用实验室常用的温度计测体温?体温计在使用的过程中与普通的液体温度计有什么不同?

生:(略)

师:为什么体温计可以脱离被测物体读数呢?请大家观察体温计并找出原因。

生:(总结体温计的结构、量程)

师:(小结体温计与其他温度计的差别)

师:请每组同学选一个代表,测量腋下的温度,并进行数据记录。

生:我们组测得腋下温度是 36.1℃。

生:我们组测得腋下温度是……

师:科学技术的发展日新月异,科学家发明了多种先进的测温仪器。(总结并介绍其他各种温度计,图片展示)

六、点评

这节课以新颖的前置任务引入,准确把握教学的起点,以温度计的设计原理及拓展为线索,尊重科学,渗透创新思维的训练,学生实验手脑并重,很好地体现了科学的本质和科学思想。老师们一致认为顾老师这堂课科学、技术、环境、社会四维一体,思维广度大,有深度,有智慧,尤其是教学策略及教学目标的落实,给老师们留下了深刻的印象。

教学名师：王海平

以生活资源激活课堂教学

人物档案

王海平，中学高级教师，舟山市初中科学学科带头人。曾获全国初中化学优秀教师、浙江省初中科学竞赛优秀辅导教师、舟山市优秀教师等荣誉称号。

1988—1994 年在舟山市定海区岑港中学教初中化学，1994—2001 年在定海三中教初中自然科学，2001 年至今在南海初中教初中科学。担任学校科学教研组组长期间，科学教研组荣获全国工人先锋岗；担任学校实验室主任期间，学校荣获省规范实验室；担任学校教科室主任期间，学校荣获省优秀教科研先进单位。

有多篇教学论文在国家级、省级刊物上发表及获奖，参与《新课标科学实验活动学习指导》《中学科学一书通》《科学全程评价与自测》等多本省教材教学参考用书及市、地方课程配套教材《千岛海韵》编写。负责主持多项省市级课题研究和课程开发，研究的课题"初中科学生活化实验资源整合和开发"获国家基础教育优秀成果二等奖，主持的课题"初中科学社团课程化建设的实践研究"获省教研课题成果二等奖等，开发的校本课程获省市精品课程。曾获市优质录像课评比一等奖。辅导学生参加浙江省科学竞赛，多次进入省团体前十名，曾获省团体第一名。开展市名师工作室活动，担任市青年教师指导教师。

现代教学以生为本,以学为主,生是指学生及学生生活,学是指学生及学生学习。教师运用教学原理,循序渐进,因材施教:一要关注学生,了解学生的认知规律,根据科学学科特点,从生活实验入手,不断激发学生学习兴趣;二要关注学生的学习生活,不断学习教育教学规律,教学中重视知识的发生发展过程,重视科学思想方法的引领,重视学生科学思维能力的培养,精选试题,减负增效,不断挖掘学科价值,使学生持续发展。

一、利用生活资源激发学习兴趣

在学以致用的现代教学理念指导下,重视知识在现实生活中的应用,重视发挥生活素材在教学中的价值。注重社会生活,关注学生的经验和个体的差异性,保证每个学生全面和谐发展。

学习兴趣是初中学生学习的源头,生活化实验让学生获得亲身参与研究探索的乐趣,学到一定的研究方法,更加关注平时身边发生的事情,积累经验,提高对科学的热情,保持持久的学习兴趣。在课的引入中加入生活化实验可以吸引学生的注意力,及时进入课题;在课的过渡中加入生活化实验可以使学科知识融会贯通,提高教学技艺;在课的结尾中加入生活化实验可以增加教学悬念。

通过生活化实验解决教学疑难问题。例如,演示微小形变发生,教材中使用的是圆形瓶子(如图1),用手一挤压,瓶子中的水沿玻璃管上升,学生会认为是热胀冷缩引起的。为解决学生的错误,将圆形瓶子换为生活中废弃的扁平酒瓶。先用双手捂住,热胀冷缩能使水沿玻璃管上升,但上升不明显;然后用手捏扁平酒瓶前后两侧,发现水沿玻璃管明显上升,而用手捏扁平酒瓶左右两侧,水却下降,以上对比实验充分说明了力的作用使玻璃发生了微小形变,容易解决疑惑。

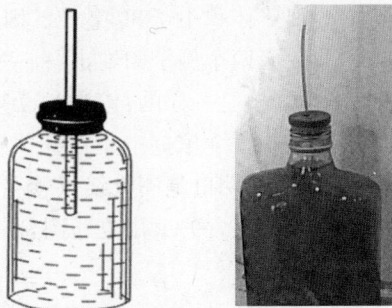

图1

利用生活化资源增加课堂教学的悬念。在电荷的教学中,学生已经学了摩擦起电的方法。让学生拿一根饮料吸管,在头发上摩擦,接近悬挂着的泡沫塑料球,吸管吸住塑料球,此时教师指导学生将在头发上摩擦过的吸管与塑料球先接触,然后分开,再靠拢,结果两者会排斥。学生感到惊讶,通过讨论明白了接触起电造成两个物体带同性电荷,于是两个物体相斥了。用简单的生活用品引发学生学习的兴趣。

"科学生活化,生活科学化",教师将科学知识生活化,引导学生将生活常识科学化。

二、运用图解变式解决学科疑难问题

通过变更学科中非本质特征的表现形式,变更观察事物的角度或方法,以突出问题的本质特征,突出那些隐蔽的本质要素,通过变式思维,从而掌握事物的本质和规律。通过变化概念、变化题目、变化答案等,使学生触类旁通,解决困惑,举一反三,自主学习。

【案例1】 用量筒测量,俯视读数与真实值比较,经常会出现偏差。而通过下面变式图解对比,学生就容易解决疑惑。

情境1　一装有30毫升水的量筒,如用俯视方法去读,读数大于还是小于实际值?

分析:正确的方法(如图2甲):视线与液体凹液面的最低处保持水平,即眼睛a点与液体凹液面的最低处b点水平连线,a点与b点连线与刻度线相交于c点,为正确的读数30毫升,即为实际值;如果用错误的俯视方法(如图2乙):a点与b点连线与刻度线相交于c点,则为错误的读数,大于30毫升。因此得出结论:用俯视方法去读,则读数大于实际值。

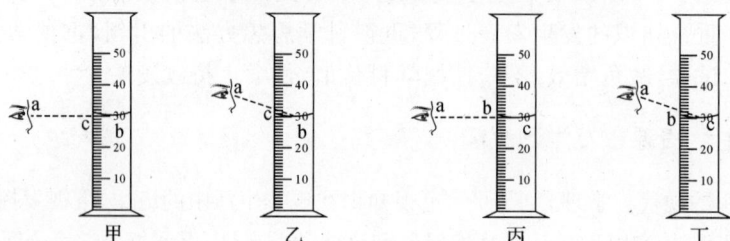

图2

情境2　用俯视方法去量取30毫升的水,则所得的实际值大于还是小于读数?

分析:正确的方法(如图2丙):眼睛(a点)平视刻度线上的b点,用手将水倒入量筒中,当ab延长线到液体凹液面的最低处c点,即得到实际需要的值(30毫升);如果用俯视方法去读数,眼睛(a点)俯视刻度线上的b点,当ab延长线到液体凹液面的最低处c点,即得到量取的液体体积小于30毫升。因此得出结论:用俯视方法去量取液体,则实际值小于读数。

从上面两个例子归纳出:前一道是读数问题,后一道是量取问题,尽管两者问题角度不同,但是结果是一样的:俯视时读数大于实际值。图解变式解决疑难困惑,提高学习效率。

【案例2】　家庭电路在开关闭合后,测电笔测火线氖管会发光,测零线不会发光;而当零线断开后,测电笔测火线氖管会发光,测零线会发光。学生对此不解。

图3是正常的家用电路图,图4是零线断开的家用电路图。

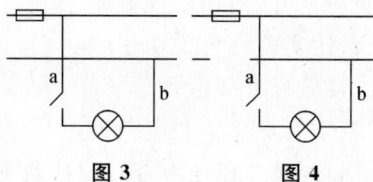

图3　　　　图4

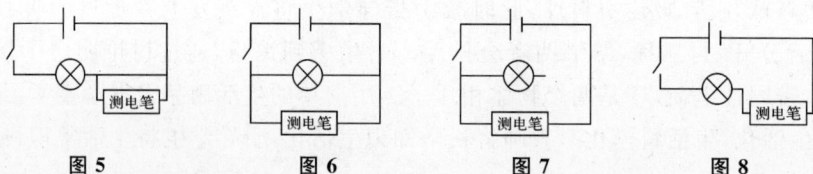

图5　　　　图6　　　　图7　　　　图8

开关闭合后,当测电笔测正常家用电路(图3)的零线时,电路图为图5,测电笔被零线短路而氖管不会发光;测电笔测火线时,电路图为图6,测电笔与电灯并联,因此氖管会发光。而当零线断开时,测电笔测火线,电路图为图7,火线上的电流通过火线→测电笔→人体→大地形成闭合回路,故电笔氖管发光,此时灯不亮;测电笔测零线,电路图为图8,火线上的电流通过灯→零线→测电笔→人体→大地形成闭合回路,故电笔氖管发光,此时由于测电笔电阻大而灯不亮。

这样，通过等效图，可清晰地进行比较，学生容易明白实验的基本原理。

三、实施二次批阅，培养学习习惯

当前作业评价这个教学必不可少的环节仍然是教学负担最突出之地，作业评价改革是实现学生自主学习的一个有效途径。为提高作业的有效性，提高学生学习主动性，可实施作业的二次批阅。"二次"指的是老师与学生，学生主体、教师主导。作业的设计和批改让学生参与，不追求批改的次数，形式可以多样。批是指出错误，是手段，改是改正错误，是目的。

1. 作业的设计以生为本、以学定教

创设提问，重视个性差异。部分作业通过学生提问来替代，可以让教师明白学生真正的问题在哪里，还能兼顾学有余力学生的课外拓展，也照顾到学困生对作业的疑惑，也是培养学生预习习惯的有效措施。

学生出卷，重视生生评价。教师预先规定试卷结构，让学生编制试卷供其他同学测试，出卷人负责批改，批改后对同学进行讲解。出卷改卷这种方式，考虑了初中学生好奇心强的特点，不仅巩固知识，还明白别人错误所在。通过讲解，进一步掌握知识，了解出题过程。

编制小报，实施合作交流。初中学生学习科学需要掌握大量当今科技新知识，了解时事，尝试各种实验或活动，并体验感悟。当前课堂上动辄让学生提问回答或合作，但学生没有经过思考，是不可能做到有效合作的。有载体、有项目的活动才是有效的。因此，可采取"学生优化分组，课外编辑小报，课堂交流评价"的方式。分组遵循"组间同质、组内异质、优势互补"的原则，每组分工协作，推选小组长。小组长对本组成员进行分工，组织全组人员有序地开展讨论交流、探究活动、动手操作；编写员将小组学习过程中的重要内容记录下来，编写成科学小报；汇报员将本组学习情况进行归纳总结后在全班进行交流汇报。

2. 作业的批改师生合作、方式多样

学生为主体的自批与互批。教师公布答案，让学生自己或相互批改。自批对学生来说心理压力最小，相互批改方式会更好，可以相互监督、取长补短。

小组团队为主体的合作批改。老师先全体告知答案或者告诉组长，学生先行批改，后在小组中提出问题，寻求帮助。小组解决不了，在课堂上集体讨论解决。合作批改可让学生在小组中充分发表见解。同学间的语言可能更有助于解答。同伴互助，解答者有成就感，对树立每个同学的信心十分有用。

教师为主体的精批细改。教师对班级进行选择性精批，从选择的样品中及小组交流中获知学生的典型错误。

网络为主的家长辅助批改。教师通过网上在线系统公布答案，家长及学生批改，并反馈问题，教师集中解答。这种方式解决了不同地域学生的需求，学生根据录播系统可以重复查看，让家长更加关注学生，加强了家校联系。

总之，学生是学习的主人，教师发挥指导作用。教学是"跑道"，在各自"跑道"上的学生学习目标不同、起点不同、能力不同，这就要求经过专门职业培训的教师善于观察分析，分辨出不同学生的不同"跑道"，因人施教，让每个学生跑出最好成绩。"跑道"中学生是动态的，因此教师不可待在固定点，要随着学生的节奏，领跑陪跑，教无定法，贵在得法。

★ 成长经验

教学目的是提升学生的素养。作为一名以教书育人为使命的科学教师，必须不断学习，具备科学素养。学高为师、身正为范，以榜样的力量激励学生，用精湛的技艺吸引学生，把无私的爱心献给学生。回忆从教近30年来，自己正是以"涵养性情促进发展，提升素养成就品质"为教学理念，以"胸中有爱心、眼中有学生、手中有方法"为治学信条，了解学生成长规律、理解教育教学本质、分析科学学科特点，教学中既传授知识，也讲述方法，既追求结果，也体现过程，既促进学生在知识与技能、过程与方法、情感态度价值观等方面的协调发展，也强化教学的生态和谐，涵养性情，提升素养，努力使自己朝高效教学之路行走。

一、不断学习，胸中充满爱心

一直以为一名好教师是一个充满爱心的人，把追求理想、塑造心灵、淡泊名利、传承知识当作人生的最大乐趣。为养育良好性情，我不断钻研专业书籍，业务上精益求精，学而不厌，诲人不倦。潜心钻研，做热爱学习、善于学习、终身学习的楷模，学习新知识、新科学、新技能，不断提高教学质量和教书育人本领，尤其在当前课改不断深化的背影下，要积极投身教学改革，运用最先进的方法、最现代的理念，把最宝贵的知识传授给学生。同时阅读名著名篇，提升心灵修养，滋养人生底气，使自己始终充满对教育教学的热爱，使学生亲其师、信其道。

有了良好性情，才能承认学生的差异。当前，大多数孩子是家中的独苗，且处于青春期，一旦受到冷落，容易引发各种心理问题。

教学上做到循序渐进，关爱每一名学生，关心他们成长进步，使自己成为学生的良师益友，成为学生健康成长的指导者和引路人。课堂上，认真倾听学生的发言，对学生的发言给予激励性评价；及时发现学生的点滴进步，并给予充分肯定；帮助学生学会解决问题，为问题的解决提供多条路径。在学生遇到挫折并准备放弃时，及时帮助他们，引导他们继续努力。平时教学中以情感人、以情促人，做到在生活中关心、在学习中帮助、在情感上融洽，耐心倾听学生的问题。以理服人、以情暖人，在学生中树立崇高的威望；重视对学习困难学生的帮助与指导，弥补他们的知识漏洞，通过耐心教育，使他们克服自卑心理，树立学习的自信心，帮助他们获得认同感，满足他们得到喜爱、成功的需要。这样长期以来自己面向全体，立足基础，坚持向全面发展要质量，向教学生态要质量，所得回报也是欣慰与丰厚的，任教的科学教学成绩一直名列全市前茅。

二、不断研究，眼中关注学生

目中有生，即以学定教，在教学中关注学生及学生的学习。要提高教学质量，需要不断研究教育教学规律，遵循学生的认知和发展规律。工欲善其事，必先利其器。为此，不断学习教育学、心理学等方面的理论，更重要的是进行专业化思考与实践，多年来一直以课题研究为抓手，去解决教育教学中产生的问题。

如初中科学是一门以实验为主的学科，如何在教学中激发学生的学习兴趣，重视实验学习，于是进行生活化实验的研究，课题"初中科学'生活化'实验资源整合和开发机制的探索与实践"获浙江省一等奖，使学生充分感受所学的科学来自生活，用于生活。

为减轻学生作业负担,在全市率先进行"作业的二次批改"研究,即老师对学生的错误订正进行再批改,这样迫使教师精选作业,同时学生科学作业的错误率大大减少了,后20%学生成绩的提高效果明显。二次批改研究课题在教育系统内引起了关注并得到推广。现在面对学校走读生的增加,为了进一步提高作业效率,又对作业二次批改进行再研究。

为促进学生合作,做了"以编辑科学小报为载体促进有效合作"的课题研究,为研究学生小组有效合作提供一个案例,取得显著效果,曾获市课题成果二等奖。

为构建生态校园建设,构建良好性情模型,确立矫正不佳性情途径,形成良好性情养育策略,执笔撰写学校主干课题"养育学生性情 构建生态校园",课题获市优秀成果一等奖。

根据学校寄宿制特点,设计开设"初中科学活动课程的研究和实践"校本课程。从课堂渗透、自主学习、专项研究、社团活动、社会实践等五个方面进行专项特色活动,使学校的科学探究活动取得明显效果,其中专项研究的初中竞赛辅导和科技实验辅导成为全市的一个品牌。以实验为主的学生科技探究活动情况,中国教育电视台和浙江电视台教育科技频道分别作了专题报道。社团活动已经成为学校一个精品,课题成果2013年被评为省教研课题成果二等奖。基于学生发展的少科院活动已经得到全国少科院的关注和帮助。

为此深深感到,教师的研究一定要关注学生、学生的生活、学生的学习,紧紧联系实际教育教学,脚踏实地,一定会有成效。

三、不断尝试,手中掌握方法

教无定法,当今教学模式各种各样,各类专家建议层出不穷。面对各种理论我们教师会应接不暇,面对教育教学困惑我们无法适从。我们要根据学生的实际情况及自己的研究水平,不断尝试,掌握方法,早日形成自己的教学风格。

为提高自己的教育教学水平,需要敢于亮剑,发表自己的观点。如1994年辅导学生参加省级化学竞赛,有这样一道题:"碳与碳酸钙在空气中加热,完全反应后生成二氧化碳的质量与原固体相等,求碳在原固体中含量?"学生错误较多,碳是单质还是元素,出现不同答案,我觉得这个问题很有意义,于是在《中学生学习报》上发表自己观点,分析提出了命题者要明确题意,得到许多老师的认同。这样使自己在竞赛辅导上不断积累经验,为后来连续辅导学生获得省团体竞赛优胜打下基础。

为使自己的教育教学经验得到同行的认同,需要不断交流,公开课是让青年教师进步最明显的舞台,为此年轻时会利用一切机会在省内开设公开课与学术讲座,以表达自己的教育思想与实践做法,与教研组、备课组的同行们交流感想;在成长的过程中,为使自己的有效教学经验能得到验证,需要将反思心得、教学论文发表在各类期刊上;在成为骨干后,多次承担省、市、校等不同层面的青年教师指导工作,与青年教师交流,会发现新的教学困惑,相互解疑是一个很好的提升过程。

如今面对新课改的实施,积极投入拓展性课程开发与实施中,建设的"舟山渔业"校本课程获市优秀课程,还参与了校本其他课程的编写与实施,分别获得省市优秀课程。校本课程的编写需要收集大量资料,包括寻求校外帮助,查阅网络资源,只有亲身尝试实践,才能体验收获的喜悦。

总之,学习教育教学理论,不断反思教学行为,大胆尝试先进经验,积极展示研究成果,才能快速有效成长。

经典课堂

以生活资源达成教学的三维目标

——《光和颜色》教学实践与反思

一、教材分析

教材地位:本节课是浙教版初中科学七年级下册第 1 章第 4 课,既是对小学知识的回顾,又是初中阶段开始学习光的起点。

重点难点:重点是能找出哪些是光源,光在同一种均匀物质中沿直线传播;难点是光沿直线传播的探究,小孔成像的实验探究。

二、学生分析

初一学生已有一定的观察和思维能力,喜欢讨论问题发生的原因,发现某些规律,能在已有知识的基础上发挥想象,对身边的一些现象做出解释和推测。

学生在小学已经有一定的光学基础,小学科学《在阳光下》一节,对光已经有一定的了解,如阳光下的影子、改变阳光的传播路线、美丽的彩虹、光的直射、反射、折射、色散等光现象知识。

学生对通过科学实验探究自然规律的方法有一定的认识,已经初步学会进行科学猜想,知道能用实验来验证猜测的认知方法。

三、学习目标

知识目标:能找出哪些是光源;理解光传播和声音传播的区别:光在同一种透明物体中沿直线传播;记住光在真空中传播的速度是 3×10^5 千米/秒。

技能目标:能根据光源的实例进行简单分类,对实验现象进行猜测,能运用实验观察来验证猜测。

情感目标:通过学习光源的发展史增强学生的学习意识。体会光学原理在现实生活和科技生活中的广泛应用,体会科学源自社会,同时应用于社会。

四、器材准备

每 2 位学生一套器材:激光笔 1 支、装有滴有几滴牛奶的水的小烧杯 1 个、玻璃砖 1 块、果冻 1 个、大头针 4 枚、泡沫塑料 1 块、有孔的卡纸 2 张、短蜡烛 1 个、毛玻璃片 1 片、火柴 1 盒、纸杯 1 个、铅笔、尺。

教师用具:上述器材 1 套,烟雾或喷雾器 1 个。

五、教学过程

(一)课前欣赏

播放有关光的视频,用实际情境激发学生的学习欲望。

(二)课题导入

我们已欣赏了神奇的光,(图片展示)大家看,这是在光装饰下我们美丽的城市夜景,今天让我们一起进入神奇而又神秘的光的世界。(课题:光和颜色)

问:能否告诉大家你现在最想了解光的哪些知识?

[可能问题:(1)光是什么东西? 光从哪里来?(2)光是怎样传播的(3)光的传播速度是

多少？（4）光的颜色等]我们选择其中几个来一起交流。

（三）教学内容

1.光源

问：光从哪里来？（学生举例）

你能找出这些物体的共同点吗？（它们能够发光）

蜡烛能发光，点燃与没有点燃的蜡烛有什么不同（一个正在发光，一个没有），引出光源概念——通常把这些正在发光的物体叫作光源。（观看多媒体上播放的一些物体，判断哪些是光源）

能否对你所知道的（或这些）光源进行分类？（提示：分类要先制定分类的标准，即是按照什么进行分类）（学生：按自然与人造光源，按热与冷光源，按有生命与无生命等）举例：如果按自然与人造光源分类，人造光源是伴随着人类历史发展的。

谁能告诉大家人造光源发展的大概过程？（人造光源有一段漫长的发展史，自从学会用火，原始人靠篝火照明和取暖，以后学会了用火把。大约2000多年前的战国时代，人们用油灯照明，后来发明了蜡烛。现代普遍使用的电灯是美国发明家爱迪生于1878年发明的，20世纪初传到我国。当然，现在科技在不断发展，有半导体光源等，新的光源有待同学们去开发。）

2.光沿直线传播

教师用激光笔作为光源照射黑板，出现一个亮点。问：从光源到黑板之间光是如何传播的？

探究活动——光是沿什么路径在传播的？

猜测：可能是直线，可能是折线，可能是曲线。（猜测要有依据，可以是平时生活中见到的例子和现象）

设计：我们需要通过实验设计和实验验证。

引导学生利用手头的激光笔及其他器材（具体要求）。激光光线比较集中，光线的路径显示不出，想想如何显示出来？

生：平时看到汽车光在黑暗中的传播，联想到可以在背景暗的环境中；打扫卫生灰尘弥漫联想到可以在有雾的环境中演示。（教师通过喷雾器演示）

根据自己的猜测，学生两人一组，边实验边观察，得出结论，上台展示说明。

（思路为：光沿直线传播——光在同种物质中沿直线传播——光在同一种均匀物质中沿直线传播。）

3.光线与针孔成像

为了形象地表示光的传播情况，我们常用一条带箭头的直线表示光的传播路线和方向，这样的直线叫光线（图9）。教师演示，学生训练。

探究活动——针孔成像。

活动设计：让学生透过纸上的小孔进行观察，可以将纸靠近眼睛观察，远离眼睛观察。作图练习，用图来描述视野范围。（学生练习）

图9

如果将孔变小，会出现什么现象？（引出针孔成像。可以先画图，然后提示学生用蜡烛、纸杯、磨砂玻璃进行实验验证。）（如果再将针孔挖大，又看到什么现象？）

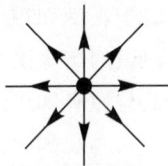

4.现象解释

在日常生活中你还看到哪些现象可说明光沿直线传播。让学生通过举例来分析说明，如：①影的形成；②步枪瞄准；③日食、月食。月球运行到地球和太阳之间，月球挡住我们观察太阳的视线，叫日食；地球运行到太阳和月球之间，地球挡住了太阳光，叫月食。

5.实际应用

你知道校园的树苗是如何做到排列整齐的？如果用大头针替代种树，如何在最短的时间内将 4 枚大头针排成一排。（可以学生活动，用刻度尺、激光笔等）

在生活中你看到有哪些事件是利用了光的直线传播？

小结：光在同一种均匀物质中沿直线传播在日常生活中是非常普遍的。

6.光速

在雷雨交加的天气为什么我们常先看到闪电后听到雷声？（光速大于声速）

光速有多大？伽利略采用如下方法：两个人各提一盏灯，分别站在距离已知的两座小山上。一个人先打开灯并计时；另一个人看到第一个人的灯发出的灯光时，也立即打开灯；后者看到前者发出灯光时，停止计时。伽利略想通过测量光在两个人之间传递所用的时间，以及小山之间的距离来计算光速。但是没有成功，为什么？

光在不同的物质中传播速度不同，在真空中最快，每秒为 3×10^5 千米，相当于围绕地球赤道转七圈半。假如两座山之间的距离为 30 千米，需要多少秒？10^{-4} 秒，光速太快了，无法测量。如果要测量，可以增加距离。看来用千米还是小了，于是引入光年概念。什么是光年？光在一年中经过的距离。（让学生列出计算式）

（四）小结

这节课像光速一样过去了，我们一起交流了光的不少知识，你能否先将学习的内容整理一下，然后告诉大家你知道了哪些，还有哪些不明白？

（板书：光源；光在同一种均匀物质中沿直线传播；光速在不同物质中不同，在真空中最大，每秒为 3×10^5 千米）

（五）作业

今天我们对光有了初步认识，光线如何到我们的眼睛，医生做手术的无影灯是怎么回事，等等，需要进一步去研究。

利用今天的知识去探究"阳光下树阴的圆形光斑是怎样形成的"。

六、课后分析

从七年级下册第 1 章开始进行了光学知识的教学，光学知识的学习需要学生有一定的抽象思维，对于初一学生来说这样的学习难度较大。那么如何让学生能够轻松而又有效地接受光学知识？教育学指出，当新知识与原有知识存在着较大梯度或形成拐点时，学生对知识的接受形成教学难点。教师要深刻了解学生，清楚学生原有知识和思维水平，使新知识与原有知识结合，缓解教学难点，让学生分步达到目标。因此，在科学教学中应尽可能地引入直观的生活形象或学生平时常见的自然现象，接轨学生的新旧知识，教学做合一。

教学名师：胡建芬

实验探究，让课堂充满活力

![人物档案]

　　胡建芬，大学本科毕业，现任普陀区教育局教研室初中科学教研员，浙江省中学科学教学研究分会理事。

　　从1983年以来先后在沈家门第一初中、普陀二中任教，2004年至今从事教研员工作。曾获得浙江省优秀教研员、浙江省初中科学竞赛优秀指导教师、舟山市第一至第四届初中科学学科带头人、舟山市中小学首届挂牌名师、舟山市"新世纪学术和技术带头人后备人才"、普陀区优秀专业人才、普陀区初中科学名师工作室首席导师、普陀区优秀教师等荣誉称号。

　　胡建芬的《种子的萌发》《脊椎动物》录像课被列入义务教育课程标准师资培训光盘，并由浙江教育出版社、浙江电子音像出版社出版发行；她多次参加浙江省"百人千场"名师送教活动，开设省级公开课、讲座十多次，主持的课题"家庭微型实验室的建立和有效使用"获省教研课题一等奖，用"动手学"实验包开展的研究课题被评为实施《全民科学素质纲要》全国优秀案例，课题成果在中国首届教育创新成果公益博览会上展出，并荣登最受欢迎成果榜；撰写论文30多篇，在《中国教育报》等国家、省、市级报纸杂志上公开发表或获奖。参与编写出版市级及以上教材、教学用书、教辅资料十余种。

教学艺术

"主题设计、实验探究、自主合作"的"动手学"科学课程实践

21世纪是以知识的创新和应用为特征的知识经济时代,为提高劳动者的素质,我国在21世纪初实行了基础教育课程改革。新课程改革的最大特点是实施探究教学,而探究教学的过程,实质上就是让学生动手动脑学科学的过程。因此,笔者在新课程初中科学教学中积极探索"主题设计、实验探究、自主合作"的"动手学"科学课程,实施动手动脑学科学,最终落实素质教育并培养学生的创新意识和创新能力。

一、建立"实验探究"式教学模式

1. 模式结构

探究式教学模式由问题、探究、发现和迁移四个阶段组成,它的结构可用如图1所示的流程图表示。

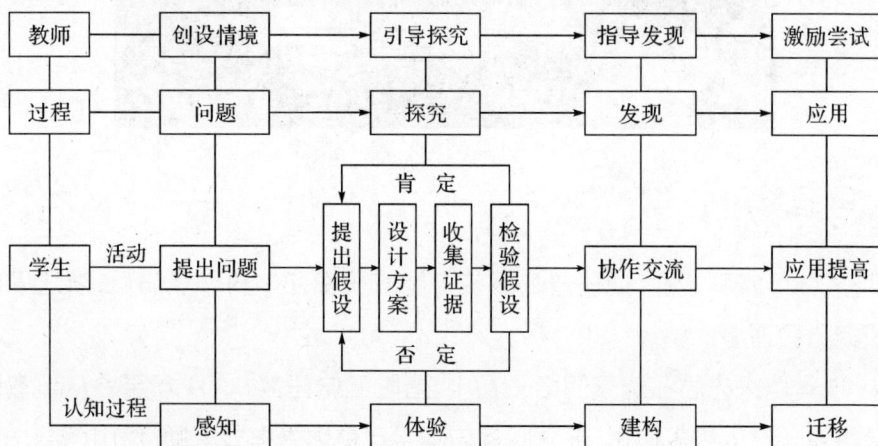

图1　探究式教学模式

2. 操作说明

(1)在情境中构成问题。教师要根据不同的认识对象、不同的教学目标,用不同的教学手段精心设计情境,如一个生活场景、一个实验、一段录像、一张图片、一堆材料等,蕴含在情境中的问题应使学生感到新奇、困惑,从而产生强烈的探究需要;在鼓励学生尽可能多地提出与科学有关的问题的同时,教师还要帮助学生在提出的众多问题中找出能够通过科学探究加以解决的问题,确立探究方向,让学生领会提出问题的途径和方法,理解提出问题对科学探究的意义。

(2)在活动中进行探究。按活动方式的不同,可以分为下列五种探究方式:观察探究式、实验探究式、讨论探究式、实践探究式、网络探究式。探究阶段应着眼于让学生围绕问题,运用各种方法,开展自主研究活动。

教师应创造条件为学生提供足够材料、充裕时间，并组织丰富多样的探究活动，同时，教师还应是学生活动的合作伙伴，共同参与活动，及时引导和鼓励，使探究活动顺利进行。

（3）在协作交流中建构。教师要指导学生分析、处理观察和测量结果，与猜想和假设进行比较，做出解释，收集更多证据支持解释，检查解释及过程、方法是否存在问题，必要时提出改进措施，鼓励学生运用分析、比较、概括、推理等方法对问题展开充分讨论，并适时点拨学生的思维，在生生互动、师生互动的协作交流过程中让学生自行完成发现，形成知识的意义建构。

（4）在应用中迁移和创新。通过探究得出结论、获得知识后，亲自用它去解决新问题。在应用中实现知识的正迁移，正迁移一般有两种：一种是用获得的一般性知识来解释新情境中的具体事例；一种是用肯定例证和否定例证识别新事物，以帮助学生对所获得的知识的内涵和外延有进一步的理解。在应用中尝试创新，让学生联系实际，对知识加以综合应用，如解释生活中的自然现象、提出工具或实验装置的改进措施、提出解决问题的方案设计、进行一些社会调查活动、对未来进行设想等。

二、探索主题式实验复习教学设计策略

在复习阶段，时间紧、任务重，学生容易感到麻木、疲劳的情况下，新课标"积极倡导自主、合作、探究的学习方式"这一基本理念较难落实。为此，笔者重点进行了主题式实验复习教学的一些探索。

主题式实验复习教学是对教材中原有实验和知识体系进行分类重组，以实验为载体，按照实验内容和知识内容的内在联系进行主题设计，开展初中科学的实验复习教学，其主要设计策略见图2。

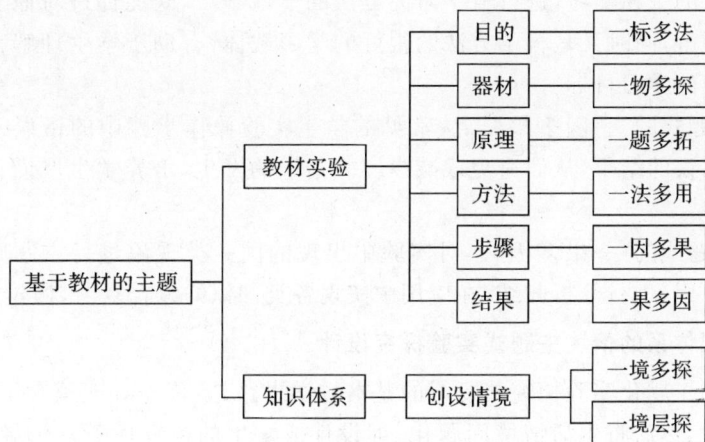

图2　基于教材的主题式实验复习教学设计策略

1. 教材中原有实验的主题式再设计

教材中的实验内容，都是根据课文知识的章节安排的，各章节的实验内容基本独立，无必然的联系。学生所掌握的有关实验方面的知识，往往既多又乱。因此，在总复习时可以将原教材中的实验内容的章节次序打乱，注意实验的有机归类，进行主题式组合，将知识进

实验探究·让课堂充满活力

一步系统化，给学生提供合适的学习条件。

从实验的目的（功能）、器材、原理、方法、步骤、现象和结果各个环节中进行主题式的归类设计。

（1）功能主题式的"一标多法"。对于一些实验内容有着内在联系、实验功能（目的、目标）相同（相似）的实验，可以进行合理的归类、比较，把握住各个实验的异同点及要点，以训练学生思维的灵活性，即可事半功倍。

（2）器材主题式的"一物多探"。对于同一种实验仪器、同一个实验装置、同一组实验器材、同一类实验仪器，可以进行多个实验探究、多种实验用途，从类比实验中去发现这些器材的真正功能和多种实验方法，构建知识网络，发现更多、更深的知识。

（3）原理主题式的"一题多拓"。对同一个实验原理中的实验，进行系列拓展性实验，发现更广阔的知识视野。

所谓拓展性实验，就是以课本知识为依据，突破课本中基础实验的束缚，具有开放性、实践性、安全性、探索性、创造性等特点的实验。拓展性实验是学生科学精神、科学方法、科学能力以及可持续发展观念培养的重要载体。对实验的目的、器材、方案、步骤、现象、记录、数据处理、反思与评价等各个环节都可以进行拓展。

拓展性实验教学在培养学生基础性学力的同时，更注重学生发展性学力和创造性学力的培养，这需要教师综观全局，充分协调教学中的各种因素，创设民主的课堂氛围，从而激活学生思维，发展学生个性。

（4）方法主题式的"一法多用"。在总复习时可以把相同的研究方法归类为一个主题，设计关于科学研究方法的主题教学，向学生介绍、点拨原教材实验中蕴含的大量的科学方法，即控制变量法、转换法、类比法、放大法、图像法、等效替代法、理想化实验法、模型法等，通过对这些方法的主题学习，进行科学研究方法的显性学习，既能促进对原实验设计、获得知识的进一步理解，同时又是科学方法的很好的学习载体，有助于学生理解科学本质，较好地达成科学探究的学习目标。

（5）操作主题式的"一因多果"。从常见的学生实验操作步骤中的错误入手，通过试误法让学生看到错误的结果，从而避免或减少实验错误的发生，培养学生严谨、科学的实验习惯和科学素养。

（6）现象主题式的"一果多因"。对实验中出现的同一类现象进行主题归类，通过探究其产生的不同原因，进行分析归纳，在应用中实现各类知识的综合复习，构建知识网络。

2. 教材知识体系的情境主题式实验探究设计

知识内容的主题化实验探究式复习的基本教学思路是：首先寻找蕴含了某一主题知识的真实生活情境，然后将生活情境问题化（即设计成学生的探究任务），引导学生在探究任务的解决过程中获取知识和方法，并进行主题知识的网络建构。

根据教学情境中所含信息的逻辑关系，可以形成两种常见的主题化实验探究式复习的教学模式。

（1）情境主题式的"一境多探"。基于教师所创设的生活情境中所包含的若干个问题（即探究任务）是并列关系，从而形成几个并列的教学板块（或教学环节），如图3所示。

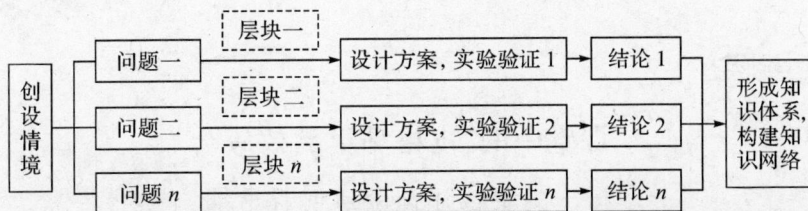

图3 情境主题式的"一境多探"实验探究复习教学模式

选择的主题情境必须能蕴含多个探究任务,同时选取的主题情境应是真实的,富有生活气息和学习情趣的。

选择那些时事性、思想性和综合性有机统一的事物作为主题,将知识的学习置于一个社会情境、生活情境或者问题情境中,有效地进入知识的真实应用领域,这不仅是将学到的知识应用于解决实际问题,也能从真实、逼真的生活中学到新的知识。

(2)情境主题式的"一境层探"。基于教师所创设的生活情境中所包含的若干个问题(即探究任务)是层层递进的关系,甚至是在完成问题一(或探究任务一)的过程中引发问题二(或探究任务二),从而形成几个环环相扣的、紧密咬合在一起的教学层块(或教学环节),其教学模式如图4所示。

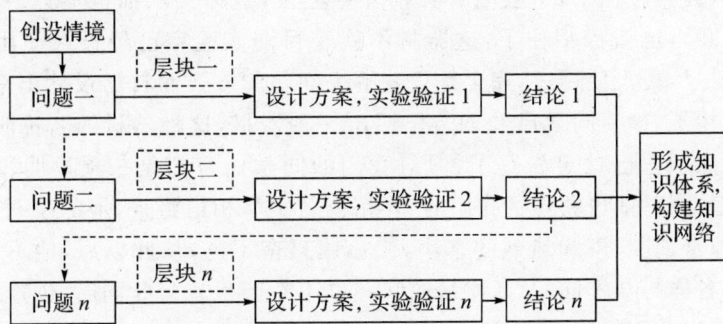

图4 情境主题式的"一境层探"实验探究复习教学模式

要选择合适的主题情境,该情境要包含可以探究的问题,并且在一个问题解决后,会出现另一个探究的问题,还要精心安排各个问题包含的知识内容的梯度,由表及里,由易到难,由简单到复杂,层层递进。

总之,在初中积极实施"动手学"科学课程,动手动脑学科学有助于学生理解掌握科学知识,有助于激发学生学习科学的浓厚兴趣,有助于丰富学生的实践经验,有助于提高学生的探究能力和理论联系实际的能力,并使学生体验到科学探究的乐趣,促进学生的创新意识和创新能力的培养。

实验探究,让课堂充满活力

课堂中的"皮格马里翁效应"

——期望性评价激活创新思维

有研究结果表明，教师对学生的不同期望与学生智力发展有密切关系，这种由于教师的期望不同而导致学生发展出现分化的现象，就是所谓的教师期望效应，也就是我们常说的"皮格马里翁效应"。因此，教师在课堂教学中的期望性评价，对学生创新思维的发展、创新精神的培养具有重要的意义。

案例：初一科学课上，为了揭开叙拉古国王"皇冠的秘密"，围绕如何测皇冠的体积，课堂上同学们展开了热烈的讨论，一个个方案在讨论中被否定了，此时，徐捷站了起来："把皇冠浸在一个盛满水的桶里，只要测出溢出水的体积，就可知道皇冠的体积了。""水溢出来了，还怎么测它的体积？"有人提出异议。"拿一个更大的桶，放在外面接住溢出的水。"徐捷胸有成竹地说。胡娇娇站起来："这样不好，内桶溢出来的水有一部分要附在桶外壁上，导致实验误差很大。"徐捷激动地说："可以做一个桶，在桶壁上开一个孔，孔上插一根管子，这样水从管子流入另一个桶中，不会附着在桶外壁上了，这样接水桶也不必一定要比溢水桶大。"听到这里，我再也按捺不住了，这器材不就是目前实验室已经投入使用的溢水杯吗？但同学们并未见过，更没使用过，完全是凭着解决问题的需要而自己设计出来的呀，我走上讲台，说道："太棒了，徐捷同学已经创造发明出一种器材，这种器材的名称叫溢水杯，实验室现已使用，虽然别人已捷足先登了，但对我们的同学而言却是一项发明，我们就命名为'徐捷溢水杯'吧，同时他也获得了我们的'开拓创新奖'，相信将来，他的发明会更多。"羡慕的目光伴随着惊奇、赞叹声和热烈的掌声，使徐捷兴奋不已，从此以后，他不但喜欢上了这门课，而且各种各样与众不同的、高质量的问题也不断产生。与此同时，创造的种子也播撒在其他同学的心中。

上"研究液体的沸点与压强的关系"一课时，同学们正讨论着如何改变压强，测出沸点，分析研究两者的关系，"抽气，打气，移到高山上，放入矿井中……"突然，梅亮站起来说："用高压锅做实验，高压锅内压强大，测出锅内水的沸点与锅外水的沸点进行对比即可。"有人提出疑问："这办法虽然好，但不可行，因为高压锅内温度怎么测呢？打开锅盖，就减压了，不再是高压锅了。"只见梅亮一板一眼地说："用一支构造与体温计相同，但量程比体温计大的温度计，放在高压锅内就可以了"。同学们一边信服地点头，一边又说："这样的温度计有吗？"一直静听同学们讨论的我，这时开口了："不管现实中有没有，梅亮不是已经发明出来了吗，不怕做不到，只怕想不到，梅亮同学发明的温度计我们就命名为'梅亮高压温度计'吧，他摘取了我们的'开拓创新奖'。"不久，"高压温度计"的论文也由梅亮写出来了，材料的选择、制作原理、结构以及可能需要的注意事项等，俨然一位设计师……

以上案例中我们看到学生在教师支持性、激励性的评价中形成了积极的自我评价和自我概念，并据此形成较高的自我期望，不断探究，突发灵感，不断激起创新的火花。更为重要的是，新的创新火花又会形成新的"皮格马里翁效应"，从而使学生的创新思维走向良性循环。可以相信，"徐捷溢水杯""梅亮高压温度计"等在胡老师、王老师的期待中会设计得更完美。

实际上,每个人都具有创造的潜能,但要把这种创造的潜能转化为现实的创造能力并不容易,笔者在课堂教学中从以下几方面做了尝试。

一、捕捉创造的火花

在认识到每个学生都具有创造潜能的基础上,教师要做有心人,密切关注孩子的一切活动,及时发现他们的创造性思维,并加以肯定和引导。善待每一个学生,尊重每一个学生的个性特征和发展类型,让具有不同个性特征、不同发展类型的所有学生的创造能力都能够自由地迸发,让每一个学生都能够创造性地生活、学习和发展。如上述案例中的学生为了解决一实际操作上的问题,设计了一个类似溢水杯的装置,教师立即与实验室的"溢水杯"联系起来,马上说:"徐捷同学已经创造发明出一种器材,这种器材的名称叫溢水杯,实验室现已使用,虽然别人已捷足先登了,但对我们的同学而言却是一项发明";对于学生设计的也许目前还没有的,以"不怕做不到,只怕想不到"同样给予肯定。

二、营造创造的氛围

要创建一个有利于激发创造意识、培养创新能力的宽松、愉快的创造氛围,激发和保护学生的好奇心和想象力。教师要勇于打破学生对权威的崇拜,对自己的崇拜,能够在学生面前指出某些专家、权威人物及其观念或作品的尚须讨论之处,包括对已有结论和书本知识进行质疑,能够在学生面前承认并剖析自己一时的错误观点或言行;应该鼓励学生的多元思维和发散思维,尤其鼓励学生新奇、独特、与众不同甚至"离谱""荒唐"的想法,重视学生提出的各种问题,并肯定和欣赏学生的新观点、新想法和新作品;应积极鼓励、正面引导学生初步的创造性活动,哪怕是在学生"踏破铁鞋无觅处"的创造困境中,也应该鼓励学生"继续走下去",并通过适当的引导使学生有所收获,包括从失败中得到启示,升腾起重新探索、再次创造的愿望;在面对学生并不完美的创造性劳动成果时,要抱着允许学生在创造中走弯路、犯错误和把学生的失败转化为成功之母的积极态度,不轻易否定学生的努力和思考,而是通过推迟判断、正确引导等帮助学生进行换位思考,进行重新尝试。

三、形成个性化的评价

评价与教师的教学观念、教学方法等有密切的关系。因此,教师还要转变陈旧的教学观念:以传授知识为教学主要目的的教学观,以考试分数作为衡量质量标准的质量观,视学生为"知识容器"的学生观,特别是"唯师是从"的师生观。在为数不少的中小学教师的潜意识中,教师的权威是神圣不可侵犯的,即使教师错了,学生也不能指出,这在学生中产生了极大的负面影响:造成学生心理失衡,严重压抑了学生创造性思维的多向发散,阻碍了学生创新能力的发展。因此,要促进评价改革,多用鼓励性、形成性、即时性的个性化评价,如以学生名字命名的"徐捷溢水杯""梅亮高压温度计""贺丹嘉车闸"和"开拓创新奖"等,取代简单的"很好!""你真厉害!"一类的笼统评价,多用"虽然别人已捷足先登了,但对我们的同学而言却是一项发明,相信将来,他的发明会更多"等饱含期待的激励性评价。

实验探究,让课堂充满活力

四、有利于创新的教学方法

课堂教学中教师还要多用发现法、问题法、激励法、探究法等教学方法，以及有利于培养学生创新精神的特定教学方法，如发散集中法、打破定势法、归纳类比法、逆向思维法等，尤其要针对学生思维发展的特点和规律，采取一些积极有效的方法，如头脑风暴等，积极寻找学生的最近发展区，"催生"学生的创造火花。例如，浙教版科学八年级《气体流速与压强的关系》一节的教学，教师如果用讲授法讲完气体流速与压强的关系后，提出现实生活中的实际问题："赛车在高速行驶时，会发生漂移而离开地面，容易发生翻车事故，怎么办？"学生往往束手无策；然而，当教师采用实验探究的方法引导学生得出气体流速与压强的关系后，先用此知识讨论解决"飞机的升力从哪里来？"这一问题（原来机翼上凸下平的形状起了很重要的作用），再提出如何解决赛车的漂移问题时，多数学生很快用逆向思维创造性地想到了解决的办法，即把赛车的形状做成上平下凸，或者安装上平下凸的车翼等，并顺利地完成了由发现到创造的过程。此时教师呈现赛车车尾的上平下凸的抓地装置——"车翼"时，学生别提有多高兴了，俨然感觉自己也能创造发明或者离创造发明不远。

也许，目前同学们在课堂内的创造设计，并没有多大的实际价值，有的别人已捷足先登，有的过于稚气，有的理论性太强，难以实际做到，但现在播下创造的种子，激起创造的热情，只要遇到合适的温度、土壤，就会萌芽、茁壮成长……

总之，创造之神无处不在。在教学活动中，我们不但要充分重视培养孩子的创造力，更要具有一双善于发现创造的慧眼，及时捕捉孩子创造的火花，激活创新思维，并精心地呵护、悉心地培育，使创造的幼芽得以破土而出。

经典课堂

"学为中心、能力为重"的实验探究教学实践

——《种子的萌发》课堂实录与简评

一、课标解读

《种子的萌发》是科学七年级下册《代代相传的生命》主题下《植物的一生》的第二节，课标中具体的内容标准是"说出种子萌发的过程和必要条件"。

二、本节具体内容介绍

本节安排了三课时三个方面的内容：种子的结构（萌发的自身条件）、种子萌发的环境条件、种子萌发的过程。第二个内容里安排的是"探究种子萌发的环境条件"实验；第三个内容里安排的是"测定种子的发芽率"实验。这两个探究实验中，重点是前面一个实验。本课时是第二个内容："种子萌发的环境条件"。

三、教材分析

本课的内容实际就是完成一个探究实验：探究种子萌发的环境条件。科学七年级上册学生已经学习过一个探究实验，该实验重在展示探究的一般过程，隐性介绍了关于变量和对照实验的知识，里面控制的变量只有一个，设计的对照实验是一组。本课通过实验来探究种子萌发的环境条件,以该实验为载体,学习科学实验中常用的控制变量法,了解变量、主要变量、次要变量。而且本实验有三个变量,要求学生自主学会设计对照实验、控制变量。可以说,这个实验是七(下)探究实验的核心实验,学生一旦学会了控制变量,设计对照实验,就能为后面的探究实验奠定良好的基础。

四、教学目标

1.知识目标:能说出种子萌发的必要条件;了解变量、主要变量、次要变量,学习控制变量的方法。

2.能力目标:培养学生控制变量、设计对照实验的能力,发展学生动手操作的实践能力和合作探究的能力。

3.情感目标:通过课前学生的调查采访活动来丰富学生的生活经验,课内通过分组讨论、动手操作来发展学生的实践能力、合作探究能力,培养学生的合作意识。

五、教学的重点、难点

本节课,学生在尝试中学会控制变量。设计三组对照实验是本节课的重点;如何在尝试中完善方案,设计三组对照实验,控制三个变量,是本节课的难点。由于本节课第一次学习关于变量的概念,学生对于种子萌发过程主要变量和次要变量的确定有一定的难度。

六、课堂实录及点评

【创设情境,提出问题】

师:同学们有没有听说过,千年的古莲种子发了芽?

生:(简介辽宁省古莲种子的新闻材料。)

师:[补充五颗古莲子的新闻时事,重点强调古莲种子经过了一定的处理之后,重新开花(两粉一紫一红),并且花色跟现在的莲花没有什么区别。]

师:同学们由此会想提出什么问题?

生A:科学家做了怎样的处理?

生B:古莲种子怎样保存至今?

生C:发芽后为什么花色不同?

生D:种子发芽与时间没有关系吗?那与什么有关?

……

【简评】 选择恰当的载体和例子,创设问题情境,引发学生浓厚的兴趣,并给学生自由的疑问空间,把本节课要研究的问题蕴含在情境之中,让学生自己提出问题,巧妙地引出"种子萌发可能与哪些条件有关"的课题。把老师要教授的内容变成学生自己想要解决的问题,又用问题、任务驱动学生的学习,既培养了学生思考问题、提出问题的能力,又激发了学生学习的内驱力,也体现了尊重学生、学为中心的理念。巧妙的设计使得课堂的预设和生成实现了和谐一致的无缝对接。

板块一:猜想(认识变量)

师:同学们提出的问题都很有价值。我们今天就先来研究其中一个问题:种子的萌发需要什么条件?根据生活经验,大家先猜想一下。(引导学生结合生活常识和一些栽种经验来思考。)

猜想:种子萌发的条件可能与什么有关?你能说出猜想的理由吗?

生:水分,土壤,温度,阳光,空气,养料,地理位置,种子的自身条件,酸碱度,周围动植

物……（老师板书）

师：这些我们都称之为变量，但这些因素是否都有着同样重要的作用？ 有无主次之分？

生：主要变量：……

次要变量：……

【简评】 对种子萌发的条件，教师引导学生根据生活经验，首先进行猜想，并说出猜想的理由。这么做既能了解学情和学生的前概念，同时又体现了科学来自生活，科学需要对生活进行仔细观察和实证思辨的思想。老师让学生畅所欲言，并同步板书记录，然后引导学生对主要变量和次要变量进行初步归类。这体现出对学生问题的充分尊重以及学生的主体地位，同时教师又不失时机地进行引导归类，充分体现教师主导下的学生主体学习、学为中心的教学理念。

板块二：大豆种子萌发调查（区别主要变量、次要变量——突破难点之一）

师：课外兴趣小组的同学在课前做了一定的调查，我们一起来看看。

生：介绍"黄豆为什么会发芽"菜场调查视频。（同学们聆听、观看）

师：现在大家来说说看，影响大豆种子萌发的主要变量是哪些？ 为什么？

生：水——看到了浇水。

温度——看到了房内锅炉。

空气——洒水后水会漏下，不影响种子接触空气。

师：引导学生总结出影响大豆种子萌发的主要变量：水、空气、温度。

【简评】 对于想到的大豆种子萌发的某些条件，学生难以确定它们是否是主要变量。针对这一难点，教师不是采用直接告知的方式，而是采用课外兴趣小组"黄豆为什么会发芽"菜场调查视频的播放，补充学生的生活感受，让学生自己对生活中的现象进行观察，经思考后得出答案，既充实了学生的生活体验，激发学生的学习兴趣，又培养了学生调查、观察、实证、思辨的能力，同时又使学生容易理解，印象深刻，轻松突破难点，使学生能够自己确定主要变量和次要变量，即知识是由学生自己生产出来的，而且还获得了一种科学研究的方法——在生活经验中找证据，可谓深入浅出，恰到好处。这一方式的巧妙运用，不仅需要教师对学情的充分了解，还需要"学为中心"教学理念的指导，更需要教学智慧，采取课前兴趣小组调查汇报的形式进行突破，并对学生的调查和视频进行引导和巧妙的处理，把理念转化为具体的行为，使知识和方法由内而外地顺利产出。

板块三：引入纸飞机比赛的类比（认识控制变量法——突破难点之二）

师：对这些主要变量，我们今天用实验的方法来研究一下，判断其正确与否。

提示：假如我们要举行纸飞机比赛，怎样做比较公平？

生：纸的大小、纸的质量、制作时间、投掷力度、比赛地点……都要一样。

师：可能影响飞机飞行的因素很多，除了飞机形状之外，其他变量我们都要控制相同，这就是"控制变量法"，这样比较才科学。

将此法应用到控制种子萌发的条件实验，例如要研究温度，该怎么做？

生：取几粒种子放在不同水温中，控制空气、水分条件相同，观察萌发情况。

【简评】 教师的巧妙之处就在于对于学生模糊的知识，能够采用学生最熟悉的生活中的例子来进行类比，自然而然地过渡到课堂上的科学探究实例。挖掘学生熟悉的生活实例中蕴含的控制变量法，把它变成显性的控制变量法，并且迁移应用到课堂学习中，教师免了很多口舌,学生却理解得更透彻、更深刻。又一次运用生活实例使学生自己领悟方法,轻松突破难点,实现知识和方法由内而外的顺利产出,充分体现"学为中心"的教学理念,又让学生感觉到生活处处有科学,学科学有趣又有用。

板块四:设计并展示实验方案(控制变量法的应用)

师:分工合作,两组同学研究水分,两组研究温度,两组研究空气,各小组推荐代表汇报。老师先介绍呈现方案的一种方式,例如,研究植物蒸腾作用或蚯蚓对植物生长影响的实验,用图画、标注或简要说明的方式呈现,快捷明了。同学们参考并选用自己的方式。

生:(在纸上开始讨论设计方案。)(老师分组观察、指导)

师:请小组展示自己小组的作品并简要介绍。(幻灯机辅助)

生:(第一小组展示并介绍温度对种子萌发是否有影响的实验设计。)

A、B 杯,适量的水温(分别为 45℃和 15℃)、等量种子、接触空气。

师:其他同学有没有什么疑问或者需要补充的?

生 A:补充,应放冰箱里。

生 B:温度太低,没有变量。

生 C:45℃的水和 15℃的水不恰当,要先知道什么温度最适合。

生 D:不能先确定最适温度,因为目的就是想知道什么温度最合适。

生 E:温差不能太小,当然也不能太大。

师:经过他们的设计和大家的补充,这个方案已经很完善了。看下一组,空气。

生:A、B 杯,室温,等量的水,A 杯中种子淹没,B 杯中种子露出水面一部分。

师:有没有什么疑问?组内成员也可以补充。

生 A:种子露出水面的部分会受到室温影响。

生 B:不影响,同一室温内的空气和水由于热传递温度是一样的。

生 C:不知道种子哪一块区域需要水分,不应用暴露的方式,应用浇水的方法。

生 D:种子的生长方向是一定的,像人嘴巴喝水一样不存在哪里水多哪里缺水,方案可行。

师:下一组是研究水分是否有影响的。

生:甲、乙种子埋在土壤中,温度、空气都一样,分别让土壤干燥与湿润,观察种子萌发情况。

生:(没有补充。)

师:事实上土壤的成分和疏松状况比较复杂,变量较难控制,只是理论上可行。

【简评】 该板块是本节课的重点。通过设计实验方案来强化对"控制变量法"这一科学方法的运用,以及生物实验的设计必须满足"适宜条件"这一重要思想。

通过学生小组内的讨论设计方案,大组汇报交流、质疑研讨、评价补充等,方案由学生自己想,汇报由学生自己表达,错误由学生自己纠正,不足由学生自己补充,在相互辩驳、思想碰撞、在具体的设计方案中不知觉地将科学方法融会贯通。充分给予学生自主学习的机会,但在学生选择表达方式时可能会碰到一定的困惑,此时教师提供一定的提示和示例帮助,实现由内而外的学习过程,充分体现"学为中心"的教学理念。

实验探究·让课堂充满活力

板块五:展示最优实验方案,锻炼表达能力(控制变量法的应用)

师:真正地去做需要一定的时间。老师展示一下提前做的种子萌发实验(一杯3颗种子,辅助课件)。你能看到什么?

生:B种子萌发,符合我们猜想的三个主要变量。

A种子有空气、没有水,C种子有水、没有空气,所以种子没有萌发。

师:(引导学生两两对比,尝试用××相同,××不同,结果不同,说明种子萌发需要××。)

生:A、B种子:温度和空气条件相同,A种子没有水,B种子有水,B种子萌发,说明种子萌发需要水分。

B、C种子:温度和水分条件相同,B种子有空气萌发,C种子没有空气没有萌发,说明种子萌发需要空气。

师:A、C种子可以比较吗?

生:不能说明温度的影响情况,因为A、C种子温度相同,是一个不变量,不能比较。如果研究温度,这样一组实验不够,所以需要补充两组不同温度的实验。

师:温度不能太高也不能太低,种子的萌发与温度有关。甲的A种子与乙的B种子能不能对比?

生:不能,因为它们的温度不一样。

【简评】 对于实验现象,引导学生运用控制变量法进行科学的分析比较,得出结论,培养学生科学的分析、思考、表达能力。引导学生逆向思维,为什么有些种子之间不能作对比,强化理解"控制变量"的意思。

板块六:迁移应用与课外拓展

师:我们知道了种子萌发需要适宜的温度、充足的空气、一定的水分。知道了以后,有什么应用呢?

生:可以在气候不适宜的地方创造条件,例如哈尔滨建立温室,沙漠地带补充水分。储存种子时,让种子缺少最常见的条件,例如晒干。

师:大棚蔬菜和水果、鲜花,都给我们的生活带来很多的便利。

解释:本课开头"千年古莲发芽之谜"。在无氧、无菌、低温以及地质条件稳定的情况下产生,种子内部化学成分稳定,未遭受破坏,因此在适宜的条件下能发芽。而种子能保存千年,也是种子缺少萌发条件的应用。

那实验中的控制变量法在生活中有什么应用呢?

生:换个老师教相同的内容,看谁教得好;跑步比赛控制变量,男女、年龄、时间等。

师:日常生活中应用有很多。请同学们课后思考"只有春天里辛勤的耕耘,才有秋天里丰硕的收获"的科学道理和寓意。同时也可以课外去探究各种豆类发芽的最适宜温度、含水量和发芽率等问题。

【简评】 不管是知识的学习还是方法的认识,最终都归于应用。这是教师对学习科学应用于生活这种思想的一种传达。知道了种子萌发的条件,可以利用它为我们人类服务,既能促进式地运用(如实现四季如春,反季种植),也可以控制地运用(种子的储存等),同时还可以运用这些知识去解释生活中的各种现象。还有控制变量法的运用,如生活中各种比赛规则的制定和实验研究方案的制定等。教师还提供可进行课外探究的素材给学生,让部分学生的课外兴趣有一个合理的落脚点,有助于学生科学探究能力的进一步培养,充分体现"从生活走向科学,科学走向社会"这一教学理念,也使学生感到科学有趣有用,从而保持学习的兴趣。

总之,本节课围绕教学目标和教学内容,本着"全面提高学生的科学素养""培养学生的创新精神和实践能力""促进学生转变学习方式"的思想,采用了采访调查、演示法、类比法、讨论法、实践法等多种教学方法,积极探索创设一个可以让学生在轻松愉快的氛围中去主动探求知识的场所。在教学过程中,注重学生学习方法的指导和培养,充分开展师生互动、生生互动,体现出以学生为主体,教师为主导的"学为中心、能力为重"的主动探究式教学理念。

实验探究,让课堂充满活力

教学名师：张晓辉

那门是窄的，那路是长的

人物档案

张晓辉，浙江舟山人，教育学硕士。2002年起担任舟山市定海区初中历史与社会、思想品德教研员。先后指导6位教师8次登上全国、省级优质课比赛平台，获全国二等奖1人次、省一等奖4人次、省二等奖3人次，为定海区培养了省"十佳教学标兵"1名、省教坛新秀2名、省"五星级教师"1名，打造了一支具有一定规模的名教师、青年骨干教师、后备力量的学科教师梯队，培养造就了一支适应新课程改革和发展需要的教师队伍。

先后荣获浙江省十佳教研员标兵、省优秀教研员、舟山市学科带头人、市挂牌名师、市海岛园丁、定海区先进生产工作者、定海区优秀专业人才等称号。先后担任浙江省教育学会初中历史与社会教育分会理事、省"农村中小学教师素质提升工程"教材编委、省思想品德音像教材评审委员等。

多年来，一直坚持开展初中历史与社会、思想品德课程的教学理论研究，主持参与的课题、撰写的论文先后多次获省一、二等奖，发表在国家级核心期刊。先后担任《课堂问道》《智慧课堂》《片段教学设计与实施》《回归创新》的副主编、主编。参与地方教材、省编教材、人民教育出版社《历史与社会》教师用书的编写工作。

一、研比教材之异同，巧抓教学着力点

教材是一个课程的核心教学材料，是学生的学习资源和工具，必须有利于学生学习。而要使教材真正做到有利于学生的学习，这与教师对教材的分析理解、内涵把握的准确性密切相关。因为教材分析会影响教学目标的设定、教学主题的确定、教学重难点的突破、教学方法的选择等因素，而这些因素又直接影响教学的有效性。对教师而言，必须深入钻研教材，读出教材的本意和新意，把握教材的精髓和难点，把教材内化为对教学有价值的素材。

在历史与社会新旧教材交替之际，本人经常通过对比新旧课程标准，以准确把握新课程标准的核心内容；通过对比新旧教材，细细品读，判断重难点，理清逻辑，以准确领会编者体现在教材中的教学思想、内容、方法；细致解读文本，研比教材之异同，巧抓教学的最佳着力点。

案例：以新版教材《秦始皇开创大一统基业》与旧版教材《秦朝一统》为例。

1. 研比课标，明方向

通过比较，我们可以看出，新旧课程标准对同一内容的教学侧重点是不同的，详见表1。

表1　新旧课程标准的教学侧重点对照

《秦朝一统》相关课标要求	《秦始皇开创大一统基业》相关课标要求
6-3　从政治、经济、文化等方面，举例说明特定历史时期中华文明对世界文明的突出贡献	2-2-6　列举实例，展现古代中国政治、经济、文化领域的成就和特点，知道古代中华文明长期处于世界文明发展的前列
4-2　列举古代历史上的重要事件与人物，说出它(他)们在不同区域和特定时期的突出作用	2-2-2　列举秦朝建立后中国古代的重要人物和事件，评析这些人物和事件对历史进程产生的重要影响。 2-4-6　评述重要历史人物的功过，恰当说明他们在历史进程中的作用
6-1　了解中国历史上的疆域变化与政权更替概况，认识统一是中国历史发展的大趋势	2-2-1　列出秦朝到清朝更替的时序。 2-2-3　知道从秦朝到清朝中国历史版图的变化，认识中国历史发展的统一大势

(1)新课标更加凸显了历史发展线索，这要求《秦始皇开创大一统基业》的教学要依托史实，要增浓史味。因为历史是一门史证的科学，历史既指过去发生的事情，又指对过去发生的事情的复原与解释。

(2)新课标更加关注历史现象与现实社会的联系，特别是文明创造、政治模式及领土疆域等对后世的影响。这也要求我们在《秦始皇开创大一统基业》的教学中注重史学的"三要素"：史实、史论、史识。在历史教学中，贯彻"论从史出，史论结合，鉴史识今"的方法，有助于培养学生的证据意识和思维能力。

(3)新课标更加凸显唯物史观教育。评价历史事物应以唯物史观为指导，史料支撑，思辨公正。

2. 研比课眼,找准切入点

"拈一叶知天下秋。"对于教学而言,这"一叶"就是教学的切入点,即教材的单元目录、单元页、课题与课前导言。教材文本中的单元页、课题与前言作为课程资源的主要组成部分,往往被部分教师所忽视,殊不知这些是文本的眼睛,是我们解读文本的最佳切入点。

(1)研比单元目录找主线,详见表2。

表2 研比单元目录找主线

切入点	实验版	修订版
相关单元目录	第四单元 农耕文明时代(下) ——绵延不绝的中华文明 第一课 从封邦建国到一统天下 第二课 汉唐盛世 第三课 多元文化的交融与世俗时代 综合探究 过年:感悟我们身边的传统	第三单元 绵延不绝的中华文明(一): 统一多民族国家的建立和发展 第一课 秦始皇开创大一统基业 第二课 秦末农民起义与汉朝的建立 第三课 汉武帝时代的大一统格局 第四课 开疆拓土与对外交流 第五课 昌盛的秦汉文化 综合探究三 探寻丝绸之路
教学侧重点	以中华文明为主线。在长长的绵延几千年的时间轴上选取中华文明的最亮点,以点带面,展示精华	以中华民族统一为主线。封建专制中央集权制度是我国两千多年封建社会的基本政治制度,从秦朝的建立、汉朝的巩固、隋唐的完善到宋元的加强、明清的强化、清末的衰落

(2)研比课文标题找关键,详见表3。

表3 研比课文标题找关键

课题	《秦朝一统》	《秦始皇开创大一统基业》
课题解读	结构:主谓结构词组 关键词:秦朝统一 　　　　秦巩固统一措施	结构分析:主谓宾结构的短句 关键词:秦始皇:杰出人物 　　　　开创:首创、前所未有 　　　　大一统:秦朝统一、巩固统一措施 　　　　基业:为后世沿用、对后世贡献

(3)研比课前导语找中心,详见表4。

表4 研比课前导语找中心

《秦始皇开创大一统基业》课前导语	导语解读
秦始皇灭六国,完成统一,掀开中国历史新的一页。此后,统一帝国便成为统治者追求的目标。秦始皇所建立的统治制度,采取的推进统一的各项措施,对后代产生深远影响	课前导语短短三句话的表述,是对课题的进一步解读。 中心词:统一 字里行间:开创伟大基业、洋溢浓浓的自豪感

3. 研比图文细节,探求教学新意

(1)图片文献上的新,详见表 5。

表 5　图片文献上的新

序号	图片文献资料	《秦朝一统》	《秦始皇开创大一统基业》	新的作用
1	秦朝疆域图	结尾处	开篇处	以图补文
2	秦墓出土律令、秦朝官府文书	无	增加	以实物图证文
3	秦铜量	无	增加	以实物图证文、释文

1)《秦始皇开创大一统基业》将"秦朝疆域图"放在开篇处,起到了"以图补文"的作用。在教学中体现为:

①更符合学生的认知规律,教师能更有效地帮助学生在空间上理解"秦王灭六国统一全国""第一个统一的中央集权大帝国";

②较好地体现了历史与社会学科综合性的特点,体现了课程标准"在以历史线索为主导的总体框架中,采取相对集中与反复呈现的方式提供地理知识"的要求;

③符合本课课标"2-2-3 知道从秦朝到清朝中国历史版图的变化,认识中国历史发展的统一大势"的要求;

④为"秦始皇开创大一统基业"点题,更为八年级学生学习中国历史开了新篇。所以教师在教学上一定要依标施教,开好此篇。

2)"史由证来"是历史的重要学术观点,《秦始皇开创大一统基业》新增"秦墓出土律令""秦朝官府文书""秦铜量",起到了"以图证史"的作用。在教学中体现为:

①有利于向学生阐释历史事实及其认识;

②符合课标"2-2-6 列举实例,展现古代中国政治、经济、文化领域的成就和特点,知道古代中华文明长期处于世界文明发展的前列"的要求。

③有利于教师通过图文教学逐步地帮助学生学会"怎样知道过去的事实"的方法,并将唯物史观传递给学生。

(2)文字表述上的新,详见表 6。

表 6　文字表达上的新

《秦朝一统》	《秦始皇开创大一统基业》	新的作用
1.(开篇)秦王嬴政陆续灭掉六国,建立起一个疆域辽阔、统一的中央集权大帝国——秦朝。 　　配"秦始皇陵兵马俑图",想一想:为什么秦国能强大起来,并最终统一全国?	1.(开篇)秦国通过商鞅变法,实力日益增强,在与六国的争战中不断取得胜利。秦王嬴政统治期间,历经十年,先后灭掉六国,在公元前 221 年统一了全国,结束了诸侯国长期割据混战的局面,建立起中国历史上第一个统一的中央集权的大帝国,定都咸阳。	1.增浓史味,依据历史要素陈述,特别注重历史因果分析 2.培养学生阅读能力、获取信息的能力。
2.他(秦王)自称"始皇帝",并梦想后世子孙从"二世""三世"传至"万世"。	2.(秦王)自称"始皇帝",并希望子子孙孙"二世""三世"以至无穷。	彰显人性

《秦始皇开创大一统基业》的开篇用简练的史学文字，介绍了秦统一六国的历史背景，分析了秦国取得成功的原因，并通过秦朝疆域图，呈现了秦帝国的地域范围。依据历史要素陈述，增浓了史味，特别注重历史的因果分析，培养学生阅读文本的能力和获取文字信息的能力。而《秦朝一统》开篇提出的思考题："想一想：为什么秦国能强大起来，并最终统一全国？"对刚接触到中国历史的八年级学生来说，要在缺少信息材料的前提下思考和回答，是有一定难度的。

《秦始皇开创大一统基业》将原先的"梦想"改为"希望"，尽管只改一词，但彰显了人性，也符合课标"2-4-6 评述重要历史人物的功过，恰当说明他们在历史进程中的作用"。

4. 切入准确明学教

通过对以上单元目录、课题、课前导语、图文细节、文字表述等的研比，我们可以明确《秦始皇开创大一统基业》与《秦朝一统》在教学中的侧重点是有不同的。

（1）《秦始皇开创大一统基业》在教学内容上应侧重以下四个"一"：

① 一个独揽大权的皇帝；

② 一个训练有素的有效的官僚机构；

③ 一套巩固大一统的措施；

④ 一个组织严密的大帝国。

这套严密的帝国结构取代分封制，被传承、被完善、被强化，一直持续到 1912 年最后一个王朝被推翻时才告终。

（2）《秦始皇开创大一统基业》在学教目标上应侧重：

① 阅读教材，知道秦朝建立的时间及疆域四至。了解秦朝政治、经济、文化领域的史实，感知伟大的中华文明；

② 列举秦始皇巩固统一的具体措施，分析其原因和影响；运用史料，评价秦始皇的功过。评析秦始皇人和事对历史进程产生的重要影响；

③ 知道从秦朝到清朝中国历史版图的变化，认识中国历史发展的统一大势。

（3）教学重难点

重点：秦始皇巩固统一的具体措施。

难点：统一措施对后世的影响。

教学是一个复杂系统，课程标准、教材都是我们教师需要关注的焦点，课程标准规定着教材编写的目标与内容，而教材又反映了课程标准的要求。研究分析教材是教师备好课的基础和核心环节，同时也是上好课的必要前提。研究分析教材直接的目的是提高教师驾驭教材的能力，最终目的是推进素质教育的实施，因而，研究分析教材应该成为教师的必修课程。

二、让教学与生活结缘，遵循认知规律，优化教材

美国著名的认知派教育心理学家奥苏伯尔在他的《教育心理学：一种认知观（*Educational Psychology：A Cognitive View*）》（1978 年）中，把教材作为学习中的认知因素而对教材的展开顺序进行了详尽的探讨，他认为教材的组织不能只考虑学科知识的逻辑体系，也要考虑学生的学习心理特点和心理发展特点。

教学与生活结缘,就是教师要对教材进行优化和有效的处理,通过具体事实、材料、例证,遵循学生的认知规律,引导学生联系生活实际,列举生活实例,分析理解抽象知识,循序渐进地展开教学。

【案例1】 以指导倪燕儿老师参加市优质课比赛获奖案例——七年级"历史与社会"《等高线地形图的识别》教学片段为例。

教材对该教学内容的编排是采用文字解释概念、用概念演绎知识的方式,其逻辑是从一般到个别,从认知而言是从抽象到抽象。教材直接呈现等高线地形图,而没有该等高线地形图的山体实图(表7),其设计是要学生通过等高线地形图,借助图说文字来解释概念,想象该等高线地形图的山体实图,其逻辑是从抽象到具体,是不符合人的认知规律的。

表7　优化教材结构

教材的编排结构	优化后的教材结构
演绎:概念——运用 具体过程: 　出示图 1-32 等高线地形图; 　图说(文字):海拔、相对高度、等高线的概念; 　活动提示(填空):观察图1-32,比较点 A、B、C 的海拔和它们间的相对高度、甲乙两地的陡缓程度。	直观演示:发现——理解 具体过程: 　1.借拳头山识形: 　(教师握紧自己的拳头,平放在桌上,作为一座小山的实体呈现在学生的面前,开展教学演示;学生同步体验)山顶、鞍部、缓坡、陡坡、山脊、山谷、悬崖(形状); 　教师细致地一一示意、讲解、标示、实操解惑;对山脊、山谷区别比较; 　2.观察领悟: 　动漫演示等高线地形图绘制过程;学生尝试描述等高线地形图绘制原理;观察拳头山等高线各部位特征。

七年级学生虽然已具备一定的抽象思维能力,但还需借助具体事物形象的支持,需要从感性认识到理性认识,因而对他们而言,从抽象到抽象的认知是困难的。

而本例教学设计很好地解决了教材存在的这一问题,即通过"借物识形"环节,将微缩山体"拳头山"生动形象地呈现在学生的面前(表7),这一生活道具人人都有,生动、形象、便捷,使学生在学习山顶、鞍部、缓坡、陡坡、山脊、山谷、悬崖等概念时已经有了山体的形象,让学生先看到整体,然后再分辨各个部分,其逻辑是从具体到抽象,符合七年级学生的认知特点,做到了与生活结缘,遵循认知,优化教材。

三、带着学生走向知识,论从史出,学会思辨

从"带着知识走向学生"到"带着学生走向知识"是教学理念的大转变,也是授之以"渔"而非授之以"鱼"的教学方法的革新。带着学生走向知识,指导学生学会学习,是教师送给学生的"渔",能帮助学生获取更多的"鱼"。

【案例2】 以指导李娜老师参加市优质课比赛获奖案例——八年级"历史与社会"《传统王朝的洋跃进——洋务运动》教学片断为例。

1.悬念导思

师:深化改革是当下很热门的话题,今天我们的话题也与改革有关,这场改革被称为中国历史上第一次现代化改革。

美国汉学家芮玛丽曾这样评价这一运动:"不但一个王朝,而且一个文明看来已经崩溃了,但由于 19 世纪 60 年代的一些杰出人物的非凡努力,它们终于死里求生,再延续了六十

年。"那么这一场改革是什么呢？

点题：今天我们就一起走进传统王朝的洋跃进——洋务运动。

师：看着这一评价你有什么问题要问吗？

生1：这些杰出的人物指谁？

生2：他们做了哪些非凡的努力？

生3：为什么这些努力可以使一个王朝延续60年？

生4：他们为什么要这样做？

（师将问题整理罗列在黑板上）

2.史料释疑

学生自主阅读课本及补充资料回答部分问题；小组合作探究解决稍难问题。

（课本，另发放年代尺、学习资料各一份）

年代尺如图1所示。（标注历史事件）

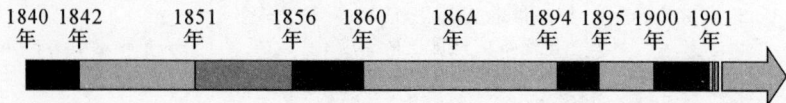

图1　年代尺

补充史料

资料一：1860年，曾国藩在奏折中提到：火轮船必成为官民通行之物，可以剿发（指太平军）、捻（捻军），可以勤远略，这是救时第一要务。（《曾文正公全集》奏稿，第14卷，第11页）

1862年李鸿章到上海后，得到外国侵略者帮助训练洋炮队、设洋炮局。他认为，清军作战往往数倍于外敌，仍不能胜，原因在武器不行，枪炮麻（yǔ）滥，如能使火器与西洋相埒，则"平中国有余，敌外国亦无不足"，今起重视，最后可达自主。（《李文忠公全书》朋僚函稿，第3卷）

奕欣在奏折中说，治国要做到自强，自强以练兵为要，练兵又以制器为先，"我能自强，可以彼此相安"。（《筹办夷务始末》咸丰朝）

资料二：中国各历史时期经济发展曲线（图2）。（冯杨《低关税与近代中国经济发展研究》）

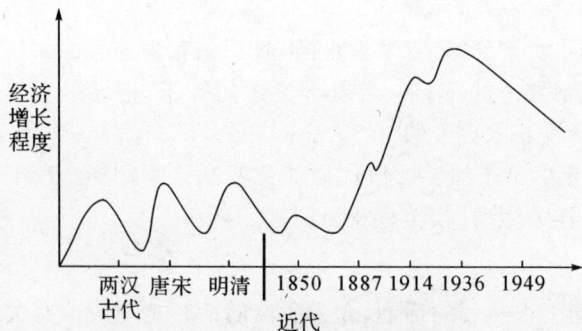

图2　中国各历史时期经济发展曲线

上海轮船招商局创办后三年内,外轮就损失了 1300 万两(白银);湖北官办织布局开办后,江南海关每年洋布进口减少十万匹。(中华书局《中国近代史》)

资料三:

由于统治阶级的腐朽与内讧,以及中外势力的联合镇压,太平天国运动于 1864 年以失败告终。

教师指导学生自主阅读,解决了"他们是谁",即从书本中找到这些人的身份,并指出代表统治阶级的利益;学生通过联系所学知识和年代尺,知道并理解了"他们为什么要这么做",即将年代尺的时间与所学知识联系,因为国家面临内忧与外患;学生通过合作讨论探究,能粗略地分析"他们决定怎么做",即向西方学习,学习什么。"你是怎么知道的?"学生是通过联系史料,分析史料,论从史出知道的。

在教师的指导下,学生们结合课本及史料梳理了"他们做了什么",并分析阐述稍难的"为什么能够使清王朝延续 60 年",学生合作利用史实探讨分析洋务运动的内容和影响,认为这是一场改革,开启了中国近代化,一定程度上抵制了外国列强的侵略。

历史评判犹如"横看成岭侧成峰,远近高低各不同",但它又是历史与社会学科的核心素养,对学生而言,是终身受益的、高度可迁移的、能够支持其自身可持续发展的素养之一。而"论从史出,史论结合"又是历史学习的基本方法。教师通过"念式"的史论,要求学生在学习过程中联系相关史实,以论证观点,当堂培养学生掌握历史学习和研究的逻辑体系,无疑是带着学生走向知识,授之以"渔"。教师重视对学生的阅读习惯、阅读方法的指导,以减少教师讲授、灌输,以利于学生学习能力的发展;教师适时提供信息,注重启发、点拨,以利于学生思辨能力的提升。

成长经验

经常在武侠影视中看见,武林宗师将他多年的功力传给后生晚辈,十年功力在瞬间输入,令后生晚辈功力猛增。26 年前,初登讲台的我,眼中的教研员就是这样的武林宗师。14 年前,一个偶然的机会,自己却由一名普通教师成为了教研员。因为年轻,身旁满是怀疑的眼光,自己也惶恐不安,很想成为这样的"武林宗师",但终究功力还不深,也无法令后生晚辈功力猛增。

叶澜教授说:"教师专业发展就是教师的专业成长或教师内在专业结构不断更新、演进和丰富的过程。"14 年来,我由一个普通教师成长为一个合格教研员、省优秀教研员、市级名师,靠的是积累而不是速成。

一、好学

2002 年,由普通教师到教研员岗位的转变给自己创造了一个非常好的学习契机,从零开始,逼迫自己博览教育学名著,详细阅读了《世界文明史》《世界通史》等一系列专业书籍,订阅《课程·教材·教法》《教学月刊》等核心期刊。因为自己多年只担任初三教学,对初一、初二的教材不熟悉,于是,在担任教研员初期,我专注地通读各段教材、参考书,明确教材编排体系、研究各单元之间的内在联系,以及教学内容在教材中的地位和作用,然后认真仔细地对每一课时进行教学设计。这一系列的学习,丰富了自身的理论知识,也进一步提高了自身的业务能力，听课、点评有了一定的底气。

2008年，40岁"高龄"的我参加了全国在职研究生入学考试，并以全国前15％的成绩顺利考入浙江师范大学攻读教育学硕士，2012年以优异的成绩毕业。这4年，除了不断丰富自身的本体知识，提高自身的专业素养外，最重要的是学会了研究。我开始积极开展课题研究、研究本学科教学的现状与新课程教学目标之间的矛盾以及相应的对策方法，研究本学科教师的整体素质如何尽快适应课程改革需要的途径和措施，研究新课程实施中的新情况、新课题。参与的省重点规划课题"新课程理念转化为优质课堂教学实践的过程研究"获浙江省一等奖；参与课题"教师发展性评价的实践研究"获浙江省"十一五"中小学教师与校长培训研究立项课题一等奖；2010年，指导并参与的课题"指向'本真'价值的改善农村初中思品教学的探索"获省级立项并获省三等奖；课题研究成果"农村小规模学校初中历史与社会思想品德微型教研的实践与研究"获市二等奖。研究生毕业论文《海岛青年教师专业发展影响因素的叙事研究》以舟山市一位义务教育阶段的海岛青年教师为着眼点，对该青年教师的成长经历进行了个案研究，真实描摹海岛青年教师的生活现状，真实反映艰苦条件下的海岛青年教师历经彷徨、探索、适应、成熟，一步步成长为有一定专业素养的优秀教师的经历，探索在艰苦条件下影响海岛青年教师专业成长的重要因素，并分析这些因素是怎样起作用的，给广大渔农村中小学教师的成长以一定的启示，也为当地教育主管部门提出积极影响教师专业发展的可行性意见，以促进当地教育的可持续发展。该论文在答辩期间获高度好评：小切口，细研究，凸显大视野。

二、善思

叶澜教授说："一个教师写一辈子教案，不一定成为名师；如果一个教师写三年反思，有可能成为名师。"

多年来，写一些研究随笔已经成为我的一种习惯。课堂是教师教学的主阵地，是教研员从事教学研究的宝贵资源。作为教研员，日常工作很大一部分是在课堂听评课，传统的听评课活动要为教师的专业发展提供支持，这就要求教研员的课堂观察、教学点评要指向教师的教学行为，要把教师的点滴教学行为作为思考的对象，在教师的课堂教学行为中发现问题，在研究随笔中记录问题，提出解决对策，再进一步在课堂教学中实践研究，以致改进教师的教学行为，达到提高课堂教学效率的目的。

研究随笔还对自己对某种教学行为的点评、提出的整改建议进行审视和分析。作为教研员，点评、整改建议是内功，每位教师又对教研员的点评都非常看重，但教研员不是圣人，需要不断地审视和反思自己给出的点评与整改建议，不断地否定自己，以求自己和教师与时俱进，不断提高。

另外，研究随笔还涉及对细微的教育事件进行深切的幽思，对现有的教材编写体系提出质疑，并尝试重新编排、合理调整……

善于对教育教学实践进行再认识、再思考，并以此来总结经验教训，是教师促进自身专业发展的一种有效手段。

三、创新

日本著名教育改革者佐藤学也极力推崇"创造性课堂"，他认为课堂教学是一种创造性的实践。多年来,我指导的定海区青年教师参加市级、省级乃至全国级的优质课评比中,他们先进的教育教学理念,"以生为本、学为中心"的教学行为,新颖的教学方法与手段等都给评委及观摩教师留下了深刻的印象,也为他们带来了众多荣誉。

近年来,随着城市化进程的不断发展,定海城区学校不断扩展,农村学校的规模越来越小,我在农村小规模学校开展了一系列微型教研活动,在探索与实践、总结与反思的基础上,开辟了一条农村小规模学校历史与社会、思想品德教研组建设的新路。

随着舟山群岛新区的成立,舟山海洋文化资源越来越多地在七年级"历史与社会"教学中被使用。我与工作室的年轻学员一起,对七年级教材中相关的海洋教学资源进行了收集与整理,形成了具有特色的、极具推广价值的七年级海洋教学资料集,并通过分析原因提出切实可行的改进对策,为七年级"历史与社会"结合海洋资源开展教学、体现地方特色提供了参照。

"创新是民族进步的灵魂。"学习先进的教育教学理念,改革创新课堂教学模式,继承与创新相结合,借鉴与融合相结合,勇于创新,扎实实践,才能促进自身专业的发展。

回首向来萧瑟处,亦有风雨亦有情。10多年来,太多的精彩夹杂着难忘的煎熬,好学、善思、创新伴随着自己一路走来,这是最打动自己的,也希望对年轻教师有一定的启发。

那门是窄的,那路是长的……

经典课堂

"轻轻叩开格子窗——透视表格内在联系"教学课例

——2014年考点14:了解丝绸之路与隋朝大运河的概况(a)

舟山市定海区金塘中学是一所典型的海岛学校,全区每年新进教师的80%分配至该校,教学质量位于全区后列。九年级初中历史与社会备课组共有3位女教师,其中10年教龄1位,3年以内2位。去该校调研前,询问备课组在教学上有些什么困难,反馈的其中一条是:不知道怎么上复习课。

询问了复习进度,刚好上到考点14:了解丝绸之路与隋朝大运河的概况(a)。农村学校第一轮复习多是依据考点的顺序,师生人手一册浙江工商大学出版社出版的《考点精析》,该辅助用书多采用列表归类的方式梳理知识点。

调研中发现,年轻教师在组织表格教学时均采用一种教学方式:教师出示表格框架,学生当堂将所学知识填入空白的表格中,表格填满,则教学环节结束。

于是打算自己给那几个年轻教师示范一堂复习课,目的是让他们明白如何利用手头的资源,教给态度认真、基础相对薄弱的学生解读考点,用表格梳理基础知识,借用表格分清史实史论,初步掌握史论结合的历史学习方法。

一、学教设计

(一)复习目标

1.学会准确解读考点;自主梳理知识;前后桌合作归类整理知识。

2.通过对历史史实的比较分析,尝试从史实中分析概括对应史论,并学会用表格梳理知识。

（二）学教内容

1.考点14：了解丝绸之路与隋朝大运河的概况(a)。

2.指导学生自我梳理丝绸之路、隋朝大运河的基本信息，依据目标和学情重新选择与组织学习内容，突出表格解读。

（三）学教形式、方法和手段

1.学教形式：全班上课与小组讨论相结合；

2.学教方法：联系阅读法、自主学习法、合作探究法；

3.学教手段：传统纸笔与现代多媒体相结合。

（四）课堂学教流程（表8）

表8　课堂学教流程

教学环节	学生活动	教师活动	设计意图
考点解读	1.划分考点14主谓宾成分。 2.在教师的提示下补充主语"我"。 3.解读关键词：了解、概况。	1.指导学生对本课相关"考点14"划分主谓宾，提示缺少什么。 2.请学生解读考点关键词。	1.学习掌握考点解读的基本方法。 2.明确"我"要复习什么。
自我梳理	快速浏览、自我梳理丝绸之路、隋朝大运河的基本信息。	指导学生快速浏览考点精析。	1.明确"我"要怎么复习。 2.充分发挥学生自主复习的作用。
合作探究	1.四人小组合作整理基本信息，即需要背诵记忆、依图记忆、分析比较的内容。 2.列出复习框架。（不填内容）	巡视、指导。	1.明确"我"要怎么复习。 2.明确"我"要复习到什么程度。 3.发挥合作学习的作用，让更多的人参与互动和思考。
对比记忆	1.不用地图罗列丝绸之路路线。 2.结合丝绸之路路线在《丝绸之路示意图》上找地点。 3.结合《隋朝大运河示意图》读出大运河路线。	出示《丝绸之路示意图》《隋朝大运河示意图》。	1.对比记忆的方法。 2.进行示范与演练。 3.进行诊断与检测。
制表分析	1.追随教师思路，积极思考。 2.在教师指导下用一句话表述丝绸之路。	1.出示丝绸之路相关史料，指导学生分类。 2.指导学生从每条史料中得出一个史论，或合并或单列。 3.指导学生形成表格。	1.师生合作制表，了解表格制作过程。 2.分清史实、史论及两者密不可分的内在联系。 3.培养归纳概括能力。
学教检测		用表格的方式整理：为什么要把丝绸之路与隋朝大运河合并为一个考点？	既是作业，达到表格制作的检测，又是拓展，表格的形式不止一种。

二、课堂实录

（一）考点解读

师：[出示考点14：了解丝绸之路与隋朝大运河的概况(a)]

师：（出示幻灯片）我要复习什么？

师请生 1：你觉得我们今天要复习什么?

生 1：了解丝绸之路与隋朝大运河的概况(其余学生有些偷笑)。

师：对呀,说得好! 你上来画一下主谓宾好吗?

生 1：没有主语。

师：你觉得主语是谁?

生 1：我。

师：非常好!

生 2：我(主)、了解(谓)、概况(宾)。

师：(幻灯呈现)

谓语:了解,是指对有关事实、概念、原理和观点的再现或再认,包括再认或回忆知识;识别、辨认事实或证据;举出例子;描述对象的基本特征等。

宾语:概况;概,大略;况,情况、状况等。

状语:丝绸之路与隋朝大运河。

(二)自我梳理

师：明确了我要复习什么,接下来要思考的问题的是……

生 3：要怎么复习。

师：(呈现幻灯片) 我要怎么复习?

师：我们快速地浏览《考点精析》,自我梳理一下有关丝绸之路和隋朝大运河的概况有哪些? 无须详细。

生：(很快梳理出相关的基本信息)

生 4：丝绸之路的概况:时间、路线、人物、原因、意义、作用。

生 5：隋朝大运河的概况:时间、路线、原因、影响。

(三)合作探究

师：刚才我们罗列了这么多的信息,都需要背诵记忆吗?

生：不需要。

师：这么多的信息,堆在一起,很乱。我们四人小组合作探讨一下,这些信息我们要怎么去复习? 怎么去掌握? 这么多的信息我们找个"橱柜"将它们装进去,找什么样的"橱柜"合适?

生：列表。

师：好,动动脑筋,列个框架表。

生：分组合作,热烈讨论,陆续完成表格框架。

师：巡视、指导、检查、纠错。

生 6：[展示完成的表格框架(表 9),教师指导修补]

表 9　表格框架

复习方法	知识要点	具体内容
背诵记忆		
依图记忆		
分析理解		
其他		

那门是窄的,那路是长的

233

师：刚才有小组将意义和作用也归到了记忆一栏，老师有异议，待会儿，老师介绍一种意义、作用无须强化记忆的方法，好不好？

师：通过整理，我们基本明确了 我要怎么复习 ，也解决了一个 我要复习到什么程度 的问题。

（四）对比记忆

师：接下来，我们来试试依图记忆是否可行。

师：请一位同学说说丝绸之路所经路线。

生7：长安（起点）—河西走廊—今新疆—中亚、西亚—古罗马（终点）。

师：[幻灯出示丝绸之路的路线图（略）]

生8：（依图点出路线）

师：[出示隋朝大运河路线图（略）]

生9：（依图找点：3点、4段、5水、6省）

（五）制表分析

师：刚才老师说要介绍一种无须背诵意义、作用的方法，这种方法就是制表分析。

师：（出示幻灯片）

学习历史的基本方法有论从史出、史论结合、鉴史识今。

史实：历史事实。

史论：对历史的评论。

师出示材料：

1.中国的丝绸、陶瓷、铁器、漆器等商品通过丝绸之路运送到西方。

2.西方商人则利用丝绸之路把毛皮、香料、药材、珠宝等物品运到中国。

3.在汉代城市的街头，就能看到古罗马魔术艺人的表演。

4.唐代朝廷上下非常流行的马球游戏，就是从波斯经丝绸之路传入中国的。

师：你能分辨这4则材料的属性吗？（师提示史实、史论）

生：史实

史实

1.中国的丝绸、陶瓷、铁器、漆器等商品通过丝绸之路运送到西方。

2.西方商人则利用丝绸之路把毛皮、香料、药材、珠宝等物品运到中国。

3.在汉代城市的街头，就能看到古罗马魔术艺人的表演。

4.唐代朝廷上下非常流行的马球游戏，就是从波斯经丝绸之路传入中国的。

师：对。那你能给这些史实再分分类吗？

生略交流：1和2是贸易方面的，3和4是文化方面的。

师补充：对，1和2是贸易往来方面的，3和4是文化交流方面的。

师：（在幻灯上列直线，将4则材料一分为二）

史实

1.中国的丝绸、陶瓷、铁器、漆器等商品通过丝绸之路运送到西方。

2. 西方商人则利用丝绸之路把毛皮、香料、药材、珠宝等物品运到中国。

3. 在汉代城市的街头,就能看到古罗马魔术艺人的表演。

4. 唐代朝廷上下非常流行的马球游戏,就是从波斯经丝绸之路传入中国的。

师:(继续将表格分为两列)

	史实
贸易往来	1. 中国的丝绸、陶瓷、铁器、漆器等商品通过丝绸之路运送到西方。 2. 西方商人则利用丝绸之路把毛皮、香料、药材、珠宝等物品运到中国。
文化交流	3. 在汉代城市的街头,就能看到古罗马魔术艺人的表演。 4. 唐代朝廷上下非常流行的马球游戏,就是从波斯经丝绸之路传入中国的。

师:你来试试每一个史实是否都能得出一个史论。

生10:史实1说明东西方贸易都要通过丝绸之路。

师:非常好！这说明丝绸之路是……

生结合考点精析:丝绸之路是东西方贸易往来的主要通道。

生11:史实2也可以得出史实1得出的史论。

生12:史实3说明丝绸之路沟通东西方文化交流,也说明丝绸之路是东西方文化的重要通道。

生13:史实4与史实3史论相同。

师:同学们表现非常出色！我们用数学上的"合并同类项"方式来试试。

师:(在表格的位置添加史论一栏)

	史实	史论
贸易往来	1. 中国的丝绸、陶瓷、铁器、漆器等商品通过丝绸之路运送到西方。 2. 西方商人则利用丝绸之路把毛皮、香料、药材、珠宝等物品运到中国。	丝绸之路是东西方贸易往来的主要通道。
文化交流	3. 在汉代城市的街头,就能看到古罗马魔术艺人的表演。 4. 唐代朝廷上下非常流行的马球游戏,就是从波斯经丝绸之路传入中国的。	丝绸之路是东西方文化交流的桥梁。

师:你们还能试着从4条史实中得出共同的结论吗?

生讨论,但回答基本不扣主题。

师:找找"同类项"。

生:东西方。

师:对,是丝绸之路沟通了东西方两大洲。

生:欧亚。

那门是窄的,那路是长的

235

师：东西方应该叫亚欧合适，还促进了哪些方面的发展？

生：经济文化上的发展。

师：太棒了！

师：（在幻灯片上完整呈现表格）

师进一步指导学生对 4 则材料分类（贸易往来、文化交流）；尝试让学生从每个史实中得出相关史论（合并、单列）；最后形成表 10，并让学生明白论从史出、史论结合的真正含义，掌握史论的记忆方法。

表 10　从史实得出史论

	史实		史论
贸易往来	1.中国的丝绸、陶瓷、铁器、漆器等商品通过丝绸之路运送到西方。 2.西方商人则利用丝绸之路把毛皮、香料、药材、珠宝等物品运到中国。	丝绸之路是东西方贸易往来的主要通道。	丝绸之路沟通了亚欧两大洲，在古代东西方文化交流史上发挥了巨大的作用。
文化交流	3.在汉代城市的街头，就能看到古罗马魔术艺人的表演。 5.唐代朝廷上下非常流行的马球游戏，就是从波斯经丝绸之路传入中国的。	丝绸之路是东西方文化交流的桥梁。	

师提出疑问请生解答：为什么要把丝绸之路与隋朝大运河合并为一个考点？

（引导学生有思维含量地思考，同时将此思考作为作业，以表格的方式完成，作为检测。）

师：今天的课，你学到一些什么？（指导学生从学习的点滴获得启发，并运用于学习中。）

教学名师：童赛祎

构建活力课堂，助推课改有可为

人物档案

　　童赛祎,中学高级教师,普陀区教师进修学校工会主席兼初中社会学科教研员,舟山市初中社会学科名师工作室挂牌导师。浙江省初中社会学科学会第四届理事,舟山市初中社会学科带头人。获浙江省第一届中学社会学科十佳教学管理标兵、舟山市手拉手优秀指导老师、舟山市师德标兵、舟山市课堂教学能手、舟山市优秀共产党员、普陀区第五届优秀专业人才、普陀区优秀党务工作者、普陀区敬业奉献育才奖、普陀区家庭事业兼顾型教师等荣誉称号。

　　参与省级和主持市级立项课题 4 项。指导的徐燕等学生的《关于沈家门城区叶片滞尘量测定的实验报告》获浙江省中学生研究性学习成果评比一等奖,被评为浙江省优秀指导老师;指导的学生获舟山市地方课程竞赛和小论文评比一等奖。承担省市级公开课 4 次,省市级讲座 6 次、区级讲座 12 次,区级送教下乡观摩课 11 次、公开课 4 次,4 篇论文在《舟山教育》发表,10 篇论文在国家级杂志发表,2 篇论文获省级奖,15 篇论文获市级奖,担任《新形势下教育管理理论与实践指导全书》《重建学生学习生活》《课堂转型学科实践》编委。自制课件《旅游和旅游业》获舟山市 CAI 课件一等奖。

教学艺术

一、创设课堂活动情境，激发学生学习兴趣

传统的课堂教学，学生主要是"听中学""看中学"，而新课程提倡"做中学"，让学生从自己的直接活动体验中学习，教师启发、引导学生探究。美国教育家克莱恩说过："学习的三大要素是接触、综合分析、实际参与。"在教学过程中，我指导学生读图，说出北回归线横穿的省、与邻国接壤最多的省、跨经度最大的省、轮廓最有显著特征的省……

（1）轮廓拟人法：陕西——兵马俑作揖"恭喜发财"；青海——小白兔；江西——女孩头；广东——鸡腿；甘肃——壁虎；云南——恐龙；湖北——哈巴狗；浙江——鲳鱼；黑龙江——菜刀；山西——平行四边形（因在太行山以西得名）……让学生在兴趣中快速记住形状特征。

（2）动画 flash 拼图比赛法：小组派一名同学通过多媒体课件进行中国行政区划图拼图比赛，看谁动手快、拼得正确。

（3）视频直观教学法：为了巩固省级行政区划的名称和位置，我让学生看中央电视台全国各大城市天气预报视频，并要求学生结合书本说出相对应的省级行政区的全称和简称，就这样使学生的学习在动口、动手、动眼、动脑的一系列活动过程中水到渠成，化繁为简，同时也培养了学生阅读和使用地图的能力。

二、巧设质疑，引导探究学习，激发学生发散思维

"质疑"是指在教学中对于那些难度较大的合作探究题以及有双重内涵的知识点，通过学生预习、小组讨论、分组质疑争辩，让学生在激烈的争辩中慢慢地明白道理，无疑辩论赛就是最好的方法，既锻炼学生的语言组织和表达能力，又培养良好的团队合作意识。如中国"入世"的利与弊；新世纪的中国是机遇还是挑战；经济全球化是把双刃剑；科学技术是把双刃剑；中国人口问题是数量问题还是质量问题；郑和下西洋的正面作用与负面作用；新航路开辟的正面影响与负面影响；舟山群岛新区的资源优势与制约瓶颈；市场经济的优与劣；中国是资源小国还是资源大国……

这样，学生就自然形成了敢于发问、敢于质疑的好习惯，如果当学生质疑的问题出于我的预案时，我会巧妙地把问题抛给学生，而不是把问题推到"课后探究"。其实，"课后探究"更多的是一种课堂上的"外交辞令"，为了转移教师在教学中的尴尬，硬把学生的思维牵引到预案中。教师要及时抓住质疑时机，让学生发问，根据学生思维动态转化和生成的过程来开发学生的潜能。同时加强引导、点拨、启发，对学生辩论要及时解疑，对小组交流要进行宏观调控，不能"坐山观虎斗"。在打造生本课堂的基础上，学生的判断分析能力、语言表达能力和逻辑发散思维能力就会大大提高。

三、课堂回归现实生活，利于学生情感迸发

教师怎样创设情境将课堂回归现实生活，构建学生更为丰富的情感世界，就是生动地再现历史，缩短学生与历史事件之间的距离，使学生关注过去发生的事件，且利于学生情感迸发。

上"五四运动"一课时,我让学生观看影像资料,了解五四运动爆发的背景,火烧赵家楼……提问:假设你是当时的北京学生,你又会怎么做? 学生:其点火者,堪称勇士,可谓英雄! 绝非一时冲动,而是他爱国思想与行动发展的必然之举。教师:赵家楼那壮观的一幕,那熊熊燃烧的激情之火,被赋予正义的光辉之名,照亮着中国现代史的幽暗前夜。火烧赵家楼是"五四"青年的正义行动。此举严惩卖国贼,大快人心;此火光照史册,闪耀着爱国主义的光辉。

四、历史与社会"前置性学习"课堂教学模式

"前置性学习"课堂教学模式如图1所示。

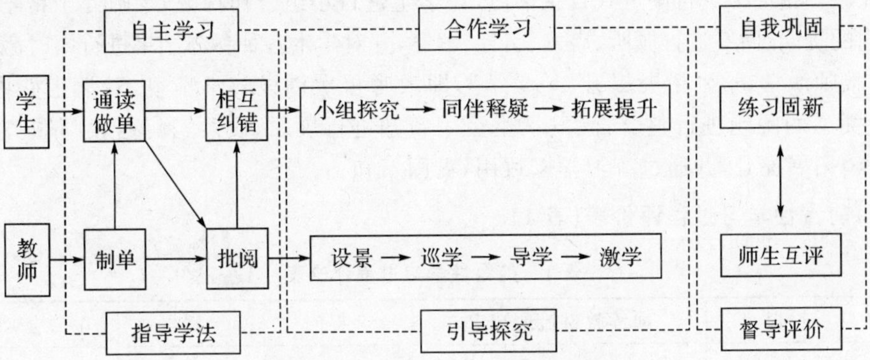

图1 "前置性学习"课堂教学模式

1.前置性学习概念

所谓前置性学习,是指教师引导学生在学习新知识前尝试学习前置、问题前置,以问题为中心自主学习,以浅层次地了解学生学习。教师根据教学内容、学情提前制作预学导学单。通过前置学习,鼓励学生先学,倡导把学习主动权、探究权、评价权交给学生,教师处于"帮学"地位,凸显"学为中心,以生为本,能力并重"的生本教育理念。

2.前置性学习模式操作基本步骤

(1)教师制单,学生先学做单。"制单",即教师制作预学导学单,课堂教学重心前置。教师在准确解读课标、教材的基础上,以学生接受知识、培养自主学习能力为主要任务,以学情为依据,在导学单上列出本课学习内容、适切的课前基础练习、课中提升练习、课后巩固练习。

"批阅",即教师在学生自主做单,完成相应的预学基础上,进行批阅,使学生的问题、疑难、矛盾得以提前暴露、展现、反馈,教师提前发现学生对教学内容浅层次的了解,便于教师及时调整教学策略进行教学。

"做单",即学生自主预学导学单。教师采用灵活、多样的方式,做单可以课前进行,也可以在课中进行,课型不同,做单时间也有所不同。学生在课前根据导学单的要求,在通读教材后,会初步梳理好知识点,完成相应的基础练习,并把知识问题化,提出对某个知识的疑问,也可以提出自己对某个方面的看法及拓展意向。

（2）设置情境，教师导入新课。"情境"即指客观存在的直观、具体的场景。教师通过创设多元情境，由近及远，从已知到未知，设疑激趣，吸引学生眼球，满足学生的好奇心，培养学习兴趣，激发学习积极性和想象力，从而活跃课堂，提高教学效果。

（3）教师巡学，学生相互纠错。"巡学"，即教师巡视课堂参与学生预学做单或是小组合作交流，及时掌握反馈信息，及时发现学生普遍存在的问题，及时补差。

"相互纠错"，即学生参与小组合作，对导学单中不懂的内容进行相互答疑纠错。让学生进行相互交流，解决个别基础性问题，并提出共性问题，便于教师为及时调整接下来的教学做好准备，做到预设与生成结合。

（4）教师导学，学生小组探究。"导学"，即教师设置疑难问题，以导为主线，学为主体。强调学生在教师指导下进行渐进式自主学习，让学生进行小组合作探究，老师处于帮学地位，对学生组间的提问、回答进行倾听、启发、引导、解答，并对学生各种参与结果进行即时激励评价。

（5）教师激学，学生拓展提升。"激学"，即教师再次创设教学情境，对学生课中提出的不懂、有疑惑的问题进行整合，激发学生运用新知进行展示、质疑、释惑，教师顺势而导，突破重难点，拓展提升，并通过练习学以致用，巩固新知。

（三）前置性学习过程评价表（表 1）

表 1　前置性学习过程评价表

学生学习过程	通读教材梳理知识	会提问	会释疑	会合作
预学阶段				
探究阶段				
巩固阶段				

成长经验

反思促我成长

新课程改革是一次全面的教育创新，作为一名老教师，我一直坚守着自己的教育理想，面对全新的教育理念，有过彷徨，有过苦恼，但更多的是思索：在现行形势下教什么？怎么教？老师自己如何去适应当前的新课改？并在实践中如何和学生共同成长？经过一番痛苦和艰难的探索，我终于摸索出了一点门道。新课改教学呼唤教师从单纯的知识传递者走向研究者、反思者。美国著名学者波斯纳（Posner）提出教师成长的公式：成长＝经验＋反思。反思是教师教学中的一种内省活动，也是新课改背景下教师应该具备的一种能力。要不断地对自我及教学进行积极、主动的计划，检查评价、反馈、控制和调节的能力。那么，历史与社会教学反思对于教师的专业成长又有什么帮助呢？

一、生活化课堂:教师专业成长的助推器

新课程改变学生的学习生活,也改变教师的教学生活。生活是教育本源性的决定力量。在生活中教育,在教育中生活,让活生生的生活走向课堂,真正让生活化的课堂走进学生的心灵。我还得感谢学生的一张纸条。一天,我刚上完课,走到办公室休息,发现办公桌上有一张折叠的纸条,我打开一看字是用电脑打的,没有名字,看来学生是不想让老师知道他是谁。长期以来,我凭着自己不算少的教学经验和不弱的教学功底,很认真地备好每一堂课,信心十足地去上课,一切按我的教学预案去进行,总认为我的教学预案是多么的完美,从自己的角度去理解,学生一定能够接受,我不禁有点自我陶醉。可是,我错了,那位学生的一张纸条让我猛醒,上面写着这样几行字:"童老师,社会课实在太抽象、太难学了,老师能不能想想办法,让我们在生活中去学社会课,谢谢!"我忽视了学生的生理和心理特点,忽视了班情,忽视了学生的个性差异和主体作用,忽视了课堂互动,更忽视了学生学习兴趣的培养。我反思自己的教学行为,要尽快转变教学理念,要让学生成为课堂真正的学习主人,做到寓教于乐。于是,我开发课程资源,让课堂贴近生活,尝试生活化的课堂模式就成了我以后努力的方向。

如我上"张骞出使西域"时,课件显示"葡萄美酒夜光杯,欲饮琵琶马上催"的诗句(附上葡萄、琵琶图片),引导学生猜一猜"葡萄、琵琶"是我们中原本来就有的吗?它从哪里传过来的?"若无张骞通西域,安有佳种从西来"?一个个问题的创设,激发了学生的思维,除了葡萄、琵琶之外,生活中还有哪些东西传过来?石榴、洋葱、香料、珠宝、苜蓿……苜蓿是什么东西?一下子把学生给蒙住了,我马上提示:长在田野里的,绿色叶,开紫色花,在三、四、五月份最多,猜一猜?学生:青菜、做青饼的青、勿忘我、薰衣草……(哈,把花名都叫上了)有一个同学用舟山方言讲:草紫(谐音),草紫炒年糕很好吃来!(学生哄的笑开了)我补充说,苜蓿就是草紫,除了炒年糕外,还有几种吃法?学生:清炒,和香干丝冷拌……于是我顺水推舟,布置的课外作业就是探究草紫还有哪些妙用。按照社会调查步骤下一节课就是"草紫探究成果汇报课"。

我找到了帮助学生发现他们所学东西的实际意义了,生活化课堂解决了原有的学生学习过程中学习方式的被动性,培养了学生学习的兴趣和能力,使学生学会了利用生活中的课程资源进行学习,实现学生学习的可持续发展。事后,我对这一成功教学环节进行反思:新课标要求改变学生"接受学习",但更重要的是布鲁纳倡导的"发现学习",即让学生在学习情境中,经由自己的知识与经验探索寻找,从而获得问题答案的一种学习方式。教学应该让学生通过与生活实际相联系的实践活动,获得直接经验。历史与社会学科是开放的课程,有许多课程资源可以开发,在教学内容和教学环境等方面,将给教师和学生提供更大的活动空间。后来我主持了市级立项课题"历史与社会学科生活化教学的实践与研究",并获得了舟山市级课题二等奖。

二、教学叙事:教师专业成长的捷径

新课程促使教师成为学生学习的促进者,更应该成为教育教学的研究者,课程的建设者和开发者。新课程理念只有转变为生动的教学实践才具有生命力。以科研促课改,以创新求发展,不断地改进我们的日常教学工作。作为实施新课程的教师,一定要做一个科研

型的教师,这个理念在我的心中一直没有动摇过。我一直以为,教师自身发展更多的应关注教学实践如何上升到理论,从而指引自身今后的教学实践。教师必须是一个勤奋的教育研究者。在平时的教学之余,我认为有价值的全记录下来,对课堂生活的实录,对课堂教学的反思,这些都是课后研究的重要资料。后来我发现我所做的这项工作,与现在的教学案例研究竟然不谋而合,翻开我的教学叙事,那些过去了的课堂教学情景一下子重新展示在脑海,学生那一张张鲜活的洋溢青春的脸庞重浮眼前,我的教学生命留下了一个又一个的轨迹,它们成了我教学生涯最美好的回忆,成为我最宝贵的教学经验。

如我在上《秦朝大一统》时,我是这样设计的:一开始我用多媒体播放电影《英雄》片段……看完后我请四个同学上台来自编自导演绎《英雄后传》,学生表演无名、残剑、飞雪、秦王四个角色。从同学们的掌声中,我感觉到了表演受欢迎。最后我把画面定格在刺客无名没有杀死秦始皇,自己反而被秦王士兵用乱箭射死这个镜头,问:刺客无名为什么最后没有杀死秦王? 是他的武功不敌秦王吗? 还是其他原因? 你认为秦王该不该杀? 原因何在? 我们今天就结合电影中的故事情景来学习"秦朝大一统"。于是,一场别开生面围绕着秦王该不该杀的辩论赛就这样开始了……

《英雄》结尾告诉我们:秦王最后没有被刺客无名所杀,就是证明他在历史上的作用,他以国家统一为重,秦王功大于过……一场激烈的辩论赛,主动探究,把秦王剖析得淋漓尽致。今天我要为学生喝彩! 我把课堂交给了学生,让学生拥有了自己一片自由的天空,效果特好。我懂得了构建师生易位、更加开放的教学体系是新课改的必经之路,我当时的心情是从未有过的爽快! 新课程要求老师构建民主、平等、合作、和谐的学习氛围,让学生自己自由表达、自主探究学习的活动已成为现实。教育需要反思,教学叙事是很好的手段,也是教师成长的捷径。实施新课程以来,我立足教学,勤于研究,并尝到了成功带来的快乐。

三、巧用旁课知识:教师专业成长的铺路石

能较好地诠释课标中所提出的有效学习活动、动手实践、自主探索是学生学习的重要方式,引导学生主动参与开放的教学环境,乃是每个教师的天职。

我在上《我的资源问题》时,让学生计算,每个家庭每天节约 1 升水,全班 45 位同学的家庭合计起来,每天共节约多少水? 一个月呢? 一个季度呢? 一年呢? 夏天全国空调温度调高一度,全国节约 10 亿度电;每人每天节约一度电,全国 13 亿人口可以节约多少呢? 我国现有在校中小学生 2.2 亿人,以每年生均 15 册课本推算,一年就要用课本 30 多亿册,而印制这些教科书需耗费纸张 55 万吨,若以每生产 1 吨纸需砍伐 20 多棵碗口粗的大树估算,55 万吨纸就得砍掉大树 1100 多万棵(约相当于 2.2 万公顷森林)。不仅如此,生产 1 吨纸还需消耗约 100 吨水、600 度电、1.2 吨煤和 300 公斤化工原料。学生们忙于计算,但这些数字深深地烙进了学生的头脑中,从感性认识提升到理性认识。我强调:多么小的问题乘以 13 亿,都会变得很大,多么大的经济总量,除以 13 亿,都会变得很小! 所以我们要深刻地感悟到资源是何等重要,生活离不开资源,节约就是创造! 凸显了活力课堂的魅力!

《综合探究三——探寻丝绸之路》教学设计

一、课程标准

列举实例,展现古代中国与世界各地的交往,知道中华文明与世界文明相互影响的历史。

比较不同时期区域之间相互交流与影响的事例,体会区域联系日益密切的历史趋势。

二、教材分析

本课是人教版初中《历史与社会》八年级上册第三单元综合探究课,是在学过第四课《开疆拓土与对外交流》的基础上单独划分出来的,教学内容进一步深化,通过"重现——丝路何其遥远;探讨——丝路何以畅通?分析——发行《驿使图》纪念邮票的依据;寻访——汉代丝路古镇"四大板块进行探究,再现当时那里处于波斯文化、阿拉伯文化、希腊文化和中国文化等多种文化的交汇地带的景象,凸显西汉强盛的国力对东西方经济文化交流的作用,使丝路成为东西方友谊的桥梁。

三、教学目标

(一)知识与技能

1. 多媒体教学,设置重走古丝路,让学生说出古丝路的起讫地点、地形概貌、沿路城市和所到国家,感知古丝路的漫长和艰险。

2. 了解汉朝推进和保障古丝绸之路畅通的各方面措施,凸显西汉的强盛与丝路畅通、经贸发展、社会秩序、民族关系等密不可分。

3. 认识丝绸之路上的古镇,如龟兹、楼兰、敦煌、武威等,让学生理解古丝绸之路的兴衰演变。

(二)过程与方法

1. 读图法:培养学生从图上获取信息的能力。

2. 史料文献法:引导学生对史料进行阅读和分析,学会"论从史出,史论结合"的学习历史的基本方法。

3. 对比法:通过古今、中外对比,培养学生的时空观念、历史意识和综合思维能力,以历史发展的眼光来看待历史现象。

4. 对话教学法:教师把握好课堂对话的切入点,使教学有趣、有效。

5. 合作探究法:培养团队合作精神。

(三)情感、态度和价值观

1. 从丝路的兴衰演变中感受历史的变迁,增强忧患意识。通过分析丝路在东西方经济文化交流中的作用,让学生了解丝路传承着中华文明对世界文明的突出贡献,从而树立起民族自豪感和民族自信心。

2. 用历史的眼光对比"古丝绸之路""太空丝绸之路""一带一路"倡议,让学生产生爱国之情,努力学习,发扬不畏艰险的开拓创新精神。

四、教学重难点

教学重点：了解古丝路概况，知道汉朝推进和保障古丝路畅通的措施。

教学难点：了解丝路在中外文化交流和人类文明发展中的作用，从丝路兴衰演变中感受历史的变迁，把握好历史与现实的结合，激发学生民族情感，增强忧患意识，培养开拓创新精神。

五、学情分析

基于学生在第四课初步了解古丝绸之路的基础上，对历史知识产生了强烈的探寻欲望，抽象思维能力不断提高，学生将在兴趣的驱驶下开展有效学习。

六、教学准备

学生准备：查找古丝绸之路、"神舟七号"载人飞船、"一带一路"倡议资料。

教师准备：收集相关材料制作多媒体课件，准备4条五颜六色的丝巾。

七、教学过程

（一）新课导入

教师放视频：2008年9月25日晚九点，中国成功发射"神舟七号"载人飞船，航天员翟志刚挥动锦绣国旗行走太空，中国人太空出舱梦想就此实现！

师：看了这个动人画面，你想说些什么？

生：为中国感到骄傲、自豪……

师：老师也有同样的感受，兴奋、激动、自豪……那么同学们有没有注意到航天员翟志刚挥动的锦绣国旗是由什么材料做成的？

生：丝绸。

师：对，是航天科研人员用丝绸做成的锦绣国旗，让历史见证了中国人利用高科技以最快的速度，把丝绸运送到了太空，开辟了一条太空丝绸之路。今天我们将穿越时空隧道，重走古丝路，让我们一起揭开蒙在丝绸之路上的神秘面纱，探寻并展现令人向往的丝路古镇当年的风采吧！

【点评】 导入自然，紧扣主题，吸引学生眼球，激发学习兴趣，不仅渲染了课前气氛，而且为新课教学做好铺垫。

（二）重现：丝路何其遥远

师：顾名思义，丝绸之路与丝绸有关，今天老师带来4条丝巾，让同学们来感受一下（每个小组一条丝巾往下传），然后谈谈感受。

生：光滑、飘柔、透气、鲜艳……

师：那你们知道丝绸是由什么材料做成的吗？

生：蚕丝。

师：大家养过蚕吗？蚕吃什么？吐出来的又是什么？有一句诗怎样来形容？

生：……"春蚕到死丝方尽，蜡炬成灰泪始干"。

师：那丝绸是在什么时候由哪个国家先发明的？

生：中国、西汉……

师：就让《光影流声》来告诉我们！

教师放视频：商、周、战国时期，丝绸生产已经开始……

【点评】 教学的"源头""活水"就是丰富多彩的社会生活，它为教学提供了取之不尽、用之不竭的素材,通过教师合理的诱导点拨,对话教学法有效地引导学生展开深入的探究,思维进行碰撞,生活化课堂建构有效。

师:让我们重走古丝路。(展示《汉代丝绸之路示意图》《张骞出使西域路线图》《亚洲地形图》《亚洲分区图》)

问题设计:

1.丝绸之路是在什么时候由谁开辟的?

2.丝绸之路自东向西起点在哪里?最远在哪里?

3.在中国境内通过哪些地形区?经过的境外部分现在大致属于哪些国家?

4.选取其中的重要路段,描述当地的古今沧桑之变。

生:长安—河西走廊—敦煌—分南北两路,北路:从玉门关出发,经过西域、中亚,到达西亚和欧洲。南路:从阳关出发,经过西域、中亚,到达安息(波斯,今伊朗)和大秦(今罗马)。另一路则到达印度……

师:从图中发现丝绸之路在张骞出使西域基础上继续向西延伸,直至欧洲大秦,直线距离超过10000公里,路途更加遥远!地形气候更加恶劣!

【点评】 教师引导学生读图识图,培养学生观察、思考、综合分析等能力,培养学生的时空感,让地图成为有效教学最主要的资源。

(三)探讨:丝路何以通畅?

展示:《张骞出使西域路线图》《卫青、霍去病攻打匈奴作战图》《设置酒泉、张掖、武威、敦煌四郡图》《西域都护府设置图》以及三则史料。

史料1: "(汉朝)开始沿路建立屯戍,并把秦始皇所建以防匈奴的万里长城向西边延长出去。古长城向西延长最初的用意自然是保护新开的通中亚的大道,秦始皇的长城纯粹是一种防御的性质……但是汉武帝的长城用意乃是作为大规模的前进政策的工具。"——《斯坦因西域考古记》

史料2: "自敦煌西至盐泽(罗布泊),往往起亭(古代筑在边境上的烽火亭),而轮台、渠犁皆有田卒(屯田兵卒)数百人,置使者校尉领护,以给使外国者。"——《汉书·西域传》

史料3: 据《资治通鉴》记载,元和元年(84)十一月,北单于派人驱牛马万余头与汉朝商贾交易。北匈奴诸王大人前来,所在郡都设官邸接待。

结合上述材料,回答下列问题:

①回顾本单元所学内容,西汉时期对西域在外交、军事和行政管理方面采取过哪些重大措施?

②有人说,长城是封闭保守的象征。有人认为,长城在向西开拓推进和保障丝路通畅的过程中起到关键作用。你同意哪种观点?

③ 以悬泉置驿站为例,你认为"置使者校尉领护,以给使外国者"等保护丝绸之路的举措是否有效?

④在你看来,丝路通畅与经贸发展、民族关系、社会秩序等之间存在什么关系?

生:略。

师:(展示板书:用"史论结合"的方法归纳整理)

外交上:两次派张骞出使西域,汉朝和西域各国建立了友好关系,交往频繁。

军事上:派卫青、霍去病大破匈奴;公元前121年,汉击败匈奴,占领河西走廊。

行政管理上：公元前 121 年，占领河西走廊后，先后设置酒泉、张掖、武威、敦煌四郡；公元前 60 年，设置西域都护府，新疆地区正式接受中央政权管辖。

教师：可见，汉朝推进和保障古丝绸之路畅通的各方面措施，凸显汉王朝强盛的国力。丝路的通畅推动了沿线区域的经贸发展以及民族的融合，同时也稳定了长城沿线地区的社会秩序。

【点评】 以史料为基点，突破教学重点，学会史论结合的基本方法，激发学生探究热情和发散思维，培养学生提高历史想象力、知识迁移和归纳整理能力。

（四）分析：发行《驿使图》纪念邮票的依据

展示：《驿使图》《中国邮政开办一百二十周年》纪念邮票。

问题：从《驿使图》中你读到了哪些信息？它是我国古代哪一制度的体现？

生：驿使骑马送文书，相当于我们现在的快递员。

师：《驿使图》绘于公元 3 世纪前后，它表明我国是世界上最早建立邮驿的国家之一。画砖在前室前进方向的左下侧，画面是一个邮驿使骑在红鬃马上，头戴进贤冠，身穿右襟宽袖衣，足蹬长靴，左手举木牍文书，驿骑四蹄腾空，信使则稳坐马背，反衬出驿马速度的快捷与信使业务的熟练，特别是传说图中的驿使脸上五官独独缺少了嘴巴，意在表明昔日驿传的保密性，这种真实而又写意的手法，对后世中国的绘画艺术产生了深远影响。这幅图生动地再现了当时西北边疆驿使驰送文书的情景，它是我国古代邮政制度活生生的物证。

教师：那么从《中国邮政开办一百二十周年》纪念邮票中你又读到了哪些信息？

学生：驿使的交通工具发生了变化，骑马—自行车—汽车—飞机—互联网。

教师：科技改变生活，科技改变世界，我们要努力学习，长大报效国家。

展示：《扬场图》《牧马图》《犁耕图》《龟兹妇女采桑图》。

问题：这些壁画反映了丝路通畅后西域地区人民生产方式发生了什么变化？

生：衣食住行都有变化。

师：西域生产方式受中原农耕文明影响，西域地区农业发达，人民生活富足。

【点评】 用 2016 年 3 月《中国邮政开办 120 周年》纪念邮票图片来进行对比，更突出《驿使图》的真实和传承。四幅壁画体现了西域人民衣食住行与中原文化的交融，有利于培养学生用历史发展的眼光来看待历史现象。

（五）探访：汉代丝路古镇

师：让我们通过丝路遗址来想象汉代丝路古镇的繁荣景象。

展示：《玉门关遗址》《阳关烽火台遗址》《武威出土的东汉铜奔马》《龟兹古城遗址》《敦煌汉代长城》《楼兰故地》《火焰山》等图片。

提问：欣赏完丝路遗址，你有什么感受？

生：写满沧桑、残垣断壁，兴衰历史，武威历史文化名城，敦煌世界遗产……

师：伴随着频繁的贸易往来，丝绸之路也成为东西方经济文化交流的桥梁。这些遗迹仿佛向我们诉说着丝路往日的繁荣以及当年旅行者的艰辛和各国人民自古以来的友情。

问题：以上图片都与丝绸之路的汉代古镇有关，选择你所熟悉的一幅画，与同学们分享其中的历史和地理信息。

生：龟兹成为历代中央王朝统治西域的政治、经济、军事和文化中心；敦煌是东西方贸易的中心和中转站；武威历史上曾经是著名的"丝绸之路"要冲；楼兰通敦煌，扼"丝绸之路"

要冲,使者必经之地……

师:那么其中昔日繁荣的楼兰古国为什么会消失呢?

生:人类不合理的开发和利用、气候的影响、战争的破坏等。

师:通过古丝路,历史告诉我们,古代中国曾领先于世界,作为中国人应感到自豪,一个国家的对外交往与本身的兴旺发达分不开,只有统一、强盛的国家方能保证与世界交往、与国际接轨。所以我们现在坚持对外开放是符合国情的明智选择,是强国之路,是奋进之路,是通向 21 世纪的光明之路。

展示:习近平提出的"丝绸之路经济带"和"21 世纪海上丝绸之路"图。

课堂拓展:古代丝绸之路在世界版图上延伸,诉说着沿途各国人民友好往来、互利互惠的动人故事。如今,一个新的战略构想在世界政治版图从容铺展——共建"丝绸之路经济带"和"21 世纪海上丝绸之路",打造互利共赢的"利益共同体"和共同发展繁荣的"命运共同体"。这一跨越时空的宏伟构想,从历史深处走来,融通古今、连接中外,顺应和平、发展、合作、共赢的时代潮流,承载着丝绸之路沿途各国发展繁荣的梦想,赋予古老丝绸之路以崭新的时代内涵。

【点评】 图片教学层层递进,呈现丝路古镇的魅力,培养学生发散思维,小结画龙点睛,教师独语精心准备,承上启下,与"一带一路"倡仪有机衔接,知识点提升拓展到位,引人入胜,开放有度,情感态度价值观目标有效达成。

【总评】 教师的教学设计新颖,能合理地开发和利用课程资源,生活性、趣味性、综合性、时政性强,充分体现了学科特色,教学目标达成度高。注重学生读图、史料分析能力培养,强化学法指导,问题设计紧扣教学重点,比较切合学生的认知年龄,有效处理历史与现实的有机结合,每个板块过渡自然,充分体现教师主导和学生主体的关系,每个环节都能体现出"以生为本"的教学理念,对学生读图过程中地图影像与文本信息有机结合处理到位,创设了民主、和谐、平等的生态课堂。

教学名师：李汉文

在平凡中绽放，在求变中成长

人物档案

李汉文，中学高级教师，舟山教育学院初中历史与社会、思想品德、小学品德与社会学科教研员，舟山市第一批中小学名师工作室挂牌名师，舟山市第二、四届历史与社会学科带头人。

1988年1月毕业于舟山师范专科学校，同年7月考入华东师范大学，函授学习历史专业，1991年7月毕业，获学士学位。1988年2月分配到定海烟墩中学，任教政治、历史、语文等学科；1993年调入定海石礁中学，任教政治学科；1996年调入定海二中，任教政治、历史学科；2002年调入南海实验初中，任教历史与社会、思品学科；2016年调入舟山教育学院。从教29年间，任班主任19年，任教初三20年，2003年成为舟山市历史与社会学科带头人。教学论文、案例、小课题等多次获市一、二等奖，多篇论文在省市级刊物上发表，多媒体课件获市一等奖、省三等奖。曾担任舟山市直属中小学教师成长互促工程指导教师、市"领雁工程"指导教师、舟山市中小学青年教师系列培训初中指导教师、市新教师集中培训跟班教学实践指导教师等。

教学艺术是教师娴熟地运用综合的教学技能技巧,按照美的规律而进行的独创性教学活动,是教师不断学习、实践的结果。

一、将激发兴趣作为教学设计的关注点

学生浓厚的兴趣是实现课堂高效的助推器。只有当学生对这堂课有了浓厚的兴趣,他才会主动参与到教学中来,才能真正发挥其教学主体的作用。如果学生对这节课的内容、呈现方式都不感兴趣,那么再好的教学设计也将是无效的。所以,在教学设计时,我就非常关注这一点。我会不断审视自己的教学设计,会进行角色互换,设想如果我是学生会不会对此感兴趣,然后再进行调整、修改。

二、把生活引入课堂,实现课堂生活化

"问渠哪得清如许,为有源头活水来。"思想品德、历史与社会学科的"源头活水"就是丰富多彩的现实生活,它为两门学科的教学提供了源源不断的活素材!只有将学生熟悉的生活引入课堂,结合生活进行教学,才能触动学生的心灵,激发学生学习的兴趣和欲望,才能将课上活,且上得有意义。

如,我在上七年级历史与社会《秦岭淮河分南北》一课时,就立足于学生生活进行选材,直接选取舟山的乡土材料作为教材使用。如选用岱山祭海、舟山沈家门海鲜美食节、沙雕、舟山渔民画、糍饭糕、糍饭团、粽子、舟山民居、舟山轮渡码头、跨海大桥等学生熟悉的生活事物,一下子缩短了教材与学生的距离,学生备感亲切,兴趣瞬间爆发。这节课学生的探究欲望强烈、思维活跃、发言积极,是一堂高效率的课。这些生活化素材不仅为课堂教学提供丰富的感性材料,使理论更具有说服力,而且还有利于学生了解家乡民俗风情、了解家乡文化,熏陶学生的"家乡情结"。

三、让活动与体验成为教学常态

"自由的、自觉的活动"是人生存和发展的前提和基础,也是学生认知、实现发展的必由之路。教育要改变学生,就必须首先让学生作为主体去活动,并通过活动去体验、去感悟。学生创新精神、实践能力、生活生存能力的培养都是在学生丰富多彩的自主活动中实现的,而非外界强加的。所以在教学过程中本人经常会建构一系列具有教育性、创造性、实践性的学生主体活动,以此为载体,以激励学生主动参与、主动探索实践、主动体验、主动思考感悟、主动创造,以促进学生学科核心素养的形成。

如《从社区看我家》,要求掌握地图的语言——比例尺、方向、图例和注记,并具有运用所学知识解决实际问题的能力。在教学时,我开展了一个活动:看邮件,画地图,找区别。先设计了一个情境:普陀的姗姗到定海找表哥王强,表哥给她发了一封邮件,邮件里详细叙述了他家的具体位置。要求学生帮助姗姗根据王强提供的信息,画一幅王强家所在小区的平面图。画完后,我有目的地挑选了两幅比例尺和方向完全不同的平面图,并把他们投影出来,让学生来找区别。很快,学生就找出了区别,一是图的大小不一样,二是方向相反,三

是有一幅没有明显的标记。对于三个区别我分别提出三个问题：一是"为什么实际距离一样，而两幅图的图上距离会不一样呢？"二是"王强家所在小区的门只有一个，所以方向也只有一个，那么为什么两幅图上的方向会不一样呢？如何使别人看明白这门的位置呢？"三是"在图上标出明显的标记有什么好处？"从而引出了"比例尺、方向、图例和注记"这三要素，又进而要求学生课后画一幅本学校的平面图，以加深认知和技能。这样，通过学生的"动手画"，学生不仅掌握了地图三要素这一基本知识，也达到了课标"学会运用所学知识解决实际问题"的要求，同时也培养了学生"空间感知"的核心素养。

如《大洲和大洋》要求学生掌握七大洲、四大洋的具体位置。我开展"拼一拼"活动。先让学生观察七大洲、四大洋的形状和分布特点，然后分给各小组七大洲的轮廓图形，画好赤道，进行小组合作拼图，并在空白处贴上四大洋的名称。在拼图过程中，学生反复观察世界地图，也不断发现问题，又通过小组合作学习加以圆满地解决。学生的自主意识、自我教育功能得到了充分显现，合作意识、空间感知素养也得到了进一步的培养。又如教学《行政区划》时，也让学生亲自拼图以加深对我国 34 个省级行政区划的印象。

如教学《原始农业和先民的家园》时，本人联系舟山远古人类的史料进行"模拟考古"活动。让学生上台亲自挖掘马岙新石器时代遗址中的远古文物，并让学生猜想这一文物的用途，让学生在模拟考古中感悟到中华文明的悠久，同时也让学生了解舟山文明与河姆渡文化的渊源，学生热爱家乡的情感也得以升华。

四、学为中心，以能力培养为重

著名教育家陶行知先生说"教学就是教学生学"。这告诉我，"教"应是教学生如何学；教要依据学，以学定教。也就是说，老师的教应为学生的学服务，评价一节课是否有效，不是看老师讲得精彩不精彩，而是看学生学得好不好，学生的能力是否得到培养和提高。因此，我备课时不仅会备课本，更会备学生。在教学设计时会充分考虑学情，即考虑学生已有经验、存在的困难、思维方式等，关注学生能力的培养。在课堂教学中，会想方设法吸引学生的眼球，尽可能地激发学生的积极性，让更多的学生参与到教学中来，保持有效的师生互动、生生互动；尊重学生的主体地位，关注学生的情感体验，尊重学生的不同观点，鼓励学生提出独到的见解；课堂上我会主动放权，鼓励学生自主构建知识体系；对于学生的回答，我不忙于评价，往往是把评价权交给学生，以促进学生更深层次的思维，促进学生更好地理解、把握知识。

如《中国科技》一课中，我主要设计了三个环节：一是我来整理，我来构建；二是我来提取，我来解惑；三是我来编制，我来破题。整堂课都以学生为主体，充分放权，老师只是起到组织者、指导者、帮助者和促进者的作用，达到了让学生有效地实现对当前所学知识进行意义建构的目的，学生的合作学习能力、文本解读能力、信息提取能力、知识梳理建构能力、审题解题能力等诸多能力得到培养。

成长经验

回想 29 年的教学生涯，感悟颇多，愿与大家分享。

一、有目标就会有动力

目标不仅是方向,更是激励自己奋斗的动力。记得大学毕业时,几个要好的同学在临别之际互相约定:若干年后一定要成为一名优秀教师。虽然当时并不知道优秀教师应该是怎样的,但至少有了目标、有了方向,它激励着我为实现这个目标而努力。我也会经常反问自己,自己达到优秀教师的标准了吗?我发觉,优秀教师其实是没有标准的,因为没有最好,只有更好。希望自己更加努力,向着更高目标前进。

二、学习是成长的阶梯

人非生而知之者,而学习是不断提高、发展自身的根本途径,是成长的阶梯。回想自己走过的路,确实,学习对我的成长起了莫大的作用。1988 年,我被分配到了定海的一所农村中学,被人们戏称为"定海的西伯利亚"的烟墩中学。政治专业教师就我一个,初一到初三,我全包了。6 年后调到交通线上的另一所农村中学——石礁中学,专业政治教师依然是独我一个,初一到初三,依然全包。我无人可问、无人可询。如何提高自己的教学水平?只有一个办法:学习。毕业的当年,我开始到华东师范大学进行函授学习,为自己充电。而在平时,自己订阅了《政治课教学》《教学月刊》等杂志,将杂志中分享的教学好方法、好经验记录到自己的笔记本中,并在课堂教学中模仿使用,收到了很好的效果,自己的教学水平有了提高,学生上课不再吵闹了,也没人打瞌睡了。

1996 年我调到了定海二中,终于有了其他专任教师,其中有一位是教学经验极其丰富的老教师。我虚心地向她讨教,受益匪浅。慢慢地,年轻教师的队伍壮大了,我们通过相互听课、评课等方式进行学习。在我们的努力下,初三学生毕业成绩名列全市前茅。2002 年,我调入南海实验初中,在这里我成长更快。在最初的几年中,我有幸去省里参加各种培训学习,开始接触到了一些先进的教学理念,听了许多省内优秀教师开设的公开课,眼界大开。我开始去改变自己,探索新的教学之路,教学水平有了质的提高。

三、求变是成长之途径

时代在进步,学情在变化,教师的知识在老化,各种新的教学理论层出不穷,教学手段不断翻新……所以,教师必须树立"求变"意识,做到与时俱进,在变中求新、变中求进、变中求突破。一位教师在从教 10 多年后就可形成自己的教学风格,但是如果自此墨守成规,不求变化的话是难有进一步发展的。从我自身的发展来看,因为多年包教初一到初三的课,所以对教材的熟悉程度是可想而知的,有时甚至不用备课,拿起书就能上课。但是我从不这样做,我总是尝试运用新理论,主动求变,尝试上不一样的课,尝试去改变自己的教学方式,在求变中形成自己的教学风格。

四、有付出总会有回报

人们常说,"一分耕耘一分收获",有付出总会有回报。尽管有时付出和回报不成正比,但终究是有的;有时,回报不是立刻实现的,它会延迟,会考验你的耐心、恒心、吃苦心。只要你持之以恒地付出,必有回报!

我毕业于春季,刚踏上讲台,学校就给我压了重担,任教初一语文、政治,初二历史,接初一

在平凡中绽放,在求变中成长

班主任,学校食堂出纳。作为刚上岗的新教师,面对这样的工作,真的是手忙脚乱,起早贪黑,进行备课、批作。虽然这段时间做得很辛苦,但对我迅速熟悉教师岗位起到了极大的作用。

记得,1996年我调入定海二中,我终于进城了,同时我也清楚,我身上的担子也更重了。果然,学校安排我任教初一4个班级的政治和初三2个班级(普通班)的政治课,任初一班主任。开学时,开初一、初三学生家长会,家长们对我的底细摸得一清二楚,总有家长过来问我:李老师,你是不是刚从农村调过来的?看着他们怀疑的、不信任的眼光,我暗下决心,一定要把课上好,把班级管好,让家长放心。为此,我早出晚归,全身心地扑在班级、学生身上,第一学期,班级被评为了优秀班集体,第二学期,教初三另外4个班级的一位老师保胎去了,于是学校把初三6个班级的课全交给了我,初一的政治课不上了,但仍担任班主任,"遥控"班级。记得当时周六也要上课,一周18节课,再加班主任及周末初三辅导,我的压力瞬间加大,万一初三考砸了怎么办?班级管理不过来怎么办?但我还是硬着头皮承担下来了。这一学期的日子是怎样过的,只有两个字——苦、累,体重急剧下降。我的努力没有白费,有付出就有回报。期末,成绩揭晓,初三政治中考成绩全市第一,班级被评为优秀班集体。我的付出得到了学校领导的肯定,得到了学生、家长的认可。在定海二中的6年,我任教初三5年,担任班主任6年,3年考核优秀。

调入南海实验初中后,付出的时间和精力比在定海二中更多,几乎天天工作到深夜,这种苦和累是所有南海人都经历过的,每个南海人都在为南海的生存和发展而拼搏着,同时,每个南海人也在高强度的付出中得到了快速成长。

五、他人的帮助是成长的助力器

成长的路上离不开他人的帮助,或是一句话,或是一次指点,或是一次鼓励与赞赏,都将成为成长的助力器。

记得,实习时有位教导主任对我说:多做事,少说话。虽然已不记得他的姓名,但这句话我却牢记于心。从教后,我秉承教诲,低头做事,哪怕再苦再累,也无怨言。因为我知道,我做得越多,锻炼的机会也就越多,成长就越快!

毕业分配,我被分到"定海的西伯利亚"烟墩中学,一天两班公交车,一星期回家一趟,一路呕吐不停。我懊恼,也恨分配的不公。我想回到城关,可是我凭什么调?此时,定海政治学科教研员对我说,凭借成绩和实力!只要你课上得好,学生成绩理想,你就有调的希望。这些话起到了拨云见日的作用,为我指明了努力的方向,同时在这个拼的过程中我不知不觉地成长起来。

调入定海二中的第一年,我要开设一节市级公开课。这是我首次承担这样的重任,我忐忑不安。此时,教学经验丰富的老教师叶老师给了我无私的帮助,听课、磨课,为我制作教具。正是她的指点,公开课获得了全市老师的好评,自己也成长了一大步。

2009年,第四届市学科带头人评选即将启动。因为第三届的落选,我心灰意冷,无心参评。此时,南海实验初中陆熊校长找我谈话,他的鼓励和赞赏让我重拾信心。我开始撰写论文,教导主任张宏政老师亲自帮我修改,提出许多宝贵意见。

以上这些老师都是我人生路上的贵人,有贵人相助,成长必快!当然,我最要感谢的是我的丈夫,是他,一直在背后默默地支持着我,为我分担,为我打气!家里的事他全力承担,不用我操心,正是有他才有我的成长!

中国科技(复习课)

一、教学目标

1.了解中国古代、近代、现代科技的发展状况,形成对中国科技发展状况的整体认识,树立民族自豪感,具有历史意识素养。

2.知道中国古代重要的科技成就和重要发明,学会自主建构知识体系。

3.运用史料、图片、表格等分析近代中国科技落后和现代科技高速发展的原因,提高信息提取能力,具有综合思维素养。

4.通过自主编制、解答试题等方式,提高文本解读能力和解题能力。

二、教学重点和难点

1.重点:中国科技三个阶段的发展状况和原因分析。

2.难点:培养学生的文本解读能力、信息提取能力和解题能力。

三、教学过程

导入:运用PPT展示司南、指南针、毕昇印刷术、转轮排字盘、秧马、筒车、曲辕犁等图片,引出课题——中国科技。

复习过程:

(一)我来整理,我来建构

出示要求整理和建构的两个内容:①中国古代有许多重要科技成就。请按照其涉及的领域分别建构知识体系,如农业上、手工业上等。②请找出中国古代科技发展的高峰期及其表现,并分析原因。

让一位学生上黑板构建,下面学生构建完后与黑板上的加以比较,矫正、完善自己或黑板上的知识体系,最终形成以下知识体系:

1.中国古代重要科技成就体系

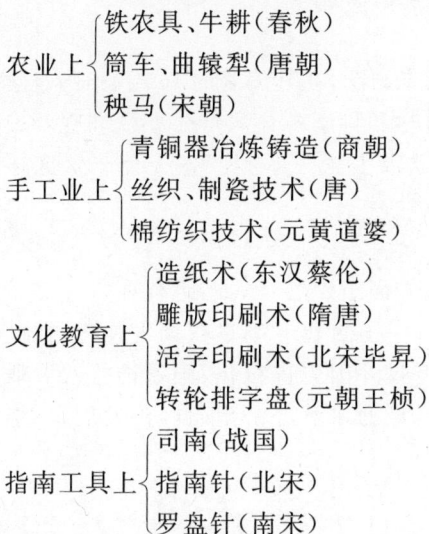

农业上 { 铁农具、牛耕(春秋) / 筒车、曲辕犁(唐朝) / 秧马(宋朝)

手工业上 { 青铜器冶炼铸造(商朝) / 丝织、制瓷技术(唐) / 棉纺织技术(元黄道婆)

文化教育上 { 造纸术(东汉蔡伦) / 雕版印刷术(隋唐) / 活字印刷术(北宋毕昇) / 转轮排字盘(元朝王桢)

指南工具上 { 司南(战国) / 指南针(北宋) / 罗盘针(南宋)

军事上——火药广泛应用于战争(宋元)

2.中国古代科技发展的高峰期、表现及原因

(1)高峰期:宋元时期

(2)表现 { 火药广泛应用于战争
活字印刷术发明
指南针发明并应用于航海事业
棉纺织技术发达

(3)成为高峰期的原因:宋元时期经济繁荣;社会相对稳定;国家推行开放的对外政策,各民族、各地区间及对外经济文化交流空前繁荣;继承了隋唐文化、吸收了优秀的外来文化;国家推行崇文政策等促进了科技的发展……

(二)我来提取,我来解惑

【我来提取】

出示古代中国与他国重大科技发明情况比较表(表1)。

表1　古代中国与他国重大科技发明情况比较

年代(公元)	世界科技发明总量	中国发明总量	其他国家发明总量
公元 1—400 年	45	28	17
401—1000 年	45	32	13
1001—1500 年	67	38	29
1501—1840 年	472	19	453

提问:上述材料反映了哪些信息?请列举史实加以验证。

在学生提取信息前,教师先进行读表方法的指导:首先读标题,因为标题往往是该表格主题的体现。找到标题的关键字——古代中国、科技发明。接着读比较的项目、读时间,再读数据,将数据进行比较后找规律、找变化点,进而得出结论。这张表中最起码有两个信息可提取:中国古代科技在明中期前(1500 年前)一直处于领先地位;明清时期(1501—1840年)中国科技逐渐落伍。然后再请学生分别用史实加以验证。

【我来解惑】

展示史料"李约瑟难题":英国著名生物化学家李约瑟,在其编著的 15 卷《中国科学技术史》中提出了著名的"李约瑟难题":"为什么近代科学和科学革命只产生在欧洲呢? ……为什么直到中世纪中国还比欧洲先进,后来却会让欧洲人领先了呢? 怎么会产生这样的转变呢?"

提问:你能帮助李约瑟破解这一难题吗?

学生主要从政治、经济、对外政策、教育文化等方面组织答案,如:近代西方建立了资本主义民主制度,进行了工业革命,促进了科技发明;中国封建专制皇权高度强化,扼制了人们的思想;国家闭关自守,拒绝西方文明,不利于吸收外国先进科技;国家推行八股取士的科举制,大兴文字狱,压抑了人民的创造力;自给自足的自然经济阻碍经济发展,不能给以科技为基础的发明创造良好的土壤……

【我来解读】

展示配有解说词的图片:袁隆平与杂交水稻、原子弹氢弹爆炸、歼15战机、辽宁号航母、"天河一号"千万亿次超级计算机、神七宇航员太空出舱作业、神八与天宫成功对接、"嫦娥三号"探月、"蛟龙号"下海等。(解说词主要突出这些成就在世界的地位,如:"天河一号"研制成功;中国成为继美国之后世界上第二个能够自主研制千万亿次超级计算机的国家;天宫与神八对接成功,中国成为世界上第三个自主掌握空间交会对接技术的国家;等等。)

提问:1.你能从以上图片及解说词中提取到什么有效信息?

学生回答,主要从我国现代科技发展迅速,取得了举世瞩目的成就等角度组织答案。

提问:2.中国现代尖端科技取得辉煌成就的原因有哪些?

学生回答,主要是从经济、政治、文化、思想等角度思考,如:国家坚持以经济建设为中心,大力发展生产力,为其提供坚实的物质基础;中国共产党的正确领导为其提供政治保证;国家实施科教兴国战略和人才强国战略,为其提供了科技基础和人才保证;广大科技工作者发扬了以爱国主义为核心的民族精神,为其提供强大的精神动力……

提问:3.你怎样看待我国现代科技状况?

引导学生从两方面去认识:在尖端技术的掌握和创新方面,我国已经建立起坚实的基础,在一些重要领域已走在世界前列;但从整体上看,我国科技创新能力不强,同世界先进水平相比仍有较大差距。

【我来梳理】

请用概括性词语描绘中国各阶段科技发展状况,并整理出其发展线索。

学生大致形成这样的线索:领先的古代科技—落后的近代科技—辉煌的现代科技。

(三)我来编制,我来破题

【编制示范】

出示材料和要求。材料一:筒车、曲辕犁图片。材料二:忆昔开元全盛日,小邑犹藏万家室。稻米流脂粟米白,公私仓廪俱丰实。(杜甫)

出示示范题:

1.写出材料一图片中实物的名称及用途。

2.材料二描绘的景象出现于哪一盛世?

3.材料二景象的出现与材料一有何关系?

4.对当今我国现代化建设有何启示?

教师解说这样编制试题的原因。编制试题首先要读懂材料,明白每则材料都在讲些什么,搞清楚材料之间存在的内在联系。其次要清楚知识点的内容,编制试题要与知识点相对应。最后,编制试题一般是从"是什么、为什么、怎么办"三个角度入手的。本题材料涉及的知识点有三:①中国古代重要的科技成就和重要发明。②唐朝开元盛世景象的表现及出现盛世的原因。③科教兴国战略。材料一是唐朝在农业上取得的科技成果,材料二表现了唐开元盛世景象。材料一与材料二之间的内在联系在于筒车和曲辕犁的广泛应用极大促进了唐朝农业经济的发展,是开元全盛日到来的重要原因。正因为科技是第一生产力,现代化建设要坚持科教兴国战略,大力发展科技。因此,4小题的设计角度分别是:第1、2问——"是什么",第3问——"为什么",第4问——"怎么办"。

【我来编制】

材料一(见表2)：

表2 材料一

年代	世界科技发明总量	中国发明总量	其他国家发明总量
1501—1840	472	19	453

材料二：康熙元年(1662年)颁布"迁海令"，下令从山东至广东沿海所有居民内迁50里，并将该处房屋全部焚毁，不准沿海居民出海。乾隆二十二年(1757年)，清政府传谕外国商人，从这年开始，只准在广州一口通商，不得再往厦门、宁波等地。

要求：1.根据所给材料编3～4小题，必须把所有材料都用上。

2.编完后附上参考答案。

3.编制时同学间可相互讨论。

提示：试题编制可从"是什么、为什么、怎么办"这三个角度设置，要注意挖掘材料与知识点有关的关键信息，并要注意各则材料之间的内在联系。

学生自主编制后解说材料，说明相关知识点，并在课堂上展示自己编制的题目，汇总后确定3～4小题，并请其他同学解答，由编制答案的同学进行评价。

学生解说材料，认为第一则文本是表现某种现象、某种问题。第二则文本是表达清政府的政策。两则材料又存在内在的联系，就是材料二的闭关锁国政策是引起明清以来科技落后的重要原因之一。为此，中国现代化建设必须坚持对外开放的基本国策。所以最终确定以下4小题：

1.材料一说明了什么问题？

2.材料二表明清政府的对外政策是什么？

3.材料一问题的出现与材料二的政策有何联系？

4.对当今我国现代化建设有何启示？

(四)我的收获

学生谈本节复习课的收获。主要是从对我国科技发展的认识及文本解读方法，如学会抓关键字，关注文本之间、文本与知识点之间的内在联系，学会从文本中提取有效信息等方面回答的。

(五)布置作业

练习纸上的相关作业。

【点评】 本节课将中国古代、近代、现代科技的发展进行整合复习，融合了历史与社会、思想品德的相关内容，体现了综合性的学科特点，既避免了知识的碎片化，又有利于学生形成知识链，对我国科技发展有个整体的认识，还有利于培养学生的历史意识和综合思维的学科素养。

本节课凸显了"学为中心"的教学理念。要提高初三复习课的课堂效率，必须贯彻"学为中心"的教学理念，教师必须实现从"这堂课我讲了多少"向"这堂课学生能学到多少、提高多少"转变。纵观本节课，教学设置的三个主要环节[(一)我来整理，我来构建；(二)我来提取，我来解惑；(三)我来编制，我来破题]无不体现着"学为中心"理念。在复习过程中，教师舍得放手，把"思考"的过程、"理"的过程和"构建"的过程还给了学生，把"设计问"的权力交给了学生,把"解"的机会让给了学生,学生的主体地位得到了尊重和彰显,学生的学习积极性得到激发,学生思维活跃、回答积极。

　　本节课的课堂是高效的。通过学生自主整理、建构、编制等"意义建构"形式,不仅达到了夯实基础的目的,也实现了提高学生的文本解读能力、信息提取能力、解题能力等诸多能力的目标。建构主义认为,"意义建构"是学习环境中的四大要素之一;学习者的知识不是通过教师传授得到的,而是学习者在一定的情境即社会文化背景下,借助其他人的帮助,利用必要的学习资料,通过意义建构的方式获得;学生获得知识的多少取决于学习者根据自身经验去建构有关知识的意义的能力,不取决于学习者记忆和背诵教师讲授内容的能力。这就是说,在教学中,教师必须学会放手,必须让学生自己动手去梳理、搭建知识体系,理清知识网络,建立知识点的坐标体系;学会运用有效的方法,自己去解读材料、问题,从材料中获取有效信息。这些不仅有利于学生形成一个立体的知识网,更有利于学生把知识学活,提升多种能力。

教学名师：邵永福

重教学反思，在创新中成长

人物档案

　　邵永福，中学高级教师，大学本科，南海实验初中教师发展处副主任，市属社会教研大组组长。2006 年被评为舟山市第三届中学历史与社会学科教学带头人；2011 年被评为舟山市第四届中学历史与社会学科教学带头人；2013 年被评为首批挂牌名师并成立工作室。

　　有多篇教学论文在国家级、省级刊物上发表，参与省农村中小学教师素质提升工程《新课程中学思想品德教学设计与案例分析》和人民教育出版社《义务教育教科书教师教学用书·历史与社会》的编写，曾获省教育科研优秀论文评比一等奖，省"课堂教学展示"教学设计二等奖，省教学案例评比二等奖，市优质课评比一等奖，市第三、四、十三届小课题研究成果一等奖，还有多篇教学论文、教学案例获市一等奖，多次指导学生在市科技艺术节及学生小论文评比中获一等奖。

教学艺术

一、学为中心，提高课堂教学的有效性

1. 确立以学生发展为本的教学目标，聚焦核心素养的培养

一节课的教学目标，是组织教学内容、选择教学方法和教学媒体的依据，可以为教师开展有效教学提供指导，同时也是评价教师教学有效性的依据。为此，教师应根据课程标准，结合学科核心素养的培养，为每一节课制订切合实际的"三维目标"，并从知识和技能、过程和方法、情感态度和价值观三个维度上促进学生全面发展，防止"三维目标"的割裂。

2. 树立课程意识，合理开发"课程资源"

新课程要求教师从"教教材"转变为"用教材教"，课程资源开发是目前课程改革的一个亮点。所以，教师一方面要潜心钻研教材，把握和挖掘教材的科学性、思想性、趣味性，而不能"冷落"了教材；另一方面，要强化课程意识，联系学生的生活经验，合理开发"课程资源"，创设教学情境。当前，拓展性课程开发成为不少学校的重点工作，作为学科教师，应从学生实际出发，积极参与到拓展性课程的开发中来，以"精品课程"的打造培养学生学习兴趣，转变学生的学习方式，促使学生积极参与到教学中来，既满足学生的学习需要，又促进学生的进步和发展。

3. 确立学生主体地位，积极发挥教师主导作用

学生是课堂教学活动的主角，学生参与教学活动的主动性，将直接影响课堂教学的有效性。然而面对现实的课堂，"以教师的探究代替学生的探究、以教师的思维代替学生的思维、以教师的活动代替学生的活动"仍屡见不鲜，这些现象的存在一定程度上造成了目前课堂教学的低效甚至无效。为此，要提高课堂教学的有效性，需要教师立足于每一个学生的全面发展，尊重学生的兴趣、爱好和特长，精心设计、组织、规划课堂活动，真正还课堂的主动权于学生，确保学生的主体地位。正如泰勒所说，教学的成败，归根结底在于学生做了些什么，而不是教师做了些什么。教师给予学生尽可能多的自主权，有助于激发学生的学习天性，从而获取意想不到的教学效果。

4. 注重教学方式的选择，营造静中有动、动中有静的课堂教学模式

新课程强调转变学生的学习方式，倡导"自主、合作、探究"的学习方式，然而在实施过程中有些教师却误入歧途，动不动就组织学生讨论、小组合作和探究，看似热热闹闹、忙忙碌碌，其实是一种浮躁学风、低效教学，热闹活跃的背后欠缺的是学生"独立思考"与"静心思考"。因此课堂教学活动的开展，需要教师冷静面对，理性分析，要鼓励学生有效参与，学会倾听、善于思考，积极营造静中有动、动中有静的有效课堂模式。

二、扬长避短，优化整合教学方法

1. 因材施教——根据学生的年龄特征和认知规律优化教学方法

课堂教学中，教师面对的教学对象就是活生生的学生，"为了每位学生的发展"既是新课改的基本精神和灵魂，又是新课程的基本价值取向。新修订的《历史与社会课程标准》强

重教学反思，在创新中成长

调本课程的教学要把握学生已有的认知水平，了解学生的生活经历和体验，关注学生的个体差异，充分考虑学生当前的心理需要和价值取向。因此，教师教学时必须充分考虑到学生这一重要因素，采用多种教学方法的整合促进教学的优化。教学方法只有符合学生年龄阶段特征，特别是学生的认知规律，才能有效化解教学难点，提高教学效率。

2. 因课制宜——针对历史与社会课的类型选择不同教学方法

教学的具体任务不同决定了课型类别的不同，历史与社会课分为新授课、综合探究课、复习课等不同课型，课型的不同影响着教学方法的选择设计，而教学方法又是教学任务顺利完成的关键，所以应针对不同课型选择相应的教学方法。一般新授课通常选用讲述法、演示法、情景教学法等；复习课可选择概括性强、简明易记的图示法、概述法等；巩固知识课可采用谈话法、讨论法等；综合探究课则以组织和引导学生通过探究和研究活动来获得知识、培养能力。

3. 因人而异——根据教师本人的特点和长处选择教学方法

历史与社会课教学需要教师熟练地掌握各种教学方法，但由于教师个人素质的差异，即使面对相同的教学内容、相同班级的学生，不同教师运用同一种教学方法所取得的效果还是会有所区别。从教师的素质和技能来看，有语言表达能力的强弱、绘画制表能力的高低、知识面的广狭、形象思维发达或抽象思维发达的不同等差异，所以教师要基于自我能力，根据自己的特长对教学方法加以精心构思和设计，往往更能强化教学效果。

4. 因地制宜——根据实际的教学组织形式、时间、设备条件优化教学方法

教学方法的选择及优化组合要依据教学组织形式，有的适合于个别教学，有的适合于小组教学或班级教学，要区别对待。教学方法的选用还要考虑教学时间，当教学时间不够充裕的时候，就不宜采用费时较多的讨论法，而采用较省时的讲授法更为妥当。设备条件也会制约教学方法的选择，如果有多媒体、投影仪、地图、文物模型等可供选择，就为教学方法的多样化提供了可能。当然，先进的教学设备只是一种工具，"工具本身并不能带来效率，只有根据历史与社会学科的特点，深入地研究使用这种工具在历史与社会教学中的运用方法与策略，才能发挥这种教学工具的巨大作用"。

总之，"教学有法，教无定法，贵在得法"。任何教学方法都各自质的规定性、使用条件和最适合的运用范围，各有其长处和短处。教师只有在考虑教学目标、教学内容、学生实际、教学环境及自身素质等多种因素的基础上，合理选择和使用适合本课程的教学方法，促成各种教学方法的优化整合，才能扬长避短，推陈出新，发挥它们的优势和整体功能，才有可能转变学生学习方式，提高课堂教学效率，促进学生终身发展。

三、精讲精练，构建高效课堂

为提高课堂效率构建高效课堂，教师可以在"精讲精练"上狠下功夫。"精讲"，就是教师根据课程标准，从学生的实际出发，突出教学重点，重视方法传授，培养学生学习能力。"精练"，就是根据教学要求及学生具体情况选择训练题目，让学生通过训练能比较深地理解知识，掌握解题技巧、解题方法，提高学生的学习能力。

1. 培养学生的学习兴趣，创设民主、平等、和谐的课堂环境

"兴趣是最好的老师"，孔子曰："知之者不如好之者，好之者不如乐之者。"这充分说明兴趣是探求知识的动力，只有喜欢、爱好，学生才会自觉投身于学习活动。因此，教学中教师要根据学生的不同个性，采用不同的教学方式来培养他们的兴趣，实施启发式、探究式、合作式等教学方式，改变教师一讲到底的教法，充分调动学生学习的积极性、主动性，以此来激发和培养学生的学习兴趣。

教学活动是师生之间的双边活动，良好的教学效果取决于良好的师生关系。德国教育家第斯多惠曾说："教学的艺术不仅在于传授本领，更重要的是善于激励、唤醒和鼓舞。"为此，教师务必关注师生之间的交往，创设民主、平等、和谐的课堂环境，而宽松、容错的学习环境是有效课堂的心理保障。课堂上教师要面向全体学生，关注班级里每一位学生，杜绝冷落歧视所谓的"差生"；要真诚地容忍、巧妙地善待学生学习中的错误，鼓励学生对已有结论提出质疑甚至提出不同见解；要转变自己的角色定位，敢于对学生说"不知道"。只有这样，学生才可能敢想、敢说、敢为，才会毫无顾忌地发表自己的见解，才可能建立起今天的有效课堂。

2. 优化教学设计，合理调控课堂"讲"与"练"

具体做法：①精讲教学重点，破解教学难点，关注知识点之间的内在联系，学生知道的不讲或少讲，避免面面俱到。②讲的过程中要注重学生思维能力的培养，教师要重视学习方法的传授，要牢记教师的教代替不了学生的学，学生是学习的主人，课堂上不能老是让学生记笔记，被动接受知识。③合理搭配"讲"与"练"的时间。切忌"一讲到底""满堂灌"，必须留有一定的时间进行"练习"，一方面检测学生学习效果，另一方面也可以借此培养学生的解题方法、技巧。可以根据教学内容挑选典型题目进行课堂练习，也要重视运用教材中的探究问题或有效提问培养学生分析问题、解决问题的能力，毕竟学生能力培养的主战场还是在课堂，不能老指望通过课后作业来提升学生的学习成绩。

3. 精选课外习题，推行分层作业

教师应该根据教学目标，选择少而精、具有一定层次的习题，指导学生有目的地练习，循序渐进地培养学生的审题能力、分析能力。作业的讲解要及时，存在的共性问题必须讲透，发现问题及时纠正和弥补，作业忌贪多、贪全，学生没有细致思考地应付作业是没有什么效果的，基本就是白做了。

此外，平时的检测要合理、科学。教师要多研究中考题型，命题过程中尽量回避以往的老题目，不要出现学生拿着参考资料直接抄写得分的情况，否则只能助长学生学习的惰性。

⭐ 成 长 经 验

一、热爱本职工作，脚踏实地工作

政治思想方面，我能自觉遵守教师职业道德规范，热爱本职工作，关心爱护学生，教学态度端正，工作勤恳踏实。1990年被分配到定海大沙中学，偏僻艰苦的农村任教环境没能阻挡一个年轻人积极向上的进取之心，在学校领导及同事的鼓励引导下，教学水平逐渐提升,三尺讲台上日渐自信。四年后来到紫微中学工作,担任班主任期间,开始摸索班级管理经验,培养学生良好的行为习惯,与学生关系融洽,做家访工作,跑乡村做流生工作,所带毕业班成绩突出,教学中开始聚焦学生、反思自己的教学行为,教学能力不断提高。伴随着南海实验学校的创办,又成为了第一批南海人,南海实验学校巨大的平台更为个人成长提供了广阔的舞台,辛勤的付出也赢得了领导的认可及学生的喜爱,多次被评为学校优秀教职工,获校德育协作奖,成为学生的良师益友。

二、刻苦钻研教学,不断开拓创新

平时积极参与"优质轻负"教育活动,努力打造高效课堂,提高课堂教学的有效性。自2001年南海实验初中创办以来,至今担任过8届初三毕业班的教学任务,所任学科中考成绩居全市前列。平时能刻苦钻研教学,大胆创新,立足于每一个学生的全面发展,从学生的兴趣、爱好和特长出发,精心设计、组织、规划课堂活动,真正还课堂的主动权于学生,确保学生的主体地位,创设民主、平等、和谐的课堂环境。课堂教学幽默风趣,努力摸索符合教学规律的教学方法,培养学生的学习能力,转变学生的学习方式,营造静中有动、动中有静的课堂教学模式。学生满意度高,扎实的教学功底也赢得了学生的信任。在强烈的课改意识驱使下不断在教学上开拓创新,早在新课程实施之前,就尝试在所教学生之中开展社会调查,曾编印两本《学生社会调查报告集》,获得学校领导和同事的肯定和好评;注重对学生的公共生活教育,联系学生的实际生活开发的"传统文化下的思品校本化课程"在2015年被评为"舟山市义务教育精品校本课程"。

三、更新教学理念,注重教学反思

经验＋反思＝成长,教师的反思能力是其专业发展和自我成长的核心因素。有效教学需要教师具备反思意识,更新教师教学理念。2012年到北京师范大学参加教育部"国培计划(2012)"——中小学骨干教师研修项目,2015年参加省命题培训……听专家指导,汲取他人所长,努力提升自身教育教学水平。参与编写省农村中小学教师素质提升工程《新课程中学思想品德教学设计与案例分析》、人民教育出版社课程教材研究所历史与社会课程教材研究开发中心《义务教育教科书教师教学用书·历史与社会·八年级·下册》和《义务教育教科书教师教学用书·历史与社会·九年级·下册》,《由一堂省教学观摩课引发的关于依标施教的几点思考》一文发表于省级刊物《中小学教师培训》,《浅谈思想品德课导入设计的技巧》发表于《新课程研究》,此外还有多篇教学论文发表于省市各级教学刊物。"在教学中研究,在研究中教学",做教学研究的主人,以教科研促教学。2006年11月—2008年12月参与市重点课题"中小学后20％'差生群'生成原因及转化对策研究";2014年成为省规划课题"中学生公共生活教育策略的实践研究"课题组成员;2004年"'社会调查法'在社会学科教学中的实践与研究"荣获舟山市第三届小课题研究成果一等奖;2005年"新课程下思想品德课堂活动教学的研究及应用"荣获舟山市第四届小课题研究成果一等奖;2014年"初中思想品德课程校本化开发的探索"荣获舟山市第十三届小课题研究成果一等奖。在日常教学之余,还积极反思自己的教学,撰写教学论文,促使自己成为有智慧的教师。《浅析新课程背景下思想品德课堂教学形式》在浙江省2005年教育科研优秀论文评比中荣获一等奖,《游戏机的诱惑》在浙江省基础教育课程改革巡礼活动中荣获"课堂教学展示"教学设计二等奖,《如何在思想品德教学中有效运用活动课教学形式》在浙江省 2004 年初中思想政治学科教学案例评比中荣获二等奖,《巧用教材插图　培养学生综合能力》在浙江省 2014 年历史与社会教学关键问题实践研究成果评比中荣获二等奖。此外,还获得过市优质课评比一等奖,有多篇教学论文、教学案例获市一等奖。多次指导学生在省、市科技艺术节及学生小论文评比中获一等奖,在市第十一、十四届中小学生教育科技艺术节中被评为市级科技优秀指导教师。

四、发挥骨干教师的引领作用,帮扶年轻教师茁壮成长

担任过市"领雁工程"历史与社会学科骨干教师的指导教师;2005 年 7 月被聘为市中学教师继续教育思想品德学科主讲教师;2010 年 11 月被聘为 2010 届初中新教师第二次集训课堂教学指导教师;2011 年 11 月 27 日—12 月 16 日被聘为市 2011 届新教师第二次集中培训跟班教学实践培训导师;2012 年 11 月被聘为 2012 届初中新教师第二次集中培训学科指导教师;被评为 2014 届新教师培训优秀指导教师;2015 年担任新教师培训指导教师。此外,还注重对教研组内和工作室的年轻教师的培养,促使年轻教师不断成长。2015 年 5 月参加初中毕业学业考试命题,在市历史与社会"领雁工程"培训活动中开设市级讲座《如何培养学生分析能力》,在舟山教育学院思想品德 90 学时培训活动中开设市级讲座《初中思想品德课程校本化开发的探索》,还多次在市优质课评比中进行教学点评。

我相信:播种行为,可以收获习惯;播种习惯,可以收获性格;播种性格,可以收获命运。

经典课堂

基于学生经验,优化教学设计

——《工业革命》的教学设计及反思

一、课程标准

列举工业革命的重大发明,描述工业革命给社会生产、社会生活带来的巨大变化。

要点提示:工业革命、珍妮机、瓦特与蒸汽机、冶金与交通技术的进步、工厂制。

二、教学要求

1.通过分析资料,懂得工业革命首先在英国发生的原因。

2.分析相关资料,认识蒸汽机在工厂生产中所起的作用。

3.通过比较分析,知道工厂生产与手工工场的不同,了解工厂生产的特点和工厂制度的完善。

4.知道工业革命的重大发明,理解工业革命给社会生产、社会生活带来的巨大变化。

5.收集相关资料,讲述瓦特等发明家的发明故事,培养勤于思考的习惯与敢于创新的精神。

三、结构分析

课文导语对本课的内容做了简要阐述,着重概括了工业革命的含义及其带来的影响。学生通过阅读导语可以对本课的内容有一个总体了解,这有利于激发学生对所学内容的学

习兴趣,同时初步构建本课涉及的历史知识的框架。

首先,课文描述了"工业革命首先在英国发生的原因"。课文着重从"市场的拓展""制度的保证"和"资本的积累"这三个方面来说明工业革命首先在英国出现的原因。另外,课文指出工业革命是从英国棉纺织业开始,后来扩展到其他行业。

其次,课文描述了"工业革命的重大发明"。课文着重介绍了瓦特及其发明的蒸汽机,介绍了这种蒸汽机的优点及其带来的影响——蒸汽机的普遍使用,成为工业革命的标志。接着,课文又介绍了蒸汽机带来交通运输业的显著变化,着重介绍了美国人富尔顿制造的以蒸汽机为动力的轮船及英国人史蒂芬孙发明的蒸汽机车。此外,课文还介绍了英国"冶铁技术的革新"。列举工业革命的这些重大发明及其运用,能促使学生全方位认识工业革命,进而认识到科学技术对经济发展和社会进步的决定性作用,也能从中学习科学家和发明家刻苦钻研、敢于创新的精神。

最后,关于"工业革命的影响",课文选用了《机器的成绩》一书中的片段,分析"为什么会发生这么大的变化?"其实这是从一个侧面来揭示工业革命给社会生产及社会生活带来的巨大变化。另外,课文还介绍了以蒸汽为动力建立的工厂,介绍了工厂生产的特点及工厂制度的完善。课文最后一节对工业革命的影响做了概括性总结,着重阐述了工业革命的扩展及其对英国、美国和世界带来的巨大影响,指出工业革命创造了巨大生产力,使社会面貌发生了翻天覆地的变化,世界形成了西方先进、东方落后的局面。

四、课时安排

建议教学 1 课时。

五、教学建议

1. 导入新课的教学建议

建议一:先出示瓦特及其蒸汽机的图片,然后说明"蒸汽机的普遍使用,是工业革命的标志"。接着设问:"蒸汽机是工业革命时期最富创造性的发明,那么工业革命时期还有哪些发明创造? 工业革命又给社会生产、社会生活带来了哪些巨大的变化?"由此导入新课。

建议二:中央电视台历史纪录片《大国崛起》解说词写道:"17 世纪,英国在历史性的转变中抢占了先机,已经率先到达了现代文明的入口处……在下两个世纪里,它将傲视全球。"导致英国在下两个世纪里,能傲视全球的重大历史事件是什么?(工业革命的发生和完成)由此导入新课。

建议三:教师先表述:"纵观世界历史,似乎可以认为,过去 1 万年中人类经历的两次最大变革,一是农业革命(或新石器革命),二是工业革命。前者开始于大约公元前 8000 年,迎来了人类文明的曙光,而后者则开创了过去两个世纪的现代全球文明。"(摘自《现代世界史》R. R. 帕尔默著)然后设问:"那么,什么是工业革命?""工业革命又给社会生产、生活带来了哪些巨大变化?"由此导入新课。

建议四:先请学生列举几则当今世界科技发展的最新成果,然后教师点评。"当今世界正处于新科技革命时代,未来科技必将对人类社会的发展产生更加深刻的影响。接下去,让我们回到 18 世纪中期的英国,探寻当时的人们又有哪些伟大的发明,这些发明又是如何改变了当时人们的生产和生活。"由此导入新课。

2. 课文导言的教学建议

可以先引导学生学习导言,通过导言的学习,学生对本课内容会有一定了解,初步构建本课所学内容的知识框架,使接下来的学习更具针对性,也可以从中培养学生的问题意识,让学生带着问题深入学习,激发学生的学习兴趣。

3.关于"工业革命为什么首先在英国发生"的教学建议

阅读课文资料,让学生结合前面所学的内容,对这些因素作出自己的说明。教师在学生回答的基础上,可以从"市场的拓展""制度的保证"和"资本的积累"这三个方面来说明工业革命首先在英国出现的原因。此外,还可以在此基础上补充相关资料,让学生进一步了解英国首先发生工业革命的必然性,如"英国政府颁布血腥的法令,进一步推行圈地运动,获得了大量的雇佣劳动力;蓬勃发展的手工业,积累了丰富的生产技术知识;英国的煤铁资源很丰富,可以大量炼铁,提高铁产量"。最后教师总结:18世纪60年代,英国最早具备了进行工业革命的资本、劳动力、资源、市场这四个必要条件,所以一场对人类历史产生重大影响的工业革命就在英国首先开始了。此外,由于英国首先发生工业革命的条件众多,教师可以鼓励有兴趣的学生在课外继续探究,以此丰富学生的课外知识,培养学生探究问题的能力。

4.关于"瓦特及其发明的蒸汽机"的教学建议

首先让学生在课前收集有关瓦特发明蒸汽机的故事,并在课堂上进行讲述,激发学生学习该内容的兴趣。

然后让学生观察图7-3并阅读课文资料。教师可以先引导学生了解瓦特改进蒸汽机的时代背景:当时英国棉纺织业最先实现了机械化,在生产中大规模地使用机器,但是这些工厂几乎无一例外地建在靠近河流的地方,利用水力带动机器,受地理位置和季节的限制,而瓦特改良的蒸汽机恰恰可以弥补其中的不足,且效率更高。为加深学生对蒸汽机的了解,教师还可以用多媒体演示蒸汽机的工作原理,丰富学生的科学知识。接着,教师应强调蒸汽机的发明,是瓦特在吸收前人研究成果的基础上,积极钻研反复实践的结果,以此教育学生学习科学家积极探索、刻苦钻研的精神。

最后让学生回答蒸汽机在人类历史上的作用。(瓦特改进的蒸汽机效率高,不受季节和地理位置限制,成为工业革命的动力机器,逐步在纺织、冶金、采矿等领域推广开来,极大地促进了工业生产的发展。蒸汽机的普遍使用,成为工业革命的标志。从此,人类进入了"蒸汽时代"。)

5.关于"蒸汽机带来交通运输业的显著变化"的教学建议

引导学生看图7-4,教师可讲一则"轮船之父"富尔顿的故事,或补充下面资料加深学生对蒸汽机改变水上运输的理解。

资料:蒸汽机还被应用于水上运输。富尔顿是这方面的先驱,1807年,他使自己的"克莱蒙脱号"汽船在哈得孙河下水。1833年,"皇家威廉号"汽船从新斯科舍行驶到英国。5年后,"天狼星号"和"大西方号"汽船分别以16天半和13天半的时间朝相反方向越过大西洋,行驶时间为最快的帆船所需时间的一半左右。1840年,塞缪尔·肯纳德建立了一条横跨大西洋的定期航运线,预先宣布轮船到达和出发的日期。[《全球通史:从史前史到21世纪(下册)》(第7版修订版)(美)斯塔夫里阿诺斯著,吴象婴等译,北京大学出版社2006年版]

引导学生看图7-5和文字,让学生了解纺织工业、采矿工业和冶金工业的发展对改进过的运输工具的需求。1814年,史蒂芬孙发明了蒸汽机车,1830年,英国正式使用火车。火车的发明,使陆上交通工具得到突飞猛进的发展,此后,人们开始大规模建设铁路,进一步推动了工业革命的发展。

6.关于"工业革命的影响"的教学建议

引导学生阅读《机器的成绩》一书中的片段,想一想"为什么会发生这么大的变化?"以此让学生理解工业革命对社会生产与生活的影响。(工业革命极大地提高了生产力,市场上的商品越来越丰富;同时工业革命也改变了人们的生活观念。)

引导学生阅读课文,并比较图7-6及图7-7,了解蒸汽机发明后工厂发生的变化,强调工厂制度的出现反映了大规模生产的要求,由此感受工业革命对社会生产组织方式产生的影响,机器生产基本取代了手工劳动,工厂取代了手工工场,但同时指出工业革命也产生了新的社会问题,如环境污染等。

引导学生阅读课文最后一节,思考以下问题,加深学生对工业革命影响的理解:

(1)19世纪初,工业革命的地域发生了怎样的变化?(工业革命从英国扩展到德意志、法国等欧洲国家以及美国。)

(2)哪一个国家于什么时候率先完成了工业革命?这对该国产生了什么影响?(英国于1840年前后率先完成了工业革命,成为世界上第一个工业国家。)

(3)工业革命对西方国家乃至世界又产生了怎样的影响?(工业革命开启了欧美社会工业化及现代化进程,逐步确立起西方国家对世界的统治,世界形成了西方先进、东方落后的局面。)

工业革命给社会生产和社会生活带来了巨大的变化,其影响并不仅仅局限于课文所阐述的这些内容,教师可以根据教学时间适当引用斯塔夫里阿诺斯所著的《全球通史》中的有关文字、表格、图片等资料,揭示工业革命对欧洲的影响,如人口的增长、城市化、财富的增加、新消费主义、妇女的新角色等,让学生深层次、多维度地去理解工业革命的影响。也可以引导学生利用课外时间进行专题探究,届时将学生收集的资料在教室中张贴,以激发学生学习积极性,拓宽学生视野,培养学生探究学习的能力。

六、教学反思

1.培养学生的学习兴趣,激发学生参与学习的积极性。"以学生为中心"是现代教育的基本理念,"学为中心"就是要将课堂聚焦到学生,培养学生的学习兴趣,激发学生学习积极性。"好的开端,是成功的一半。"一节课,教师与学生的对话,往往是从教师"导课"开始的,因此教师要结合学生实际及教学内容等,精心组织课堂教学的"导课"环节。本课的"导课"环节,我设计了四个不同的方案,有的借助于蒸汽机及瓦特的图片展开设问,有的利用历史著作《现代世界史》中的精彩片段,有的利用热门纪录片《大国崛起》中的精美解说词,有的利用学生的生活经验列举当今世界科技发展的最新成果,凡此总总,无非为了一上课就打开学生的心扉,激发学生学习的兴趣,让学生在兴趣驱使下全身心地投入学习。

2.以学习者的学习活动为中心,开展课堂教学活动。学生,是学习的主人。作为教师,应始终以学生发展为本,依据课程标准展开教学活动。教学中,应体现历史与社会课程的人文性、综合性和实践性,运用多种教学形式、方法和手段,引导学生自主学习、合作学习和探究学习。如教学"工业革命为什么首先在英国发生"时,教师引导学生先阅读课文资料,并让学生结合前面所学的内容,对这些因素作出自己的说明。教师在学生回答的基础上进行恰当点评、引导,此外,还可以在此基础上补充相关资料,最后教师可以从工业革命的资本、劳动力、资源、市场这四个必要条件进行总结。此外，由于英国首先发生工业革命的条件众多，教师还可以鼓励有兴趣的学生在课外继续探究，以此丰富学生的课外知识，培养学生探究问题的能力。这一教学环节的设计，改变了以往教师一讲到底、"满堂灌"的教学方式，充分考虑了学生以往的学习经验，并在教学过程中，正视了学生在教学中的主体地位，尊重了学生身心发展规律，始终以学习者的学习活动为中心，创设丰富多样的活动，引导学生自主学习、小组讨论、课外探究，最大限度地为每个学生提供参与教学活动的机会，尽可能多地让学生去参与、去思考、去议论、去探究，在探究中分享学习的成果，感受学习的快乐，体会成功的喜悦。

3. 加强教师专业修养，提升教学设计能力。为了更好地开展本课内容的教学设计，加深对教学内容的理解，我从校图书馆借阅了斯塔夫里阿诺斯所著的《全球通史：从史前史到21 世纪》(第 7 版修订版)、R. R. 帕尔默所著的《现代世界史》和《大国崛起》等书籍，还上网查阅了相关资料，使自己对工业革命这一教学内容有了更多的了解和认识，同时借鉴他人的教学设计，取长补短，力求突破、创新。比如通过阅读，我对教材中所配的教学插图(如"图 7-1"珍妮机、"图 7-2"工厂里由蒸汽机带动纺纱机工作的场景等)有了更深刻的认识，并能在教学过程中更好地把握两者之间的联系，这就为教学设计拓宽了思路。教材中的图片成为了宝贵的教学资源，为教学设计提供了丰富的素材，有助于教师创设更合理、更有效的教学活动。因此，作为教师，平时应加强学习，抽空多阅读跟教学有关的作品，关注社会新闻，不断提升自己的专业素养，这样才能水到渠成，在教学上得心应手。

教学名师：张赛芬

自主导学，让班会课绽放别样的精彩

人物档案

张赛芬，中学英语高级教师，浙江省德育特级教师，现任舟山职业技术学校英语教师，舟山市首批班主任工作室挂牌名师，浙江省百个班主任工作室领衔人。

长期担任职业学校男生班的班主任工作，有好几年同时带两个甚至三个男生班级。特别擅长于后进生的转化工作，从各方面引导学生重塑自信、健康成长。所带班级每年都被评为"校先进班级"，毕业生深受用人单位欢迎。

负责编写了《中职学校班主任工作实务》《学生行为规范教育读本》等教育用书，参与编写了职校高复班《英语复习用书》和《汽驾类专业英语》校本教材。她经常受邀去省市等兄弟学校作班主任经验交流，曾参加浙江省中职学校德育论坛、浙江省首届中小学生"慢德育"论坛、浙江省中小学教师培训中心举行的百人千场送教下乡活动，多次承担市级主题班会公开课，近5年来已开设讲座100余次，得到了老师们的共鸣。她先后获得舟山市优秀班主任、浙江省优秀教师、全国优秀班主任、全国模范教师、浙江省德育特级教师、舟山市第七届专业拔尖人才、浙江省中职学校最美教师、浙江省杰出教师等荣誉称号。

钥匙的艺术，心门的探究

班主任是学生的精神关怀者，班集体是师生健康成长的精神家园。主题班会是班主任对学生进行思想品德教育的重要阵地，它是展现学生才华、锻炼学生能力的舞台，更是促进班集体建设的有效载体。一节好的主题班会能引起全体同学的共鸣，甚至让人终生难忘。

一、激发学生自我教育的技巧

我的学生都是 18 岁左右的成年人或准成年人，他们有自我教育的原能力，有独立思考的意愿，有被认可的强烈愿望。我作为他们的班主任，在主题教育课和进行主题教育活动时，首先思考的教学艺术就是通过我的设计给学生充分展示自我的舞台，适时引导，充分挖掘他们自我教育的原能力。

例如，针对 2014 数铣中级工班即将迈入实习岗位，部分学生存在着文明礼仪松懈的现象，我曾组织了"讲文明　懂礼仪　打造职场舟职人"的主题班会课，课前发动学生收集以下素材：①利用手机去抓拍校园以及班级内不文明照片或视频。②去学长所在的企业抓拍职场礼仪的照片或视频。③组织全班同学组队表演校园礼仪情景剧，学生自主编写剧本。这节课较为成功，几乎所有的同学都参与到班会课的讨论中，可以说整节课所有学生都很兴奋，因为有的学生很自豪自己的摄影作品入选并在班级内进行展示，也有学生看到抓拍的很多画面都是身边的现象。这样学生更容易找到支点，教师也更容易撬动学生思想上的盲点，让学生产生共鸣。如车间礼仪的视频，胡同学在钳工实训时因为一个尺寸不知道，就离开工作台，去问了正在实训的顾同学，顾同学当时正在挫零件，胡同学拍了一下顾的肩膀，顾同学以为胡在烦他，所以就顺手用锉刀挡了一下，不巧的是锉刀飞出去了，幸亏那边没人，假如有的话后果将不堪设想。看了视频，很多学生很震惊，有位学生这样感慨：实训时碰到问题我应该举手问老师，不应该打扰正在实训的同学。实训时一定要注意安全，不能串岗、聊天，更不能顺手用车间内的工具砸人，否则太危险了。所以我觉得教育素材要来自学生的生活，让学生在生活中找准角色，履行责任。本次班会对学生进行了礼仪教育，培养了学生的礼仪意识，加强了礼仪行为的养成，相信此次班会为学生步入社会，融入群体，胜任工作奠定了基础。

在这个主题教育中，所有的德育教育显得那么自然，学生的观点都那么的真实，一个个感悟都发自内心的震撼。在整个过程中我不需要过多地说教，只要给学生一些引导。同学们为自己有深度的思考和有说服力的辩论，感到无比自豪，这种久违的自信正是我们的学生所需要的！此时学生之间的相互教育比老师的任何说教都有效。

二、尊重差异，找到育人育心的方法

中考失利的学生来到中职校，我们如何让他们再一次看到希望和将来发展的方向呢？每一朵花都有盛开的理由，每一棵草都有泛绿的时候。我们的班主任，应尊重学生的个体差异，着眼于学生的终身发展，用爱去陪伴学生。我们应耐心等待每一朵花盛开。"浇树浇根,育人育心。"育心,是人的美好情感的培育,是人的真善美心灵的塑造。我们的班主任们一直在摸索最适合学生的"育心"方式,只要抓住教育契机,在有利的时机选择一些有启发性并对学生的思想能起到潜移默化的作用的主题来组织班会,必定能取得良好的教育效果。

在学生实习离校前,我曾在班级开展了"班主任,我想对您说……"主题班会,这节班会开得相当成功,而且非常感人。同学们回顾自己两年来的点点滴滴,优秀的同学表示感谢,有问题的学生表示忏悔,几乎所有的同学都上台发了言,台上的同学有感而发,台下的同学都感动地流下了眼泪。这节班会课整整持续了两节课。其中班上一位比较调皮的学生这样说道:班主任,非常感谢您两年来对我的鼓励和教育,在这里我向您鞠躬了!两年来因为自己的不听话,给你带来了很多的烦恼,老师,真的非常非常对不起。不过在最后的实习期间我会好好工作,再也不会让您生气了。老师请您保重身体……话音刚落,全班响起了一阵掌声,这既是对他的过去所做一切的宽恕,又是对他以后实习之路的鼓励吧。我班因为学的是焊工专业,在实习单位工作都是相当辛苦的,他们每天都要头顶烈日,尤其是 7、8、9 月份室外的温度高达 40 多摄氏度,因为汗水的流淌以及电弧光的刺激,很多同学的脸和脖子都脱皮了,但实习三个月来,学生们都这样毫无怨言地坚持着,几乎没有同学退缩,我想也许是同学们在兑现离校前班会课上的承诺吧!

有人说父母是孩子的命,老师是孩子的运,学生在成长的过程中能遇到一位好班主任是件多么幸运的事呀!我们是学生成长过程中的重要他人,班主任在一旁陪伴着他们的成长,欣喜地去发现他们身上的闪光点,让每个学生都能够自信地成长。

三、增强学生职业人底气的实践

面对多元的职业教育,怎样的教学模式、教学内容才最有效呢?职业学校的学生在校期间将用大量的时间学习专业知识和专业技能。因此,在教学过程中进行德育渗透,增设专业的职业素养目标和要求是必然趋势,让学生在一定的情景感染下,在接受知识的同时,在活动中获得态度、动机、价值观教育。

我曾在船修班开展了"我爱我的船修专业"主题班会,之前我发动了全体同学进行了充分准备,首先召开班干部会议,进行主题分析,确定大致方案,然后分工落实,责任到人,针对不同的内容,要求同学们积极准备。如针对问答题"舟山船舶业有哪些优势,为何船厂如雨后春笋拔地而起?""我校船修专业有哪些优势?""目前世界最大的造船厂在哪个国家?"以及"我校船修专业学生的校外实习基地在哪里?"等要求同学们查阅资料,收集信息。还有像"如何做好船模?""如何做好焊接艺术?"等问题,需要同学们通过平时的专业实践进行总结;还有用英语说出船模各部分的名称,则需要同学们在英语课上专心听,认真背;还有大合唱《明天会更好》和舞蹈《众人划桨开大船》等节目,则需要同学们利用课余时间进行排练。我觉得班会课的目的在于过程,同学们准备的过程,实际上就是一个自我教育和各种能力提高的过程,在准备过程中同学之间的感情变得更加融洽,同学们的集体荣誉感得到了较大程度的提升。由于整个班会过程自始至终都有学生的参与,教师只在其中起到指导、点拨的作用,学生在之前已投入了时间、精力,在班中已形成一股讨论的热潮,所以在课堂上几乎全体学生都积极地发表了自己的见解,同时在课堂上积极举手发言也能起到推波助澜的作用。我觉得班会课的准备过程能充分发挥学生的积极性、主动性和创造性,极大地调动了学生主体的能动性,而且因为在活动中充分尊重和相信学生,放手发动学生,给每一个学生动脑、动手的机会,使他们在活动中增强责任感、自尊心、自信心。特别是对于后进生以及集体观念淡漠的学生和有特殊才能的同学,更应该为他们创设锻炼和成长的机会。

实现"德育为首、教学为主、素质为本"的目标,培养职业学校的学生具有职业技能、职业素养、职业道德的职业人,是职业教育的宗旨。班主任应该充分利用每周一次的班会课,将德育、智育、心育有机地结合,助力学生健康成长!

在中职班主任队伍专业化建设过程中,为了提升中职班主任的吸引力、魅力,我们应努力提升我们的教学艺术。通过我们的努力,学生不仅成为小小的职业人,而且树立起了正确的幸福观,让同学们具有公正、包容、责任、诚信的品质。培养我们的学生愿意去工作,有能力去工作,成为和谐社会的一分子,是我们班主任工作的愿景。

成长经验

从优秀走向卓越

回想 27 年的班主任专业成长之路,我每一点滴的进步与成长都离不开领导、前辈同行们给予的鼓励与鞭策,离不开学生和家人的支持,更离不开自己从教以来坚定的目标追求,以及脚踏实地的工作作风。

一、学习——夯实名师成长基础

1989 年刚踏上教坛,我就从事班主任工作,那时的我,初生牛犊不怕虎,意气风发,认为自己肯定能做好,因为有大学优秀班主任的陶冶,也有自己的满腔热情。但到了实际工作时,收效甚微,有时班级工作把自己弄得焦头烂额,甚至措手不及。我意识到原来学生不是那么好摆弄的,他们不是任人揉捏的面团,这里面的学问太大了。在我一筹莫展时,我想到了这样一个词——学习。对,就是学习。从那以后,我从书中认识了李镇西、认识了魏书生、认识了万玮等很多名班主任。从《做最好的班主任》一书中我学会了李镇西老师的教育智慧;从《班主任工作漫谈》一书中我学会了魏书生老师的科学与民主;从《班主任兵法》一书中,我学会了万玮老师的驭生之道;从《教育教学中的心理效应》一书中我学会了刘儒德老师的教育艺术;从《美丽的教育》一书中我学会了孙浦远老师的教育真爱。再后来,我开始接触《德育原理》《儿童心理学》《教育学》等专业书籍。研究心理学,让我赢得了学生的尊重、理解和支持。我知道,成功虽然无法复制,但方法可以借鉴。要想做一个优秀的班主任,必须要不断引进源头活水,不断补充新鲜血液,这样才能让自己以先进的教育理念去教育学生。如果说"一辈子做老师"是我追求的人生,那么"一辈子学做老师"就是我必备的功课。

还有一种我坚持的学习就是向我的同仁们学习,我所在的舟山职业技术学校是一个团结、和谐、向上的大家庭,在我们平易近人、富有智慧的杨校长引领下有一支优秀的教师队伍,我学习到了兢兢业业的脚踏实地,学习到了善待每一位学生,学习到了布置的事情一定

自主导学,让班会课绽放别样的精彩

要有落实，学习到了从细节入手，教育无小事，学习到了工作讲求实效不摆花架子……是舟山职业技术学校这片沃土滋养我、培育我。在学习中工作，在工作中学习，我也逐渐形成了独具个人特色的班主任工作风格。

二、实践——搭建名师成长的阶梯

班主任必须注重实践，真正使班级成为班主任专业发展的载体和摇篮，努力打造优秀班集体，让每位学生都能获得成功的体验。叶圣陶先生曾经说过："什么是教育？简单一句话，就是养成习惯。"我们都知道"习惯成自然"，因此，养成良好的习惯，会让人受益终生。于是，每一天我都用"心"在工作，我用我的诚心感动学生，用爱温暖学生，用严格规范学生，用智慧影响学生，用我拥有的"一桶流动的水"在职业教育这片沃土上浇灌着曾经被中考的风雨压弯了腰的树苗，使他们照样可以长成参天大树。

我长期担任的是职校男生班的班主任工作，而且班底较为薄弱，学生入学成绩普遍较低，中考平均分只有 200 多分，2013 年我还带过中考平均分只有 167 分的班级，学生的行为习惯可想而知。面对着这样的一个班级群体，我总是努力去寻找突破口，寻找一个能走进他们心灵的入口。因为我相信，一个学生成为差生，绝不是某一原因造成的，它一定是在外因、内因的相互影响下，外因通过内因而起作用的。我坚信没有一个学生是想要坏的。于是对他们我会给予更多的关注，给予更多的爱，用我的诚心、爱心感化他们，从而最大程度上去改变他们。因为我的目标就是，我要把学生培养成适应现代社会发展需要、德才兼备的高素质技能型人才。

企业需要的是技术型人才，所以我把班级管理延伸到了车间，我还跟学生一起考取了钳工中级工证书，并对焊工、电工以及汽车修理专业也有一定了解。我把企业"7S"管理渗透到班级管理之中，在班级内实行准企业化管理，将"7S"运用到教室、寝室、实训车间等的内务卫生整理上，既有助于学生把内务卫生搞好，也有助于把学生培养成一个爱整洁、有条理、有素养、具有良好行为规范的准职业人。事实证明，这种方法是有效的。毕业后的学生如今都已活跃在社会的各个层面，他们中有的是航行于大洋的高级船员，有的已成为企业的技术骨干，也有的已成为个体老板，他们不断地为舟山群岛新区的建设创造着财富，同时也为自己的人生累积着生命的辉煌。

调入职校 19 年来，我任劳任怨，默默付出，对学生投入了无数精力。教育是一项慢艺术，对待后进生，要把自己的心态放平，要学会在等待和守候中坚持，只要有足够的耐心、爱心、信心以及宽容心静待花开，相信花儿一定会开得鲜艳芬芳，教育的奇迹一定会发生。

三、坚守——激发名师成长的动力

江苏省特级教师王兆正坚守的人生信念是："我是一只蜗牛，虽生于田野，却志向远大！我是一只蜗牛，虽行动缓慢，却始终保持爬行的姿态！"是啊，要成为名师，只有坚守自己的人生信念，坚守自己的道德准则，追求生命的长度和宽度，为学生播撒爱的种子，保持一颗向上、向善的心，你才能拥有成就名师的动力。

回首自己 19 年的职校班主任工作，有喜有忧，有笑有泪，但再苦再累，我依然执着于自己的三尺讲台，因为只有这里才能彰显我生命的价值。虽然我们的职校生学业成绩不如普高生，但并不意味着我们的学生样样都差。我觉得朝气、阳光、自信才是我们职校生的真正代名词。他们可以为参加职业技能大赛苦练技能,在车间一站就是一整天;他们深受企业领导的好评,因为他们心态好,心理定位低,肯吃苦。和职校学生在一起,我每天都收获着幸福与感动。

如今我已过了而立之年,但是,让我备感欣喜的是我的教育激情仍旧那么饱满,庆幸我仍旧坚守在班主任工作岗位。从 2000 年开始,我承担两个班级的班主任工作,从 2013 年开始我承担三个班级的班主任工作。2016 年 6 月,当 2013 机械试验班毕业时,领导问我是否考虑再做三个班级的班主任时,我毫不犹豫地答应了,因为我希望在我有限的教育生命中,可以遇到更多的孩子。

四、反思——加快名师成长步伐

叶澜教授曾指出:"一个教师写一辈子教案不可能成为名师,如果一个教师写三年教学反思就有可能成为名师。"反思可以唤醒教师的主体意识;反思可以改变教师的工作方式;反思可以锤炼教师的教育思想。反思让我把"学生非智力因素的培养"融入丰富的活动中去,达到"内化于心,外化于行"的教育目的。原来的我只会用规章制度去限制学生,为了维护自己的权威,追求所谓的"师道尊严"。通过反思,现在的我已经具有形成班级教育目标、建设班级文化、组织班级体验式教育活动的能力,从而拓展班级育人的空间与时间,让每个人都获得成功的体验。

我在全省首次提出了"蓝金领"的德育工作理念,有多篇论文在省市级刊物上发表,多次承担了市级规划课题,我主编的《职业学校班主任工作实务》和《学生行为规范读本》也于2015 年 8 月由中国劳动社会保障出版社出版。2013 年 8 月,我被推荐为舟山市首批班主任工作室挂牌名师、浙江省首批班主任工作室领衔人。我充分利用工作室这一平台展示自己的班级管理经验,多次应邀去省市等兄弟学校作班主任经验交流。在我的示范、引领、辐射下,一批批年轻班主任正脱颖而出。

每个人都有自己的长处和短处,不要揪着自己的短处不放,优势才决定着我们成长的高度。多年的班主任工作让我收获颇丰,学生们一张张幸福的容颜让我知足。我用辛勤的汗水赢得了教育的悦纳,用执着和坚守圆了人生的梦想,我会始终眷恋三尺讲台,践行为师之道,在探求跋涉的行知路上书写更多人生的华章!

经典课堂

"青春无烟,灿烂无比"主题班会活动课设计

一、主题班会活动课背景

2013 机械试验班班底较差,高一进校时入学平均分数只有 167 分(中考总分 630 分),学生不仅学习习惯差,而且行为习惯也存在着很多问题,部分学生初中就有吸烟现象。进入职校后有的学生躲到车棚、厕所等公共场所吸烟,如果不及时制止的话,这种不良现象会在整个班蔓延。

二、主题班会活动课目标

1. 充分认识吸烟的危害，促使学生积极主动拒绝吸烟。

2. 积极行动，能提供建议给烟民，引导身边的人戒烟。

3. 认识并体会到，创建无烟学校是大家共同的责任。

三、主题班会活动课准备

提前一周给同学们布置任务：以小组为单位，通过网络、图书或身边的烟民，查找有关吸烟有害以及戒烟的资料；班委充分征集意见，并形成"戒烟倡议书"；小品、快板表演等。

四、主题班会活动课过程设计

（一）畅谈吸烟危害，感受戒烟重要

1. 出示资料：教育部关于禁烟活动的通知

最近学校也发出了关于禁烟活动的通知，禁止校园内吸烟，争创无烟校园。其实，禁烟运动一直在进行，当年林则徐虎门销烟，每年5月31日为世界无烟日，以及我们中学生守则里也有明确规定：学生不能吸烟、不能喝酒等。那么，为什么三令五申要禁止吸烟呢？

目的：通过禁烟文件以及相关资料的出示，引出讨论话题：为什么我们要戒烟？

2. 现场实验：对水"吸烟"后颜色的变化

实验过程：出示一个普通的矿泉水瓶，里面装着少量的水，请大家观察水的颜色。然后在矿泉水瓶盖上装一个过滤嘴，上面插一根香烟。在矿泉水瓶旁开一个孔，这个孔与一个打气筒连接，就好像人的呼吸系统，通过按压打气筒完成吸烟动作。一位同学点燃香烟，一位同学按压打气筒，请大家再来观察水的颜色变化。

实验结果：观察到原来无色透明的水渐渐变成黄褐色。

解释：这是从香烟中提取焦油的实验。请大家看矿泉水瓶里的水，颜色马上发生了变化，这是香烟中的有害成分——焦油，焦油有很强的吸附性，在肺中会浓缩成一种黏性物质，堵塞你的肺泡，阻碍你的呼吸，引起肺囊肿、肺癌等。

目的：通过现场实验，同学们观察水"吸烟"后颜色的变化，让同学们对吸烟对身体的危害有切实的感受和更深入的认识。

3. 小品表演：都是香烟惹的祸

看完小品表演（脚本略），请同学们分享看完后的感受。

目的：通过小品表演和看完后感受的分享，让同学们对吸烟的危害有更进一步的认识，能与自己的学业、专业的发展以及前途联系在一起。在本环节特别要注意一些吸烟同学的感受分享。

4. 小组汇报：吸烟的危害

课前，分小组进行了资料的收集。各小组派代表进行汇报。

目的：通过小组汇报，让同学们对吸烟的危害有了多角度、多方位的认识，比如引发火灾、对牙齿的影响以及吸烟成本的核算等。

（二）积极行动，倡导青春无烟

1. 分小组讨论并全班分享：如何倡导和实施戒烟

（1）根据课前分组收集的资料，小组整理戒烟有效经验，如可以嚼口香糖或吃棒棒糖来代替吸烟；可以参加一些活动分散注意力，如打篮球、下棋等；早上起来可以喝一杯白开水；将萝卜切成丝，用纱布过滤，挤去汁液，加适量白糖，每天清晨喝一点等。根据资料，制作小组戒烟海报,与全班同学分享。

(2)请班里的一个同学在全班分享自己吸烟、戒烟的经历(略)。

目的:群策群力,在充分认识吸烟的危害后,能积极行动起来,除了自己拒绝吸烟外,我还要说服我们身边的亲戚、家长以及我们的同学加入戒烟的队伍,并能向身边的烟民提供建议,说服他们尽快戒烟。

2.宣读"戒烟倡议书",并签名承诺

请班长宣读课前形成的"戒烟倡议书"。"戒烟倡议书"具体内容如下:①远离烟草,拒绝吸烟,不在教室、寝室等公共场所吸烟。②倡导健康的生活方式,创建无烟学校。③积极督促吸烟者戒烟,告诉他们吸烟的危害,耐心说服他们戒烟,发现学校有人吸烟要及时劝阻。④希望大家以对家庭负责为起点,学会孝敬,自己绝不吸烟;以对集体负责为凝聚点,学会关心,劝阻他人吸烟;以对学校负责为制高点,学会报答,共创无烟学校。

请每一位同学在戒烟倡议书上签名承诺。

目的:通过宣读"戒烟倡议书",并签名承诺,让同学感受共创无烟学校是每一个人的责任,能积极主动拒绝吸烟,并引导身边的人戒烟。

3.戒烟宣传员的快板宣传

为了共创无烟班级、无烟校园,有一位同学毛遂自荐成为班级的戒烟宣传员。请他用快板形式建议大家戒烟(快板略)。

目的:通过戒烟宣传员的快板宣传,让同学们进一步认识到共创无烟学校需要每一个人的积极行动。

4.教师小结,并齐唱《戒烟歌》结束活动

教师小结:同学们,上星期我接到我们学校教务处通知,要求我们班从明天起去企业参加为期一个月的社会实习。3月份为文明礼貌月,我们学校积极响应教育部的号召,开展禁烟活动,因为我班个别同学也有抽烟经历,所以我觉得很有必要在明天离校前举行禁烟班会。希望通过今天的活动,同学们能深刻意识到吸烟的危害性,让吸烟现象在我班彻底消失,同时也要积极劝阻、说服你身边的家人尽快戒烟。

上星期我给大家布置了一个任务,请大家通过网络或你的家人去调查吸烟的危害性,从刚才各组组长汇报的情况来看,我觉得大家都是用心完成了老师交给的任务,尤其是方斯杰等同学根据身边的故事自编自演的小品以及费佳臻同学的快板,还有同学们做的实验都很有教育意义。

今天的班会课即将结束,感谢同学们的积极参与,踊跃发言。同学们,请牢记:远离香烟,才能让生命之花健康、灿烂。青春无烟,需要我们每一个人的积极努力。

最后,在大家齐唱《戒烟歌》(播放视频)中结束活动。

五、班会活动反思

(一)巧用资源,引起学生情感共鸣

所有活动的素材均来源于学生,真实的画面,真切的体验,加深了学生对吸烟危害的认识。如通过现场实验,同学们对水"吸烟"后颜色的变化的观察,让同学对吸烟对身体的危害有切实的感受和更深入的认识;通过小品表演和看完后感受的分享,让同学们对吸烟的危害有更进一步的认识;通过小组汇报,让同学们对吸烟的危害有多角度、多方位的认识。"没有活动就没有教育",所用的事例均来自学生的日常生活,这样的导行更有针对性。

（二）全员参与，积极发挥学生的主体作用

针对本班学生表达能力较为薄弱的特点，在班会课中有意识地培养学生的语言表达能力。所以我认为这节班会课重在过程，同学们准备的过程，实际上就是一个自我教育和各种能力提高的过程。在准备过程中，同学之间的感情变得更加融洽，同学们的集体荣誉感得到了较大幅度的提升。整节课通过以学生为主体的自主动手动脑的活动，使学生获得直接经验和多方体验，培养了学生的主体意识、实践意识、创造意识，促使学生个性特长的发展。我认为，针对本班班情，班会活动的主体应该是学生，班主任应该是指导者，引导学生在实践中学习、体会和感悟。

（三）班会课需后续延伸

班会课是为日常德育服务的，班会活动效果的发挥不仅限于课堂活动进行的过程中，一次成功的主题班会活动，学生受到的影响可能会持续很长时间，甚至会终身受益。这就提醒我们要十分重视巩固教育效果，班会课提出的教育观念需要在日常校园生活中继续强化，并通过一些润物无声的教育方法把班会课的教育观念内化成为学生的行为习惯，如班内成立班级禁烟小分队，说服制止身边有吸烟现象的同学或家人戒烟，或者利用课余时间巡逻整个校园，发现有吸烟现象进行及时制止等，让生活成为教育的延伸舞台。所以这节班会课设计还缺少后续延伸活动。

教学名师：范　群

育人有道，师爱无痕

人物档案

　　范群，中学高级教师，浙江省德育特级教师。1989年2月毕业于舟山师范专科学校中文系，同年被分配到嵊山中学任教，1995年2月调入嵊泗中学，2000年完成高师自考，获本科学历。2002年，完成了中文研究生课程的进修。2007年9月调入嵊泗县初级中学任教。

　　在27年的班主任生涯中，她努力探索"生生相长，科学管理"的模式，通过学生和学生之间的影响和评价来促进学生的成长。所提炼的班级管理经验被省教科院收入全省班主任培训教材，多次在省里开设班主任经验讲座，特别是"雁行小队的德育运行模式"项目经过层层遴选，跻身省农远工程十大优秀农村素质教育案例之列，编制完成的成果在浙江教育资源网上精彩呈现。《今日早报》《青年时报》《浙江日报》都对她其中一些创新做法进行了报道。

　　先后获得浙江省中小学师德楷模、省优秀教师、省首届十佳心育导师、全国优秀教师、全国中小学优秀班主任、省十佳最美教师、省功勋教师、全国先进工作者等荣誉称号。

教学艺术

动起来，班会课更精彩

班会是班级教育活动的形式之一，是班主任对学生进行思想品德教育、培养学生综合素质的重要渠道。作为学校教育的一个组成单元，它的状况直接影响到学生的健康成长。但现今的班会课存在着很大的随意性、零散性和突击性。班会活动内容单调乏味，形式呆板重复，没有发挥出应有的效果。引用上海市特级教师丁如许的一段话：班会课成了逢年过节的"应景式"，配合检查的"突击式"，放任自流的"自由式"，改上他课的"加塞式"，不论年级的"一律式"，内容重复的"老调式"。在这些问题中，特别严重的是"老调式"，完全是班主任一人的独角戏，班会课的实效性不理想。

我们都知道，课堂教学要充分发挥学生的主体作用。只有提高学生的参与性和主观能动性，才能促使学生最大限度地关注世界，观照自我，获得真实的情感体验和心灵的触动，才能达到最佳的德育效果。

因此，每个班主任在设计一堂班会课前要问自己两个问题：我们为谁开班会？我们为何开班会？答案是毋庸置疑的。明确了问题的出发点，我们设计一节班会课的角度也就清晰了，那就是必须从学生的角度出发，从学生的心理、情感、认知出发，投其所好。另外，要明确的是，在道德认知上，教师是从"已知到已知"，而学生往往是从"无知到已知"，教师首先就要克服这个思维的限制，换位思考，把自己变成学生，从"已知"变"无知"来设计自己的班会课。

把自己变身为学生，就应该明白学生天生是喜欢活动的，当然这种活动不是毫无意义的乱"动"，而是紧紧围绕主题，创新形式，是生动之"动"，是灵动之"动"，是学生进行自我教育的最佳方式。我们的班会课就是要让学生"乐动""善动"，"动"得开心，"动"得精彩，从而有效实现德育目标。

一、独特的选材让学生"乐动"

从班会课的材料来说，最忌讳的就是使用理论性的材料和老生常谈的故事。诸如我们写议论文时常用的论据，包括名人轶事、名言警句等。从多年的班会课教学中，我发现最吸引学生的是两类材料，一是来自学生生活的"草根"素材，二是时尚新颖、对思想有巨大冲击力的素材。

1. 选材要"草根"

"草根"指的是材料贴近学生的生活，是来自学生中的真实事件，因为来自学生，才更能引起学生的兴趣和共鸣，触发他们思考和参与。在"责任是心中爱的撒播"主题班会上，我事先偷拍了学生打扫卫生、搀扶同学去医务室、教同学做题等照片，做成幻灯片。由于拍的都是背影，我给幻灯片取了个题目，为《最美背影》。我让大家猜一猜照片中的主角，一下子勾起了大家的兴趣。由于学生穿的都是校服，一下子很难辨认，大家纷纷猜测叫嚷起来，被点到名字的同学都十分高兴，照片中的主角更是充满了自豪感。这个环节让学生在"嚷嚷"

中感受到做一个有责任感的人是多么自豪。

再如在准备"尊重是金"这一主题班会时，我事先收集了班里学生的绰号，在班会课上让大家给绰号分分类，哪些是侮辱性的，哪些是昵称，这些绰号几乎涉及了全班同学，当幻灯片呈现全班同学的绰号时，教室里一片笑声。笑过之后，那些有着最不雅绰号的同学最先站起来分类，其他学生积极补充。通过绰号分类，学生懂得了夸大别人的缺陷，给别人取绰号是不尊重他人的表现。最后我请学生把幻灯片上的不良绰号一一删除，又进行了一个"改绰号"的环节。"小姚明"取代了"长脚鹭鸶"，"小博士"取代了"四眼田鸡"，"李秀才"取代了"小白"等，绰号变成了昵称，同学之间的关系更加亲密。

苏霍姆林斯基曾说过："唤起人实现自我教育，才是一种真正的教育。"在以上两个环节中，不论是"猜最美背影"，还是"绰号归类"，都是学生自我教育的过程。而能让学生进行自我教育的要素之一就是选用"草根"素材。来自学生的"草根"素材很多，像学生的 QQ 名字和签名、学生的生日和星座、学生喜欢的明星和歌曲等都可以成为班会课的最佳材料。

2. 选材要"高端"

"高端"在词典中的意思是等级、档次、价位等在同类中较高的。"高端"素材在这里可以理解为新颖时尚、能挑战习惯思维的材料，这样的材料最能引起学生的思索和触动。

在"赢在挑战"主题班会上，我先出示了澳大利亚残疾青年尼克·胡哲的照片，我问学生，一个没有四肢、仅有上半身的人能做些什么？学生眼中流露出惊讶、怜悯和疑惑。请几个学生回答，都是一脸茫然地摇头，然后我播放了尼克"踢"足球、游泳、做菜、穿针的照片，学生的惊叹声一阵阵传来，当我播放尼克迎娶美丽健康的新娘时，教室里传来了阵阵掌声。这个没有四肢的"海豚人"的故事震撼了同学们的心灵。在接下来的"我想对尼克说"这个环节里，学生反思了自己懒散懈怠、畏惧挑战的思想，和尼克进行了一次深度的心灵沟通。最后我向学生推荐了他的自传《人生不设限》一书。这堂班会课收到了很好的效果，学生们的学习状态比班会课前好了很多。

这个学期，我设计了"假如你喜欢上了 TA"的班会课，引入在第 45 届国际化学奥林匹克竞赛上分获冠亚军的董宇阳、孙维维的情感故事。报纸上《高中学霸情侣双双斩获奥赛金奖，强力逆袭中学生恋爱价值观》的题目就很能夺人眼球。我在介绍这个故事后，会让学生讨论主角孙维维的一段话"最开心的不是得了什么奖牌、什么名次，而是和你并肩站在了最后的领奖台上！爱 TA，就和 TA 一起走向优秀！"相信学生一定会有很多的感言。

"高端"素材生动活泼，很有深度，要想获得这样的素材，就需要班主任做个有心人，多读书看报，及时收集有用的资讯，为自己所用。

二、新颖的形式让学生"善动"

班会课的形式很多，有演讲、辩论、表演等，但最有效的是体验性的活动形式。体验是指由身体性活动与直接经验而产生的感情和意识。体验是学生生命中的重要经历，是学生有意义的生活构成。体验性的活动，需要教师巧妙创设情境，引入有趣的游戏，让学生"善动"。

1. 巧妙创设情境

情境能给主体的意识以直接的感受，是"主客融合、物我同境"的一种境界。在"报得三春晖"的班会课上，我为了让学生更真切地体会母亲的辛劳，让孩子暂且抛去青春期的叛

育人有道，师爱无痕

逆，和母亲来一次亲昵的接触，我特地请来了部分家长，邀请她们和孩子一起做"寻找妈妈"的活动。我创设了这样的情境：地震过后，一片漆黑，狂风呼啸，人影散乱，你和妈妈失散了，你声嘶力竭地呼唤声，妈妈听不见，你只能靠触摸一双双的手来辨认亲人。我请妈妈们坐好，给她们的孩子戴上眼罩，配上模拟狂风暴雨的音乐，学生们踏上了"寻亲之旅"，她们焦急又细心地触摸母亲们的双手，直到找到自己的妈妈，母女拥抱在一起。

接下来的"护蛋运动"更是让学生深受触动，我发给学生一人一枚生的鸡蛋，让他们放在口袋里，告诉他们，鸡蛋就是还未出生的小宝宝。然后让他们分组上来做广播操中动作最激烈的部分，要求动作准确到位，鸡蛋完好无损。学生蹲也不敢蹲，跳也不敢跳，高度紧张地完成了动作，教室里早就笑成了一片。这个活动意在告诉学生母亲怀胎十月的不易。班会课结束后，有学生在周记中写道："真没有想到，妈妈的手竟然如此粗糙，那都是为这个家操劳的啊！"还有的学生这样写："一枚小小的鸡蛋就让我担心得要命，母亲在怀我的时候，不知经过了多少个难眠之夜，不知受了多少罪。"这样情境的创设，比引入那些歌颂母爱的名言警句有用得多了。

2. 引入小游戏

学生都喜欢做游戏，围绕主题开展的游戏真正体现了"寓教于乐"的思想，在欢快的气氛中达到教育的目的。如为了让学生明白时间的宝贵，可以让学生做"一分钟击掌实验"，在 1 分钟里学生最多能鼓掌 200 次，学生在惊讶之余明白了一个道理：只要充分利用时间，每一分钟都可以创造无限的精彩。

为了让新同学尽快建立和谐的关系，就可以采用"同心圆"游戏。所有的同学围成里外两圈，相向而立。音乐响时，同心圆内外圈反方向转动。音乐停止时，面对面的两个同学彼此握手寒暄，并夸奖对方的优点，越多越好。音乐声再起时，游戏继续进行。几轮游戏以后，原本陌生的学生变得亲近起来，学生对班集体的陌生感也随之消失。

还有像"拷贝不走样""你来比画我来猜""纸上站人"等游戏，无不考验一个团队的互助精神和合作能力，特别是能让那些内向或对集体冷漠的同学也能够参与进来。当然，在游戏的选择上最好是需要团体协作来共同完成任务的游戏，这样能够增进团队成员之间的默契和信任。

不管是创设情境，还是引入游戏，都是引导学生"善动"，在突破重难点时，"善动"很重要，在训练学生"怎么做"的时候，"善动"很必要。

总之，班会课要善于唤起学生实现自我教育，从学生出发，采用独特的选材，让学生"乐动"；采用新颖的形式，让学生"善动"。在生动的课堂里，放飞学生灵动的思想，收获教育的成功。

成长经验

在"逃离"中回归

从 1989 年参加工作至今，已经过去了 27 年，在 27 年的教育生涯中，我一直担任班主任工作，有过抱怨，也有过迷茫，但更多的是充实和快乐。我认为我和学生的相逢就是缘分，我的工作就是为学生的终身幸福奠基。一路走来,难免磕磕碰碰,甚至想过放弃,但最终我还是坚守下来,并体会到了巨大的成就感。

是成长路上的三次"逃离"让我反思自己的失误,追寻育人的真谛。在这过程中,我学会了等待,学会了公平,学会了借力,在"逃离"中回归,回归教育的本真。

一、学会等待,拥有"花苞心态"

第一次"逃离"的人叫小勇。

班里有一个叫小勇的学生,从小受父母的宠爱,养成了他任性蛮横的性格,学习不认真,还经常惹是生非,刚开学就在全校大会上被学校点名批评。很多老师对小勇失去了信心,也劝我不必在他身上花太多的精力。我却坚信,只要无微不至地关心爱护他,多多地鼓励教育他,他肯定会转变的。

接下来,我把很多的精力用到了他的身上:每天和他沟通交流一次,每天放学把他单独留下来辅导功课,给他安排品学兼优的同桌,活动课陪他打羽毛球,在他生日那天特地把蛋糕送到他的家里。凡是可以表达我爱意的举措我都做了,有时连我自己也被感动了,觉得小勇肯定会彻底改头换面,朝着我期望的方向发展。可是,没过多久,一个家长就告上门来,说小勇经常在校门口敲诈勒索他的孩子,孩子都不敢来上学了。我知道后尽管十分气愤,但念他是初犯,就把他叫到办公室,语重心长地教育了他一番。怕他再犯这样的错误,我连续一周陪他一起放学回家,他也表现出积极悔改的样子,并叫我不必再陪他回家。我为自己的做法能奏效而窃喜。

可是好景不长,他独自回家的第三天就故伎重演,还把人打出了鼻血。这次,我的愤怒到达了极点,面对着犯了大错依然"昂首挺胸"的小勇,我的"火山"爆发了,当着全班学生的面,我把我所能想出的最难听的话语如机关枪般向他扫射出来,我说的最后一句话是:"有本事,你就别再进这个班级!"小勇冲出了教室,他真的没有再进这个班级。他回家后要求父母给他转学,但是由于他的表现太差,没有学校愿意接收他。事后我很后悔,也去过他家家访,但他固执地一再拒绝。他就整天无所事事地在街上晃荡,经常惹祸。

静下来想,自己当时为什么会这么急躁、冲动,甚至刻薄呢?与性格无关,与无知有关。对教育规律的无知,对孩子成长规律的无知,对青春期孩子特点的无知,让我愚蠢地认为"小恩小惠"就能彻底改变学生,教育的真谛就是一付出就有回报。慢慢地,我读了一些书,外出听专家的报告,懂得了学生的身心发展是有规律的,并且具有巨大的发展潜能,要学会等待,其实就是要多一点宽容。破茧成蝶需要时间,需要等待,所以面对学生,尤其是面对迟开的"花朵",我们要拥有一种"花苞心态",承认差异、允许犯错,使孩子能透过失败看到成功! 没有任何真正的教育是可以建立在轻蔑与敌视之上的,也没有任何真正的教育可以依靠训斥与惩罚来实现。真正的教育只能建立在尊重与信任的基础上,建立在宽容与鼓励的前提下。

后来的日子我变得从容理性,当学生经常上网吧屡教不改时,我不再恶言相向,而是和他约定每天晚上一通热线电话,允许他偶有反复,直到他彻底改变;当学生为"情"所困时,我不再状告家长,而是 QQ 长聊,站在学生的一边为他考虑;当学生想变性并刻意改变女性形象时,我没有惊慌失措,而是从网上收集了大量做变性手术的资料,如医院、费用、后遗症等,还搜集了变性人在就业、婚姻家庭方面的问题,把这些资料提供给孩子以后,孩子渐渐地明白了改变性别的许多困难，重新回归到女生的行列。

学会了等待，拥有"花苞心态"，学生才不会"逃离"。

二、学会公平，培育大爱智慧

如果说小勇的"逃离"源于我的粗暴，那么小慧的"逃离"则是因为受不了我的宠爱。

小慧是我们班的学习委员，聪明伶俐，长相甜美，德智体美全面发展，琴棋书画样样都会，这样的学生怎么不令我欣赏喜爱。于是，我把班级的大小事务都交给了她，也把很多的赞美和荣誉给了她，还推荐她参加了市县的许多活动，这些活动往往名额很少，很多学生可能三年都轮不到一次。我觉得，小慧在这个班级里一定会非常开心，也一定会对我感恩戴德。可是，有一天上午，她居然没有来上课，也不在家里，我和家长最后在沙滩边找到了她，这才知道了她想辍学，想逃离这个班级。

原来，因为我对她的偏爱，她在班里成了"孤家寡人"，经常受到同学们的讽刺和挖苦，也失去了许多朋友。昨天放学她收到了一封没有署名的来信，指责她抢走了老师全部的爱，是全班的公敌。这封匿名信让她对这个集体彻底失望了，这就是她不想来上学的原因。

知道事情的来龙去脉后，我扪心自问，难道我不关心其他的学生，眼里只要小慧？答案是否定的。我每天忙忙碌碌，操心班级大大小小的事情，关心学生的学习和思想，我自认为是一个负责的班主任。只是我的思想中还有陈旧的学生观，潜意识里偏爱成绩优秀的学生，导致我的爱的阳光播撒得不够均匀，给每个学生的爱不够等同，重视了个别，而忽视了整体；对小慧的偏爱，不仅没有激励她奋发向上，反而带给她无尽的烦恼，同时也伤害了其他学生，降低了自己在学生心目中的威望，真是得不偿失呀！看来，爱的智慧博大精深，爱的最根本原则是公平。

公平要求班主任应坚持"一个标准"。在处理班级事务时，尤其是奖惩方面，对学生应使用一个标准，一碗水端平，不厚此薄彼，把每一个学生看作是自己的孩子。作为一个班主任，应该运用不同的方法、手段帮助每个学生获得成功。

懂得了公平的重要性后，我在班级管理上处处注重细节，不再让学生有不公正感觉：排座位时按照高矮排，不因家长或学生要求而随意调换座位；班级评优评先都通过学生的民主评议产生；班级活动中，把更多赞赏的目光投给了那些后进学生。渐渐地，学生不再孤立小慧，也不再在背后议论我，班级又恢复了昔日的和谐温馨。

感谢小慧的这次"逃离"，让我懂得爱生的真谛，懂得公平的力量。

三、学会借力，创新育人艺术

这一次"逃离"的主角是我。

班主任当到第18个年头时，我有些厌倦了。工作太累，什么都要管，大到学生的学习、习惯、情感，小到穿着打扮，事无巨细，都要一一过问，差不多是个全方位的"高级保姆"。同时高强度的透支，不仅使我身心俱疲，也没有时间去学习思考，自己的专业成长受阻。但是班主任又不能不当，怎么办？唯一的办法就是改变原来的工作方式："逃离"保姆式的管理方式，借助他人的力量齐心协力建设班集体。那么，借谁的力最好呢？

青春期孩子身心发育迅猛，他们与父母和老师的距离增大，同伴间的吸引却增加，他们往往厌烦师长的教导，却对好伙伴的劝导言听计从。所以，借学生的力是最佳策略，完全可以依靠同伴的力量给学生以影响。学生在同伴的互相影响下共同成长,获得双赢。正是在这样的想法下,我努力探索"生生相长,科学管理"的模式,通过学生和学生之间的影响和评价来促进学生的成长。

我别出心裁地搞"同桌节"活动,融洽"邻居"关系;组建"雁行小队",遏止两极分化;评选"魅力男女",巧用异性效应;家长会让"小鬼当家",长幼同乐;编制成功存折,激励学生成长。这些做法都是自己慢慢琢磨,长期坚持并取得了一定的效果的。特别是"雁行小队的德育运行模式"经过层层遴选,跻身浙江省十大素质教育案例之列,进入学术研究与成果转化的高端视野,在浙江教育视频网站精彩呈现。拍摄的电视专题片获得全国金奖。

育人模式的创新让我从烦琐的班主任工作中解脱出来,有了自己专业成长的时间,也进一步体会到了班主任工作的乐趣。有人曾说:教师的生命是一个长长的句子,艰辛是定语,耐心是状语,清贫是补语。我觉得这句话只说对了一半,因为对于一个把教师职业当作事业的教师来说,教育并不是牺牲,而是享受,教育并不是重复,而是创造。这样的境界,我一直在追求。

我期待自己就像百合,展开是一朵花,凝聚是一枚果!

我相信自己不会再逃离,会坚定信念,做个最优秀的教育人。

经典课堂

直挂云帆济沧海

——"船文化"主题活动设计

一、活动目的

1.认知目标:让学生了解船的发展历史、丰富种类等知识。

2.情感目标:探究船文化的深刻内涵,激励学生积极上进。

3.行为目标:通过让学生设计"未来的船",提高学生的想象和创新能力。

二、活动理念

船,作为一种古老、不可替代的交通工具,承载了中国的许多文化。大海是船的家,船是海的魂。船被文人称为"浮宅",对于渔民和旅人来说,船就是在海上的家。人们依靠船捕鱼、经商、旅游,对他们而言,船不单单是谋生或摆渡的工具,而是安全的庇护地和心灵的栖息所。随着时代的发展,船更具安全性和美观性,也被人们赋予了更多的文化内涵。研究海洋文化,最不该被忽略的就是船文化。

本次主题活动,想通过四个系列化的活动,让学生了解船的相关知识,想象绘画"未来的船",探究船文化的深刻内涵,最后用赠送船形书签的方式,启迪学生在人生路上不怕困难,乘风破浪。活动设计从认识船到亲近船,然后再绘制船,最后是祈福船;由船的科学知识到文化内涵,由浅入深,从动脑动口到动手动情,步步深入的活动让学生对船文化有一个深入的了解。

三、活动准备

1. 事先把学生分成四个小组，推选组织能力强的学生担任组长，便于开展活动。

2. 联系当地有船模的博物馆，考察景点，确定学生参观的时间，并联系车辆。

3. 摸排学生家长中担任渔老大的家长，请他为学生讲解渔船的基本常识。

4. 提前和美术老师沟通，做好科幻画的备课工作。

四、活动过程

活动过程分四个板块。

第一板块：认识船。

认识船是了解船文化的基础，通过研究性小组的学习，让学生比较全面地了解船的各种知识，激发学生的兴趣和求知欲，为下一步的活动打下基础。

1. 收集资料：把全班学生分成四个小组，确定组长。组长再进行分工，每组负责一个小课题进行研究，布置学生利用双休日时间上网或者查阅书籍，把收集的资料汇集给组长。其中第一组负责研究"船的发展历史和种类"，第二组研究"历史上著名的船和它们的故事"，第三组的主题是"有关船的民俗"，第四组的题目是"文学作品中的船"。

2. 整理汇编：组长对收集的资料进行筛选和整理，制作好幻灯片。在制作幻灯片时要注意知识的介绍要充满趣味性，图文并茂，可以编制一些趣味问题。

3. 分享收获：利用班会课时间各组进行汇报。组长指定汇报同学，每组汇报时间八分钟左右，预留两分钟让同学提问。每组汇报一结束，班主任对资料收集和讲解的成果进行点评。

船文化分享之一：船在中国的发展史。

中国是世界上最早制造出独木舟的国家之一，并利用独木舟和桨渡海。7000多年前，人类发明了船。《易·系辞》谓："刳木为舟，剡木为楫，舟楫之利，以济不通致远。"独木舟就是把原木凿空，人坐在上面的最简单的船，是由筏演变而来的。虽然这种进化过程极其缓慢，但在船舶技术发展史上却是重要的一步。独木舟已经具备了船的雏形。在中国，商代已造出有舱的木板船，汉代的造船技术更为进步，船上除桨外，还有锚、舵。唐代，李皋发明了利用车轮代替橹、桨划行的车船。宋代，船普遍使用罗盘针，并有了避免触礁沉没的隔水舱。同时，还出现了十桅十帆的大型船舶。15世纪，中国的帆船已成为世界上最大、最牢固、适航性最优越的船舶。中国古代的航海造船技术，在国际上处于领先地位。

船文化分享之二：人类史上最著名的十艘船

1. 英国皇家邮轮——泰坦尼克号。成名原因："绝不会沉没"的沉没船。

2. 美国战舰——亚利桑那号。成名原因："珍珠港事件"中1177人遇难。

3. 德国战舰——俾斯麦号。成名原因："二战"时体积最大、速度最快的战舰。

4. 美国战舰——缅因号。成名原因：该船的爆炸和沉没成为了美西战争的导火索。

5. 英国皇家海军舰艇——胜利号。成名原因：历史上最大、最著名的风帆战列舰之一，也是英国当年海上霸权的象征。

6. 美国战舰——密苏里号。成名原因：日本签署无条件投降书的地点，为第二次世界大战画上了句号。

7. 美国战舰——宪法号。成名原因：服役时间与美国海军的历史一样长，且永不退役的船。

8.美国北方海军小型装甲炮舰——莫尼特号、南方邦联海军装甲舰——弗吉尼亚号。成名原因:近代海上炮战中首次投入的铁甲舰。

9.英国潜艇——亨利号。成名原因:海战史上第一艘击沉敌舰的潜艇。

10.葡萄牙货船——圣玛利亚号。成名原因:传说中神秘鬼船的原型。

第二板块:亲近船。

充分挖掘本地的"船资源",如展览馆、码头、旅游景点等地方,既让学生看到多种渔船模型,又让学生真实地接近捕捞船和运输船,还可以让学生欣赏到景区里富有特色的艺术船模。顺序为先总体了解船的种类,然后理解船的实用功能和艺术价值。可以根据路程和时间,选择以下两三项活动。

1.参观船模展览馆。学校每周都会有一次研究性学习,为两课时,我们就可以利用这个时间段带领学生到附近展览馆参观,听讲解员介绍渔船的类型和特点,学生记录并拍照。如果路程较远,要提前联系好车辆。

2.到码头边参观渔船和运输船,请船老大介绍渔船的吨位、捕鱼的过程、生产的方式等知识。如果条件允许,学生可以进入船舱进行参观。

3.参观景点里的艺术船。海边的景点门口或者中心区域会有船的景观,这些船各具特色,富有观赏性,像朱家尖的绿眉毛、嵊泗的鉴真东渡船等。

第三板块:设计船。

举行"未来的船"科幻画设计比赛,主题为"绿色智能,蓝色梦想"。这一活动旨在进一步提高学生对船的兴趣,提高学生的创新能力。设计要突出三个要素:一是低碳环保。随着科学技术的发展和人们对"绿色""环保"的呼唤,高技术含量、低消耗、零排放的绿色船舶必将成为船舶业发展的新方向。二是功能多样。它可以飞到天上,也可以跑在地上,还可以漂在水上,潜到海底;它既能变大,又能变小。三是外形要时尚。可以打破传统轮船的外形结构,设计够酷、够靓的新型船。

1.请美术老师指导科幻画的创作要领。特别要提示学生,科幻画不是一般意义上的绘画,它要富有时代性,有一定前瞻性、科学性和技术内容含量。"今天的幻想,将会成为明天的现实。"

2.学生或单独或合作进行创作,设计应在"绿色智能"主题的基础上尽可能有所创新。要给船取好名字,就大赛主题,以优美的文字诠释对绿色文化和未来科技的畅想。纸张要求 4K 大小素描纸或是卡纸,作品右下角用 200 字左右诠释画面。背面右下角注明姓名。

3.展示并张贴同学们的作品,每组推荐两名代表作为评委,主要以"创新性、观赏性"等方面对科幻画进行评分,评选出最富创意的科幻船。本次比赛根据最后的成绩将设一、二、三等奖若干名,及鼓励奖若干名。

第四板块:祈福船。

船的发明在人类文化史上具有重要的意义,它的出现使无边水域成为可以自由航行的空间,因此在文化审美和思想价值上,船的意象丰富深沉,寓意深刻。船的意象首先意味着获救与希望,诺亚方舟是船的经典形式。其次是超越和突破,因为水对于人类是一种阻隔,而船却是桥梁,连接起此岸与彼岸,连接起陆地与水域,连接起渺小的心与广袤的宇宙。船对水这种自然强力的挑战与突破,在对神秘宇宙的探索方面具有开拓意义。船的这种开拓探险精神被世代传承。

育人有道·师爱无痕

基于对船的"希望""超越"这些意象的把握,这个环节的设计以船形书签为载体,让学生们在上面写上鼓励和祝福的话语,互相赠送,寓意着人生就像大海,奋斗的过程就是船只乘风破浪、一往无前的历练。在这样有象征意义的书签上写上鼓励同学的话语,会更加形象直观,富有感染力。

1.教师印制好船形的书签,画面是简笔画的线条,要有船帆,便于学生在船帆上写字。

2.学生在书签上写上鼓励和祝福朋友的话语。由于书签面积有限,学生所写的励志话语不要超过 50 个字,建议最好使用一些与"船"有关的成语和诗句。

3.为同学过集体生日的时候,同学们把写满鼓励话语的船形书签赠送给自己的好朋友。教师应该准备好背景音乐,制作好幻灯片的背景,背景可以为波涛汹涌的大海。每个同学依次大声朗读自己的赠言,班主任可以选择其中特别有哲理或励志的赠言进行点评。

班主任的结束语:船是水边百姓世代赖以生存的依托,是青春少年直挂云帆的雄心壮志,是行船人远航回家的翘楚期待,是造船人铁血铸就的情感寄怀。船行驶七千年历史,厚载五千年文化,历尽了人生的恩恩怨怨,浓缩了世间的风风雨雨。

船的文化绚丽而浓烈,她开启了我们的心灵,她滋润了我们的情怀,她凝聚了我们的文化力量,寄托了我们的人生理想。就让我们记住"长风破浪会有时,直挂云帆济沧海",驾驶着人生之船驶向理想的彼岸。

五、活动点评

本次探究"船文化"主题活动,由"认识船、亲近船、设计船、祈福船"四个板块组成,在内容上逐层递进,对学生来说既有知识的收集学习,也有身临其境的参观活动,更有实践动手能力的培养,所以,学生参与的积极性非常高,无论是在网上查找资料还是设计"未来的船",始终兴趣盎然,探究的热情高涨。学生纷纷认为自己虽然生活在海边,但是对船文化却知之甚少,这次主题活动,让他们更加了解了船的类型、功能、文化,更理解了父辈们对船的情感,受益匪浅。

教学名师:娄　敏

勤于思,敏于行
——做一个有思想的幼教人

人物档案

娄敏,大学本科学历,中学高级教师,浙江省特级教师。

1987年8月至2001年8月,定海城关幼儿园(现名舟山幼儿园),任园长助理。

2001年9月至2006年12月,舟山南海实验学校幼儿部,任园长助理、副园长;2007年1月至2009年10月,南海荷塘月色幼儿园,任园长;2009年11月至今,舟山幼儿园,任园长兼书记。

擅长绘画、书法,喜欢看综艺节目,还爱下棋,喜欢欣赏服饰的流行元素,欣赏、借鉴商场精致、个性而时尚的装饰,供创设幼儿园环境之用。喜欢大自然,喜欢旅游,从中捕捉教育元素,获得灵感。

2000年,被评为浙江省教坛新秀;2001年,被评委浙江省青年科研标兵;1999年至2011年,连续四届荣获舟山市学科带头人称号;2008年,荣获舟山市三八红旗手称号;2012年至今先后荣获第五届、第六届、第七届舟山市拔尖人才称号;2010年荣获浙江省第十批特级教师称号。

舟山市学前教育研究会会长、浙江省学前教育研究会理事、浙江省基础教育课程改革专家指导委员会幼教组成员、浙江省中小学名师名校长工作站学前教育名师工作室导师、舟山市中小学首批名师工作室导师。

教学艺术

一、教学风格

娄敏非常关注3～6岁幼儿的经验和需求，积极探究幼儿的学习路径和方式，站在幼儿的角度思考设计活动，让幼儿在玩中轻松愉快地学习，让教学目标和要求隐含在游戏玩法中驱动幼儿积极主动地投入活动，并力求用整合的理念、游戏的情景、生动有效的语言去组织各种教学活动；从幼儿不同的年龄、兴趣、能力、学习的需要出发进行"因材施教"，敏感捕捉幼儿互动中有价值的信息，给予积极的回应，并生成有意义的教育活动，教学案例曾获省、市比赛一等奖。目前正带领着市名师工作室的成员，以"教学活动游戏化"进行研究，以教、研、训一体化为主要途径，尝试开发"好玩、能玩"的活动游戏，努力让大家成为"会玩、乐玩"的魅力教师，真正落实寓教于乐的教育理念。

她多次承担省、市内的名师送教活动，如在浙江省教育厅"百人千场"名师送教活动中进行教学活动展示、点评。也多次承担浙江师范大学"国培"和"省培"项目。参加了浙派名师的教学活动展示。在浙江省特级教师年会中作教学活动的专题点评，在省"疑难问题解决"各种教育专题研训活动、省园本精品课程展示研讨会上主持论坛，并作互动点评。在浙江省行知论坛"我的教育思想与实践"专场中，把近几年来关于"教学活动游戏化"的研究成果向大会作报告，并进行现场展示。近几年多次在省内外讲座和教学活动中，展示自己教学活动游戏化的理念和行为。

二、教学科研

主持研究了4项浙江省规划课题、1项舟山市规划课题和1项舟山市重点教育科研项目，其中省规划课题"混龄幼儿交互活动促进幼儿人格发展"获浙江省科研成果二等奖，省规划课题"混龄幼儿交互活动促进幼儿综合发展"获由浙江省人民政府颁发的第二届省基础教育教学研究成果一等奖。省规划课题"班级不受欢迎幼儿的个案辅导及相关研究"结题报告获舟山市优秀论文一等奖，省规划课题"幼儿园区域活动的观察指导的实践与研究"获2013年浙江省科研成果二等奖，"幼儿园区域活动'观察'指导体系建构及方式探究"获2016年舟山市基础教育教学成果一等奖。编写40多篇论文和教育案例，其中一部分获省市一、二等奖，一部分在教育类核心刊物上发表。

成长经验

勤于思，敏于行

——做一个有思想的幼教人

光阴似箭，我与幼教结缘已经29年了！回眸这些年，忙碌而充实。在这个过程中，我感觉越来越爱孩子，越来越理解家长，越来越赏识老师，越来越投入这份事业，并乐在其中。一路走来，我经历了成长的三个阶段。

第一阶段:注重教学实践与感悟——纠结中的"转变"期,主要在城关幼儿园(现名舟山幼儿园)工作期间。

第二阶段:在科研中促进教学能力提高——高强度的"历练"期,主要在南海实验学校幼儿部工作期间。

第三阶段:带领团队提高课程的执行力——协作中的"共进"期,主要在舟山幼儿园工作期间。

一、转变——成功入门,奠定基础

1. 萌发兴趣

与幼教结缘是我母亲的意愿,记得当年毕业于余姚师范学校的母亲苦口婆心做了我整整一个月的劝说工作,让我报考浙江幼儿师范学校。那个假期,我除了收到浙幼师的通知书,也收到了浙江省重点中学舟山中学的入学通知书,因为舟山中学的老师以为名列全市中考第33名的我肯定不会去读中专。已工作的哥哥送我去浙幼师入学,我清楚地记得他临走前问我:"你若后悔还来得及,现在就跟我回去。"犹豫中,我留下了。1987年毕业那年,城关幼儿园李惠珍园长热情地让我去城关幼儿园工作,那是我童年待过四年的幼儿园,园长就是我儿时的班主任。尽管有那么深的情结,但入职之初,我儿时入美院的梦想仍萦绕于心,于是我白天上班,晚上进画室备考美院,一直想实现我的梦想成为美术工作者。

为了能够轻松带好接过的大班,我在备课时就想些策略去对付那些"调皮"的孩子,第二天果然受用,但几天后往往失败,于是我又在备课时准备好小游戏去吸引他们,逐渐感悟到要用多种方法和途径去吸引孩子,孩子喜欢了就会听你的,你也就轻松了,后来才知道这就是反思。

一学期下来,我得到了孩子的喜欢和家长的认可。一年后我带小班,有许多家长选择了我的班级,一种被认可的喜悦感油然而生,也体会到了"金杯银杯不如家长口碑"的分量。带着家长的信任和园长的厚望,我的责任心与日俱增。我认真备课,思考着怎样的目标定位符合我班孩子的年龄特征,怎样的环节安排能实现教学目标,怎样的教具能激发孩子的操作兴趣。我投入于带班活动中,决心不辜负大家的期望。

2. 建立自信

临近美院高考的日子,舟山市首届幼儿园教师技能技巧比赛即将开始,园长让我参加比赛,我万分纠结。记得李惠珍园长找我谈心说:"你很适合做幼教这项工作的,行行出状元,以后去读华师大也不错的……"园长的鼓舞驱使我作出选择参加弹唱跳画的全能项目。经过一关关比拼,我幸运地获得了全市全能第一名,但与此同时也错过了考美院的日期。这一次的成绩让我找到了当幼儿园教师的感觉。在一次次成功展示观摩活动的经历中,我转变了考美院的念头。在工作中,我凭着美术特长与兴趣,尝试了水墨画的教学。在那个年代,市场上幼儿学水墨画的书籍非常少。为此,我请教我的画家师傅,周六还在幼儿园义务开起了水墨画兴趣班,从教学实践中总结教学方法,在全市水墨画公开教学活动中得到了同行的极大认可,梳理的情景式水墨画教学方法获得了舟山市论文二等奖,《我教幼儿学水墨画》在省级刊物《家庭教育》上发表。

每当我把画家笔下的作品和我自己户外写生的作品给孩子欣赏时,我发现孩子对我的

勤于思,敏于行

画更感兴趣,我便有意识地把爱生活的热情传递给了孩子,用我的敏感唤起孩子发现美的兴趣。

每当看到孩子一张张稚拙中透着灵动的图画,我感动于孩子丰富的想象力和无穷的潜力,这些都促使我去探究孩子。我班的孩子在多次的现场作画展示中获得好评,更让我欣慰的是有些家长说孩子后来一直对绘画保持着浓厚的兴趣,其中有两个孩子已从美院毕业从事美术工作。

在13年的工作中,园长的赏识给了我带好班的信心。我在承担大量公开教学活动和观点交流任务时获得了许多锻炼的机会,我非常感谢李惠珍园长、余雪艳园长给我搭建成长的平台,并鼓励我、帮助我在各种活动中获得成功,她们对事业的执着和热情也深深地感染了我。2000年,我被评为舟山市首届学科带头人(全市幼教学科共两名),这让我坚定了"做个好教师,实现自我价值"的信念。同年,余雪艳园长让我在城关幼儿园担任园长助理,走上业务管理的岗位,希望我能带领教师共同成长,她的谆谆教诲让我难忘。

二、历练——积累沉淀,走向成熟

2001年,南海实验学校在新城开办,它是一所包含幼儿园到高中学段的国有民办学校,云集了全市的特级教师和学科带头人。我也被调入其中成为首批创业者,任园长助理(后为业务园长)兼全额班主任工作。在繁忙的工作中,我梳理经验、提升经验,感受着赵雅尔园长的智慧和领导艺术。我和姐妹们在精英荟萃的大学校中浸润着文化,在充满智慧的团队中共同前行。

1. 把问题变成机会

在南海幼儿园,我要兼顾业务管理和全额班主任工作,工作量很大。南海幼儿园开办初,很多家长因为学校的名师效应,把孩子送来。插班生中有部分孩子因为不同的家庭背景、不同的教育方式而差异很大,我和老师们都很纠结,但是静下心来想想,问题就是机会,任何问题都有解决的方法,关键是我们对待问题的态度。如果将问题变为成功的机会,就会积极地去应对,于是我们研究孩子,经常商讨有效的策略,制定阶段性目标,用一把钥匙开启一把锁。如观察班级中攻击性行为的孩子、不受欢迎的孩子、分离焦虑严重的孩子的心理特征和行为表现,积累了大量的依据,为开展有效指导以及与家长沟通奠定了基础。

我带领教师把教育的困惑作为课题来做,从观察入手,用理性的思考帮助解决现实的问题。2001年至2006年,我主持研究多项省规划课题,其中从心理学角度出发的省规划课题"混龄幼儿交互活动促进幼儿人格发展"获浙江省科研成果二等奖,后续又尝试从教育学角度来研究,省规划课题"混龄幼儿交互活动促进幼儿综合发展"获浙江省第二届基础教育教学研究成果一等奖。省规划课题"班级不受欢迎幼儿的个案辅导及相关研究"结题报告获舟山市优秀论文一等奖。"透视游戏'违规'行为,挖掘潜在教育价值"获省幼教案例一等奖,"'小狮子'变了——一例攻击性行为幼儿的矫正案例"获省心理学会优秀论文二等奖。

2. 想办法就会有办法

虽然我们把问题变成机会,但在实施过程中常常会遇到难以突破的瓶颈,譬如,个别儿童教育出现反弹的问题,混龄活动的实施缺乏理论支撑的问题。每当此时,赵园长就会鼓励和点亮我们,她经常说的一句话是:"想办法就会有办法,这条路走不通,换条路走,跨过这道坎就会到达彼岸。"她的智慧"变通"法对我帮助很大。于是我们另辟蹊径,果然柳暗花明又一村。在混龄儿童的研究中,我利用在华东师范大学读心理健康教育研究生课程班的机会,阅读了大量心理学方面的书籍,同时向浙江大学边玉芳教授(现任职于北京师范大学)求助,她建议我学习与运用"大五人格理论",进一步关注混龄儿童的人格发展特点,发挥混龄活动的交互作用。

寄宿制幼儿园的孩子一周生活在幼儿园,相对而言信息量较少。那么,如何拓展孩子的知识经验呢?我们进行了商讨,充分利用南海大学校的教育资源,根据孩子的兴趣和需要,实施了"亮眼看学校"等主题系列活动,为孩子提供了多样化的机会和条件。例如,在大学校的果园里,每位孩子认领了一棵树,观察和记录一年四季树木的变化。秋天,孩子奔跑在草坪里捉蚱蜢;春天,孩子蹲在草坪里采蘑菇,还抓来蜗牛养在活动室里,观察蜗牛的生活习性;夏天,孩子翻开石头找蚁穴。我们还带孩子走出校门,迎着暖暖的海风走进海边、沙滩,孩子深深地被各国大师的沙雕作品所感染,他们跃跃欲试,纷纷堆起了"大作",还在沙地里捡拾贝壳和鹅卵石,带回活动室装饰。在海边,孩子们追逐着螃蟹,堵着蟹洞,观察着螃蟹的钻藏方式。大自然就是活教材,这些课程内容贴近幼儿的生活,有助于拓展幼儿的经验,促进幼儿社会性的发展。

这一阶段让我感受到了学校领导和教师的精英意识,也让我感悟到,面对问题时,方法就在自己身上。如果我们积极思考,努力寻找变通之策,果断采取行动,就会朝着克服困难、解决问题的方向迈进。

三、共进——潜心研究,共同前行

1. 潜心研究

2007年1月,我在赵园长的扶持下走上了园长的岗位,创办了南海荷塘月色幼儿园。担任园长以来,我把自己视作课程执行的首席教师,我认为园长应该既是践行理念的首席教师,也是教师发展的引领者和促进者。为此,我以课程建设为载体,促进教师专业发展。我常与教师一起"下水"探究,实践证明,这是突破教育瓶颈的良策,更是深受教师欢迎的好办法。所以,我经常进入班级蹲点观察,与教师一起创设幼儿喜欢的区域环境;和教师一起进行集体活动游戏化的研究,常常共同组织一个活动,用自己的教育教学行为去诠释理念、说明观点;和教师一起分析孩子经验、解读孩子行为等。相信只要能"潜下去"深入实践,就能"浮上来"提升经验,最终促进教师的专业成长。

在南海荷塘月色幼儿园工作期间,我尽力帮助不同层面的教师取得成功,实现自我突破,产生内驱力。班组长队伍逐渐得到成长,目前她们中有一半以上已在各幼儿园任园长、副园长及教研组长。这几年,就如几位教师自我总结的那样"苦并快乐着!""虽苦,但精彩!""难忘那成长的岁月!"

2. 共同前行

2009年11月,我接受上级安排,回到了我工作的第一站——舟山幼儿园。该园历史悠久,我们回顾、梳理了前期的经验和不足,决定在继承中发展,在发展中突破。我们以海岛

勤于思,敏于行

新区文化为背景，以"舟山海岛"为主线，构建了园本课程，支持和满足幼儿通过直接感知、实际操作和亲身体验获取经验的需要，努力让幼儿真正成为课程的主人，在快乐生活中自主发现问题、自主分析探究问题、自主协商解决问题、自主表达表现，以实现"快乐生活、自主发展"的目标。

对教师来说，主题活动实施过程中最大的挑战就是如何追随孩子，如何发现孩子的兴趣点，如何真正让孩子自主。我和业务副园长一起通过"巡视中释疑、进程中把脉"，在实际情境中解决实践中的困惑，全力推进深入开展主题活动。在巡视过程中，我敏锐地发现教师在教育教学中的疑难问题、困惑，从大量的信息中分析问题，引领教师的专业发展，总结出适宜的解决策略，努力推进幼儿园保教工作质量的全面提升。我以同行者的身份，与教师交心，沟通情感，了解教师的所思所想，倾听教师的愿望和要求，征询教师对幼儿园课程实施的意见或建议，激发教师的潜能和智慧。

目前，我也带领着舟山市名师工作室的成员，以"活动游戏化"为研究方向，与他们一起关注幼儿的经验和需求，积极探究幼儿的学习路径和方式。站在幼儿的角度思考设计活动，把目标、要求隐含在游戏玩法中，探索"好玩、能玩"的游戏，让幼儿愉快地学习，努力和大家一起成为"会玩、乐玩"的魅力教师。

在这个阶段，我要感谢班子成员的合力，感谢教师们的努力，尤其要感谢舟山市教育学院教研员顾力群老师一如既往的支持和帮助。

一路走来，我越来越热爱幼教，感谢所有帮助过我的人，感谢所有的经历，因为经历所以丰富，因为体验所以充实。我将继续努力，和我的团队共同前行。

经典课堂

小熊和小矮人（大班）

一、设计意图

按物体某一特征进行肯定与否定的分类，对提高幼儿的逻辑思维能力，培养幼儿思维的敏捷性、灵活性等十分有益。"小熊和小矮人"这一活动旨在让幼儿在具有按物体某一特征进行肯定与否定一级分类经验的基础上，学习肯定与否定的多层分类，进而学习按某一特征来提问，用排除法逐步找到目标，从而发展幼儿提问和分类的能力。

对大班幼儿而言，这个活动具有一定的挑战性，它包含两个层面的要求：一是幼儿需找出物体的相同或不同特征，并把它们转化为问题。这不仅需要幼儿有按某一特征进行肯定与否定一级分类的经验，而且需要幼儿能分辨事物的细微特征。二是幼儿要根据别人的回答进行肯定与否定的判断与分类，这个过程不仅需要思维能力，还需要倾听与记忆等学习能力。

为了解决难点，我们根据幼儿的年龄特点来设计活动环节和教育策略。环节循序渐进，由易到难，共分四个层次：第一层次，感知事物的特征；第二层次，感知并学习按某一特征进行提问和分类；第三层次，分两队猜找礼物盒，进一步学习提问和进行肯定与否定的多层分类；第四层次，在猜找游戏中学习提问和进行肯定与否定的多层分类。在教学过程中，教师根据幼儿的学习特点,运用呈现图片、演示、游戏等多种策略,收到了较好的效果。为了降低幼儿的记忆及表述难度,帮助幼儿聚焦提问和分类的学习重点,我们注意细节的处理,以排除不必要的干扰。如,让幼儿统一将"是的"物体放在打"√"的一边,将"不是的"物体放在打"×"的一边;将要猜的礼物盒图片贴在幼儿后背;用遮挡的方法表示"排除";给小熊队和小矮人队的排头戴上头饰;等等。这些支持性策略都有利于不同能力的幼儿积极参与,主动学习,体验到数学的有趣和成功解决问题的喜悦。

二、目标

1. 能发现事物的差别,按某一特征进行肯定与否定的分类。
2. 尝试根据发现的特征来提问,用排除法逐步找到目标,发展提问和分类的能力。
3. 积极参与猜找游戏,体验成功的快乐。

三、准备

1. 经验准备。

有按物体某一特征进行肯定与否定一级分类的经验。

2. 材料准备。

(1)故事情境PPT。

(2)画有礼物盒的操作纸人手一份,夹在泥工板上。

(3)两套礼物盒图片,每套10张,一套演示用,一套游戏用。

(4)小矮人、小熊头饰各一个。

(5)礼物包一个。

四、过程

(一)进入故事情景,萌发活动兴趣

师:春天来到了,阳光明媚。熊爸爸、熊妈妈、熊宝宝去森林里游玩。走着走着,看到前面有一座漂亮的城堡。"哇,这么漂亮的城堡,它的主人是谁呢?"这时,迎面走来一群小矮人。

师:这个城堡到底是谁的呢?是小矮人的吗?是哪个小矮人的呢?小熊一家很想知道。你们想知道吗?

(二)认识小矮人的特征,猜测城堡的主人,学习分类方法

1. 认识小矮人的特征。

师:听说小熊一家想知道谁是城堡的主人,小矮人就说:主人只有一个,就在我们中间。你们先仔细看一下我们的样子,然后再来猜猜看。

师(出示7个小矮人的画面):小矮人有几个?他们有什么不同?(帽子、衣服、靴子不同。)

2. 学习根据某一特征进行提问的方法和通过肯定与否定分类的方法。

师:小熊一家认识了小矮人的样子后,小矮人决定让小熊一家提三个问题,由小矮人回答"是"或"不是",然后由小熊一家来猜出城堡的主人。小熊一家经过商量,决定用"城堡的主人是怎么样的"来提问。他们让七个小矮人排成一排,中间竖着画了一条红线来分组,让"是……"的小矮人站在打钩的这一边,让"不是……"的小矮人站在打叉的这一边。

师:熊爸爸第一个上场,提了一个问题:"城堡的主人是戴尖帽的吗?"小矮人回答:"是的。"熊爸爸立即把7个小矮人分成了两组,戴尖帽的小矮人排在打钩这一边,不戴尖帽的小

矮人就排在打叉这一边。熊爸爸这样一问,城堡的主人就在几个人中间了? 对了,城堡的主人就在这四个人中间,请留下。打叉一边的小矮人不是戴尖帽的,就可以排除了。

熊妈妈第二个上场,她看了看留下的四个小矮人,提了一个问题:"城堡的主人是穿红色衣服的吗?"小矮人回答:"是的。"熊妈妈立即把四个小矮人分成了两组,让穿红衣服的站在打钩这一边,城堡的主人就在这组,留下;不是穿红衣服的站在打叉这一边,排除。熊妈妈这样一问,城堡主人就在几个人中间了?

轮到熊宝宝上场了,只能提最后一个问题了,熊宝宝该怎么问才能找到城堡的主人呢? 请你们和小熊一起想一想。(引导幼儿尝试提出第三个问题"城堡的主人是穿靴子的吗",并呈现 PPT 相应画面。)

3. 结合 PPT 图示回顾以上三个问题,梳理分类方法。

师:小熊一家用什么好办法找到了城堡的主人? 熊爸爸、熊妈妈、熊宝宝都问了什么问题?

师:第一个问题把什么人留下了,什么人排除了? 第二、第三个问题呢?

师(小结):熊爸爸发现小矮人帽子不同,提了一个问题,熊妈妈发现小矮人衣服颜色不同,提了一个问题,熊宝宝发现小矮人靴子不同,提了一个问题。他们一共提了三个问题,就把城堡的主人找到了。

(三)运用分类方法进行猜找游戏

1. 游戏一:猜猜礼物盒。

(1)观察礼物盒的特征。

师:看到小熊找到了城堡的主人,小矮人很高兴,要送一个礼物给小熊。礼物就在下面其中的一个盒子里。

师(出示礼物盒):有几个礼物盒? 它们有什么不同?(教师根据幼儿的回答移动演示,使幼儿知道礼物盒可按颜色、高矮、是否系带子分类。)

(2)学习提出问题,寻找礼物盒。

①个别探索思考。

师:如果我们学着小熊一家,用提问的方法把礼物盒找出来,该怎么问呢? 请与旁边的小朋友讨论一下怎么提问。

②集中交流如何按类提问。

师:问颜色可以怎么问? 问高矮可以怎么问? 问有没有系带子可以怎么问?

③小结。

师:我们可以根据颜色不同、高矮不同、是不是系带子来提问。

(3)在操作板上寻找礼物盒。

①明确游戏规则。

师:请一个小朋友来问,老师来回答"是"或者"不是"。其他小朋友仔细听后,在操作板上分一分、找一找。最后每个人要把找到的礼物盒图片藏在手心里,静静地等待老师来揭开谜底。

②进行游戏。教师一边回答提问,一边巡视幼儿的操作情况,注意发现出错的幼儿及其出错原因,以便在接下来的纠错环节给予有效引导。

③教师演示礼物盒图片揭示谜底,并让全体幼儿验证自己找到的礼物盒图片是否正确,共同帮助找错的幼儿分析原因及纠错。

（4）两队互相猜找礼物盒。

①明确游戏规则。

师（出示礼物盒画面）：现在盒子越来越多了，我们要分两队来进行猜找礼物盒的游戏，一队是小矮人队，一队是小熊队，待会儿交换。先请小矮人队派代表选一张礼物盒图片并贴在其后背上，所有小矮人要记住这个礼物盒的样子并保密。小熊队用提问来寻找礼物盒，小矮人要凭记忆回答"是"或"不是"，看哪队又对又快，用最少的问题把它找到。

②两队排头幼儿分别戴上头饰代表小熊队和小矮人队，以明确自己的角色，在游戏中迅速作出反应。

③小熊队提问，小矮人队回答。同时，小矮人队派代表根据答案同步演示礼物盒图片的分类过程。

④验证猜测结果是否正确。

（可交换角色游戏。）

2.游戏二：礼物送给谁。

（1）明确游戏方法。

师（出示礼物包）：小矮人有礼物要送给你们中的一位。他是谁呢？我先把这个秘密告诉×××，其他人站成一排，可向×××提问，由×××回答。回答"是的"小朋友留下，回答"不是的"小朋友请回到座位上。最后谁留下了，谁就是小矮人要送礼物的人。

（2）幼儿根据小朋友的性别、穿着、外貌特征等提问，比如"是戴帽子的吗""是女孩子吗""是扎辫子的吗""是穿园服的吗""是戴眼镜的吗""是穿裙子的吗"。（可根据情况决定游戏次数。）

（四）延伸活动

1.将操作纸投放到区域中，鼓励幼儿两两结伴继续玩猜礼物的游戏。

2.结合幼儿日常活动情况，随时进行猜找游戏。

教学名师：姚　蓉

融智于爱，烹饪童年独特味道

人物档案

　　姚蓉，中学高级教师，1989年参加工作，从事班主任工作20余年，自2009年起担任南海桂花城幼儿园园长。获全国第十一届宋庆龄幼儿教育提名奖，先后被评为浙江省教坛新秀、舟山市"创先争优"优秀共产党员、舟山市师德标兵、舟山市学科带头人、舟山市首批挂牌名师等，曾获浙江省优质课评比一等奖等。

　　姚蓉老师坚持以实践为基础，追求专业成长。积极在省、市发挥示范引领作用，经常性受邀到外地开讲座、上课、点评。近年来，八次受邀参加省级以上课例展示及专题讲座活动，其中全国性三次。自然、轻松、亲和力强的带班风格，集体教学游戏化活动的专长，已经受到全省乃至全国同行的认可。"区域游戏创设与指导""个别化学习"等科研成果均对提高教育质量产生了积极作用。领衔名师工作室，完成省级课题"聚焦学习品质的幼儿歌唱教学的研究和实践"，部分成果已经在省市级以上层面进行推广和展示。十余篇论文、案例在省市获奖或发表。因为爱，姚蓉始终坚守在教学一线，并承担起各类攻坚克难的重任。2001年，成为南海幼儿园首批创业者并担任班主任；2009年，任南海幼儿园分园桂花城幼儿园园长，短短几年内，该园一跃成为市内保教品质最高的园所之一。

"喜欢和孩子在一起""激情"是我最鲜明的特征。因此,喜欢带班,专注教学也就成了我的工作常态。我长期在教育一线实践,2006年起担任园长助理、副园长职位时还承担一个班级的满额工作量,并坚持担任班主任。即使2009年起担任园长,还是坚持在各个年龄段带班上课。桂花城幼儿园全园180多名孩子个个都叫得出名字,这也是让所有老师和家长佩服的地方。由于坚持实践,积累了丰富的教学经验,尤其擅长各领域集体教学活动。自然、轻松是我的带班风格,教学活动中亲和力强,驾驭课堂游刃有余,教学灵活机智,2001年健康活动"壳中乐"获得浙江省优质课评比一等奖,辅导的课堂教学多次获市一等奖。

一、熟知儿童发展规律,精准把握核心经验

著名教育家苏霍姆林斯基眼中的好教师形象首先是"喜欢和孩子在一起"。当然,仅仅喜欢是不够的,还要懂孩子,才能走进孩子,才能把自己理解的东西和孩子连接在一起,进而助推孩子的发展。要懂孩子就要研究孩子,熟知孩子每个年龄阶段的发展规律,要善于抓住孩子的兴趣和已有经验,注重分析教材特点,采取多元灵动、孩子喜欢的教学策略。唯有不断地基于实践学习,才能获得"教学的真谛"。

2013年,在面向全市进行学术周的课例展示活动后,我执教借班的班级刘老师在观摩后写下了这样的一段话:每一次姚老师执教,无论是孩子还是我们,都是一种学习和享受,姚老师的中班音乐活动"亲亲我抱抱我"在本次学术周中向全市进行了展示,因为这个活动需要我帮助伴奏,因此我参与了姚老师的整个准备过程,我现在知道姚老师的课为什么孩子们总是有意犹未尽的感觉了。首先在选择内容的时候就已经对教材的教育元素及价值特点等透彻地进行了挖掘;其次是基于对中班幼儿心理特征的分析,了解孩子的已有经验水平,智慧地选择了"捉迷藏"的游戏情景形式贯穿活动始终;最后是在《3~6岁儿童学习与发展指南》的引领下更多地关注了幼儿学习品质和情绪情感的发展。因此孩子们在活动中感觉不到学习的压力,有的只是有感而发自主学习的动力,而这个动力又来自孩子们本身对活动的兴趣。佩服姚老师对孩子学习音乐、"玩"音乐能力的了解……

二、把握儿童学习心理,娴熟运用游戏策略

《3~6岁儿童学习与发展指南》强调:要珍视幼儿的生活和游戏,关注幼儿的学习品质。而集体教学作为教师的看家本领,更需要教师去研究幼儿学习的有效性。在工作室研究的艺术领域歌唱教学活动中,我发现教师们虽然越来越注重幼儿在歌唱教学中的愉悦感受,但也不无遗憾地看到:教师依然把教学的重心放在歌曲本身的学习上,关注结果性的呈现——学会演唱歌曲。感觉原本孩子很感兴趣的内容,却因为老师过于追求教学的结果,急于求成地一遍一遍地填鸭,最终变得毫无生趣。为提高集体教学游戏化水平,我在带领工作室成员开展的集体活动课例研讨中,每一次都亲自操刀反复试教研磨,对于教育教学始终保持一丝不苟的严谨与专业。通过示范执教,将理念融合在课例中,让教师们感受理念落实到实践的体现。在2014年6月全市名师汇报活动中展示了大班歌唱教学《鸡和蛋》后,老师们对于音乐教学游戏化终于有了实质性的感悟:在这次名师工作室

的展示汇报活动中又享受了一次视觉和听觉的盛宴。在这个活动中看到姚老师太多隐藏着的智慧,当时在观摩中的状态可谓是:聚精会神,完全被吸引。因为一环扣一环的活动环节,一个接一个的游戏,让人的兴趣、激情无法停止。观摩的老师纷纷说:"姚老师怎么想出来的? 一个一个的游戏分开来看并不见得有多新颖,但是在这个活动中姚老师能够巧妙运用、组合、改编这些游戏,完全为师幼互动、达成目标服务。"是的,以游戏贯穿歌唱教学活动能增强幼儿的积极性,使幼儿体验到和"玩"一样的感觉,自觉自愿地、不知不觉地投身于活动之中。在唱唱、玩玩之中去感知音乐,学唱歌曲,这谁都知道,但是又有几个人能做到如此有趣、高效?

三、尊重儿童成长需要,专注做好教育无痕

"教学机智好",这是同行对我的一致评价。因为我注重实践,用事实说话,我的公开教学活动经常受到同行的由衷的推崇。在每次执教的活动中,我幽默、风趣、充满激情的课堂渲染能力都会不自觉地把孩子带入学习的氛围中,带着孩子在轻松愉快的过程中不断地完成挑战。

2012 年,舟山市学科带头人公开活动展示后,一位老师观摩了我执教的大班活动"农场音乐剧"后这样写道:由于借班上课,而且当天观摩的老师很多,前面的 8 分钟孩子基本都没有进入状态,但是,姚蓉老师从容观察,凭着灵动的教学机智出色地完成了活动。另一位老师写下了这样的反思:对于姚老师的教学风采,多次领略。但本次市学科带头人展示活动现场,还是让我由衷地折服。对于借班上课,自己也多次体会,有时候孩子的反应超乎自己的预期。在此时,就需要老师本身的教学机智和能力。面对孩子们的"反应平平",姚老师充分施展了自己的个人教学魅力,带动孩子们逐步地"投入其中",不知不觉中达成了教学目标,让孩子们逐渐"激情起来"。我想,这背后积淀了姚老师多少的教学实践智慧呀! 我们真是望尘莫及。

作为挂牌名师,我每次活动都能做到引领示范,有一次在观摩了两位老师的小班歌唱活动"两只小鸟"后,我没有按照常规给予点评和指导,而是亲自示范,要求所有教师在两天后观摩我的活动。经过精心准备的公开活动如期进行,我轻松巧妙地和孩子们一起学习了《两只小鸟》。活动后也不急于发表言论,而是将话语权交给了现场的每一位老师,因为我明白,对于一线教师来说,答案永远在现场……现摘取一位老师观摩后的反思感悟,从中或多或少了解了教师的一些启迪和收获。

为了突破这个瓶颈问题,姚老师亲自上台示范,对小班歌唱《两只小鸟》进行了同课异构,逐渐领悟到了名师指导中的用心良苦。姚老师那"无痕教学"的教学机智让我深深震撼着:一是润物细无声的欣赏和感受。将专注力与乐曲旋律和歌词的感受融合在一起,发挥了极致的作用。二是多元策略的学习和促进。三是语言的调控策略游刃有余。观摩姚老师的教学活动,最大的感受就是愉悦、轻松、自然。好像你在不经意间就被她带领着,往前走了一大步,还满心欢喜,喜不自胜。所谓"润物细无声,教育也无痕",这固然有她个人的教学魅力及教学经验作为铺垫,但是其提问的设计、与幼儿的互动、在关注教学的同时对幼儿其他学习品质的培养,是我们应努力学习和借鉴的……

实践的过程其实也是反思的过程,我勤于将学习实践反思不断转化为相关成果,有十余篇论文、案例在省市获奖或发表,工作室研讨的省级课题"幼儿歌唱教学中促进幼儿学习

品质的课例研究"已顺利结题。

享受专业成长的过程也是品味幸福的过程！

★ 成长经验

一、"曲径通幽处，禅房花木深"——充分诠释师德要求的爱

"爱"是幼师职业的核心。任职以来，我坚持用高尚的师德、强烈的责任心来诠释"爱"。

2001年8月，我被调到南海实验学校幼儿部担任寄宿制幼儿园班主任，这是舟山市有史以来第一次开设的全托寄宿小班。30个3周岁左右的孩子，我永远不会忘记那种离开亲人的撕心裂肺、痛彻心扉的哭叫。整整一个月，我没有回家，每天24小时和孩子们在一起，使出浑身的解数、倾注所有的热情，终于带领其他4位教师用爱和智慧博得了孩子们的信任，家长们的满意。付出的爱，使我收获了感动，收获了幸福！办学初期的南海实验学校是一所高收费的寄宿制学校，社会、家长对教师的要求甚高，这种幸福之感让我忘却了曾经被家长责骂时的潸然泪下，忘却了委屈之下的万般无奈；这种幸福之感让我学会了勇敢地承受每一个挫折，微笑地面对每一次失败，这种幸福之感让我绽放着人生的花朵，也让我在社会上、家长中获得了美誉。

2007年8月5日，对我而言又是不寻常的一天。桂花城幼儿园是南海幼儿园的异地分园，原定两个大班迁移的方案临时改变，领导决定让我带新小班孩子过去。接到命令的那个晚上，我一夜未眠，内心纠结挣扎。班里的几位老师已在7月份冒着酷暑，完成了班级30个孩子的家访工作，并没有提起桂花城幼儿园。说实话，在离开学还有20天的时间里，要完成任务，面对的压力、困难实在是太大了。由于突然让新生去一个新园区（当时幼儿园所在的绿城小区第三期还没交付，入住的总共才18户），家长有很大的顾虑和担忧，抵触心理强，内心都不愿去。我服从组织安排，迎难而上，顶着酷热开始了漫长的"沟通之路"。一家一户地登门拜访，无休止地"电话游说"，接二连三地针对性举行家长接待日……真诚的沟通，终于打消所有家长的顾虑，9月份，桂花城幼儿园如期开园。

20多年的幼儿教育实践，我深深领悟到，专业的本质是爱，而爱的本质是责任，只有爱字当头，才能绚丽绽放。

二、"欲穷千里目，更上一层楼"——不断垫高理论层面的厚

重视日常阅读，注意阅读各类专业书刊，及时汲取各类先进的教育理念。工作再繁重，再劳累，也没有停止过学习。泡一杯咖啡，读一本书，一个人静静独处。在自己学习的同时，我还经常把读过的好书、好文章分层次推荐给老师们，鼓励不断学习，营造了良好的学习氛围。记得一回园里一位年轻老师在借阅书籍后写下了这样的反思：有次姚老师向我们推荐阅读书籍时，我刚好翻阅从姚老师手里接过的资料。当时，我就震惊了！那一本本书上都写满了密密麻麻的批注、标签……而这些书籍并不是平时我们难以看到的，而恰恰就是身边随手可以找到的书籍，有些甚至就是我大学时代的教科书，但扪心自问："我仔细看过了吗？或者说曾用心翻过吗？"在自惭形秽的同时我深深地感受到姚老师的梅花香自苦寒来。看着姚老师每次都可以如此轻而易举地说出一套套深入人心、发人反省的切实理

论，一句句一针见血的点评……心里总会惊呼：哇，这就是专家呀！却从来没有想过姚老师的那份"轻而易举"从何而来。每一次我们只看到了那光鲜亮丽的外表，而却忽略了在这背后别人付出了多少努力。"不要羡慕别人的成功，他们背后都付出了你所不知道的努力！"这是姚老师给我的最大领悟。

三、"会当凌绝顶，一览众山小"——静心享受专业赋予的幸

教师专业化成长离不开实践。我坚持长期实践在教学一线，在担任园长助理、副园长职位时承担一个班级的满额工作量，并坚持担任班主任。即使2009年起担任园长，还是坚持在各个年龄段带班上课，喜欢带班，专注教学是我工作的常态。多年来，我积极承担实践课、示范课，如学习《幼儿园教育指导纲要（试行）》、全市"五个一"工程展示、千岛之春、学科带头人公开课展示、《3～6岁儿童学习与发展指南》宣传月、学术周活动等等。经常下海岛送教，多次受邀到杭州、湖州、台州等外地上课。积极承担省、市各类专业讲座，新教师入职培训，全市幼儿教师全员培训市研训专题讲座，全市《3～6岁儿童学习与发展指南》诠释，各类活动点评等任务。高密度的公开教学任务，既是挑战也是历练，更是促进了自身的专业发展。由于坚持实践，积累了丰富的教学经验，形成独特的教学风格。

四、"事成于和睦，力生于团结"——善于凝聚团队集体的力

我经常会说：一个人的优秀不能算优秀，团队的优秀才是真正的优秀。每位教师个体的成长离不开幼儿园团队文化的打造和培育，我关注现场：看班级计划的落实情况、组织管理中的问题，及时给予建设性的意见。我注重分享：将好的做法向其他班级推广、分享，让各班老师在比较中学习。倾力用多年来积累的业务经验帮助教师，使教师们获益匪浅。每学期在我的引领下，园部会开展一系列的连环跟进式的教研活动——区域游戏研讨、绘本教学、数学教学、音乐教学等，老师们在互相观摩、研讨、交流中碰撞出火花。在我的帮助指导下，园部的骨干教师逐步成长起来，教师们参加各级教学活动评比并获一、二等奖，辅导多名教师参与市级送教及观点报告活动，均获得高度认可。原来普陀区一幼儿园副园长考入桂花城幼儿园工作几年后写下了这样的反思：进入桂花城幼儿园之前，在专业成长上一路"磕磕碰碰"，没有人指导，也没有团队的帮助，有的只有"自力更生"。因而，教学能力上还是不够专业化（尽管自己当时并不觉得），但进入桂花城幼儿园后，在团队研讨与交流的过程中，在一次次的碰壁、一次次的挫折中反思与收获。这次学术周的三个教学活动，让自己更进一步认识到"团队"对于自己专业能力发展的重要性。正如姚老师所说"××，你在原来的园所是不会成长的"。这句话很有同感，因为原来的园所没有教研氛围，更为重要的是没有专家老师的引领与指导。所以，身在桂花城幼儿园，在专业成长上是幸福的，因为有姚园长这样的专家老师引领，我相信桂花城幼儿园一定会越来越优质！

幼儿园是亲情洋溢的地方，是爱心弥漫的地方，设身处地地为老师们着想，体察她们的心境，了解她们的需求，将心比心、换位思考是我治园的一大法宝。青年教师孙老师在送教活动取得成功后如实说道：所谓当局者迷，旁观者清，每一次的试教活动后，尤其是第一次试教，当教学现场与预想大相径庭时，感到自身特别的失落与无助，甚至想到了放弃，想要重新选材，是姚老师及时给予鼓励与建议，在教学活动后的第一时间，把我叫去办公室，从理论层面到实际教学，帮我重新梳理教材，讨论教学环节，令我更意外的是，姚老师还特别

收集打印了一些相关的教学材料,让我从专业角度上对自己的教学活动进行重新定位与思考,并将学习活动中积累的对我教学活动有帮助的经验与想法跟我进行了沟通分享。每一次的思想交流与碰撞,让我总感觉姚老师并不是我的领导,更像是我的良师益友。类似的小细节还有很多,比如每次在重大的活动与比赛前,必会收到姚老师发来的鼓励的短信,虽然只是简单的三言两语,但收到的那一刻还是备受鼓舞,感觉背后有领导相挺,有团队的支持真棒……

"没有最好,只有更好,不前进就要后退",这是我的信念!

经典课堂

大班歌唱活动
——《鸡和蛋》教学

一、设计意图

研究表明,中等难度的歌曲至少要倾听 4～6 遍才能让幼儿形成比较清晰的听觉表象,在接下来的学唱中,才能够用这些准确、清晰的听觉表象来监控自己的发音器官以唱出正确的旋律,学唱的效果也才比较好。在深入贯彻《3～6 岁儿童学习与发展指南》背景下,挖掘本歌曲的一些教育元素和价值,让孩子在润物细无声中反复感受欣赏;通过图谱的填充、遮挡、退位、替补等多种方式让幼儿在游戏中学习,始终保持好奇心,始终饶有兴趣地学唱歌曲,让每个孩子爱上歌唱。

二、活动目标

1. 学唱歌曲,初步学习局部默唱。

2. 提高歌唱教学中善于提问和发现问题的能力。

3. 喜欢歌唱活动。

三、活动准备

跟歌曲相关的图谱(可移动)、部分卵生动物图片。

四、活动过程及实录

(一)提问导入,激发兴趣

师:今天,姚老师跟小朋友们一起来玩游戏,玩游戏之前姚老师有个问题想考考大家,你们觉得是先有鸡还是先有蛋? 说说你的理由。

幼:先有鸡,因为鸡能生蛋,然后鸡蛋才会孵出小鸡!

师:哦,是鸡生蛋,蛋里孵出小鸡,谁有不同的意见?

幼:应该是先有蛋,不然第一只鸡哪来的呢?

师:他有不同意见,认为是先有蛋。

幼:我认为是先有蛋,因为鸡不可能没有蛋就孵出来。

师:那这个蛋怎么来的哪? 怎么就孵出小鸡来了哪?

幼:对哦! 那应该是先有鸡,鸡生蛋,蛋再孵出小鸡。

师(小结):姚老师告诉你们哦,我昨天查了资料,到底是先有鸡,还是先有蛋,科学家们也有不同的意见,等你们长大了去研究研究。不过,今天姚老师带来了一首"鸡和蛋"的歌。想不想听?(幼:想)好,我们一起来听一听吧!

(二)欣赏感受歌曲,理解歌词内容

1.第一次完整范唱,幼儿倾听。(教师清唱,无伴奏)

师:好听吗? 觉得好听给点掌声吧。(幼儿鼓掌)接下来老师请你们再来听一遍,边听边想可以用什么样的动作来表现小鸡呢?

2.第二次完整范唱,幼儿倾听。(钢琴单旋律伴奏)

师:谁想来表演小鸡的动作?

幼(动作):手臂抬起来,抖一抖,表演小鸡。

师:这个表示什么啊?

幼:鸡翅膀。

师:这只小鸡真可爱。

幼(动作):两只手指并一并。

师:这表示什么啊?(幼:小鸡的尖嘴巴)还有什么样的表演,大方一点展示一下。

幼(动作):手在身体两边,扇一扇。

师:大家表演了不一样的小鸡,真好。游戏要开始啦,游戏规则是这样的,等一下姚老师来唱歌,当我唱到小鸡的时候,请你们做一下"尖嘴巴小鸡"的动作,其他不做。听明白了吧!

3.第三次完整范唱,幼儿游戏感受。(这遍开始都有钢琴伴奏)

师:游戏的规则是,当老师唱到"小鸡"的时候,做尖嘴巴小鸡的动作,其余都不用做。老师先请几位小朋友上来玩一玩,要遵守游戏规则哦!(请8个幼儿上来,并提醒幼儿)要听清楚唱到什么的时候才做动作哟。

老师演唱歌曲,幼儿随着歌曲中"小鸡"歌词的出现及时做相匹配的动作。

师:你们真厉害。(给幼儿掌声)谁还想来试一试? 刚才没做过游戏的小朋友都一起来吧!

教师再次完整范唱,第一次没参加游戏的剩余幼儿随着歌曲中"小鸡"歌词的出现及时做相匹配的动作。

4.第四次范唱,幼儿继续游戏。

师:你们听得很认真,都做对了。请问鸡蛋长得怎么样的?

幼:鸡蛋圆圆的。(幼儿动作:双手举起围圈做鸡蛋状)

师:这是一个大鸡蛋。(双手围圈)

幼:鸡蛋小小的。(幼儿动作:蹲下来环抱自己)

师:原来每个人表现的鸡蛋都不一样,还有吗?

幼:我的鸡蛋是这样的。(幼儿动作:用自己的手指围圈)

师(小结):哦,这是一只迷你鸡蛋。这次的游戏规则是,请我们所有的小朋友坐在位置上,当我唱到"蛋"的时候,我们一起来做一个大鸡蛋的动作(双手举起围圈)。

幼(游戏):当老师唱到"蛋"的歌词的时候,幼儿及时做出相匹配的"蛋"的动作。

师(小结):这个游戏是考验你们耳朵灵不灵,接下来让我们分成两组来比一下。

5. 游戏升级：幼儿分成两部分，一部分表现小鸡，一部分表现蛋。

师：左边的小朋友做"小鸡"的动作，右边的小朋友做"蛋"的动作。

幼（游戏）：幼儿边听老师演唱歌曲，两组幼儿及时做相匹配的"鸡和蛋"的动作。

游戏后给予幼儿掌声。

师（小结）：小朋友耳朵真灵，并能坚持自己的想法不受旁人的影响。我把这首歌做成了美丽的图谱，现在我们来比一比谁的眼睛亮。

（三）游戏情景中充分学唱歌曲

1. 出示图谱。（不完整的图谱）

师：你们觉得有问题吗？

幼：少一些图卡，有空格。

师：少了一些图卡，她的表述真完整。还有什么想法？

幼：鸡和蛋的位置变了。

师：真的是这样吗？我们来唱一唱验证一下。

幼（演唱）：师生一起合唱。（幼儿已经基本会跟着图谱唱歌）

师：有没有发现，不知不觉中你们都已经学会了，真的少了图卡。

2. 填充图卡。（教师补充图卡并散放在图谱的一侧）

师：我这里有图卡，谁来把它补充完整？

幼儿上来填充图卡，完了之后，发现多出一张小鸡图卡。

师：谁来帮助他？

幼：我来。（上来调整图卡，边调整边说）这个应该在这里。（并将图卡贴到相应的地方）

师：我们一起来验证一下。

全体幼儿结合图谱演唱歌曲验证。

师（小结）：在所有小朋友的合作努力下，我们正确完成了图谱。团队的力量就是大，一起努力才能把它填充完整。还想不想挑战？

3. 学习默唱。

教师出示手指按住嘴唇的图示。

师：这是什么意思？

幼：嘴巴，不能发出声音。

师：如果我把它贴在小鸡上面，表示什么意思？

幼："小鸡"不能说。

师：对了，"小鸡"这个词不能唱出声音，心里面唱，而其他部分还是要唱的哟，你们行不行？（幼儿：行）很难的哦，那我们来试一试。

老师把"手指按住嘴唇"的图示放在三张"小鸡"的图卡上，幼儿集体试着默唱，演唱过程中，教师用捂嘴动作提示幼儿。（第一次幼儿不能控制好）

师：有点难度吧，没关系，我们再来试试，现在请大家闭上眼睛，我来更换下图卡的位置。（教师更换默唱的位置）好，睁开眼睛，看，这样你们可以演唱吗？

全体幼儿完整演唱歌曲，教师稍作提醒，还有部分幼儿不能很好地控制默唱。

师：我请一个小朋友来换一换位置。（请一幼儿更换图卡的位置）

融智于爱，烹饪童年独特味道

全体幼儿看着图谱再次完整演唱歌曲,已经基本能控制、学会默唱。

师:你们很厉害地完成了挑战。这个游戏很好玩吧,接下来还有更好玩的。

4.图谱退位。

教师拿掉部分图卡。

师:请睁开眼睛,图谱发生了什么变化?

幼:就是少了几张图片。

师:少了几张图片,你们会唱吗?用最漂亮的姿势来唱一唱。

全体幼儿跟着音乐完整演唱。

师:如果全都不看图卡,你们可以吗?

幼儿转身面向老师,不看图谱完整演唱歌曲,完成得非常出色。

(四)拓展练习,用其他卵生动物替代鸡

师:你们真是厉害,不看图谱都能唱了。我再来问个问题,还有哪些动物是跟鸡一样先生蛋,然后蛋再孵出小宝宝的。

幼儿们:海龟、鸭子、小蛇、恐龙、鹅……

师:现在我们要做游戏,一边唱歌一边传递装有小动物图片的文件袋,歌曲结束时传到谁手上就请他抽一张动物图片,我们把抽到的动物编进歌曲里,那样你们就变成编曲家了。

幼(游戏):幼儿边演唱边按次序一个一个传递。

歌曲唱完时文件袋在谁手里就请该幼儿抽一张动物卡,第一次是恐龙。

幼(创编演唱):集体把歌词里的"小鸡"换成"恐龙"演唱一遍。

师:你们想抽到什么动物?我们再来玩一次。(方法同上)

幼(创编演唱):抽到海龟,集体把歌词里的"小鸡"换成"海龟"演唱一遍。

师:让我们用最好听的声音来欢送小动物吧!

(五)延伸活动

将小动物图片投放至教室的区域内供幼儿在课余时间自主进行创编并演唱。

五、活动点评

本活动以游戏贯穿整个歌唱教学活动,短短的30分钟,一环扣一环的活动环节,一个接一个的游戏,使幼儿体验到和"玩"一样的感觉,自觉自愿地、不知不觉地投身于活动之中,在唱唱、玩玩之中感知音乐,学唱歌曲。

1.作品的选择适宜。兴趣是最好的老师,适宜的作品能更好地激发幼儿学唱歌曲的兴趣。《鸡和蛋》这首歌曲不仅从幼儿的年龄特点、认知水平、生活经验出发,更主要的是这首歌曲朗朗上口,能为幼儿所喜欢,更有它特定的歌曲因素可以挖掘,比如,鲜明的歌曲形象、重复又多变的歌词,以及歌词的可替代性,都为游戏的设置打好了基础。

2.润物细无声的欣赏和感受。在欣赏和感受环节,教师将"听音乐"设计成用不同的动作来表现角色,将专注力与乐曲旋律和歌词的感受融合在一起,发挥了极致的作用。幼儿在饶有兴趣且不同的刺激中不知不觉地欣赏了五遍,自然地将歌曲的旋律和歌词的内容牢牢地掌握了。

3.游戏策略的运用灵动有效。游戏是幼儿在幼儿园的主要活动,同样在歌唱活动中也可以将游戏渗入其中。在一个集体教学活动中,教具的使用尽量地追求简单和有效。本活动运用合理范唱、出示图谱等多种有效的教学手段,积极调动幼儿的各种感官情绪,使幼儿以一种积极、主动、愉悦的状态参与到歌唱活动中去。特别是游戏方式的运用和迁移,更是这个活动的亮点。在教具游戏化使用中不仅体现了简单,更体现了价值的最大化。一张图谱中使用的游戏策略有填充法、遮挡法、退位法,让幼儿在一次次挑战中获得成功。越来越想唱是活动成功的最直接表现。除了将图谱的作用发挥到极致外,在最后的创编环节,还创设了替补和调换角色这一游戏环节,让幼儿用击鼓传花的游戏形式自主选择调换的内容,让幼儿的歌唱兴趣掀起更大的高潮。

　　这个歌唱活动中的孩子们是幸福的!相信通过这个活动,孩子们会对歌唱活动更感兴趣。愿我们能充分利用游戏,积极调动幼儿的各种感官进行歌唱教育活动,让每个孩子都能在"玩"的过程中尽情地放声歌唱,唱出真正属于自己的最纯、最真的天籁之音。

附:

鸡和蛋

1=C　2/4

5　3　| 5. 5 | 5 5 6 6 | 5 — |
先　有　啥,　是　小鸡 还是　蛋,

5　3　| 5. 5 | 3　2 2 | 1 1 5 0 |
先　有　啥,　是　蛋　还是　小鸡 哦。

1　1 1 | 1　1 1 | 2 2　2 1 | 3 5　5 |
鸡　生下　蛋,然后　蛋里　孵出　小鸡,

5　3　| 5. 5 | 3 3 2 2 | 1 — |
先　有　啥,　是　小鸡 还是　蛋。

图书在版编目(CIP)数据

名师教学艺术与成长经验.上 / 宋秋前,周建军主
编. —杭州：浙江大学出版社，2017.10
ISBN 978-7-308-16821-2

Ⅰ.①名… Ⅱ.①宋… ②周… Ⅲ.①师资培养－研
究 Ⅳ.①G451.2

中国版本图书馆 CIP 数据核字（2017）第 086111 号

名师教学艺术与成长经验(上)

主　编　宋秋前　周建军

策划编辑	阮海潮
责任编辑	阮海潮(ruanhc@zju.edu.cn)
责任校对	杨利军　於国娟
封面设计	续设计
出版发行	浙江大学出版社
	（杭州市天目山路 148 号　邮政编码 310007）
	（网址：http://www.zjupress.com）
排　　版	杭州中大图文设计有限公司
印　　刷	杭州日报报业集团盛元印务有限公司
开　　本	787mm×1092mm　1/16
印　　张	19.75
字　　数	493 千
版 印 次	2017 年 10 月第 1 版　2017 年 10 月第 1 次印刷
书　　号	ISBN 978-7-308-16821-2
定　　价	59.00 元